新时代·新乡村·新发展系列

电信互联网诈骗防范一本通

卜卓 卢歌◎主编

北京邮电大学出版社
www.buptpress.com

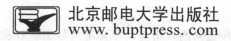

内容简介

本书通过对电信诈骗成因的分析，结合相关电信诈骗案例，从多方面深度解读目前电信诈骗猖獗的原因，从而增强大家的防骗意识。

图书在版编目（CIP）数据

电信互联网诈骗防范一本通 / 卜卓，卢歌主编．-- 北京：北京邮电大学出版社，2020.4（2021.5 重印）

ISBN 978-7-5635-6024-0

Ⅰ．①电… Ⅱ．①卜… ②卢… Ⅲ．①电信－诈骗－预防犯罪－基本知识－中国②互联网络－诈骗－预防犯罪－基本知识－中国 Ⅳ．①D924.334

中国版本图书馆 CIP 数据核字（2020）第 055301 号

策划编辑：彭怀洲　　**责任编辑**：廖　娟　　**封面设计**：忆唐文化

出版发行：北京邮电大学出版社
社　　址：北京市海淀区西土城路 10 号
邮政编码：100876
发 行 部：电话：010-62282185　传真：010-62283578
E-mail：publish@bupt.edu.cn
经　　销：各地新华书店
印　　刷：保定市中画美凯印刷有限公司
开　　本：720 mm×1 000 mm　1/16
印　　张：9.75
字　　数：132 千字
版　　次：2020 年 4 月第 1 版
印　　次：2021 年 5 月第 8 次印刷

ISBN 978-7-5635-6024-0　　定　价：22.00 元

前言

国务院总理李克强在 2018 年 3 月 5 日的政府工作报告中表示，当前我国经济金融风险总体可控，要标本兼治，有效消除风险隐患。严厉打击非法集资、金融诈骗等违法活动。加快市场化法治化债转股和企业兼并重组。加强金融机构风险内控。强化金融监管统筹协调，健全对影子银行、互联网金融、金融控股公司等监管，进一步完善金融监管。

近年来，利用通信网络、互联网以及新型互联网工具等技术手段实施的诈骗犯罪活动持续高发并蔓延至乡村地区。此类犯罪活动的形态呈现出多样性的特点，不仅包括通过传统通信网络（固定电话、移动电话等）实施的诈骗，而且包括大量通过互联网和新型互联网工具（微博、微信、第三方支付平台等）实施的诈骗，而这些诈骗活动的实施，又通常与个人信息的泄露有关。不仅侵犯了公民财产安全和个人信息安全，而且严重干扰了社会正常秩序、破坏了社会诚信。社会危害性大，人民群众反映强烈。对此，国家相关部门出台了政策文件，采取措施、行动，对信息网络诈骗犯罪活动进行了针对性的防范和惩治，取得了一定成效。

本书依据四大类案件范例，详细讲述了较为多见的互联网金融骗局，并总结出类似案件的相似点作为防范的基础。编者希望能够通过此书为农民朋友敲响警钟，防患于未然。

编　者

目 录

第一章 防骗概述

诈骗是以非法占有为目的，用虚构事实或隐瞒真相的方法，骗取数额较大的公私财物的行为。尽管骗子形形色色，骗术多种多样，但在任何时候、任何场合，骗子都是以“善良、可爱、救世主”的面目出现的。他们通过捏造不存在的事实，或掩盖客观存在的某种事实真相，蒙蔽受害人，骗取其信任，使其产生错觉，“自愿地”交出钱财。这种财物的交付，可能是当场进行，也可能是事后进行，甚至二者相隔千万里，素未谋面。

一、诈骗案件的主要特点

第一，类型众多，手段繁杂，案件数量居高不下，个案损失较大。

第二，借助现代科技，电信、网络诈骗案件大幅度增长，犯罪成本降低，隐蔽性、欺骗性更强。

第三，犯罪活动向智能化、组织化、集团化方向发展。作案手段不断更新、升级，团伙内部分工明确，有很多形成了“一条龙”式的作案链条。

二、防骗总原则

居民在日常防骗中，要牢牢记住以下原则。

第一，家庭情况不外泄。不向陌生人员泄露家庭成员的姓名、年龄、工作单位、就读学校、健康状况、社会关系、手机号码、账号、密码等信息，防止被骗子利用。

第二，飞来横财不动心。摒弃贪小便宜、不劳而获的思想杂念，在突如其来的物质诱惑面前，保持清醒的头脑和平常心态，防止钻入骗子设置的圈套。不要相信天上掉馅饼，须知天下没有免费的午餐。世上没有救世主，没有无缘无故的施舍。若有人企图坐享其成，最终往往偷鸡不成蚀把米。

第三，偶遇路人不轻信。无论虚拟世界，还是现实社会，萍水相逢，不知根底，心不可鉴。即使对方是亲戚朋友，面对眉飞色舞、不太靠谱的非分诱惑，也要三思而行。

第四，陌生来电不理睬。不要轻信来历不明的电话或手机短信。假如你没有洗钱，没有恶意欠费，没有违法犯罪，你就能镇静自若，身正不怕影子斜，何必害怕；假如你没有参与有奖活动，你当淡定待之，会心一笑，何必相信……“假如”的情况太多，总之，面对陌生来电与短信，唯一正确的方法是不理睬，不纠缠，不轻信。

第五，汇款操作不盲目。不向不能确认的人和账户汇款。想清楚盲目汇款的后果，汇款前多问几个为什么，多与家人或朋友商量，多作具体核实，疑惑之时亦可拨打“110”咨询。

三、防骗必须克服的心理弱点

防骗除了要守好财，更要守好“心”，即控制好自己的贪婪心、虚荣心、功利心等不良心态，不使其恶性膨胀，酿成恶果。可以说，防范诈骗的最佳办法不是技巧，而是心理。

从已发生的诈骗案件分析，骗子之所以得以成功，是因为被骗者普遍具有以下心理。

（一）贪财心理

相信“天上掉馅饼”。在骗子所设的骗局中，明摆着有很多蹊跷的事，只因贪财心切，便顾不上怀疑，反正“不要白不要”。骗子说什么，他们就信什么；骗子让干什么，他们就去干什么。

（二）盲目从众心理

盲从别人。当见到“抢购”“赌博赢钱”等场面时，便产生一种唯恐自己买不到、赢不到就会吃亏的心理，不知不觉地在“托儿”的引导下上钩碰运气，结果中计受骗。

（三）要面子或害怕的心理

一是因为顾面子，害怕受批评、被笑话，虽被骗了，也不愿或不敢承认；二是不懂法律，禁不住骗子简单的甚至是荒唐的威吓，一听到“办案”“洗钱”“欺诈”等词汇，就六神无主，连忙投降交“钱”。骗子往往抓住具有这些心理的事主，肆无忌惮地行骗。

（四）急于赚大钱的心理

某些骗子常常利用人们急于赚大钱的心理弱点，采用以假乱真、以次充好、低报商品价格、给回扣提成等伎俩，引诱事主上钩。

（五）盲目怜悯他人的心理

一些骗子以心地善良的人为目标进行诈骗活动。须提醒大家的是：不能缺乏防骗意识，遇事要冷静分析，辨别真伪。对骗子要提高警惕，丝毫不能怜悯。

（六）轻信他人的心理

遇上突如其来的不知底细的“能人”“名人”时，缺少戒备之心，盲目相信和崇拜，导致上当受骗。

第二章 电子商务诈骗

一、第三方支付

随着时代进步，人们生活方式逐渐发生着改变，这其中的影响因素，包括手机、网络、电子商务，甚至包括我们的支付手段，例如，用E-mail来进行网上支付，打个电话报上信用卡号就能预订机票，用手机上网交水费、电费、游戏费……在中国人还没有完全适应从纸制货币进化到“塑胶货币”（信用卡）的今天，网络银行、手机钱包等第三方支付工具正改变着我们的生活。

第三方支付是指具备一定实力和信誉保障的独立机构，采用与各大银行签约的方式，提供与银行支付结算系统接口的交易支付平台的网络支付模式。在第三方支付模式中，买方选购商品后，使用第三方平台提供的账户进行货款支付（支付给第三方），并由第三方通知卖家货款到账、并要求卖家发货；买方收到货物并检验货物，确认收货后，通知第三方付款；第三方再将款项转至卖家账户。

通过第三方支付平台，人们可以更为简单便捷地通过电脑、手机进行银行转账、信用卡还款、充值购物、日常缴费，甚至投资理财。目前，我国共有 270 家第三方支付机构获得央行颁发的支付牌照，第三方支付已延伸至存款、理财、信贷、国际结算等传统银行业务，成为我国网络金融的重要组成部分。像“支付宝”“财付通”“微信支付”等，是大家最常见的第三方支付工具。

但是，在基于互联网新型支付技术的第三方支付的交易环节中暗藏风险，其中涉及大量资金的进出，第三方支付也成了一些不法分子盗窃、诈骗的新目标。用户通过第三方支付购买商品时，有些无须事先开通网上银行功能，只需要提供银行卡卡号、户名、手机号等信息，待验证后通过动态口令或第三方支付密码即可完成交易，这类新型支付模式在提升交易效率的同时，也加大了交易风险。有统计显示，超过六成的盗刷都是通过第三方支付平台完成的，而且盗刷手段非常多，如设立伪基站进行电信诈骗，对电脑或者手机植入木马病毒盗取个人信息，通过钓鱼网站诱骗银行持卡人进行网上支付，或者补办手机号码截取验证码等。

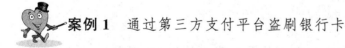

诈骗案例

案例 1　通过第三方支付平台盗刷银行卡

上海的吴女士在银行柜台办理取款业务时，突然发现卡内的47 139元不翼而飞，便马上将余额取出，并立即前往派出所报案。随后，吴女士又仔细查看了银行卡的交易明细，被吓了一跳！她的卡居然在短短四天内被第三方支付平台盗刷了 28 笔。为讨回损失，吴女士同时与第三方支付平台和银行进行交涉。不久后，一笔 17 130 元的款项退回了银行卡内，系第三方支付平台先行赔付的款项。但是，对于剩余的钱款，银行和第三方支付平台均未给吴女士明确的答复。为了尽快挽回损失，吴女士一纸诉状，将银行告上了法庭。

“我认为可能是银行将我的信息泄露出去的，我从未办理过网银业务，也从来没有使用过这些第三方支付平台。”吴女士表示。被告银行辩称，所有的交易都是基于原告授权给第三方支付平台发送的短信验证码，通过验证码才能交易，被告的操作无过错。

案例 2　通过信用卡充值第三方支付进行套现

通过一款叫“缴费易”的自助支付端，可以把信用卡额度转化为支付宝余额，再经由提现模式成功转入另一张储蓄卡。这不是在开玩笑。

一位消费者在实践后透露，通过“缴费易”的自助终端机，在终端机上用信用卡透支购买 990 元的话，需要手续费 9.9 元，插入信用卡，输入手机号，手机上就能收到充值码。然后登录支付宝网站，用该充值码充值，信用卡的透支就直接充到支付宝里了。最后，通过支付宝的提现功能，将这笔钱直接转入储蓄卡。

也就是说，这笔 990 元的套现操作，只用了不到 10 元的手续费就能完成，并可以享受 50 多天的免息期。而在正常情况下，通过信用卡取现，银行会收取 1%～3%的取现手续费，还要从取现次日起按照日息万分之五计收利息。

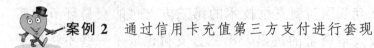

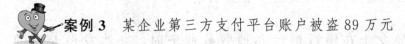

案例 3　某企业第三方支付平台账户被盗 89 万元

南宁市某投资公司员工李某向警方报案，称该公司财务发现公司捆绑某第三方支付平台账户的手机信号突然出现异常，立即上网查询，发现账户内的 89 万元被转到另一银行账户中，后经向第三方支付平台公司核实，该公司的平台账户被他人盗窃并转走 89 万元。随后，该公司通过查询又发现案发当日上午 9 时 40 分，被盗款中有 2 万元被人在广东佛山的一台 ATM 机提走。随后查明这起网络存款被盗为嫌疑人盗取该公司在某第三方支付平台账户、密码，并克隆该账户捆绑手机号码获取验证码把存款转走。

案例 4　卖游戏账号被骗，第三方支付需谨慎

王先生告诉记者，2015 年 6 月底，他在游戏网站的交易平台上售卖自己的账号，“我的这个账号当时也是自己买来的，花了 2 000 多元，然后玩了好几年，自己又投入了 2 000 多元，升级了不少装备，以后不想玩了，便想把账号卖掉。”

王先生挂出售卖信息后不久就有不少网友来咨询，“我挂出的价格是 2 800 元，价格并不贵，当时有个类似客服头像的账号联系我，我误以为是平台的客服，结果在他们的引导下，最终被骗走了10 000 多元。”

王先生表示，在游戏没有提供交易平台之前，他们交易游戏账号都是通过第三方平台完成。“游戏平台提供的交易比较简单，直接兑换即可，第三方平台交易则相对复杂一些，一般都是第三方平台的客服联系游戏方，在经过我们交易双方同意之后，游戏方会把我账号里的所有东西转移到对方的账号，然后对方账号把钱转移到我的账号。”

正因为比较了解交易方式，结果反而上当了，“当时客服说我账号里没钱，需要激活，随后我往里面充值了 1 000 多元，然而在交易中又需要激活，还需要充双倍的钱，当时我也有疑问，但是还是上当了。”王先生十分郁闷。

最后，王先生发现自己银行账号先后总共支出了 11 000 元，通过查询交易记录，他发现钱都转到了一个名为“讯付信息科技有限公司”的第三方平台，王先生随后上网查询了解到，有好多网友像他一样上当了，最终钱都到了这个第三方平台。

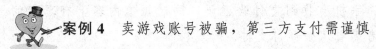

【防骗指南】

1. 不贪便宜。购买网络虚拟产品一定要到正规官网购买，遇到低价出售 QQ 币或游戏装备时，一定要提高警惕，以免上当受骗。

2. 不要将手机验证码告知他人。在利用银行卡购买商品时，点击确认支付链接后，手机会收到支付验证码，同时短信内容上有真实的交易价格，购买者需看清金额再支付。

3. 仔细甄别，严加防范。虚假网站虽然做得惟妙惟肖，但若仔细分辨，还是会发现差别。要格外注意域名，虚假网页再逼真，与官网的域名也是有差别的，一旦发现域名多了后缀或窜改了字母，就一定要提高警惕了。

二、电商托管

电子商务托管是一种新的商业服务。电子商务本身是一个复杂的过程，需要技术和市场营销的双重支持，在网络日渐重要的当今社会，中小企业一方面迫切希望能通过网络开展电子商务，另一方面又受到经验少、专业人才缺乏和成本高的限制。因此，电子商务托管服务应运而生，企业以合同的方式委托专业电子商务服务商为企业提供部分或全部的信息技术、产品或服务功能，从企业在互联网上的“包装”“宣传”和“销售”三个要点出发，提供以网站建设、网站推广和网上贸易为重点，相关服务为辅助的一系列服务。

诈骗案例

案例 1 女子花钱托管网店 遭托管公司诈骗

在义乌苏溪开办饰品加工厂的鄢女士，这几天很郁闷。

原以为花了 6 800 元“托管”费后，她可以离开电脑屏幕，专心帮丈夫打理加工厂。

然而几天前，合作的这家电商服务公司却人去楼空了，老板的电话一直处于关机状态。

网店交给“专业公司”托管，半年后公司解散、老板关机

鄢女士是安徽人，她和丈夫一起在义乌打拼已经七八年了。4 年前，掌握了一定技术之后，夫妻俩自立门户，办了饰品加工厂。

除了帮经营户代加工，2015 年 8 月，鄢女士还注册成立了电子商务公司，她在阿里巴巴管理网店负责接单，丈夫采购原材料再发到外地“来料加工”。

日子渐渐红火起来，可时间久了，鄢女士发现，因为自己缺乏专业知识，网上的批发生意遇到了瓶颈。

2016 年 9 月初，一家自称专门为经营户和加工厂提供诚信“托管”服务的公司找上了门。

一名姓孟的业务员专门来到苏溪乡下的厂里，和鄢女士聊关于批发网店运营的事情。他说，很多这样的加工厂和市场经营户都跟他们公司合作，效果很好。

小孟给鄢女士的感觉很有诚意，“对方是专业的，肯定比自己做得好。”鄢女士心动了，2016 年 9 月 15 日，她与义乌市杰诚信息技术有限公司签订合同，选择了年费 6 800 元的业务合作，主要内容包括新产品拍摄、网站图片更新、关键词搜索排名阿里前三页等。

合作的第一个月，业务员很负责，隔几天就到厂里来拿样品，然后回公司拍摄、更新，这让鄢女士轻松不少，可以帮丈夫分担其他业务。可是，好景不长。第二个月，业务员来的次数就少了，到了第三个月几乎见不到人影，等鄢女士注意到时，已经临近春节了。

2017 年 3 月 1 日，夫妻俩从老家回来开工，可是托管给专业公司的网店却一点动静都没有，“这段时间是旺季，应该有订单的。”

几天后，鄢女士实在忍不住，给义乌市杰诚信息技术有限公司打了电话。接电话的客服说，所有员工都在杭州培训一个星期，公司现在没有人。可是，3月10日，鄢女士再次致电时，工作人员答复，公司已经解散了，联系不上老板。

鄢女士立刻与之前的业务员小孟联系，却发现小孟已经离职。

根据小孟给的电话，鄢女士试图联系老板赵先生，对方却一直关机。

托管公司人去楼空，至少有100家客户合作未到期

《钱江晚报》记者来到了江东街道南下朱C区40幢，二楼的办公室已经人去楼空。空荡荡的办公室门口，3块“金字招牌”特别显眼，只是这些“企业信用等级AAA”“诚信网商”等荣誉牌都是社会组织颁发的。

门上贴着一张手写的告示，大意是“公司已经跑路，如有损失请抓紧报案”，落款写着“房东”。

随后，记者联系上了房东。房东说，杰城公司是去年3月15日搬到这边来的，6.8万元租下二楼整整7间房，租期一年，“放着很多电脑，场面很大。”

房东说：“3月10日有租客来问，我才发现里面已经搬空了，连一声招呼也不打，还欠1万多电费没交呢。”

二楼公司突然人去楼空后，房东给老板赵先生打了多次电话，只接通过一次，对方说过几天会回来处理的，可是一直不见人影，后来索性电话都关机了。

之后，陆陆续续有“阿里托管”的客户过来找二楼的公司，房东索性贴了张纸条，“目前已经有10来个托管客户跟我联系过。”

记者又联系了之前的业务员小孟。小孟说自己是2013年11月通过招聘进这家公司当销售、跑业务，“公司请的人比较多，每单提成在15％～20％，运营成本是比较高的。”

小孟说，他进公司时，有10多名销售主要向客户推销“诚信通”运营业务，根据店铺装修、产品拍摄、上传发布等项目不同，年托管费用在 3 800～19 800 元不等。

“人员不太稳定，公司管理比较乱。”小孟说，2017 年 1 月他就辞职了，直到春节后，他又接到了之前客户的电话，反映托管的店面没人操作。

于是，小孟就联系老板，老板说在操作的，并答复这段时间比较忙，让客户别急，“没想到几天后，老板关机了，公司也关门了。”

小孟手上签订合同没到期的客户就有 40 来个，主要以 6 800 元的为主，“好几个是年前刚签的，店铺还没开始操作。”小孟估计，与公司办理“阿里托管”合作没有到期的客户不少于 100 家，“以国际商贸城经营户居多，也有工厂的。”

小孟说，老板赵先生是江西人，3 月 10 日之后再也没联系上他。

市场监管局提醒经营户跟踪察看服务

随后，《钱江晚报》记者找到了义乌市市场监督管理局，得知这家企业是 2013 年 10 月注册登记的，目前并没有办理注销手续。

根据记者反映的情况，公司所在的辖区监管所工作人员表示，他们将会与公司法人赵先生取得联系，“这类属于合同纠纷，我们只能从中调解，调解不成的话建议鄢女士等人走司法途径。”

工作人员坦言，走正常程序，一家公司解散之前，要在媒体上刊登广告声明，相应的债务关系要清算，“老板是外地人，如果联系不上，建议向公安机关报案。”

案例 2

吴小姐没想到，通过某大型房产经纪公司门店租的房子，在一年租期到了之后若想要续租，还需要缴纳一次中介费。

“租房签合同的时候，房产中介并没有跟我明确提过。”吴小姐说。

吴小姐通过拨打房产中介的客服电话咨询后了解到，她租的房子属于托管房，房租收取方式就是如此。

吴小姐继续说，在租房时她还有一个疑问，就是当时签合同的时候实际上签了两份合同，一份是经纪机构代理成交版，一份是经纪机构居间成交版，且合同上还出现了一个她从未听过的机构——某爱家营企业管理有限公司（以下简称“爱家营”）。

“当时也没想那么多就签了。”吴小姐说。

吴小姐向记者提供经纪机构代理成交版合同显示，该合同签署人只有两方，甲方为房主，房主的代理机构并非该房产经纪公司，而是爱家营，合同上盖的章也是爱家营的公司章，乙方为吴小姐。在那份经纪机构居间成交版合同上，甲乙双方未变，增加的丙方为该房产经纪公司，该房产经纪公司的身份是居间人。

“签合同时，房产经纪公司的经纪人并未解释为何要签两份合同，也未解释为何第一份合同的代理人为爱家营。”吴小姐说。

《法治周末》记者在采访中了解到，有租房者称甚至都没注意到合同上有爱家营的身影。

该房产经纪公司客服人员告诉法治周末记者，爱家营为该房产经纪公司的子公司，主要负责公司旗下的托管房业务，而且该公司的托管房业务都要签两份合同。

为何托管房的佣金需要一收再收？为何通过该房产经纪公司门店租的托管房需要签两份合同？

三、团购陷阱

由于经济的发展、社会的进步，人们购买物品时也拥有了更多的选择方式。由单一的凭证供给制度转变成为商品自由交易，因为可选择机会多了，相对来说买卖所产生的弊病也随之增加。

团购就是一种新兴的购物方式，就是大家通过网站联合成一个大客户，企图和商家讨价还价，从而奢望拿到一个最优惠的价格，这个以利益为先导的做法本来是会降低挨宰风险的，但是，问题就出在“网络”二字上。

团购网站的陷阱主要如下。

1.“克隆网站”陷阱。有的网站采用与知名网站类似的名称、界面，以蒙蔽网民。

2.“商品信息误导”陷阱。网站上团购的照片与实际不一致。

3.“服务”陷阱。提供团购服务的商家对“团购”客户另眼看待。

4. 带“附加条件”。部分团购信息看似极为优惠，但加上了“附加条件”，实际带来的优惠明显减弱。

5.“团购量”陷阱。利用虚假的团购人数造成热抢的假象。

诈骗案例

案例 1

2015 年 10 月 5 日，身在外地的陈先生在汽车网络论坛上看到超低价一起团购汽车的帖子，一辆国产小轿车通过团购，可以便宜将近 5 万元，于是陈先生拨通了帖子上的电话，对方告诉他到北京市海淀区某汽车团购店就可以买到车。陈先生赶到北京的汽车店后，签订合同并交了 2.5 万元的定金。

事后，陈先生发现自己参加团购买车，不仅没便宜，反倒被敲诈了 2.5 万元。

案例 2

家住温哥华城的闫馨在发微信时，一名微信好友向她打招呼，并对她说发现了一个很不错的团购网站，东西都是正品而且价格也很合适，想邀请闫馨一起团购，之后该微信好友还发了一个链接。刚开始闫馨半信半疑，可后来又有几个微信好友发来同样的链接，而且还有人发来了音频，都说这个网站很不错。

“我就觉得快过年了嘛，团购一点东西既便宜又实惠，再说当时我看了网站上显示那么多人参加了团购，心想应该不会有什么问题，于是我就和他们一起团购了 200 块钱的干果类食品。可是过了一个小时后我想打开网站再看信息时就打不开了。哎，也不知道自己的网银信息有没有被窃取，这不一大早我就把网银卡里的钱都转了出来。”2016 年 2 月 11 日上午闫馨悻悻地说。

案例 3

两块钱买 250 克进口车厘子究竟是真还是假?

事情是这样的，2015 年大概 11 月、12 月份，不少市民的朋友圈都被一则拼水果的邀请刷屏了，邀请上说：只要满 40 人，2 块钱就可以团购到 250 克的车厘子或两盒蓝莓。

如此地板价自然吸引了不少市民一拥而上。该微信阅读量瞬间突破了 10 万，王先生是其中一名粉丝，他赶紧招呼亲朋好友来凑单，该团很快就满 40 人，没想到通过网银付款后，却一直没有收到货。一周后，王先生收到一条客服自动回复的信息，称拼团未成功会退款。等了半个月，钱才最终退回来。

跟王先生一样，很多网友呼朋唤友填了个人资料后，却很快被告知拼团失败。

案例 4

2015 年 10 月 13 日，甘某通过电话联系小朱，约定以 260 元的价格销售 1 张某知名综艺节目的门票给甘某。但当甘某按约定将 260 元转账给小朱后，小朱并未将门票邮寄给甘某。10 月 17 日，小叶得知小朱有该综艺节目门票出售的信息后，决定购买 28 张。双方约在某大学门口见面，小叶将 4 860 元交付给小朱——其中 2 860 元是 11 张门票钱，2 000 元为剩下的 17 张门票的定金。小朱拿钱后将 11 张门票给了小叶，但经鉴别这些门票均为假票。

【防骗指南】

与团购相关的诈骗或诱导消费的花样虽然不断变化，但大都离不了“低价和优惠”的路子，警方提示如下。

1. 看团购网是否公司化运营，网站版权页面有无运营企业名称、地址、电话、负责人等信息。优先选择专业团队运营的、规模较大、口碑较好的团购网站。

2. 不要被价格和折扣迷惑，团购前要看清网站对商品的细节描述、消费规则，多与网站客服联系，咨询清楚后再下单，并且注意保存相关消费凭证。

3. 注意团购网站及相关商家的知名度、口碑和服务能力。

4. 团购网站需要人气来烘托，消费者要明辨其中的虚假交易数据。不要盲目跟风下单，要根据自己的需求购买。

5. 数额巨大的团购一定要谨慎。一定要求使用第三方支付担保交易的方式或要求货到付款，不能随便将巨款通过网银预付给对方。

四、网购“秒杀”

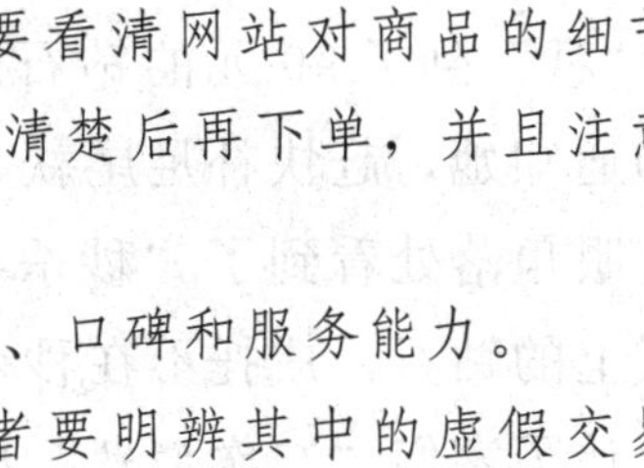

在网络购物中，商家为了吸引顾客前来购买，纷纷使出不同的促销手段，“秒杀”便是其中的一种。“秒杀”就是以超低价限量购买促销商品，一般顾客会在同一时间去抢购该物。由于商品看起来性价比高，往往活动一开始就被抢购一空，所需时间甚至以秒计算，在网络上秒杀到自己心仪的商品是时下网购者热衷的一种购物形式。但是有很多秒杀都名不副实。

越来越多的网店推出秒杀活动来增加人气，“秒杀”原本是电脑游戏中的名词，现已延伸到网络购物，而在网购秒杀过程中，有的秒杀商品货不对版，有的在低价秒杀某个商品后却需要支付超过一般运费的费用，有的秒杀商品还不实行三包……网购秒杀也有陷阱。

诈骗案例

案例 1

“秒”到了 99 元的钻石戒指，正当网友高兴不已的时候，客服人员却通知她，赶快补足尾款，在客服人员的引导下，她在网页的一个不起眼角落处看到了“秒杀必读”的链接，原来此次秒杀的商品只是钻戒上的钻石，戒托不在秒杀范围之内，需要额外付费 1 299 元购买。

让买家们“二次消费”也是一些秒杀店的惯用招数，因为要打动买家的心，秒杀商品自然得超低价，这时为了不亏本，有的卖家就在附加条件上做手脚，一位被二次消费的买家张小姐介绍，上次她“秒”到了一条长裙 20 元，但卖家要她再加 30 元，因为衣服上的一条腰链是需要购买的，最后她只好多掏了 30 元。

案例 2

因为经常购物，孙女士有许多相熟的网店，这些网店在做秒杀活动时常常事先通知她，而她将自己看中的商品记住，并列出不同网店秒杀的时间安排。比如，某个网店秒杀的时间是晚上 8：00，孙女士会在晚上 7:50 守在电脑旁，等待秒杀活动的开始，活动开始后赶快按下按钮，争着下单。可在几次秒杀促销中，孙女士发现自己有一次上了当。当天，她参加一个“一元秒杀 T 恤”的活动，好不容易拍到了价格超便宜的 T 恤，却被商家告知运费需要 30 元。一般商品的快递费为 10 元左右，一件 T 恤 30 元的运费价格实在有点高。加上运费，这件秒杀来的 T 恤已经毫无低价优势。

案例 3

网民孙某看到“淘宝网”举行名为“全民疯抢”的让利促销活动，于是孙某从网上下载了一款“秒杀器”软件，并成功拍下了三件商品，随后支付了 2 500 元网购款。结果等了三天，都没等到卖家发货，询问卖家却说孙某拍下了商品，但一直没有付款，孙某随后查询银行卡信息，发现货款已经支付，但却汇入了另外一个未知账号。原来，孙某所下载的“秒杀器”被不法分子绑定了“支付宝劫持木马”，“秒杀器”虽然帮其成功抢到了商品，却在付款时篡改了付款页面，盗走了孙某的网购款。

案例 4

孙小姐不久前看到网上有一家网店的皮包搞活动，说是限量进行，平常要卖 58 元。她当天晚上 10 点多就提前坐在电脑前，先确认了一下支付宝账户里的金额，试试电脑的网速，最终在 11 点时成功抢到了秒杀价为 38 元的皮包。几天后，孙小姐看到这个店又搬出该款皮包促销，售价仍是 38 元。她搜索了该皮包的成交记录才发现，原来几个月以来都是卖 38 元。58 元的“原价”就是卖家虚构的，孙小姐在其他网店里也看到了这款皮包，正常售价就是 38 元。

【防骗指南】

1. 虚拟网店尽量“实体化”。

网络购物最大的问题就在于虚拟购物，一切交易都在网上进行，那么就要尽量让网店“实体化”。所谓“实体化”，就是让消费者购物的网店看起来“靠谱”。比如，注意识别正规购物网站：正规购物网站在网页下方都有工信部ICP/IP地址信息系统备案的字样，并有工商部门颁发的“红盾”标志，有的大型网站还有网络警察；正规购物网站一般都有“网上支付”等支付工具和“货到付款”等配送服务。

2. 对于淘宝上的店铺，消费者也要选择信誉好、实力强、售后服务有保障的商家。要查证商家名称、地址以及所销售商品的真实性，多看看买家评论。如所购商品在当地商店有售，可先对其质量和效果进行了解，再对照在网上购买。

3. 支付方式选择“货到付款”。

货款支付最好选择“货到付款”方式。如果需要先付订金或全款，则采用第三方支付平台（如支付宝）。如果商家要求通过银行或邮寄直接到账，请勿购买。

4. 保留好交易记录及各类凭证。

消费者在网络购物中一定要保留好交易的所有相关信息，如要求商家提供购物发票、商品合格证以及“三包”凭证，包括商家提供的原始清单、电子邮件或聊天记录、商品包装等，这样在遇到消费纠纷时，才能有据可查。

5. 所购商品寄到后，要先亲自验货，合格后再签收。

6. 遇到“秒杀”不要激动，要理性消费。

五、网游交易诈骗

随着网络游戏的快速发展，网络游戏诈骗案件也在逐渐增多。2017年以来，江苏省无锡市已发生多起网游诈骗案件，涉案金额8 000余元。常见的诈骗手法是犯罪分子利用一些热门网络游戏网站向游戏玩家发送消息，兜售点卡或游戏代练，且实行明码标价，价格从几十元到几千元不等，伺机行骗。

诈骗案例

案例 1

2015 年 5 月初，李先生在玩一款网络游戏时认识了一个朋友，为了方便联系，这位“朋友”将李先生拉入了一个 QQ 群。

在这个 QQ 群中，一个网名叫“百事”的人和李先生说，他已经掌握了该款游戏中八卦炼丹炉的摇奖规律，可以投资赚钱，只要把钱交给他，挣到的钱和李先生三七分成。这时，群里还有人响应，声称“百事”已经帮他赚了钱，并把相应的“炼丹”中奖视频发给李先生看。李先生感觉自己真的遇到了“高人”，就相信了他。

起初，李先生每次给“百事”汇款后都能按时收到对方的返钱，这让李先生尝到了甜头。但是一个月后，“百事”说游戏的服务器更改了，他要重新掌握“炼丹”的技术，可能需要一段时间，但很快就能再次掌握赚钱的技术。

从那以后，李先生继续给对方汇款，每个月给对方账户汇五六次款，少则几千，多则数万元，但往往多次汇款后才能收到对方返给他的一次盈利。

就这样，李先生自 2015 年 5—11 月，半年期间陆续通过网银向对方账户转了 80 余万元。2019 年 2 月 24 日，李先生发现自己的 QQ 号已被对方拉黑，这时李先生才意识到遇到了骗子，遂报警。

案例 2

小施今年二十岁出头，闲暇时喜欢去网吧，和朋友一起玩玩网络游戏（以下简称“网游”）。前段时间，小施开始玩一款名叫“QQ炫舞”的网游，并沉迷其中，无法自拔。

玩了一段时间后，小施发现不管自己花多少时间，在等级上都没办法超越朋友。为了快速提升等级，小施想到花点钱找个代练，“以前玩别的网游时，也找过代练。”自认为有经验的她，随即上网以“代练”为关键词进行了搜索。很快，小施就找到一个看起来可信度比较高的“代练”，与其谈妥了价格，200元升一级。对方提出，必须先付款才能代练。

“当时我没怀疑什么，就通过QQ红包的方式，转了4 000元给他。”几天后，小施发现自己账号的等级丝毫未动，赶忙在QQ上询问对方，对方称因为最近接的单比较多，所以有所耽搁，“他跟我说，如果我再多付点，可以帮我先刷等级。”小施汇出2 000元后，对方还称，需要再花点钱买点装备，这样等级升得快。二话没说，小施按对方要求又汇了3 000余元，然而没过多久，小施见自己的游戏账号还是没有动静，再联系对方时，对方已经将她拉黑。

受骗后，小施心情非常沮丧。为追回自己的钱，赶紧上网搜索“遭遇网络诈骗后该怎么办”。很快，她在一个帖子里得知，可第一时间上网找“网络警察”帮忙，后面还附带了所谓的“网警”的网页链接，“看上去是个非常正规的网站”。

小施点击链接，找到了一个“网络警察QQ在线客服”的窗口，向对方描述了自己遭遇的骗局，希望网警可以帮忙讨回自己的钱。“客服”称，需要一段时间进行调查，并叫小施提供了诈骗者的相关信息。没多久，“客服”找到小施，称调查有了进展，诈骗者的账户已经被冻结，如果她想拿回自己的钱，必须先解冻对方的账户，“客服说解冻对方账户，是要付手续费的。”对于“客服”身份丝毫没有怀疑的小施，又通过支付宝汇给对方4 000余元。然而，让人没有想到的是，当小施再联系“客服”询问进展时，自己已经被拉黑。

被骗两次后，小施只得向辖区派出所报警求助。

案例 3

某宝上一名叫“水灵龙 cindy”的卖家通过店铺对外销售著名网络游戏《魔兽世纪》的虚拟道具（游戏角色的坐骑），其中商品“白毛犀牛”的单价为 1 200 元，“幽灵虎”“魔法公鸡”的单价为 1 500 元。短短三天时间，就有大量买家拍下并付款，可付钱之后，卖家就石沉大海，没有了音讯。三天后，某宝因接到大量买家的投诉，将这家网店关闭。

小宋是其中一名受害者，一般的网络购物，买家收到商品后，需要点击收货，买东西的钱才会真正地转到卖家账户。那小宋为何会在尚未收到商品前就点击收货呢？原来，卖家在小宋付款后，主动联系他，号称目前商品比较少，商家遇到点资金问题，需要先收到货款给商家然后发货。因为虚拟商品没有寄送环节，小宋特意查看对方商铺的信誉度是四钻（以往商品销量达到 2 000 件以上），就点击了收货，不想最后却遭遇了骗局。

案例 4

毛先生在玩手机游戏时，窗口突然弹出一个低价出售游戏装备的消息，毛先生看到这条消息便心动了，于是马上添加了对方的 QQ 号，联系到了对方。对方对毛先生说：“你要先充值 200 元注册账号，这是购买装备的第一步。”毛先生听了对方的话马上进行了充值，充值成功后立刻联系了对方，对方又对毛先生说：“你要再次充值 1 200 元作为开通账号的押金，这是购买装备的第二步。”毛先生听了对方的话感觉是那么回事，便再一次充值了 1 200 元作为所谓的开通账号押金，充值成功后，毛先生马上联系到了对方，对方对毛先生说：“你现在可以用自己注册的账号登录了。”毛先生听了这番话非常开心，马上进行了登录，在登录时突然弹出一个窗口：“您的个人信息出现问题，账号被冻结”，毛先生看了这番话惊呆了，他想：刚才一切不都进行得很顺利吗？客服也说可以进行登录了，为什么登录的过程中账号却被莫名其妙冻结了。他很着急便立刻联系了对方，对方说：“先生，您的账号确实已被冻结了，现在您需要充值 6 600 元才能将账号解冻。”毛先生听了这番话很着急，心想能解冻账号才是关键，便立刻按照对方的提示把钱转了过去，转账成功后，毛先生又立刻联系了对方，但这时对方已将毛先生拉黑了。毛先生这才发现自己被骗，于是报了警。

为避免落入陷阱，游戏爱好者务必了解常见的几种诈骗手段。

低价售物法

在游戏中以低价销售游戏币或装备为名，让玩家线下银行汇款，待收到钱款后立即消失。此类案件是网络游戏诈骗中发案最高的一类。

买卖账号法

以高价收购玩家高等级游戏账号为名，并诱使玩家登录钓鱼网站进行交易，从而获取玩家银行卡信息，伺机盗取玩家银行卡内钱财。

升级代练法

在游戏中发布虚假广告，称可低价代练游戏角色等级或装备，从而获取玩家游戏密码并要求玩家先行支付部分费用，等得到玩家汇款后立即将玩家的装备、游戏币洗劫一空，并消失。

【防骗指南】

1. 不要轻易相信网络游戏中的中奖信息，购买装备和虚拟货币时尽量通过认证的方式进行交易。

2. 申请游戏号用实名制和真实身份证填写资料，牢记密码提示问题和答案。一旦发现丢失可以立即通过密码提示取回。

3. 开发者应建立装备密码仓库，游戏者在下线时，可以将装备和虚拟货币存入密码仓库。

六、客服退款链接

随着网络购物的日益普及，冒充电商平台客服人员进行诈骗的犯罪现象也随之出现。很多不法分子冒充电商平台客服人员致电买家，以退款为由提供虚假链接或网站进行诈骗。

此类骗术的步骤如下。

1. 骗子冒充卖家，以系统升级导致卡单为由，发短信称要退款给买家，让买家联系短信中的“客服”电话。

2. 买家致电后，骗子以退款至买家的银行账号为由，要求通过QQ给买家发退款的链接，此链接多为“钓鱼链接”。

3. 买家登录“钓鱼链接”后，未看清楚内容就填写了姓名、银行卡号、身份证号、网银登录密码和手机验证码。骗子用这些信息盗走买家的银行卡资金。

诈骗案例

案例 1

今年30岁的杜女士是个网购达人，平时家里日常所需用品大部分是在网上购买。3月15日，杜女士和往常一样在网上商城选购了几样商品，此后两天除了选购的几本书外，其他商品都按时收到货了。3月17日下午，杜女士接到了一自称该网上商城“客服”的电话，电话里“客服”称由于杜女士网购的书没货，所以需要将书款退回，同时已经把退款需要的程序链接发至杜女士的邮箱，杜女士只需要进入邮箱点击链接，根据程序提示进行操作就行。

随后，杜女士根据“客服”的要求进入邮箱点击了一个网址链接，并根据提示绑定了自己的一张银行卡。“当时我操作完后，突然感觉好像不对，怀疑自己上当受骗了。”杜女士称，因为自己之前网购，退款都是直接退到银行卡里，客服是不会打电话的，也不会点击网址链接绑定银行卡这么复杂。杜女士随即赶紧拨通了该网购商城的客服电话，而经过查询自己所购买的书并没出现问题。“这时我已经明白自己是上当受骗了，赶紧拨电话准备挂失银行卡，但这时骗子的电话不停地拨进来，等我电话停下来时，手机短信提醒卡里的 5 万元钱，在不到 5 分钟时间里已经被分 6 次转走了，当时我赶紧跑到公安局报警求助。”杜女士说。

案例 2

小玲告诉民警，案发当天，她接到一个电话，对方自称是某网店客服，说她曾在店内买过一双鞋，但由于购物平台系统错误，交易未能成功，需要办理退款手续。之后，对方又让小玲添加售后客服人员的 QQ 号码，联系退款。小玲仔细一想，自己的确在淘宝上购买了一双 30 多元的板鞋，一直没有收到货。因此，她对“客服”的真伪没有一丝怀疑，立即加了对方提供的 QQ 号。

小玲发现，这个 QQ 昵称为“客服 168”的人非常热情。一阵寒暄后，“客服 168”就给小玲发来一个链接，要求她将链接点开，然后按照提示一步一步将各项信息填好，包括姓名、身份证号、手机号、银行卡卡号，甚至还有银行卡密码。按照对方的要求，小玲很快填好信息。随后，她的手机收到一个验证码，“客服 168”就告诉她，这是她银行卡接收退款的验证码，小玲便把验证码告诉了对方。几分钟后，小玲查询银行卡余额，银行卡上不仅没多出钱来，卡内存着的 9 300 元反而被“洗劫一空”。小玲立即打开购物网站，与在线客服联系后，对方表示根本没有和她联系过。直到此时，她才意识到自己被骗了。

案例 3

潘女士说，9 月 6 日，她在天猫商城的一家网店下单了一个电视柜和一个茶几，总价 2 200.8 元，她当即付款，等待卖家发货。

第二天，她收到一条以“1065”开头的号码发来的短信。“短信中说，我的订单失效，需要与客服联系，办理退款。”潘女士说，她回拨短信中提供的以“400”开头的“客服”电话。

“接电话的是个带南方口音的男子”，潘女士说，对方称，因系统升级导致订单失效，得先退款。如果需要，潘女士可在系统升级后，重新拍下商品。

对方要潘女士提供银行卡账号，用于“退款”。“我让他把钱转到我的支付宝里，但他不同意，说这样退不了。”潘女士觉得事有蹊跷，在沟通过程中，对方态度恶劣，相当“霸道”。她要来对方的工号“0015”，拨打了天猫商城的客服电话，一方面核实此事，另一方面想投诉该客服。

天猫商城的客服人员告诉潘女士，不仅没有工号为“0015”的客服人员，而且她的订单一切正常。“骗子当时准确、详细地说出了我所购买商品的信息，包括种类和价格，我一度相信了”，潘女士说。

案例 4

陈女士接到一个陌生电话。对方自称是淘宝客服，对她近期购买的衣物订单进行回访。“客服”告诉陈女士，她近期购买的裤子甲醛超标，需要召回销毁，公司全额退款。

陈女士还没反应过来，对方提出添加她为 QQ 好友，以方便退款。感觉自己买的裤子的确有些气味，陈女士半信半疑地加入 QQ 聊天。对方在 QQ 上将她的个人信息和收货地址发了过来，让她确认。看到自己的信息丝毫不差，陈女士顿时深信不疑。

当晚，“淘宝客服”给陈女士发来一个链接，要求她点开填写退款信息。陈女士点开链接后，马上弹出一个“淘宝网页”，上面提示要重新填写相关个人信息，包括银行卡信息。

陈女士不假思索地将自己的个人信息和银行卡卡号填写完毕。过了一会儿，她手机收到一个验证码。对方要求她将收到的验证码输到验证码框里，她按要求一共输了 3 次。

过了一会儿，陈女士手机里就不断地收到来自某基金公司的短信提醒，提醒她“完成了基金公司的理财充值”。就在陈女士纳闷之时，其银行卡里的 6.9 万元被分 16 次全部提取，卡内显示余额为 0。

这下陈女士傻眼了，如五雷轰顶的她连忙来到派出所报案。

【防骗指南】

1. 淘宝购物基本没有卡单、订单有问题、付款未成功等情况。遇到此类情况，可登录“旺旺”与商家沟通确认。

2. 在网购中，不要转移至其他的聊天工具沟通，如 QQ、YY。

3. 学会正确识别淘宝网、天猫、支付宝的网址，仔细查看浏览器中的域名第一个单斜杠前是不是 taobao. com、tmall. com、alipay. com 结尾。

4. 淘宝、支付宝客服不会向会员索要银行卡卡号、身份证号、手机验证码等个人信息，同时非第一次注册淘宝网、支付宝均不需要提供此类个人隐私信息。

七、微信微商诈骗

一些经常出现在朋友圈的“正能量”是这样的：

“你连试都不试，怎么知道自己不行？一个产品，可以骗一个人，却骗不了一群人，更骗不了大中国五湖四海的人。”“因为我在用，所以我推荐；因为我认同，所以我分享！”“女人，靠父母充其量是公主，靠老公最多是王妃，靠自己你才是真的女王！做微商不丢人，丢人的是不去挣钱还满身的负能量！”“今天我没时间，明天我怕卖不出去，试想，连试都没有试过，怎么知道你不行？我已经在反哺父母了，而你还在用着他们给的钱！”

或许正是这种稍显奇怪的语气和每天在朋友圈刷屏一般地推销产品，让不少人觉得，做微商就是“搞传销”。

微信首先是一个社交软件，只有微信的好友才能看到朋友圈推送的内容。这就决定了微商的客户群较之淘宝商家的客户群更狭窄。很多微商急于扩大自己的客户群，就会踏入一些打着微商推广的骗子圈套。同时，因为微信带有社交性质，很多微商和顾客都是认识的，这样方便一些骗子打着熟人的旗号，降低受害者的警惕性。同时，这也方便一些微商发展类似传销的代理商制度，通过层层发展下线代理商赚取代理费。

诈骗案例

案例 1

微商小安是某高端奢侈品仿货的中间代理商，顾客从他这里买包，需要把钱全部打给小安，然后小安将钱打给上层代理商，代理商再向工厂打全款并要求工厂发货，小安曾在此过程中被骗。他将钱打给上级代理，但上级代理不仅没有发货，还将小安删除并拉入黑名单。最终，小安只好自己垫钱返还给顾客。

小安说，这种经销方式有点像传销，代理商想要赚钱需要不断发展下级代理商收取代理费，“而代理商发展下线时，只会出示自己的销售记录、商品图片，并没有实物。这其实很好伪造”。

案例 2

微商崔先生说，他刚开始做微商的时候被顾客欺骗过。该顾客一开始提出买 3 盒面膜，并声称通过银行卡给崔先生转账。过了一会儿，崔先生收到一条短信，短信显示崔先生的账户已收到钱。紧接着，该顾客提出，第一次买面膜不知道好不好用，先买一盒，他要求崔先生把 2 盒面膜的钱退给自己。崔先生没有多想，就把钱从自己的卡里退给了该顾客。结果，崔先生查询银行卡余额发现，自己只是收到了一条伪装成银行信息的短信，自己的卡里并没有收到货款。崔先生白白把 2 盒面膜的钱给了该顾客。崔先生再想和该顾客理论，发现对方已把自己拉黑。

案例 3

河北微商严女士说，2016 年 8 月，通过同学的朋友加入微商行列。“她最开始在朋友圈发了一个产品，这个产品我从来没有听说过，然后我就问她。她说这个产品现在特别流行，而且用得特别好。”这个产品就是面膜。

严女士发现，这位微商卖家一直在朋友圈发自己的销售截图，以及有车有房、四处游玩的生活照片。这让严女士越来越心动。“她跟我说，只要我好好做，她保证我一个月至少赚上万元，还有做得好的微商半年以后就可以买保时捷了。”

最终，严女士加入了这个微商团队，并拿了 6 000 元的货。在接近两个月的时间里，她却只卖出了 10 多盒，利润才 600、700 元。于是，严女士跟上家抱怨：“为什么我就卖不出去货呢?”这时，上家才告诉她，真正赚钱的不是靠零售，而是要靠发展下线，而手段就是：做假!

让严女士吃惊地是：赚钱的截图、订单都可以造假！

案例 4

杭州临平的小杨在做微商，5 月份在朋友圈看到一款治疗妇科疾病的药品，据说利润很高，也很好卖，还可以退货，她心动了。

朋友圈里这个朋友，微信名叫沫沫，小杨不熟，更没见过。推荐的是一款妇女用抑菌粉，叫“佳茵”。

沫沫告诉小杨，该产品是专门针对女性妇科疾病的，如宫颈糜烂、霉菌、滴虫等，还有缩阴润滑这些功效。

小杨跟沫沫聊完后算了笔账，第一利润丰厚，第二对方承诺卖不出去，可以退货。她觉得这笔生意可以做。

小杨一口气就投了五万多元，原以为能赚一笔，可真到要卖了，却发现没有对方说的那么好卖，关键是在销售过程中，沫沫还教她造假。

小杨说：“打个比方，这个是顾客，在吗，佳茵怎么卖，然后我这边，就是自己对话嘛，然后我就会问她，你哪里不舒服，先问她症状、病情，你看造假。”

小杨告诉记者，对方给她推荐了一款手机软件，通过该款软件，可以伪造微信聊天记录，甚至可以伪造微信红包和转账记录。

小杨说：“红包也可以，转账也可以，我打个比方，转账1 000，转给他，我这边可以收账，其实没钱，这个都是假的，发朋友圈不是很真实吗？”

小杨也问了一些顾客，得到的反馈是使用之后没有什么效果。她又算了笔账，觉得不能再继续了，要求退货。

拨打沫沫的电话，却始终无人接听。

为加强网络传销打击力度，工商总局下发通知，要求各地工商、市场监管部门进一步做好查处网络传销工作。报道称，近年来，网络传销违法活动日益突出，打着所谓“微商”“电商”“多层分销”“消费投资”“爱心互助”等名义从事传销活动屡见不鲜。网络传销因其主体和目标的虚拟性、行为跨地域性等特点，与传统传销相比更具隐蔽性、欺骗性和社会危害性。网络传销案件往往蔓延速度快、涉及人员多、波及地域广、涉案金额大，严重损害人民群众利益，影响社会和谐稳定。

然后，怎样辨别朋友圈里那些刷屏的人是微商还是传销呢？

据中国消费网介绍，当前网络传销主要有以下五种表现形式：

1．“电子商务”式。不法分子首先注册一个电子商务企业，再以此名义建立一个电子商务网站，并以“网购”“网络营销”“网络直购”等形式从事网络传销活动。

2．“免费获利”式。社会上出现不少“免费获利”“增值消费”式传销行为，宣称“消费不用花钱，免费购买商品”，“消费＝存钱＝免费”“消费满 500 返 500”等，欺骗性强，诱惑力大，引起不少人的兴趣，最终使人上当受骗。

3．“网上创业”式。打着“一边上网娱乐，一边上网赚钱”“吃着火锅刷着微博，月收入 10 万元”的宣传旗号。一些网络传销分子抓住年轻人急于创业、渴望成功的心理，以“在家创业”“网络创业”“网络资本运作”“网络投资”为诱饵，欺骗、引诱年轻人上当，从而达到发展会员进行网络传销的目的。

4．“网络博弈”式。以玩网络游戏、网上博彩为名，发展会员从事“游戏股票”“幸运博彩”等游戏充值卡业务，以直销奖、销售奖为诱饵发展下线。

5．“爱心互助”式。某些网站宣传一些有“特别功效”的生物保健品，宣称入会后就能便宜或返利，以此进行网络传销。为了防止成为传销链条的一环，防止从上当受骗者成为参与传销的违法人员，防止损害个人信用和声誉，工商总局还提醒大家，应理性选择合法投资渠道，不要被所谓的快速致富诱惑。

【防骗指南】

1. 针对涉及金额较大的商品，请不要选择异地微商交易；同城交易则与微商当面交流，确认对方地址及身份证信息。

2. 当对方给出的支付宝账号显示“未实名认证”后，请果断放弃交易。

3. 购买产品之前，不要急于当天下单，反复咨询几天后，查询相应信息，对比微商的话，有无自相矛盾之处。

4. 不要轻易购买虚拟产品，购买实物产品也应首选货到付款方式。如对方不支持货到付款，请自行判断微商诚信度。

5. 不要轻易相信微商朋友圈里面的产品图片与交易截图，这些都可以通过软件作假。

6. 那些靠招代理挣钱的微商，靠卖产品无法赚取利润。利用传销模式发展代理的微商，只能靠下级代理挣钱，可以考虑放弃。

7. 与淘宝购物相比，微信购物目前存在很大的风险，售后无法保证，金钱无法担保，消费者权益也无法得到保障。

八、分期付款诈骗

此类诈骗是犯罪分子通过专门渠道购买购物网站的买家信息，然后冒充购物网站的工作人员，声称“由于银行系统错误原因，买家一次性付款变成了分期付款，每个月都得支付相同费用”，之后再冒充银行工作人员诱骗受害人到ATM机前办理解除分期付款手续，实则实施资金转账。

诈骗案例

案例 1

2015 年 9 月，韦某通过同事张某联系到邱某，请邱某帮其购买一辆宝马 520i 轿车。邱某以韦某信用不好，需要手续费办理分期购车信用卡的名义骗取韦某 1.2 万元。10 月，邱某又以支付定金的名义收取韦某 1.5 万元。11 月 3 日，邱某到汽车销售服务有限公司支付了宝马 520i 轿车的首付款等费用，将轿车提走，并将相关车辆首付款票据及发票拍照给韦某后，于当日将该轿车以 34 万元的价格擅自出售给某二手车车行。随后，邱某又以支付尾款的名义收取韦某 25 万元。期间，韦某多次催促邱某交付车辆，邱某一直以各种理由推脱。12 月 6 日，韦某与邱某约定，韦某将车辆首付款及购置税支付给邱某后，邱某将车交给韦某。12 月 21 日，韦某先通过妻子全某转账给邱某 1 万元，邱某于当日委托朋友李某将宝马 520i 轿车从二手车车行买回。12 月 23 日，韦某委托朋友闭某来到该二手车车行，按照邱某的要求，在该车行刷卡支付了 16 万元。之后，邱某仍以各种理由未将车交给韦某，由于邱某没有将买回宝马 520i 轿车的钱给李某，李某于 2016 年 2 月 1 日将车转卖给他人。邱某总共从韦某处骗取 44.7 万元，用于偿还个人债务。同年 9 月，邱某又以同样的方式骗取了被害人闭某共计 20.8 万元。邱某两次共计骗取两位被害人 65.5 万元。

案例 2

杨同学在某 QQ 讨论群里看到一则兼职信息，称为公司办成一笔业务，可获得 300 元以上的报酬。他与对方联系后，自称周某的中年男子将他带到一家快餐店，让他填写了一个表格，包括姓名、住址、电话、学生证、身份证等真实信息。随后，周某将杨同学带到了某手机店。在店里，杨同学出示了学生证、身份证、银行卡，然后填写了“××公司”的分期贷款申请表。杨同学提出疑问，周某称这是公司内部流程，过段时间通过后台即可消除记录，于是杨同学就签了名。随后，周某交了 2 000 元首付，买了一部苹果 6plus 手机，并给了杨同学 300 元报酬。一天后，周某故伎重演，杨同学虽心生疑虑，但还是再次填写了一张分期贷款申请表并签名，周某购买了一台电脑，这次杨同学得到了 500 元的报酬。之后，周某还游说杨同学介绍其他同学来兼职，遭拒后，周某就失去联系。一个月后，杨同学先后接到两家贷款公司的催款电话：一家每月 577 元，要还 12 个月；另一家每月 200 多元，要还 18 个月。此时，他才如梦方醒，得知被骗。但周某已经不知所踪，杨同学不得不继续偿还贷款合同中的款项。

【防骗指南】

1. 不轻信自称“卖家”的人打来的电话。当接到此类电话时，不管对方说了什么，都不要马上轻易相信，先听对方讲什么，放下电话后立刻去询问网站客服或者拨打网站管理员电话咨询。

2. 解除分期付款时应及时咨询银行工作人员。在去 ATM 机前解除办理分期付款手续前，应该询问银行工作人员是否靠谱，在自己不能理性判断的时候，要及时咨询他人。

3. 加强自我防范意识。自我防范是不被骗的关键，只有加强自身的防范意识，才能百毒不侵。

九、网购送储蓄卡

网购送储蓄卡，顾名思义，就是在收到快递时，包裹里会有一张卖家赠送的银行储蓄卡。一些诈骗集团会运用这种手段给消费者寄去不可用的储蓄卡，然后假冒“卖家”或者“银行职员”，用退款等原因引导消费者上当，最后取走消费者自己卡中的所有钱。

诈骗案例

案例 1 小陈网购假货，商家送储蓄卡骗其转账

小陈花 2 000 元网购了一部手机，但收货之后，发现手机竟然是假货，于是他拨通了卖家的电话要求退货。对方说，包装盒内有一张“储蓄卡”，只要拿着它在银行 ATM 机那里按照他的指示做，就可以办理退货，单纯的小陈竟然信以为真。小陈将“储蓄卡”插入 ATM 机的时候，发现这张卡没激活，不能进行操作。“卖家”让小陈拿出自己的银行卡进行操作，然后通过电话给他报一串操作“交易码”。实际上，操作“交易码”就是一个取钱的步骤，输入以后受害者的存款就在不知不觉中从银行卡被转走了。

案例 2 小李网购电视，卖家送储蓄卡骗走其卡内所有钱

天津的小李在某网站上选购了一台正在参加打折活动的电视，没想到收到商品时发现电视不仅是二手的，而且不能打开观看，另外，小李发现在包裹里有一张储蓄卡，小李在网上找到商家，商家非常“诚恳”地道歉之后，说会退款给小李，可以汇款至送的那张储蓄卡上，谁知送的储蓄卡根本不能使用，小李只好拿出自己的储蓄卡，按照商家的流程进行操作。没想到看似退款，实则取走了小李银行卡中所有的钱，让小李后悔不已。

案例 3 马女士贪图小便宜掉入卖家的“储蓄卡”陷阱

山东的马女士在浏览网页时发现某网站在进行超低价促销，抱着贪小便宜的心态，马女士在该网站购买了近 2 000 元的商品。

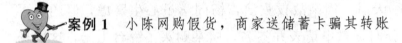

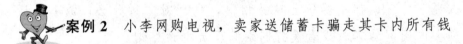

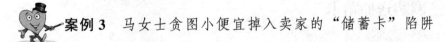

过了几天，当马女士收到包裹后发现自己购买的打折商品质量实在太差，有些食物类的商品甚至已经过期了。一气之下，马女士打电话给该网站客服，客服表示可以给马女士退款，让马女士留意一下包裹中是否有一张商家赠送的储蓄卡，可以把钱打到这张储蓄卡上，马女士按照商家的指示操作，结果发现商家赠送的储蓄卡也是次品。马女士更生气了，因为一心想要拿回购物的钱，马女士当下没有想太多，拿出自己的储蓄卡，让商家把钱打到自己的卡中。不料，就在一番退款流程过后，马女士卡中的钱全部被骗子商家取走。

案例 4　购物网站送储蓄卡返利，刘女士轻信

山西的刘女士发现一家网站在做活动，如果每个月在该网站一次消费满 2 000 元，下个月可以定时返利 50%。商家会赠送买家一张储蓄卡，返的钱会汇入这张卡中。

刘女士觉得很划算，就在该网站购买了 2 000 元的商品，当她收到包裹时，发现商家真的赠送了一张银行卡，更让她相信了该网站的返利活动。可是两个月过去了，刘女士发现自己并没有收到什么返利信息，当她把银行卡插入 ATM 机时，机器显示无法操作，问过银行工作人员之后才知道，这张只是看起来像银行卡的卡，根本就不能存取钱，刘女士这才发现上了购物网站的当了。

【防骗指南】

1. 理性分析。如果卖家不是跟某个银行有合作关系的话，为什么卖家会寄张储蓄卡给客户呢？这是一个很值得思考的问题，不能一味地听从所谓卖家的说法，要自己理性判断。

2. 选择正规渠道购买商品。不要轻信某些网站带来的小恩小惠，既然要买就应该选择正规的渠道购买正规的商品，才不会上当受骗。

3. 提高防范意识。每个人都应该加强或提高防范意识，只有加强

自身的防范能力，再可恶的骗子才无机可乘。

十、交易“卡单”圈套

“卡单”一词起源网购词汇，是网上骗子“忽悠”新手买家的词。骗子假借网商卖家身份，与受害者达成交易，受害者通过网银付款后，骗子假称系统问题“卡单”，要求受害者重新付款，从而实施诈骗。实际上，各大购物网根本不存在所谓的“卡单”说法，更不会有要求重新付款这回事。

诈骗案例

案例1 王女士险被淘宝“卡单”欺骗

王女士网购上衣，与店铺卖家进行交谈时，卖家旺旺显示客服不在线，请与QQ客服联系。一番商谈后，该卖家发给王女士一个支付链接。可等到付款后，她再返回淘宝网查看“已买到商品”时发现“已买到商品”一栏根本没有刚才买下的衣服，更没有付款记录。

卖家表示，王女士操作超时，导致“订单卡住了”。遇到这种情况，她应该按刚才的操作步骤再付一次款，才能把“卡”住的底单抽取出来，货款会退还到王女士网银中。随后，该卖家多次发“卡单”截图催促王女士付款。王女士拨打淘宝网客服热线核实，工作人员表示，淘宝网没有出现过“卡单”这一说法，而卖家一旦拍下商品后，不管是否支付货款，“已买到商品”内一定会有记录。值得警惕的是，不法分子会找各种借口要求买家通过QQ进行交谈，以规避查处。

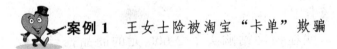

案例 2 小李“双十一”淘货被骗 1.5 万元

2015 年 11 月 12 日，小李接到一位自称是“店家”的工作人员打来的电话：由于“双十一”交易量火爆，她下的单没有成功付款，已经转为异常处理，所以需要她提供付款验证码。直到对方说出她的名字、订单号以及所网购的衣物后，小李才将 QQ 号告诉对方。

添加为好友后，小李根据对方提供的网址，点开了链接，订单确实显示为“付款不成功”。小李按照对方的要求重新操作付款流程，但由于支付宝绑定的银行卡是她母亲的，第一次操作并未成功。无奈，小李给远在丽江的母亲打电话，重新绑定了一张银行卡，这才成功了。此时，小李并不知道，其母亲的账户已被骗了 5 000 元。

11 月 13 日，小李又接到了“店家”的电话，“店家”告诉她还是未支付成功，需要她再次提供付款验证码。虽然付款未成功，但相信她的人品，所以提前给她发货了。小李打开订单一看，果然订单信息已变成“已发货”状态。这一天，银行卡上又被刷了近 5 000 元。

11 月 16 日，“店家”又给小李打电话，问是否收到包裹，还决定送一条围脖给她，但又让她提供此前的付款验证码。就这样，小李母亲卡里的钱又被刷了 5 000 多元。3 次总共被骗走 1.5 万元。

案例 3 小熊网购被“卡单”诈骗 4 500 元

2015 年 2 月的某天下午，小熊在淘宝网上买了一个书架，用支付宝支付了 60 元。当天下午 6 点左右，小熊接到一个陌生电话，对方称，小熊在淘宝上买书架时因为网站系统升级，订单出现问题，需要办理退款，重新交易。

随后，对方通过 QQ 与小熊联系，并且发来一个“退款网站”。小熊进入“退款网站”，在对方的示意下，输入支付宝密码。之后，小熊收到一个验证码并输入，没一会儿，小熊的手机就收到一条短信，银行卡里 4 500 元被消费支出。小熊这才意识到被骗，立即报案。

案例 4　刘小姐网购被“卡单”诈骗 170 元

2015 年圣诞节前，刘小姐在淘宝网上购买了一款家居用品，突然接到自称该淘宝店铺工作人员的电话。对方表示，由于圣诞节期间网购人多，淘宝系统升级出现故障，刘小姐的这单交易出现了“卡单”现象，需要刘小姐关掉淘宝页面，直接去他们的网店网址下单，尽管刘小姐还没听说过交易“卡单”这种情况，可担心这款限时打折商品很快售光，还是按照“客服人员”所说的去做。

该“客服人员”称，“卡单”的原因主要是“旺旺”系统超负荷，建议刘小姐关掉“旺旺”，并加刘小姐为 QQ 好友，传给了她一个网址链接。考虑到自己电脑的病毒防火墙都开着，刘小姐便放心地打开了该网址链接。在该网页中，刘小姐找到了自己刚刚挑选的那件商品，通过自己的网银支付了 170 元货款，但这时，QQ 中的该网店“客服人员”又马上表示，货款支付也出现“卡单”，需要刘小姐重新支付一次，可刘小姐检查自己的账户余额发现，170 元已经从账上成功划走。这才发觉自己可能中了圈套，连忙终止和对方的联系。

【防骗指南】

淘宝交易不存在卡单、订单失效等情况，如收到此类信息，不能相信。

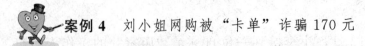

第三章 互联网金融诈骗

一、P2P 平台虚假投资标

P2P 即互联网金融，人与人之间透过网络平台相互借贷。P2P 理财平台上的“标的”往往让人眼花缭乱，调查数据显示有相当一部分 P2P 平台都涉嫌发布虚拟标、借款自用等问题，其手段变化多端，实在让投资人防不胜防。

诈骗案例

案例 1 e 租宝案例：涉案金额高达 700 多亿元

e 租宝是“钰诚系”下属的金易融（北京）网络科技有限公司运营的网络平台。2014 年 2 月，钰诚集团收购了这家公司，并对其运营的网络平台进行改造。2014 年 7 月，钰诚集团将改造后的平台命名为“e 租宝”，打着“网络金融”的旗号上线运营。

2015 年 12 月 5 日，“钰诚系”可支配流动资金持续紧张，资金链随时面临断裂危险；同时，钰诚集团已开始转移资金、销毁证据。数名高管有潜逃迹象。

为避免投资人蒙受更大损失，2015 年 12 月 8 日，公安部指挥各地公安机关统一行动，对丁宁等“钰诚系”主要高管实施抓捕。

从 2014 年 7 月“e 租宝”上线至 2015 年 12 月被查封，“钰诚系”相关犯罪嫌疑人以高额利息为诱饵，虚构融资租赁项目，非法吸收公众资金，累计交易发生额达 700 多亿元。警方初步查明，“e 租宝”实际吸收资金 500 余亿元，涉及投资人约 90 万名。

e 租宝虚构融资项目，把钱转给承租人并给承租人好处费，然后把资金转入其公司的关联公司，以达到事实挪用的目的。

案例 2 优易网案：60 多名出借人被骗，金额高达 2 500 万元

优易网自称是中国香港亿丰国际集团投资发展有限公司旗下的 P2P 网贷平台，全称为南通优易电子科技有限公司。2012 年 12 月 21 日，中国香港亿丰国际集团投资发展有限公司（下称“亿丰”）发表声明称，亿丰旗下成员“从未有所谓的南通优易电子科技有限公司”，同时，该集团保留对假冒或盗用集团名义的不法单位和个人采取法律行动、追究其法律责任的权利。当天（即 2012 年 12 月 21 日），优易网突然宣布“停止运转”，网站无法正常交易，优易网的三名负责人，即缪忠应、王永光、蔡月珍便失去联系。当时有媒体评价，优易网涉案金额巨大，可谓网贷第一大案。此案直接涉案金额 2 551.799 5 万元，出借人受损金额 1 517.805 5 万元。受害者包括全国各地的 60 多名出借人。

案例 3 旺旺贷案：P2P 平台运营仅 2 个月就突然关闭

2014 年 4 月 15 日，旺旺贷突然关闭，客服电话无人接听，该平台运营仅 2 个多月的时间。投资者自发组织维权联盟，结果显示，到

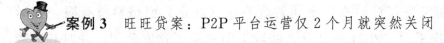

5 月，已登记的受骗者有 300 多人，投资金额从几千元到百万元不等，总金额已接近 2 000 万元。

旺旺贷首先是地址造假，横岗派出所民警对旺旺贷的地址进行过详细的核查，包括工商部门都去进行了调查，发现地址是假的；其次是担保公司造假，旺旺贷的担保公司为深圳纳百川担保有限公司。该公司成立于 2013 年 11 月 21 日，注册地为深圳市龙岗区横岗街道，据有关平台报道，该担保公司并不存在。

案例 4 擅自运营 P2P 业务，互联网金融公司非法集资 180 万余元

互联网金融服务公司在没有得到银监部门许可的情况下擅自运营 P2P 业务，为募集资金，该公司竟用员工的名义在网贷平台发布借款标，吸引投资者，5 个月涉案金额达 180 万余元。

2015 年 10 月 22 日，宝安公安分局石岩派出所根据前期掌握的线索，联合宝安经侦大队，对位于宝安区新安街道某大厦的一家互联网金融服务有限公司进行突击检查，将该公司 3 名涉嫌非法吸收公众存款的嫌疑人带回派出所调查。经审讯，嫌疑人梁某、胡某、陈某 3 人对利用 P2P 网贷平台非法吸收公众存款的犯罪事实供认不讳。据嫌疑人胡某交代，他是该公司的产品助理，负责发布借款标和平台推广工作，梁某是公司总经理，全面负责公司的运营、管理工作，陈某是公司财务，负责记账、报税和出纳。

该互联网金融服务公司 5 个月涉案金额达 180 万元，并不断地吸收资金用以借新还旧，这样的经营模式很快导致资金链断裂。目前，3 名嫌疑人已被警方依法刑事拘留。

【防骗指南】

一些虚假发布虚拟标骗局被揭穿了，但仍然有一部分正在秘密“演绎”，投资人要如何练就一双慧眼，一眼看穿标的的真实性呢？首

先要了解虚假标的的产生途径，一般虚假标的有两种产生途径。

(1) 源于平台。某些P2P平台为了募集资金，制造不真实的标的，以低成本吸引资金，再借给更高收益的借款人，以赚取中间的利差，这种行为容易产生“庞氏骗局”；另外，平台本身或股东借款自用，用于平台、股东的自有企业生产经营或偿还债务等，此方式属于平台自融，最可能发生平台卷款跑路现象。

(2) 源于借款人。由于某些P2P平台风控水平低，对借款人身份信息核查不到位，导致借款人以不同身份在P2P平台上发布大量虚拟借款信息，多次向不特定多数人募集资金，用于投资房地产、股票、债券、期货等，有的直接将募集的资金高利贷出赚取利差。

虚假标的骗局层出不穷，投资人在投资前可以通过以下方法鉴别P2P标的的真实性。

(1) 分析借款标的的真实性。信息在不泄露隐私的前提下要最大程度公开；借款人、借款信息是否清晰；借款人的身份信息是否详细，如借款人的年龄、职位、收入及单位属性等一系列基本信息；借款人的身份信息是否可靠，平台是否能提供有效的材料与渠道证明平台所发布的借款人借款与身份信息都是真实可靠的。

(2) 查阅资金担保情况是否公开。如项目经过小贷公司或担保公司担保，对应的小贷公司和担保公司资质要可靠，信息要公开，与平台关系要清晰；担保资金情况要公开，资金托管协议、银行查询账号都要尽可能公开。

(3) 确认平台是否有资金托管方。一个平台是否有资金托管公司很重要，若有资金托管公司则能在极大程度上避免平台自融的发生。资金交收要由有牌照的第三方支付公司托管（这一条是基础，不过也有很多P2P没做到）。

(4) 考察平台借款审核过程的透明度。尺度标准要公开，手续和资料要严谨。平台提供的证明材料是否是合法且有保障的，是否通过公证机构验证等。

二、虚假借款诈骗

在生活中，我们常常因为对于身份证重要性的错误认知，而贸然选择出借身份证。一些不怀好意的人拿到我们的身份证后就能开通网上银行，申请信用卡并进而做一些违法犯罪的事情，这些事件都会对我们造成很大的影响。

诈骗案例

案例 1　借同学身份证贷款挥霍

2015 年 12 月 20 日，高校学生何某找到同学胡某，让胡某帮忙出借学生证、身份证等证件资料，申请小额贷款。何某承诺贷款的钱不用胡某还。胡某想到同学一场就答应了。何某借用胡某的身份信息后，顺利地在网上办理了贷款业务，很快该网络公司将 2999 元贷款汇到以胡某名义注册的支付宝账号上，实际掌握该账号的却是何某。后来，何某对胡某谎称业务办理失败，并将贷到的 2999 元钱转至自己的账号使用。

五天后，何某继续用胡某的身份信息，在另一家网络公司办理了分期买手机贷款业务，办理成功后，何某将手机卖了 5 000 元，用于个人挥霍。

由于何某没有如期归还贷款，贷款公司找上门，胡某才知道何某利用自己名义贷款套现 2 万元未归还，于是报案。2015 年 10 月 30 日，何某被抓。据他交代，最初是想用贷款的钱去理财赚钱，后来没有赚到钱，实在还不上债，走投无路，于是骗了胡某。

4 月 1 日，江夏法院以诈骗罪，判处何某有期徒刑 6 个月，并处

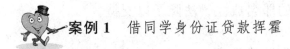

罚金 2 000 元。

案例 2　淅川一男子冒充多人身份骗贷近百万元

2015 年 5 月至 2016 年 12 月，李某以养殖为借口，先后分别使用本人及胡某等 7 人身份证复印件，冒用他人名义，多次采取欺骗手段从淅川县农村信用联社仓房信用社骗取贷款共计 87.8 万元，用于开矿和自己建设房屋。在淅川县农村信用联社仓房信用社派员催要上述贷款本金及逾期利息时，李某对信用社催收人员避而不见，并迟迟不归还所欠本息。

法院审理后认为，李某多次以骗取手段取得贷款，其行为已构成骗取贷款罪。淅川检察院指控的罪名成立，法院予以支持。

案例 3　身份证外借引发的诈骗案

2015 年 10 月 23 日，家住裕华区的老何从储蓄代办点工作人员口中得知家里的 20 余万元存款陆续被取走。老何妻子告诉他，从 10 月初至今，她分 10 多次给了邻居丁某 20 余万元。

原来，丁某与老何的女儿小青是同学，两家也是邻居。2014 年底，经不住丁某的软磨硬泡，小青将身份证借给丁某，丁某分别在 3 家银行办理了信用卡，总额度 3 万多元。令小青没想到的是，丁某透支消费后一直逾期不还。到 2015 年 8 月，几家银行开始催促小青还款。老何妻子找到丁某，丁某却以正在筹钱为由拖延。由于担心女儿因此触犯法律，老何妻子只好替丁某垫付了欠款。

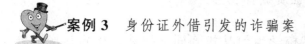

2015 年 10 月初，丁某找到老何妻子，称可以把欠的 3 万多元还上，但要先花 1 万元把朋友的卡“解锁”才行。老何的妻子不假思索就把 1 万元钱交给了丁某。此后，丁某又陆续通过这种方式从老何妻子手里拿走 20 余万元。

2015 年 10 月底，老何突然收到银行寄来的催款律师函，而欠款人竟然是自己的小女儿小青。小青患有精神疾病，生活起居也全靠家人照顾，根本不可能办理信用卡，更别提使用信用卡进行消费。老何急忙向公安机关报案，裕华公安分局立即立案展开侦查，迅速将丁某抓获归案。

【防骗指南】

(1) 应谨慎保管好个人的身份证等重要证件，一旦遗失要尽快挂失补办。

(2) 妥善保管身份证复印件，在使用复印件时，可以在上面注明时间、单位和用途。

(3) 不要轻易将身份证借给他人，不要轻易将个人资料透露给别人。在提供个人资料给对方时，最好向对方索要回执。

三、网络炒汇/炒金

国内期货市场“熊市”当道，黄金、白银、有色金属等期货品种大跌，炒家“做空”大赚一笔。而一些不法分子往往也会瞄准这一难得的机会，打着“金市寒流来袭”的幌子，忽悠受害人入市。

诈骗案例

案例 1　重庆市破获一起涉案 3.4 亿元的“炒外汇”诈骗案

2015 年年初，国内股市一片红火。见行情好，家住重庆市北部新区的李女士也投身股市捞金，但因缺乏专业知识，便在网上加入了一些经验交流的 QQ 群。2015 年 4 月，一网友主动加其为好友，在闲聊之际不时询问李女士炒股战绩，称自己有专家老师指导，可以在短时间内赚取高额回报，并截图展示自己的赚钱记录，还不时发布一些开豪车图片“炫富”。见对方炒股经验丰富，赚钱又稳又快，李女士逐渐相信对方，进入对方推荐的视频聊天室“取经”。

在聊天室内，李女士受到了热情的接待，讲师每天都向其推荐股票行情及炒股技战法，并穿插讲解一些炒外汇的知识，细心解答李女士的疑惑。眼见“老师”们推荐的股票一天一个涨停板，外汇同样涨势凶猛，一天涨幅竟能达到60%以上，李女士对推荐入群的资深股民网友深信不疑，准备加入实战。虽有一些炒股经验，但李女士从未接触过炒外汇，按照“老师”所称的股市已处高位，下跌风险大，炒外汇涨跌均可买，而且收益更高、挣钱更快的指导，李女士将卡内50万元资金全部转入推荐平台。

在“老师”的指导下，李女士小试牛刀小有斩获，随即大量买入，但此次并未能预期上涨，短短10分钟，李女士便损失近10万元，询问得到的答复是近期市场波动大，运气不好正好遇上，建议李女士加入白金班，会有“专家级老师”进行指导，但入班门槛为资金达到100万元。为追回损失，李女士立即从股市内抽出50万元再次投入该平台。在炒外汇“专家”的指导下，李女士频繁买进卖出，但很快就发现平台账户仅剩下40万元不到。此时，李女士才意识到可能被骗，立即将剩下的钱转出并报警。

接到报案后，北部新区警方立即投入侦查，查询工商注册信息显示李女士所操作的平台“厦门速汇货币兑换公司”注册资本为3 000万元，在经营范围中并无“炒外汇”项目。随后两个月，民警辗转上海、江苏、浙江等地查询近千张银行卡交易明细和摸排诈骗公司运营情况，初步查明涉嫌参与诈骗的“江苏泽傲资产管理有限公司”和“南京富京号网络科技服务有限公司”（均为“速汇”公司会员单位）的涉案情况：“速汇”公司利用自己架设的内盘炒外汇平台，通过两家会员单位发展客户在该平台上进行外汇买卖，实际上，客户的钱根本没进入国际市场，买进卖出只是电脑程序模拟的虚假交易，钱全进入了骗子的口袋。通过外围摸排，在掌握 3 家公司人员基本架构后，2015 年 8 月中旬，北部新区警方赴江苏南京对两个诈骗窝点集中收网，共抓获以安某、柯某为首的犯罪嫌疑人 57 人。

案例 2　一款“炒黄金”网络诈骗软件骗了 2 000 多名“投资者”

只要安装一个“炒黄金”的软件，每个月能获得丰厚的盈利，你信吗？浙江绍兴新昌的王女士信了，结果被骗走 2 万元。2014 年 8 月，新昌警方摧毁了这个特大网络诈骗团伙，160 余名涉案人员悉数落网，受骗人数达 2 000 余名。

2015 年 1 月 30 日，王女士哭哭啼啼地走进新昌县公安局城东派出所。王女士是一名个体经营户，平日里爱好炒股。2014 年年底，一名陌生男子给王女士来电，自称名叫“王伟”，他向王女士推荐一款“炒黄金”的电脑软件，只要充点钱进去，每个月能保证 20%～30%的盈利。

王女士心动了。1 月 9 日，“王伟”赶到新昌，为王女士的电脑安装了一款名为“德胜金融”炒黄金的软件，并现场演练了“炒黄金”的过程，短短几分钟，“王伟”赚了一些钱。

随后，王女士在“王伟”的帮助下申请了“炒黄金”的账号和密码，委托“王伟”帮她操作。“王伟”临走时，王女士为确保安全，要求其留下身份证复印件。

2015 年 1 月 22 日，王女士通过“王伟”往自己的“炒黄金”账号里充值 2 万元，并说 5 天后她需要用这笔钱。“王伟”当即承诺：5 天后，王女士不仅能拿回 2 万元，还能赚不少。谁知，1 月 27 日，王女士要取钱，“王伟”以各种理由推脱，到了 1 月 30 日，“王伟”告诉她，2 万元钱在“炒黄金”过程中亏光了。王女士这才意识到自己上当受骗，立即报警。

在调查中，位于深圳的×××科技有限公司进入新昌警方的视线。该公司面向绍兴、宁波、杭州、长沙、福州等多个城市，利用“炒黄金”软件进行网络诈骗。

根据前期掌握的线索，2015 年 8 月 12 日，新昌警方派出 180 余名警力，奔赴深圳、福州、长沙、杭州和宁波 5 个城市，对涉案的犯罪嫌疑人实施抓捕。

据了解，41 岁的上海人潘某伙同徐某、吴某等人，在深圳、长沙等地以开网络科技公司的名义纠集钟某等 100 余人以“炒黄金”的手段实施网络诈骗。

截至目前，新昌警方已抓获 160 余名涉案人员。据初步调查，该案涉案金额上亿元，受骗者 2 000 余人，其中一名受骗者被骗数额高达 75 万元。

案例 3　网上炒金，却遇到网络诈骗，几十万元打水漂

40 多岁的方女士是杭州萧山人，1 月 2 日，她在上网时看到了一家专门操作黄金投资交易的网站。网页上打出的广告“一本万利”“高回报”让她超级心动。

方女士决定拿出手头的 5 万元试试。她按照网站指定的交易平台把钱打了进去。过了几天，方女士看了看账户，多了 2 万元。钱来得这么快，方女士彻底相信了。

“投得越多赚得越多”，这是方女士当时的想法。于是，她隔几天就往平台里汇点钱，到 1 月 23 日，15 万元都通过网银汇到网站注册的账户内。

“这么多钱投进去，应该赚翻了吧。”1 月 23 日下午，方女士又准备进入网站看看。

但事情已经出现了变化，网站打不开，账户内的资金也提不出来。打客服电话、刷新网页，但一切尝试都是徒劳，钱已经没影了。

“可能被骗了。”方女士一下子意识到了问题的严重性，1 月 26 日，她报了警。

被骗的不止方女士，还有她的小姐妹张女士。当时，张女士听方

女士说在网上炒金赚了很多钱，很心动，她也一口气拿出了近10万元交给方女士，委托方女士帮她在网上弄弄，赚点钱。结果现在10万元也打水漂了。

3月5日，民警在安徽一小区内抓获了犯罪嫌疑人胡某。此时，胡某已经用骗来的钱买了一辆轿车。警方查明，他和另外一名犯罪嫌疑人前前后后骗走了多名被害人30余万元。

【防骗指南】

“地下炒金”公司往往以投资咨询公司、信息咨询公司的形式租用高档写字楼，宣称与境外一些知名金融机构合作，以此招揽客户开户炒金，同时以“手续少、门槛低、收益高”为诱饵。

另外，一些不正规的黄金期货公司都是打着外盘的旗号，客户看到的交易系统都是他们内部的系统，他们利用这个平台聚集客户资金，然后在自己系统里和客户进行对赌，客户做多他们就做空，客户做空他们就做多，以牟取暴利，同时还赚取手续费。客户刚开始操作时的盈利也是他们为了吸引新客户做的手脚。

因此，炒黄金（所谓黄金、外汇、贵金属交易等）一定要注意辨别虚假交易平台，避免上当受骗，尽量选择可靠、正规的平台操作，如上海黄金交易所、上海期货交易所、天津贵金属交易所等平台或者会员单位。

四、众筹诈骗

近两年，被称为互联网金融第三浪潮的众筹行业发展迅速，因其具有门槛低、投资金额小的特点，越来越多的人热衷于众筹这一创业模式。但是，这种模式主要是依靠投资者和创业者之间的诚信，目前并没有专门的法律进行保障。所以，有些人钻这个空子实施违法犯罪行为，诈骗投资人的钱财。

诈骗案例

案例 1 冒充上市公司股权众筹骗钱，一家公司吸金 2 亿元

2015 年 11 月，因涉嫌以“原始股”非法集资，上海优索环保科技发展有限公司原法人代表段国师被批捕，其炮制的假股票骗局骗取了上千名河南人的 2 亿多元资金。

上海优索环保科技发展有限公司利用其在上海某地方股权交易市场挂牌的身份，对外宣称为“上市公司”，并且宣布公司将定向发行“原始股”。这使得一大批投资人误以为这是一家潜在的“绩优股”企业而选择投资。

案例 2 众筹建网购平台，男子入股被骗 1.5 万元

2015 年 3 月，在长沙做生意的杨先生入股参与了邻居的众筹创业项目，即投资创立了一个叫“聚米微品”的网购平台。双方还于 4 月 9 日签订了合作协议，约定了每月分红的比例、最低年回报。但是大半年过去了，杨先生没拿到过任何回报，而邻居却失联了。

据了解，杨先生邻居创立的公司名叫米拉网络科技有限公司，并夸言说现在网购很流行，潜力大，回报率高。这个平台正处在发展阶段，以后将众筹 300 万元推平台上市。出于对邻居的信任，杨先生投资了 1.5 万元，却没想到都打了水漂。

案例 3 利用“皇冠众筹”非法组织传销诈骗，40 余人被骗

2015 年 8 月 26 日，山西忻州市警方一举破获了诈骗 40 余名受害人，涉案金额 20 余万元的非法组织传销、诈骗系列案件，抓获了犯罪

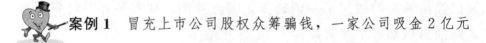

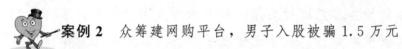

嫌疑人孔某。

犯罪嫌疑人孔某自2014年12月开始就在忻州市宣传推广投资“皇冠众筹”“北京义众互联”等项目，并成功引来40余人的投资，成为其网站“会员”，投资金额达200余万元。但在2月15日左右，“皇冠众筹”在互联网开设的网站忽然关闭。孔某一开始以春节期间公司暂停营业为由推诿，最后彻底人间蒸发。

案例4　一涉嫌违法众筹募资的淘宝店被证监会叫停

2015年5月，一涉嫌非法集资的淘宝店被证监会叫停。该淘宝店于2012年10月由朱某开设，朱某先后两次利用出售公司“原始股”进行募资。

朱某第一次推出的产品为××传媒会员卡，叫价100元一张。会员卡除了有订阅电子杂志等功能外，还配送该公司的原始股份100股。后来，朱某对公司未来1年的初创规模和收入预期做了判断，估算公司将有2 000万元市值，按每股1元的面值，她拿出20%的股份，即40万股股票面向社会发行。随后，朱某启动了第二轮网上募集，第二次招募说明书内容显示，所有在淘宝网上购买××传媒的原始股都属于公众股，只有大额认购的股东才可以成为注册股东，并溢价20%以每股1.2元价格销售。公司两次合计共募集450万元。

但是好景不长，这种网上擅自发行股票的行为被证监会叫停。证监会认为，朱某的行为涉嫌利用互联网以众筹的方式向不特定网友非法出售所谓的原始股，违反《中华人民共和国证券法》的规定，涉嫌非法集资。

【防骗指南】

纵观国内整个众筹行业，它的发展史并不长，众筹只是在近几年被人们认可和追捧。然而，众筹平台的存在很大程度上靠的就是创业者和投资人之间的信任，但相对应的法律责任却没有真正落实。所有项目的评估都得靠投资人自己完成，这具有很高的风险性。而且将诈骗项目和创业者的众筹项目区分开来的确很有难度。

在此，建议投资人在参与众筹项目时务必首先对项目进行认真考察和分析，防止上当受骗；其次，发起众筹的创业者一定要选择适合自己项目的众筹模式和结构，预估项目的风险以及自己的承受能力，切勿盲目创业众筹，害人害己；最后，众筹平台网站应该严格把关，更加谨慎地审核其团队和产品，让投机分子无空可钻，确保投资人的资金安全。

五、非法集资

非法集资是指单位或个人未依照法定程序经有关部门批准以发行股票、债券、彩票、投资基金证券或其他债券凭证的方式向社会公众进行筹集资金，并承诺在一定期限内以货币、实物及其他方式向出资人还本付息或给予回报的行为。

非法集资主要有四个特征：非法性、公开性、利诱性和社会性。非法性是指国家法律对其是明令禁止的。公开性是指对社会公众进行公开宣传。利诱性是指公开承诺给投资人回报多少。社会性是指向社会不特定人员吸收资金。

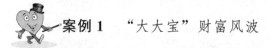

诈骗案例

案例 1　“大大宝”财富风波

“打着基金公司的名义做 P2P，但实际上是非法集资。”2015 年 6 月，北京市打非办公布，北京市非法集资涉案 360 亿元，其中私募股权投资基金已经成为大案、要案高发领域和非法集资主要方式。

一位监管人士指出，现在《中华人民共和国证券投资基金法》没有私募基金的说法，部分私募基金机构直接降低合格投资者的门槛要求，变成了公开募集的私募基金。还有多家私募基金公司只在基金业协会登记，但不对产品进行备案。

12月15日，上海申彤投资集团有限公司（下称申彤集团）由于公司资金兑付困难，要求员工必须购买公司产品，不然就“被离职”。不管是四川、山西还是上海，均有员工表示集团开始要求员工购买“私募基金”产品“大大宝”，公司最开始要求员工必须购买10万元的产品，后来降到5万元、1万元，再降到1 000元，如果不买就开除。已经有员工被开除回家。

“大大宝”为大大集团主推产品，名为CTC基金系列，期限为1个月和1年，对应的预期收益率为6%和9%。目前，1月期的产品全部停售，只有两个1年期的产品（CTC1号A、B）在售。这些产品并未在基金业协会备案。

有八个1月期的产品还未募集完就已经提前结束。其官网显示，截至12月15日，线上投资者2.93万人，累计投资1.9亿元，当日投资200万元，但线下规模不详。

有产品出现延迟兑付情况。有投资者反映，产品出现到期兑付比合同晚三个工作日的情况。投资人表示，11月5日在上海购买的1月期的CTC产品收到了本息兑付，6日购买的还未收到。

12月15日晚间，申彤集团官方回应称：最近公司根据市场的需要，对内部机构机制进行了一些调整，项目有增有减，人员有进有出；个别对所在公司整体规划不够了解或者对个人利益不满意的员工，散布了一些对公司不利、不实的言论。

这并未消除市场的疑虑。据了解，申彤集团旗下的私募基金公司被多次向监管部门投诉举报涉嫌非法集资。一是多家子公司没有私募基金牌照，且公开销售未经备案的私募基金产品；二是员工激励不合常理，利诱员工疯狂销售以赚取提成，员工的年化收益高达20%，而产品的收益是8%～13%，则融资成本至少在3.3%；三是资金无第三方托管，钱流向了企业自己的银行账户，且去向不明，公开信息则显示大部分资金投向各种公益项目和员工激励上。

据申彤集团官网介绍，申彤集团旗下有大大集团、迎智集团、茂坚集团、静静集团、菲阳集团等以“集团”为名的子公司，以大大集团为主，分别负责金融理财、创业培训、建筑装饰等业务。截至2015年11月，申彤集团已在全国282个城市设立分支机构，分公司总数达500家。

一名茂坚集团员工透露，购买“大大宝”产品并非通过App，而是把资金直接转到集团指定账号，账号对应的公司名称为西藏浦新投资管理合伙企业。据了解，西藏浦新注册于2015年10月23日，实际控制人为上海申彤大大资产管理公司相关负责人。

“要成功先发疯，头脑简单向前冲”，这是大大集团内部激励员工的名言。申彤集团在2014年约有2万名员工，从2015年上半年开始急速扩张，到现在估计有10万人。申彤官网则显示，目前有6万名员工。

多名在大大集团工作过的员工反映，申彤集团给的底薪和提成都高得离谱，一般员工底薪6 000元，提成为每个月20%。如果购买一个月10万元的理财产品（年利率8%），就可以在底薪基础上拿到1 600元的提成。

自从提出“大于一百天”的口号，员工的激励机制变得疯狂。由原来的每月拉投资20万元转正降低为拉5万元即可转正，工资由原来号称8 000元上调到1万元，投资回报周期由原来的年利率12%增加到20%，投资款期限可缩减为1个月和3个月。

大大集团的业绩考核按存量算，只要资金趴在账上就为业绩；转正后每月最低业绩为10万元，转正员工月薪基本都在2.5万元以上（1万多元的基本工资加1万多元的提成）。据员工自己估算，整个公司每月工资成本就将近5亿元。

公司以高额薪金吸引大批人员应聘后，对员工进行洗脑，称集团有“红二代”背景，项目是集团帮国家做的，有西藏地下资源开发的垄断权，已经拿到银行牌照等。

“大大集团内部大肆宣扬党工团建设，公司办公场地有大面积的有关党政的图片展览，并称集团与政府关系密切，误导员工与投资者。”一名员工透露，在大大集团官网，也专门开辟了党建频道；各地分公司都设立党办部门等。

目前，整个申彤集团只有3家相关公司在中国基金业协会登记为私募基金管理人，公司实缴资本均为0元，多位高管不具备从业资格。

深圳大大资产管理有限公司成立于2014年12月11日，法定代表人为陈某，于2015年4月29日登记为私募股权投资基金管理人。注册资本2亿元，实缴资本0元，在登记的3名高管中，除陈某具有基金从业资格外，总经理阙某和风控经理于某均不具备从业资格，产品信息未登记，没有提供登记前后的经营情况。

深圳申彤投资集团有限公司成立于2014年12月10日，法定代表人为黄某，于2015年6月29日登记，目前管理规模为0元。注册资金2亿元，实缴资本0元，黄某及风控主管翁某不具备从业资格。

北京申彤大大资产管理有限公司成立于2015年4月29日，法定代表人孙某，2015年7月16日登记，目前管理规模为0元。这家公司注册资本1 000万元，实缴资本为0元，孙某并不具备基金从业资格。12月15日，孙某表示，在公司只从5月待到7月，因身体原因辞职，“只是在筹建北京公司过程中，帮助处理了一些问题”。

然而，在大大集团销售的产品中，并无这3家基金管理人的产品。大大集团官网显示，目前有5 000万元的“某休闲酒店投资基金三期投资基金”及1亿元的“青岛某家具城投资基金”两款产品，前者的基金管理人是上海金绽投资管理有限公司，后者为上海申彤投资管理有限公司，均没有获取基金管理的牌照。

“这些产品卖不动，公司停售过一段时间。但由于业绩下滑明显，就把之前停售的产品再次发行，筹完资金的项目又拿出来筹集资金。”一名福建员工透露，“骗子还这么懒。”

为了吸引投资者，大大集团会在投资者签署合同后给予客户适当的“好处”，开出的条件是投资 300 万元赠送一辆汽车。他投资了 50 万元 CTC 基金获赠了 70 克金条，价值 1 万余元。

大大集团如此激进的扩张线下销售团队，资金去向成谜。公司公益项目众多，且公司存在自融嫌疑。比如，CTC 基金标的为大学生创业就业实战营项目，公益性明显。据 CTC 官网介绍，项目由迎智教育科技集团运作，该集团前身为上海迎智信息科技有限公司，成立于 2008 年，2015 年成为申彤集团成员。这意味着融资项目亦为申彤自身项目。

案例 2 海南工商联原副主席非法集资近 9 亿元被判无期

2001—2009 年，沈桂林作为海口泰特典当有限公司董事长，通过借款方式融资用于该公司的典当业务及偿还借款利息，并向出借人支付 2%～3%的月息。2009 年以后，沈桂林通过本人招揽或公司员工、朋友等他人帮助招揽等方式，以个人名义，并以泰特典当、泰达拍卖等关联公司做担保，承诺支付月息 1.5%～4%，与他人签订借款协议借款。

沈桂林收到借款后，大部分用于偿还以前借款本息，还用于购买房产及豪车、字画等艺术品和手表、钻戒等奢侈品。2013 年 12 月，多名被害人要求偿还数千万元本金，加上还要支付巨额利息，沈桂林的资金链出现断裂。沈桂林将登记借款金额、支付利息等资料的记录本烧毁后，于 12 月 7 日从海口出逃到中国香港，并辗转泰国曼谷、老挝万象等地。

截至案发，沈桂林共向 210 人非法集资金额共计 88 182 万元。2016 年 4 月 1 日，海口市中级人民法院一审以集资诈骗罪判处沈桂林无期徒刑，剥夺政治权利终身，并处没收个人全部财产。

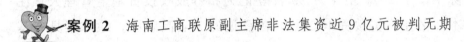

【防骗指南】

非法集资活动具有很大的社会危害性。一是参与非法集资的当事人会遭受经济损失，甚至血本无归。用于非法集资的钱可能是参与人一辈子节衣缩食省下来的，也可能是养命钱，而非法集资人对这些资金则是任意挥霍、浪费、转移或者非法占有，参与人很难收回资金；二是非法集资也严重干扰了正常的经济、金融秩序，引发风险；三是非法集资容易引发社会不稳定，引发大量社会治安问题，甚至造成局部地区社会治安动荡。

防范非法集资，要做到“五不”：一是高息“诱饵”不动心；二是老板“实力”不崇拜；三是“官方”背景不迷信；四是“合法”吸储不大意；五是熟人“热心”不轻信。

六、网络理财

伴随互联网金融的火热，网络上的各类理财产品成了网民投资消费的新热点。然而，在近年来曝光的巨额理财欺诈案中，各类金融投资类钓鱼网站开始成为欺诈主流，以“天天返利”“高额回报”为诱饵的投资理财陷阱也层出不穷。

诈骗案例

案例1 男子轻信“网络理财”被骗9.9万元

阿诚平时喜欢上网，2015年11月24日上午，他听朋友介绍，有一个做个人理财的网站里面有多个理财项目。阿诚在了解了网站的所有理财项目后，便在这一网站内注册了个人账号，并填写了个人信息和银行卡账号。随后，通过手机银行分两次向注册的账号里充值了400 元现金，购买了这一网站的理财产品。

11 月 24 日下午 5 点多，阿诚的银行卡内收到了一个名叫崔某的人发来的 140 多元的收益短信。阿诚收到收益后，又在 11 月 20 日上午分多次往网站账号内充值了几万元现金购买理财产品，当天下午 5 点多再次收到崔某发来的 140 多元的收益款。11 月 26 日，阿诚又买了部分理财产品，但却没收到产品收益款，阿诚便找到朋友询问情况，当阿诚从朋友处了解到产品收益有时会推迟发放的信息后，信以为真。11 月 27 日，阿诚又购买了 2.5 万元的理财产品，当天下午 4 点多收到崔某发来的收益款 1 700 多元。但在此之后一直到 12 月 17 日，阿诚再也没有收到产品的收益款，当阿诚想要再次登录网站了解事情的缘由时，该网站已无法登录，拨打原网站登记的联系电话和联系 QQ 号，都无法联系。此时，阿诚才察觉自己被骗了，便到派出所报案。而阿诚先后在该网购买了 9.9 万元的理财产品。

案例 2　陆某轻信“网络理财”被骗近百万元

“你想做理财生意吗？我这儿有很多的理财项目可以做，让你坐在家里分利，如果在我这儿投资，不仅时间短，而且利息高，回报快，无风险，最起码确保你每个月 10%的利息。”

2015 年 1 月，南通开发区小海街道的陆某，在一个论坛看到一则帖子，并在该网站认识了一名自称做理财生意的总负责人，对方极富耐心地对陆某游说在网上贷款时间短、返还利息高。

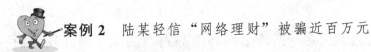

“我们是做网上贷款的，筹集资金再去投资，投资项目也很多，保证能赚到钱，如果把钱放在他们那里，收益会很高，具体要看投资情况，但肯定收益不会少于每个月 10%。”

为了得到陆某的信任，这位“总负责人”提出可以通过 QQ 聊天方式，让陆某更加了解对该网站理财的认识，并主动将他的 QQ 号和手机号码留给陆某。随后，陆某以网名“最后的挚爱”与对方“鱼明总贷”成了 QQ 好友。

“最后的挚爱”与“鱼明总贷”自成 QQ 好友后，两人在网上不断交流理财方式，此后一连几天，陆某只要打开 QQ，便收到“鱼明总贷”不断发来客户在该网站投资的各种理财收益明细表。

“投资时间短，又是高额回报”，陆某一一仔细“查看”了对方发来的明细账后，确信好多客户都在该网站赚了不少钱，便一改原先对“鱼明总贷”的警觉、怀疑，决定“小试牛刀”，为了便于保持联系，双方还相互留下手机号码。

时隔数日后，“鱼明总贷”通过 QQ 给陆某发来一个理财的专用账户，并指导陆某将钱打进该账户。

2015 年 4 月 8 日、9 日，陆某按照“鱼明总贷”指定的理财账户，通过建设银行卡的网上银行，先后分两次转账给对方指定的账户，共计 5.5 万元。

“最近一段时间效益比较好，如果你想在短时间内得到高额回报，就必须继续投资”，4 月 11 日上午，“鱼明总贷”打电话给陆某，并将 3700 元利息打到陆某的账户。

“才仅仅过了一天时间，就有这么多的利息进账了。”此时的陆某似乎彻底相信了“鱼明总贷”这名网站理财总负责人。

2015 年 4 月 11—12 日，对理财网站坚信不疑且毫无防备的陆某按照对方的意思，先后通过网银向指定银行卡号汇去共计 19 万元。

“最近有几个大的投资项目，值得考虑，建议可以大量投入一定的资金。”4 月 12 日晚上，“鱼明总贷”给陆某打来可以继续投资的电话，随后分 3 次陆续给陆某的账户返还利息 26 406 元。

天上不会掉馅饼，在高额的利益背后，必定是深不见底的陷阱。此时的陆某像着迷似的，又连续于 4 月 13 日至 25 日先后分 14 次通过建行卡网银和支付宝向对方指定账户转账 69.6 万元。

4 月 25 日晚上，陆某打电话给“鱼明总贷”，对方手机号码却变成空号，对方还将陆某 QQ 拉黑。

QQ 被拉黑，手机又成了空号，对方如石沉大海般没了踪影，一连两天，急得如热锅上蚂蚁的陆某因联系不到对方，如梦初醒发现受骗上当。

4 月 27 日上午，心急如焚的陆某急匆匆地来到就近的派出所报了警。随后，开发区警方立案侦查。

案例 3　贵金属网络投资诈骗

40 岁的王先生在宁波鄞州区经营着一家五金加工厂，几年下来也是个成功的小老板。前一段时间，王先生在上网时收到了一条 QQ 请求添加好友的消息，QQ 个人资料显示对方是一位昵称叫“杨柳依依”的女性，30 岁，头像是美丽干练的职业女性形象。王先生没多想就加了对方为好友，两人很快从各自爱好聊到了工作投资。“杨柳依依”自称是做服装生意的，平时还兼做白银、蓝田玉的投资生意，已经赚了不少钱了。

网友“杨柳依依”向他推荐了理财顾问罗老师，王先生随后加了罗老师的 QQ，罗老师建议王先生可以先在模拟系统里学习一下，等了解具体怎么操作后再进行投资交易，不过要模拟操作必须先开户，王先生按照对方的要求下载安装了一个名叫“金叶珠宝订货回购系统”的操作平台，在网上签了开户合同。

经过几天模拟系统的学习之后，王先生便投入了 2 000 元到真实的金叶珠宝投资平台，并请罗老师给予指导，罗老师却因 2 000 元本金太少赚不到手续费为由拒绝指导。在该网友的劝说下，王先生心动了，转入 20 万元开始炒蓝田玉，按照罗老师的指示进行操作，短短半个月之后便有了 5 万元的盈利，王先生很是高兴。

罗老师鼓动王先生继续加大投资：“最近形势大好，一定要抓住机会好好炒两把。”于是王先生又陆续将 30 万元转入该投资系统，按罗老师的指示购买了系统中的“蓝田玉材料”。哪知这天投钱之后却连连亏损，而罗老师却一直让其不断加仓，并称技术部没有说今天平仓，不要私自出仓，要保持好仓位，王先生乖乖按照指示操作。1小时后，王先生在该系统账户里的钱都打了水漂。王先生这才感觉被骗，连忙报警。

经多方排查及采用技术手段侦查，警方在福建省福州市一个小区端掉了这家“贵金属交易黑公司”。

原来4位福建籍的80后年轻人杜某、赵某、钱某、孙某经商议后，于2013年10月在福建州组建了一家公司，未办理工商注册登记等任何手续。杜某、赵某各占30%的股份，钱某、孙某各占20%的股份。

公司成立后，四人以从事所谓的网络营销、推广贵金属投资业务的名义招募业务员，并对业务员进行培训指导，要求他们申请新的QQ号或利用公司配发的QQ号在网上寻找客户，编造投资贵金属获利的假象诱骗客户进入该公司指定的网上不法交易平台进行贵金属炒作，使客户陷入贵金属网上投资的骗局。

该公司组织严密，股东四人各有分工，杜某与网上不法交易平台配合，并假扮贵金属理财顾问、操控客户交易；赵某负责公司培训等日常管理工作；钱某、孙某兼为业务员，又为公司招募其他业务员，并对新业务员进行培训及工作指导。

据证实，2013年11月2014年1月，该公司利用诈骗手段骗取多位被害人资金共计200余万元。

【防骗指南】

针对目前各类诈骗犯罪分子不断翻新诈骗手段现象，广大市民一定不要轻信陌生人所谓的高额投资，不要往陌生的网上银行账户汇款，不要轻信网上流传的各类信息和网址，一旦涉及，由此造成的经济损失不堪设想。另外，在购买理财产品时一定要加强自我保护意识，进行理性投资。目前，各大银行理财产品收益都有标准，凡是超过这个收益率的都具有极大风险，特别是一些宣称保本收益、短期分红高的大多是骗局。在互联网上遇有关于网络购物、网络中奖、网络理财、网络炒股等可疑信息的，要做到不看、不信、不转账、不汇款，如有疑问请拨打 110 向反诈骗专家咨询，以免上当受骗，给自己造成不可挽回的经济损失。

七、积分兑奖品

近年来，出现不少不法分子利用“改号软件”等工具对信息发送号码进行篡改，伪装成银行官方号码，向广大用户群发积分兑换信息，信息中会附带有木马网站链接，受害人若点击进入网站后，便会被提示输入密码或者验证码等信息，随后就会发生卡内现金被盗走的情况。

诈骗案例

案例 1 北京一男子轻信积分兑奖短信致信用卡被盗刷

2015 年 4 月 6 日，北京的杨先生收到一条由某电信运营商发来的积分兑换短信，内容如下：“尊敬的用户您好，您的话费积分 3160 即将过期，请手机登录 web 10086. com/bank 激活领取现金礼包。中国移动。”

见到短信是由自己手机号所在运营商的号码发送的，因网址与真实网址近似，杨先生并没有过多的怀疑，就用手机打开了网址。进入的也是一个标题为“掌上营业厅”的页面，页面要求填写姓名、身份证号、信用卡卡号、交易密码、预留手机和卡背后三位数等信息。

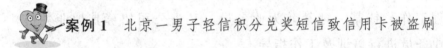

杨先生按照要求填写了相关信息后，点击下一步，又进入了一个标题为“全国银联信用卡提额专用”的页面。继续填写信息后就被要求下载一个安全控件（实际上是木马程序）。

当杨先生一切都按照页面提示提交信息后，页面就进入了一直等待的状态。不久后，杨先生就收到多笔消费短信，提示自己的信用卡被消费了 7 739 元。

案例 2　烟台男子轻信积分兑换被骗万元

王先生于 2015 年年底办理了某银行的储蓄卡，并开通了手机银行、短信提醒等业务，他的工资等都会存在该银行卡里，平时消费也都是使用该银行卡。某天，王先生收到了一条手机短信，短信提醒王先生，他的账号累计积分 9 678 分，可兑换 500 元现金礼包，积分将于当日 24 时自动清零，并附有一个现金礼包兑换链接。

一开始，王先生有点怀疑是诈骗短信，但又想到万一积分兑换现金活动是真的，自己不领取岂不是亏了？看到短信的发出者不是个人手机号，并且短信署名是王先生银行卡所属的银行，而且短信中的链接看起来也很正规，王先生考虑过后点了进去。

看到和官网一模一样的页面，王先生放心地输入了自己的银行卡号、密码等信息，并输入了银行发送给他的验证码。但是，输入完成后，王先生非但没有兑换到 500 元的现金礼包，反而收到了卡内 1 万多元被转走的短信提示。这时，他才意识到刚才的短信有问题，自己的银行卡被盗刷了，随即拨打 110 报警。

案例 3　“10086”发短信植木马盗刷银行卡

近几年，数十万广州市民收到“10086”发来的积分兑换现金短信，仔细一看，其提供的网址却与 10086 的官网不同，有人点进去，按提示激活下载软件，手机却中了木马，银行卡被莫名盗刷。近期，广州警方联合茂名、中山、佛山、江门四地警方和中国移动省、市分公司，已经抓获这个冒充“10086”进行短信诈骗的特大团伙，抓获犯罪嫌疑人 27 名，缴获作案工具“伪基站”设备 12 套等。

据介绍，该团伙大部分成员都是茂名籍人，一半都是 90 后。短短一个月，他们就发送短信约 498 万条。

“尊敬的客户：您的话费积分符合兑换 498 元现金条件，请用手机登录 www.10086tct.cc 根据提示激活。打开领取【中国移动】。”2014 年 12 月以来，广州不少市民收到“10086”发来的类似短信。该短信与正常的 10086 短信处于同一短信界面，极难分辨。

2015 年 3 月 25 日，事主高某收到一条涉及“10086”发来的积分兑换短信，高某随即用手机登录短信上的链接网址 www.10086phk.com，并按照手机的提示信息输入与银行卡捆绑的手机号码、提现密码，提交后高某的手机就收到工商银行以及建设银行发来的银行卡被消费支出的提醒短信，高某的工商银行卡和建设银行卡一共被消费支付 16900 元，高某才发现被骗，随即报警。

据了解，广州警方已接报此类案件 400 多宗，每笔被骗数额从几百元到几万元不等，最高单笔被骗金额达十几万元。

【防骗指南】

一般服务短信不会要求客户同时提供银行卡号和密码，如果是则该短信为诈骗短信。即使接到“官方”号码来电，也要根据来电内容综合判断分析是否为诈骗信息，最好是致电权威部门进行验证。

如果短信内有链接，则要分辨是否为官方网站链接，而不是根据页面是否和官方网站相同来分辨，更不要轻易在网站上同时输入自己的银行卡号、身份证号、手机号等信息，以及手机收到的验证码。收到短信提示的银行活动，如果无法分辨真假，一定要拨打银行客服电话进行查询，以免上当受骗，造成经济损失。

八、股票骗局

股市有风险，投资需谨慎，别被股市高回报率晃了眼，谨防股市投资骗局，防范投资风险。

（1）向用户推荐十大牛股骗局

此类骗术通常以学习股票知识、推荐股票为名，向用户收取押金或保证金，对那些急于求成的新股民尤为有效。事实上，正规的证券公司一般是不会向股民提供付费荐股服务的，更不会以此为名向用户收取押金或保证金。他们通常发来所谓公司的营业执照、工商证明或组织机构代码等照片或图片，只要拨打证券公司的官方客服进行询问也就能清楚了。

（2）炒股软件骗局

股市利润高，绝大多数投资者都想在股市捞金，有炒股经验的投资者还行，但对于那些无经验、根本就不懂得股市投资的人，甚至一些懒人，想在股市获利，选择相信那些所谓的炒股软件。为了引诱投资者进入，不法分子都会声称，该软件能帮股民精确捕捉股票买卖点，有专家在线指导操作，甚至保证软件使用者每支股能获利多少。投资者一旦轻信承诺，花高昂的费用购买了此软件，结果往往是亏损越来越大。

炒股软件，宣称为“炒股神器”，纯粹忽悠。只不过是为投资者提供了一些股市历史资料，让投资者更好地了解市场信息，是辅助工具。但是，此软件并不能预知股市未来的走势。那些保证使用者能获利多少的软件，一定是骗人的。

（3）股市黑马骗局

相信很多人都看到过这样的网络宣传标语“天天公开×只黑马，100％获利，一年赚个百来万不是梦”“只要 8 000 元，就能提前买牛股，收益超60%”“本公司发表资料仅供参考”“3～5个交易日便可收益20%，稳赚不赔”……如此吸引人，散户看了哪能不动心？散户被引诱加入QQ股票黑马群，然后群主指导投资者炒股，群主也会每天为客户提前布局而涨停获利的股票交割单，巨额的收益让几千元甚至几万元的会费一下显得微不足道了。

股市黑马骗局，主要是通过QQ群、短信等方式夸大宣传，诱骗投资者上钩，股民成为会员后，要求交纳高昂的会员费用，不法分子一旦骗到钱后再也不理睬，甚至玩失踪。

诈骗案例

案例1　梁某被炒股网站骗取100余万元

浙江安吉一市民原本以为可以通过炒股网站“神预测”赚大钱的，不料却被骗100余万元。

家住安吉的梁某和往常一样，在家里上网翻看网页，因为最近的股市前景大好，所以梁某对炒股有着很大的兴趣。他发现一个名叫“××证券”的网站上股票预测信息十分准确，因此梁某拨打了网页上提供的电话，想和这家炒股网站“合作”炒股。

客服告诉梁某想要成为会员需要交纳2 500元入会费。之后，对方提供了一个建行账户，梁某通过银行转账给对方2 500元。

第二天早上8点，一名自称是“××证券”客服的男子打来了电话，并说只要资金到账，确认后就会将资金返还。尽管当时梁某有些犹豫，但后来还是按照对方的要求分两次转了30万元、70万元到对方的账户。

然而，梁某等了很久，一直到下午4点多，100万元也没有转账回来。梁某不断联系客服，但对方的手机已经关机了。梁某意识到被

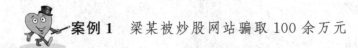

骗，立马报警。

警方接到报案后，根据受害人的讲述，立刻采取行动，希望能够冻结该客服提供的汇款账户。不幸地是，100 万元已经被骗子在一个小时前就划走了，资金已无法冻结。

当警方再次登录梁某提供的炒股网站时，发现网页已经无法打开，梁某这才确信，自己是真的被骗了。

案例 2　40 岁老股东得到“大师”指点后被骗

阿彤今年 40 岁，家住扬州市邗江区，炒股多年，但收益一直不理想。能得到“大师”指点一二，是她梦寐以求的事。2015 年 11 月，阿彤在上网时，被人拉入一个股票散户交流的社交群。群主“文博老师”介绍，他是专门帮人投资股票的，如果阿彤加入会员，他就会告诉她买哪支股能赚钱。其中，几个群成员纷纷附和，称“文博老师”推荐的股票好，他们都赚了不少钱。

就在阿彤半信半疑时，一个昵称为“箫声”的群成员添加阿彤为好友。在聊天过程中，“箫声”告诉阿彤，他就是“文博老师”的会员，最近他经大师指点，购买了几支股票，收益都比较好。阿彤随手查了一下“箫声”所说的这几支股票，结果发现，这些股票确实不错。这下，阿彤心动了，“交点钱，能获得大师指点，也是值得的”。抱着这种心理，阿彤答应入会，并按照“文博老师”的要求，交纳了 4 万多元会员费。

此后，“文博老师”向阿彤介绍了一个叫“鹿鸣”的“荐股大师”。在该大师的指点下，阿彤购买了几支股票，但这几支股票的收益都不好。对此，“鹿鸣”解释，她目前只是初级会员，所以只能得到一些基本的信息，只有升级会员级别，才能得到更好的消息。而升级会员，需要再交纳 2 万余元。

一听又要交钱，阿彤有点犹豫了。无奈之下，她开始在社交软件上咨询“箫声”，“箫声”建议她交钱升级，因为他就是在升级后获得了更好的内部消息。同时，“箫声”说了升级后大师推荐给他的股票，并发来一张股票交割记录。该记录显示，“箫声”靠投资这几支股票，已经赚了6万元。随后，阿彤查询发现，“箫声”购买的股票都已涨停，便交纳了2万余元的升级费。

令阿彤没想到的是，升级后，她按照“鹿鸣”的指点，购买股票，效益却非常不理想。其中，有几支股票不涨反跌。这下，阿彤觉得对方不靠谱，向对方讨说法。但对方仍像上次一样，劝她继续升级。阿彤感觉不对劲，不愿意再升级，并开始催对方退款。见阿彤几次三番执意要退款，对方开始不再理会她，并把她拉入了黑名单。此后，“文博老师”“箫声”等人也不再与阿彤联系。阿彤感觉自己被骗，2015年12月3日，她向邗江警方报案。

接到报案后，扬州邗江警方展开调查。侦查人员发现，阿彤在涉案社交群内认识的“文博老师”“箫声”等人虽然账号不同，标注的所在地区、年龄等信息都不同，但实际上却是同一人。这一蹊跷情况引起了警方的警觉。后警方通过进一步侦查发现，该荐股群是一个骗人交会员费的诈骗群。

2016年2月27日，邗江警方对阿彤被骗案立案侦查。3月，警方经大量侦查工作查明了该诈骗团伙的办公地点——郑州一写字楼23楼。3月23日，邗江警方在河南郑州展开收网行动，抓获骗子公司老总、总监、股票分析师、业务员等犯罪嫌疑人共计54人。警方扣押的相关统计表显示，截至案发时，该公司共发展会员2 000多人，几乎遍布全国。

扬州市邗江区检察院经审查后，依法对该犯罪团伙35人批准逮捕，另外19人被公安机关取保候审。

案例3 张先生相信“内幕”股票，被骗走22万元

2016年1月13日，47岁的杭州张先生收到一条自称为上海某证

券公司的短信，交 2 万元可以做股票内盘，并提供了公司的网址链接。之后几天，张先生每天都会收到该号码发来的推荐股票的短信，而且第二天该股票都会大涨。

1 月 18 日下午，张先生利用短信发来的网址链接登录了公司网站，注册了会员，签了电子合同，填写了资金额度 20 万元，并根据要求通过银行转账的方式交了 22 800 元。随后，在一个自称公司客服男子的指挥下，张先生用之前的 2 万元为本金进行交易，1 月 19 日上午，张先生的银行卡收到 21 430 元，赢利 1 430 元。客服立即致电张先生将 2 万元转账过去接着进行内盘交易，并要求张先生转账 20 万元进行资金审验，称 5 分钟后还回，完成验资后公司将会为其提供股票信息。于是，张先生在工商银行江城路支行通过柜面将 22 万元转至对方账户。半小时后，张先生多次致电客服询问验资情况，对方先是以排队为由拖延时间，随后电话关机，张先生意识到被骗，共计被骗 221 370 元。

警方经过近 3 个月的缜密侦查，3 次南下、跨省追踪，5 月 18 日晚，在福建泉州成功抓获 3 名（网络）诈骗犯罪团伙成员，现场缴获用于诈骗的笔记本电脑 1 台、手机 8 部、银行卡 29 张及 U 盾、天翼 3G 上网卡等物品，成功破获“1·19”跨省特大通信诈骗案。

案例 4　周女士轻信“内幕”股票，被骗 200 万元

周女士是一个老股民，可是炒股多年，挣的没有亏的多。虽然时隔 3 年，她至今还清晰地记得 2013 年 7 月的那天，她接到一个陌生的电话，对方自称是“天空财经网”的业务员，声称有内幕消息，可以带着她一起做股票，为表诚意，对方免费为她推荐了一支股票，并跟周女士保证，每个月都有 10％的盈利。

周女士抱着试试看的心理买入了推荐的股票，出乎意料，第二天股票大涨，周女士不费吹灰之力就赚到一笔，尝到了甜头，如此一来

她开始相信对方，当业务员再次打来电话，保证只要跟着他们炒股，肯定稳赚不赔，并让她交纳 9 800 元购买一套炒股软件成为其会员时，周女士没有任何犹豫便给对方汇了钱。

一段时间后，公司助理打电话回访，得知周女士对推荐的股票盈利很满意，告诉她，可以推荐知名股票分析师“徐强”带她操作，如果跟着“徐强”就可以进“老鼠仓”，但要交纳 3 万元入会费，就这样周女士成了“钻石会员”，加入一个叫“金九银十”的 QQ 客户群，经过“徐强”的指点，周女士确实赚了一笔钱，这样一来周女士对“徐强”深信不疑。而对方见到周女士出手如此阔绰，没多久，就又让其申请加入赢利更加丰厚的“自营盘”，但这次需要融资 20 万元，虽然觉得把钱打入对方账户，让他们操盘有一定的风险，但经不住高额回报诱惑的周女士最终还是将钱汇给了对方。

接下来的一段时间，“徐强”频繁催促周女士打款增加“融资”金额，短短两个多月的时间，周女士的融资金额达到 90 万元，至 2015 年 1 月，周女士由于建档费、会员费、诚意金、老师指导费、生日费、融资费、高端客户群会费等，已向这家公司陆续汇款 200 余万元。

可好景不长，周女士的股票被套牢，而该公司仍以各种名目催促她继续交纳五花八门的各种费用，以往的钱已经索要无门，还要不停再往里投钱，这时的周女士才意识到这很可能是个骗局，幡然醒悟，随即向仪征警方报警。

接到报警，公安局高度重视，迅速成立专案组，立即围绕受害人资金流向展开调查，最终在合肥市将团伙骨干成员杨某、陈某、孙某等 20 余人抓获，缴获作案电脑 120 余台，赃款 60 余万元。

第四章 电信诈骗

一、身份证资料被冒用

近年来，“有心人”用捡来、买来、偷来、骗来的身份证进行非法活动的案件屡有发生。身份证资料被冒用带来的问题不容忽视，这是不少电信诈骗案件的核心环节。特别是一些不法分子利用虚假身份证件、盗抢得来或他人遗失的身份证件，企图办理开户、贷款、注册公司或诈骗的事件时有发生，若银行未能审核、审查出伪造的或冒用他人的身份证件办理银行业务，就会引发诈骗案件或金融案件。

诈骗案例

案例 1

某银行网点一客户持身份证件办理大额现金取款，柜员在审核客户证件过程中，感觉客户相貌与证件照片有差异，遂询问客户该证件是否为本人，客户回答是本人并声称证件为多年前核发的，几年来容貌发生一些变化在情理之中。交易完成后，客户习惯性地签了自己的名字，与身份证名字不符，于是柜员抓住疑点再次询问客户身份，客户态度十分蛮横，一口咬定是本人，并对营业厅内其他不明就里的客户宣称银行柜员故意刁难她，签名错了，改了就是。现场管理人员与柜员并未被客户的行为所蒙蔽，再次仔细辨认发觉不是本人的可能性很大，最终客户承认是冒用其妹妹的身份证进行取款。柜员随即将取款进行了反交易，拒绝了该客户的取款要求。

案例 2

朱先生和妻子马女士都是南昌人，2010 年期间曾在温州市鹿城区工作生活，后又返回南昌市工作。

马女士喜欢网上购物，经常在淘宝上购买东西。2010 年 12 月 7 日，她打算将自己的支付宝进行实名认证，可在处理过程中被告知她的身份证已和别的支付宝绑定，绑定的是一个中国邮政储蓄银行账户。

“老婆只办过一张中国邮政储蓄银行信用卡，并无储蓄账户。”朱先生说，通过查询得知，这个账户是 2010 年 10 月在中国邮政储蓄银行温州市区信河街一网点开的，开户时使用的身份证是马女士的一代身份证，而且 2012 年没有交易记录，目前卡内没有余额。

可让他们疑惑的是，开户期间马女士虽然在温州市区上班，但没有办过中国邮政储蓄银行储蓄卡，而且早在开户前一个月，马女士的身份证就已更新换代，一代身份证已被警方收走。为何一代身份证会被利用，并且在本人没有在场的情况下还能在银行开户，这让他们百思不得其解。

见尚未造成金钱损失，朱先生夫妇打算将账户注销掉。当他们向银行询问时，却被告知“开户资料均符合规定”，不能在该网点注销，要先到开户行申请挂失，等新卡办下来后，再到开户行重新注销。

案例 3

扬州的包小姐曾在 2009 年的时候将自己的身份证出借给朋友陈某，但陈某在包小姐不知情的情况下将其身份证转借给韩某。韩某用包小姐的身份证于 2012 年 3 月贷款 15.7 万元，用于购买个人住房，分 240 期归还。在还贷过程中，韩某曾多次出现逾期还款情况，已经上了银行信用黑名单。而这些事实，包小姐在 2016 年 9 月 17 日准备贷款买房时才发现，“陈某从来没告诉过我这件事，我这些年好几次申请信用卡都没批下来，现在才知道是因为上了银行信用黑名单”。包小姐说，现在自己像冤大头一样背着一套房子，还有严重的信用污点。现在需要解决两大难题，一方面无法贷款给自己买房子；另一方面即使可以贷款，还会因为“二套房”政策造成首付款增加。

案例 4

2014 年 8 月 28 日，家住湖北武汉的覃女士到一家银行办理贷款。在审核资料时，银行发现她名下有 3 家公司（均在深圳），认为她是风险用户，贷款的事打了水漂。

作为一名 90 后，她从来没有去过深圳，怎么会在深圳有 3 家公司呢？覃女士在工商部门的网站上查询，结果发现自己的身份信息确实在深圳多个工商部门注册了 3 家公司，有建材公司、商贸公司和广告公司。从工商注册的信息来看，她是两家公司的法人，一家公司的大股东。这 3 家公司的注册地址分别在深圳市龙华新区、福田区、南山区。从注册资金来看，从 100 万元到 300 万元不等，3 家公司的注册资金合计达到了 900 万元。

覃女士怀疑自己的身份信息已泄露，并在网络上被肆意买卖。不过，她也不知道自己的身份信息是如何泄露的。她更担心的是，这些公司既然冒用她的身份信息来注册，肯定不会是干正经生意，如果这些公司干一些违法犯罪的事，作为法人或大股东，她岂不是要背黑锅？

2014 年 9 月 13 日，深圳市工商局的工作人员表示，他们会尽快督促相关工商部门对覃女士反映的这些涉嫌冒用身份信息的公司进行查处。

【防骗指南】

1. 个人的身份证复印件不要随便外借，平时不要保留身份证复印件，随时用随时复印，复印后要销毁残次品，以免留下隐患。

2. 一旦要求必须使用身份证复印件，必须问清用途，在给别人用于备案的身份证复印件上写明用途，标注文字应覆盖在身份证的影像之上，但不要遮挡证件的内容。

3. 金融消费者要提高金融安全意识，不要随意将身份证、房产证、户口本等重要身份证明文件外借，即使对关系亲密的人，也要有风险防范意识，否则出现纠纷会存在举证困难的问题。商业银行也要加强对金融消费者安全意识的宣传教育，让消费者的权益切实得到保障，从源头上减少纠纷或投诉的发生。

二、盗取银行卡密码

不法分子冒充银行工作人员并通过短信、电话等方式向受害人发布银行卡被扣除费用、透支或银行卡需要进行升级保护、口令过期升级等虚假信息，引诱受害人按其提示将钱款转至指定账户。这种诈骗有两种方式，一是向受害人发布银行卡有关业务的虚假信息后，以确保受害人银行卡账户安全为由，提示受害人到自动柜员机进行升级保护或转至安全账户，在操作过程中，诱使受害人转账至指定账户；二是发布虚

假信息后，提供一个网址提示受害人进行操作，诱使受害人将银行卡账号及密码输入网页，从而将受害人卡内的钱款转至其账户。

诈骗案例

案例 1

年轻白领丁小姐，在新天地附近一家外企上班，早上 7 点起床时，她看见手机上有两条来自银行和手机运营商的短信，发送时间分别是凌晨 3:43 和 4:12。起初，她以为是发错了并没有在意，但涉及银行，保险起见丁小姐还是查了一下自己的账户，谁知道，10 万多元的余额在一夜间归零。

丁小姐的噩梦并没有完。在余额被盗之后，她还遭遇了信用卡被盗刷，甚至“被申请”了 7 万元的浦发银行“万用金”贷款，这些债务，自然都算到了丁小姐的头上。

所有这一切都是从凌晨收到的那两条蹊跷的短信开始的。第一条来自银行的短信表明犯罪分子已经登录了丁小姐的银行账户。那么，银行账户是怎么被攻破的呢？

犯罪分子找来一些黑客编写软件来扫各类网站，将批量生成的电话号码输入进去，把电话号码所对应的登录密码扫出来，这在业界被称为“撞库”。用这种简单粗暴的方法直接得到了用户最关键的登录信息，相当于偷取了用户的网络身份。撞（数据）库的速度也很快，每分钟就能扫 1 000 个，而据民警透露，成功率在 50%以上。

利用撞库攻破密码登录了网银之后，要想转账，绕不过的还有一步——随机验证码。现在的金融机构采取的都是双因子认证，也就是说有两把钥匙，其中一把钥匙是用户自行设置的密码，这是只有用户自己知道的；第二把钥匙是银行随机发送到用户手机的验证码，这是用户和银行事先都不知道的。只有这两把钥匙同时开锁，才能顺利使用转账等金融业务。

要拿到验证码，自然需要攻破你的手机，读到你的短信。到这个地步，你以为你的手机账户还是安全的吗？

案例 2

沧州一名女子因轻信骗子扮演的银行工作人员打来的“升级网银”电话，步入骗子设下的圈套，最终3万元存款被骗子全部转走。

2016年4月5日上午9时30分左右，沧州市公安局民警接指令称北环附近某小区有人被骗。民警赶到现场后，报案人王女士告诉民警，9时左右，自己接到一位自称是工商银行工作人员的女子打来的电话，该名女子开口便能叫出王女士的名字，然后对王女士说，最近有很多人的银行卡经常出现盗刷、诈骗等现象，为了防止这种事情再次发生，银行推出了免费密码升级服务，称王女士的网银卡号需要升级，升级以后的密码会更加安全，能有效防止被盗刷或者盗用。看着对方能准确说出自己的名字及银行卡卡号，王女士便相信了对方。随后，王女士按照对方的要求，登录了对方提供的链接网址，并将个人网上付款的银行卡卡号、激活码、身份信息等透露给了对方。没过多久，王女士手机里接到信息称，卡里的3万元存款已被转到了另一张银行卡上，意识到上当受骗的王女士立即拨打了报警电话，随后再联系对方，结果对方早已关机。民警了解情况后，认定这是一起典型的电话诈骗案件，目前王女士已在辖区刑警队备案。

案例 3

某日，杭州市民彭先生接到一条手机短信，提示中国银行的系统已升级，叫他尽快登录一网站，进行动态密码维护，以确保资金安全。正好彭先生有中国银行的信用卡，连忙打电话叫女儿弄一下，女儿细问之下，就发现了破绽，避免了彭先生上当受骗。

彭先生说，这条短信的内容为："尊敬的用户您好：本行系统已升级，请您尽快登录 www.bocmb.com 进行动态密码维护，确保您的资金安全"，落款为"中国银行"。彭先生告诉记者，这条短信发来后，正好自己有一张中国银行的信用卡，存了十几万的养老钱，因不会上网，对计算机也不是太在行，想到银行的系统升级了，自己的银行密码是不是也要升级。焦急之中，他给会上网的女儿打了个电话，告诉他把银行卡升级一下，搞得女儿一头雾水，反复告诉李先生不需要，可能是条诈骗信息。后来在女儿的提醒下，彭先生再看了一下短信，果然看到发短信的是一个尾号为"2924"的手机号码。正如女儿所料想的，并非银行所使用的短号。

彭先生登录了手机上的这个网址，令人意外的是，打开的网页竟然跟中国银行的一模一样。记者随即致电中国银行 95566 客服电话，一名工作人员告诉记者，中国银行全球网站为 www.boc.cn，而江苏中行的网站为 www.bocjs.com。彭先生所报的网址并不是他们的网站，请客户小心，以免上当受骗。

案例 4

4 家银行的 6 张储蓄卡都在手里，且密码各不相同，却在一周内全被盗刷，共盗刷 129 笔，共计 8.7 万余元。这样的怪事，让福州石女士十分苦恼，更离奇的是，U 盾和卡均未离身，有的银行卡的密码还被改了。

"您的储蓄卡是否在凌晨多次消费？" 2013 年 6 月 28 日，石女士接到银行工作人员来电，才得知 6 月 20～25 日，她在该行的 3 张储蓄卡被人通过快钱支付、财付通、易宝支付、贝付在线支付、顺丰恒通支付等 12 家网络第三方支付公司消费，金额近 5.8 万元。

"我从来没开通过这些第三方支付账号，为什么存款能被刷走？"

石女士说，其中两张卡没开通手机银行，只在家里专用的电脑上登录过网银，另一张是工资卡，连网银都没开。

随后，石女士开始盘查名下其他 3 张银行卡，却惊讶地发现，无一幸免。一张卡被盗刷 30 笔，损失 2.7 万余元，更离奇的是，这张卡的密码还被改了；另一张卡被刷 6 笔，损失 3 000 元；还有一张卡虽然只被刷了 4 毛钱，但这张卡主要被用于“中转”，即不法分子把其他卡的钱转到这张卡上，再转到一个陌生人的卡上。6 天内，石女士名下 4 家银行的 6 张卡，被盗刷 129 笔，共计 8.7 万余元。

让石女士不解的是，她没开通第三方支付，卡里的钱却经过这些平台被盗刷。事实上，在第三方支付平台上消费，并不需要开通网银或手机银行。据了解，第三方支付软件为满足客户小额支付的便捷性需求，在购物时不需要开通网银，只需输入银行卡号、户名、手机号等信息，银行验证客户信息正确后，第三方支付平台向用户手机发送短信验证码，客户输入验证码后，就可成功开通快捷支付并完成支付。也就是说，不法分子若拦截验证码短信，便可冒充客户本人进行开通，并盗刷。

【防骗指南】

在银行相关人士的介绍下，我们在此整理了一些防骗方法和如何安全用卡的相关知识。

首先是不怕麻烦，密码设置和保护要注意安全性。在设置密码时，市民切忌把与本人明显相关的信息（如姓名、生日、常用电话号码、身份证件号码等）作为密码。而对于查询密码和交易密码也应分开设置。比如，网上交易需要输入密码时就要多留心，在不能确保所登录的网站不是钓鱼网站的情况下，建议退出，以免资金遭受损失。而刷卡交易需要输入密码时，切忌不遮挡就直接输入密码，也不能因为要记忆多个密码，怕忘记就记录在纸上或者手机里。

其次是学会保护个人信息和多询问了解。市民朋友在日常生活中难免遇到一些需要填写个人信息，或者填写相关个人信息就有礼品领取等情况，这个时候要综合考虑，在不清楚所填写的个人信息的用途，或者认为其可信度不高的情况下，建议了解清楚后再决定是否填写。而对于手机上收到的短信或者是陌生人打来的电话等相关现象，凡是涉及资金支出的，建议通过多方了解、询问，不可自己单独处理。

最后要特别提醒广大市民，如今短信验证码应用得十分广泛，市民在进行转账等交易时通常会收到短信验证码，此时切不可泄露短信验证码，不然就有可能因此而损失相应的资金。

三、一条中奖短信

时下热门综艺节目受到不少观众的喜爱，一些不法分子随即采用中奖短信和仿冒网站等手段进行诈骗和套取个人信息。

诈骗案例

案例 1

2015 年 1 月 10 日，吴某收到一条中奖信息：恭喜，你的号码被某综艺节目后台系统抽取为场外二等奖幸运用户，将荣获创业基金 158 000 元以及苹果笔记本电脑一台，请登录活动官网领取，验证码为 6588。吴某看过这个节目，而且也比较喜欢这个节目，但也将信将疑。他马上用手机登录该网页一查，网页上面有节目导师的照片，下面有某卫视综艺节目首次对场外观众举办幸运抽奖活动的字样，面对如此“正规精美”的网页，吴某这下信了，输入验证码一查，确有自己的中奖信息，赶紧拨打“领奖联系电话”。电话拨通后，对方自称是该综艺节目的工作人员刘某，领取苹果笔记本电脑需要交 2 800 元的保险金，吴某毫不犹豫地把钱汇了过去。刘某又说领取奖金需要交税，此时吴某早就被心里的发财梦蒙蔽了双眼，又转了 1 600 元至对方账户。对方确定收到钱后，继续以跨区需要缴纳地区税为理由，又叫吴某汇款 1 100 元，吴某这时就起了疑心，但是发财梦还是没有被完全打破，抱着“最后一搏”的心态把 1 100 元钱转到了对方账户。而对方并没有停下诈骗的脚步，继续以领电脑需要 800 元办理宽带为由要吴某继续汇款，这最后的“一根救命稻草”被折断以后，吴某才彻底醒悟，发现自己被骗了，汇过去的 6 300 余元早已不见踪影。

案例 2

很多人都接到过“中奖”或者“兑奖”的诈骗短信，一般看到发信方是外地手机号码后都会一笑置之。然而，当你接到“10086”这样的官方号码发来的中奖短信后，还能淡定吗？近日，雅安市民龙先生就收到了这样一条中奖短信。

中奖信息来自“10086”：“尊敬的用户，您的话费积分可兑换 298 元现金礼包，请点击 www.10086jiv.com 下载移动客户端并激活即可领取。【中国移动】”这就是 11 月 8 日龙先生收到的中奖短信。

“要不是用电脑打开网页发现有些问题，说不定已经被骗了不知道多少钱了。”龙先生说。

龙先生说，平时虽然也会时不时收到一些所谓的中奖短信，但只要看到发信人的号码是陌生的外地长号或者其他号码，他都不予理睬，并果断将其加入黑名单，但当天他收到短信时，看到短信是 10086 发来的，不由得迟疑了。

“我是中国移动的用户，而发短信的号码是‘10086’，谁都知道，这是中国移动的客服电话号码，而且中奖的钱也不多，感觉很真实啊！”龙先生说，他以为是用手机积分兑换东西，周围的人都有过积分换东西的经历。于是，龙先生用电脑打开了短信中的网址。

当龙先生打开短信所说的网址后，发现是一个名为“中国移动掌上营业厅”的页面，点击“兑换”后，要求填写银行卡号、身份证号码和电话号码。一向谨慎的龙先生这时有些疑惑了，他当即拨打了10086，刚给客服人员念了短信的内容，客服人员就斩钉截铁地告诉他，这条短信是假的，是诈骗短信。

案例 3

近日，18 岁的大学生小赵收到短信称，她被某知名电视栏目组选中为“幸运观众”，奖品丰厚，但要缴税 5 000 元。第二天，小赵连续接到了“节目组”和“法院”的电话，称若不领奖将要起诉小赵，慌了神的小赵跑到银行，坚持要汇款。面对银行工作人员的友情提醒，小姑娘情绪十分激动，哭喊着一定要汇款，最后在工作人员和民警的帮助下，才避免了上当。

案例 4

2016 年 7 月 26 日晚上 8 点多，家住南京秦淮区的王某到派出所报警称，自己刚才点了一下银行发来的短信上的链接，没想到紧接着银行卡上的 5 000 元就不见了。

王某说，自己的银行卡办理了手机短信提醒的业务，经常会收到银行发来的各种短信。当天，他看到手机上有一条“银行”发来的未读短信，说他的银行卡账户积分已满 1 万分，可以兑换 5% 的现金。短信上有一个链接，并注明逾期失效。

王某算了算，1 万积分就可以兑换 500 元钱，不换岂不是太亏？而且这条手机短信的号码是银行的，自己之前也接到过这个号码发来的不少短信，就点击了链接。

点了链接后，按照“银行”网页上的兑换操作要求，他输入了自己的银行卡号、密码和手机号码。没想到，刚刚输完这些信息他就收到一个验证码，还没有来得及去“兑换积分”，微信上就收到了信息，提醒他银行卡刚才被转走了 5 000 元钱。

小王有些不敢相信，到银行去查询，发现自己卡里果然少了 5 000 元，确定被骗无疑，他赶紧到派出所报案。

【防骗指南】

1. 我们要认清以下短信诈骗案件的实质。不法分子利用一些热门综艺节目传播广泛、公众知晓度高的特点实施诈骗，一是抓住部分群众的侥幸心理，避开一等奖容易让人产生怀疑而炮制了二等奖中奖信息，使其看上去似乎存在一定的可信度进而诱人上当；二是短信中的链接直接连接了仿冒网站，不管当事人是抱着好奇心态还是侥幸心理，只要进入该网页填写了个人信息，就会导致其个人信息泄露，进而被诈骗团伙借“保证金”“手续费”等名目骗取钱财。

2. 凡是收到带有链接的信息，都要提高警惕，认真甄别，勿轻易点击短信链接，以免误入钓鱼网站或被不法分子趁机安装木马病毒，造成个人信息泄漏和财产损失。如果没有参与相关活动而收到中奖信息的，更不要相信这种“天上掉馅饼”的事情。即便是参与了活动中奖，一般由开奖单位从奖金里先行扣除税费后，再将余款发放给中奖人，不需要中奖人在领奖前提前缴纳税费等各种费用，也不会发生中奖人因未领奖而被起诉的情况，所以市民不必听到“法院要起诉”就恐慌。遇到此类情况，要多与家人沟通，不轻信陌生来电和短信，一旦发现被骗，应保存好证据，立即报警。

3. 涉世未深的大学生要提高防范意识，学会自我保护。“天上不会掉馅饼”，就算真的掉下来，也可能会砸到人，让人损失惨重。撕开所谓“馅饼”的包装，我们会发现馅饼或许就是陷阱。对大学生而言，要学习掌握一定的防范网络诈骗的基本知识，提高基本的防范意识和防范网络诈骗的基本能力，多知道、多了解、多掌握一些防诈骗知识，提高警惕性；遇到实际问题忌盲目，要多思考，冷静对待，千万不要被某些假象所迷惑；对任何人，特别是陌生人，不可以轻信，也不可以盲目随从，避免上当受骗。

四、银行发来的温馨提示

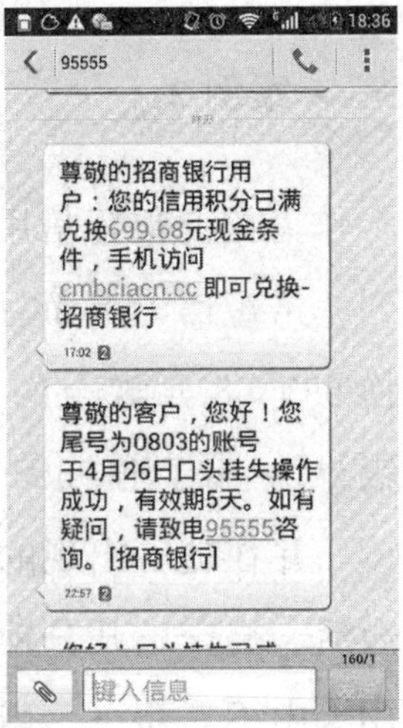

10086、95555……这些手机运营商或者银行客服电话给你发来短信，你会怀疑信息的真伪吗？

诈骗案例

案例 1

“我一直很相信自己的智商，不过今天怎么就差点儿被骗了呢？”说起自己的经历，济南的徐女士还心有余悸，愤愤不平。

2014 年 5 月 27 日上午，徐女士收到一条 95555 发来的短信，上面写着“尊敬的招商银行用户：您的信用积分已满足兑换 699.68 元现金的条件，手机访问 cmbciacn.cc 即可兑换——招商银行”。

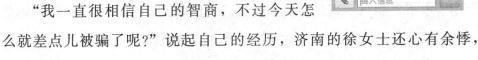

徐女士平时就经常使用招商银行的信用卡，也经常收到该号码的短信。“因为是同一号码，手机自动就将这条短信归类到 95555 的短信列表中。”想也没想，徐女士就点击了短信中的链接。

接着，该网页让徐女士输入银行储蓄卡号、身份证号等个人信息，

“在提交信息后，又出现提示让她下载一个软件，说只有下载软件后才能提取现金。”在徐女士准备下载该软件时，手机中的安全软件提示该软件带有木马程序。这时，徐女士才意识到自己上当了。

徐女士立马给招商银行打电话，银行回应，“现在并没有这个活动”。由于徐女士输入的是银行储蓄卡号，为了防止资金丢失，银行为徐女士冻结了账户。5 月 27 日中午，徐女士赶往银行注销了该账户，重新办了张银行卡。徐女士说：“平时的工资、奖金都是打到这个账户中，现在重新办卡很麻烦，之后更改各类信息更麻烦。”

案例 2

作为招商银行信用卡的老客户，2016 年 7 月 21 日 20：56，赵先生收到一条短信，上面写着“尊敬的招商银行用户：您的信用积分已满足兑换 699.68 元现金的条件，手机访问 www.wspchian.com 兑换——招商银行”。出于对 95555 客服号码的信任，他毫不犹豫地点击了短信中的链接，并在随后出现的信息页中按要求填写了信用卡的卡号和密码，然后激活、提交。几分钟后，分别在 21:09、21:11，2 万元分两次从他的信用卡中不翼而飞。当赵先生查到自己的汇款是流向了叫作“北京联众互动网络股份有限公司”时，他慌了神，知道自己上当了。

但是作为一个思维活跃、警惕心强且颇有见地的 80 后，赵先生不明白自己怎么就中了骗子的圈套。“这条短信就是 95555 发出的，这不就是招行的客服号码吗？而且在我之前用卡的将近十年的时间里也点击过他们推送的活动链接，怎么偏偏这次就受骗了呢？”赵先生搞不懂。

赵先生很快拨打了招商银行的 400 客服电话，客服将其信用卡进行了冻结处理，并告知三天后会联系他进行进一步处理，同时建议他赶紧报案。赵先生彼时正在沈阳出差，他连夜赶到沈阳和平区吴淞路派出所报案。

案例 3

“尊敬的工行用户：您的电子密码器于今日过期，请速登录我行网站……”近日，浙江省温岭市居民常会收到这样的短信提示。如果按照短信中提供的网址和步骤操作，银行卡中的余款将被“洗劫一空”。2014 年 10 月 20 日，温岭市的江先生就中了短信提示的圈套，被骗走 3.7 万余元。

10 月 20 日下午 4 时 34 分许，市民江先生收到一条“提示短信”：“尊敬的工行用户：您的电子密码器将于今日过期，请速登录我行网站 wap. cbcr-cb. com 进行更新维护，给您带来不便，敬请谅解。（工行 95588)”。

由于江先生办理过工商银行的网上银行业务，且看到所发短信的电话号码尾号是 95588，也就相信了。于是，他点击进入短信上的网站，并根据网站上的提示进行操作，输入自己的手机号码、银行卡号、密码，及电子密码器的动态密码。不料，江先生刚操作完毕时，就收到了工商银行的信息提示，称他的银行卡已支出 3.7 万余元。

【防骗指南】

收到银行短信应注意以下六点。

1. 认准各大银行的官方互联网网站、手机网站、信用卡积分兑换官方网站网址，要警惕通过搜索网址或点击他人、其他网站提供的链接方式登录。

2. 积分兑换时，请留意核对积分兑换短信验证码中的积分信息。银行积分兑换时不会进行“虚拟扣款”，如短信中提示为支付信息，请高度警惕。

3. 银行工作人员不会向持卡人索取信用卡动态验证码、密码等敏感信息，切勿泄露，任何方式的索要均为欺诈。

4. 如对收到的 95533、95588 等相关短信存在疑问，建议暂不要做任何操作，第一时间向银行网点工作人员咨询。

5. 建议手机安装安全软件以屏蔽欺诈短信及识别钓鱼网站，并注意定期升级软件。

6. 一旦发现卡片被盗刷，请立即致电银行客服热线冻结卡片，并向警方报案，避免扩大风险损失。

五、助考骗局

每年各类考试前夕，不少考生都会收到类似“交钱包过”“绝密考题”“助力考试”等短信，这类信息多是骗子趁机采取的诈骗伎俩。行骗过程中，诈骗者首先通过各种渠道获得考生的姓名、手机号码、报考职位等信息，然后群发短信，称自己可以提供内部答案或者“包过”服务。一旦有人与诈骗者联系，诈骗者会提供账号以供考生汇款，考生及家长支付相关款项后，骗子就会切断联系。由于买试题作弊本身就是违法的，更多的人在上当后只能选择吃“哑巴亏”。

诈骗案例

案例 1

“有卖答案的，我一个朋友就买过。”

“没听说过卖答案的，但是听说过代考的。”

一些学生这样告诉记者。卖答案？代考？英语四、六级果真可以通过这些方式考？听说每到考试时节，各大高校都会出现助考、代考的小广告。对此，记者走访了济南的几所高校，果然在海报栏里就看到了这样一则小广告。

“提供助考，安排市内考试，代办四六级证书，联系人：牛老师。”

又能提供助考，还能办理四六级证书？这个牛老师是不是真的这么“牛”呢？记者以大四学生的身份拨通了这位牛老师的电话。

牛老师对记者说，原则上在他们那里报名才能给安排助考，因为在学校报名的话没法安排考场，不好操作。

助考方式①：代考＋安排考场

某省教育招生考试院纪检科工作人员告诉记者，考场都是由教育厅统一安排的。

不在他那里报名就无法安排代考，那还有没有别的助考方式呢？牛老师说，也可以提供考前答案，考前两三个小时发给你，四级500元，六级700元。

助考方式②：提供答案

对此，该省教育招生考试院纪检科工作人员介绍说，试题都是封闭的，考前答案都是不准的。但是，这位牛老师还是反复跟记者强调，没有从他那里报名，答案也是不能买的。

助考方式③：办理证书

那咱这个六级考试岂不是铁定过不了了？别急，人家牛老师还有招呢。

“你先自己考考吧，实在没过的话，我们也可以给你办一个证书，跟你在学校里考的没差别的，网上也能查到证书号，盖的章跟山东省考试中心的一样，一点儿问题都没有。”

对此，该省招生教育考试院纪检科工作人员告诉记者，那些都是假证，真的证书都是有防伪标签的，对方提供的网站都是虚假的。

这“助考”里面竟然可以做出这么多文章来，还真是一助到底了，难怪人家姓“牛”，还真不是一般的“牛”。但是，山东省教育招生考试院纪检科的工作人员说了，不管他说得怎样天花乱坠，最终都掩饰不了骗局的实质。

案例 2

2016 年 5 月初，章先生正积极备考事业单位编制考试时，收到一条短信，内容是通知考生添加号码为 57411×××的官方 QQ 及时领取官方资料，署名为“舟山人事”。章先生加了短信中提供的 QQ 号，QQ 名却是“铭恩教育”。正当章先生产生怀疑的时候，对方说已通过内部关系拿到了这次考试的试卷和答案，并且有很多考生已经购买了该资料，对方还把章先生的姓名、身份证号码、报考岗位准确无误地发了过来。这下章先生彻底相信了，随后汇了 1 500 元钱到对方账户。

对方收到钱后通过 QQ 传给章先生一个带密码的压缩包，说是这次考试的试卷和答案。为确保考前不把信息泄露出去，对方要求再收取 2 000 元的保证金。考试时，原本信心满满的章先生被吓到了，因为眼前的试题与购买的完全不同。就这样，骗子套走了章先生 3 500 元钱。

案例 3

“我的个人信息被泄露了!”市民陈小姐在报考福建省公务员考试后，频频收到“卖答案”的助考短信。三天之内，连续收到三家“考试机构”的推销短信，对此，陈小姐质疑说：“这些骗子怎么这么快就知道我报考公务员考试了?”

陈小姐是在 2013 年 3 月 16 日报名成功的，之后，她连续收到了三条“助考”诈骗短信。

陈小姐一直都无法理解，骗子究竟是从哪里获得自己的手机号码的。她说，自己只在福建省公务员考试录用网上登记时留下了个人信息和手机号码。

最让陈小姐感到不安的是她在报考网站上留下了详细的个人信息。“我很担心，因为包括我的姓名、电话、家庭地址，还有我父母的工作单位等家庭情况都有登记。”陈小姐说，如果这些个人信息被骗子掌握，隐患就大了，即使她自己不上当，也难保父母不会被骗。

导报记者发现，陈小姐收到的三条短信分别来自广东、上海等地，而且这些骗子也是“狡兔三窟”，就连发短信的手机号码和短信中留下的手机号都不一样。比如，其中有一条短信，发短信的手机号码显示是深圳的，但是短信中留下的另一个手机号码却是上海的。

虽然发短信的号码来自不同地方，但内容都相差无几。一条短信称：还在为考公务员刻苦温习而头痛吗？我们可以提供考前原题加答案，轻松过笔试。另外两条则基本一样，都说：内部提供 2013 年福建公务员考试资料，保证高分通过笔试，订购请加 QQ××，或致电××。

案例 4

2015 年 3 月，一名考生收到短信称，可为其免试获得注册会计师证书，承诺有考试成绩，成绩合格后付款。这名考生信以为真，回复了自己的身份证号及考号。考试结束后，这名考生登录相关网站后发现，自己的成绩确实显示为“合格”，便将 3 万元汇到对方指定的银行账号，之后便再也无法联系到收款人。这名考生再次登录网站时发现，已无法查询“考试”成绩。

经查，2014 年上半年，李某和王某合谋实施诈骗，两人通过邮件群发系统，向未通过注册会计师考试的人员发送一百万余封电子邮件，称缴纳 3 万元便可包办注册会计师证书。王某指使温某对相关省份注册会计师协会官方网站实施黑客攻击，将有意购买假证的考生名单和成绩挂在相关网站上供考生查询。79 名有意购买假证人员中，共有 31 人汇款，转账金额共计 91 万余元。

【防骗指南】

助考诈骗能屡屡成功，个人信息泄露是源头。不法分子通过多种途径非法获得个人信息，如有人假装调查公司工作人员街头随机进行问卷调查，向路人发放调查问卷，获取路人手机号。考生要注意保护个人隐私，一方面切勿随意留下个人信息，特别是尽量不要在公共电脑上登录考试报名系统进行报名，这样容易被公共电脑上的木马程序窃取个人信息；另一方面，在收到陌生短信或接到陌生电话时要提高警惕，不要有金钱往来，避免损失。

任何声称可提供答案者一定是骗子，考生切勿相信此类信息，应积极与考试机构联系，为公安部门网络管理机构进行调查提供线索。考生应该注重考前的复习，不要寄希望于其他的不法途径，只有扎实备考，才能顺利通过考试，不能存在侥幸心理和投机思想。

六、伪基站群发短信

“伪基站”即假基站，设备一般由主机和笔记本电脑组成，通过短信群发器、短信发信机等相关设备能够搜取以其为中心、一定半径范围内的手机卡信息，利用 2G 移动通信的缺陷，通过伪装成运营商的基站，冒用他人手机号码强行向用户手机发送诈骗、广告推销等短信息。

伪基站设备运行时，用户手机信号被强制连接到该设备上，导致手机无法正常使用运营商提供的服务，手机用户一般会暂时脱网 8～12 秒后恢复正常，部分手机则必须开关机才能重新入网。此外，它还会导致手机用户频繁地更新位置，使得该区域的无线网络资源紧张并出现网络拥塞现象，影响用户的正常通信。

犯罪嫌疑人通常将“伪基站”设备放置在汽车内，驾车缓慢行驶或将车停在特定区域，进行短信诈骗或广告推销。短信诈骗的形式主要有两种：一是嫌疑人在银行、商场等人流密集的地方，以各种汇款名义向一定范围内的手机发送诈骗短信；二是嫌疑人筛选出“尾数较好”的手机号，以这个号码的名义发送短信，在其亲朋好友、同事等熟人中实施定向诈骗。

诈骗案例

案例 1

2013 年 9—12 月期间，武某、冯某等 8 人在榆阳区利用从外地购得的短信群发设备，向城区手机用户发送广告短信。当地运营商多次收到客户的举报，公安机关通过技术侦测查出有“伪基站”存在后，立即展开侦查摸排，将藏在城区酒店内、轿车上的“伪基站”设备陆续查获，先后侦破 7 起案件，抓获 8 名犯罪嫌疑人，随后榆阳区检察院对 8 人提起公诉。

案例 2

2014 年 5 月，一男子在浙江省宁波市宁海等地多次利用“伪基站”设备群发广告短信，共造成 18 万余名手机用户通信中断。李某在宁海县某家电大卖场门口利用“伪基站”发送广告短信，被公安机关当场抓获，并扣押了“伪基站”设备、笔记本电脑等。经鉴定，李某和老乡小张使用该“伪基站”设备共造成 18 万余名手机用户通信中断，累计发送短信 400 多万条。法院经审理后认为，李某在未取得电信设备进网许可和无线电发射设备型号标准的情况下，伙同他人非法使用无线电通信设备“伪基站”，破坏正在使用中的公用电信设施，危害公共安全，其行为已构成破坏公用电信设施罪。李某被判处有期徒刑三年六个月，作案工具“伪基站”设备被依法予以没收，由扣押机关上缴国库。

案例 3

2015 年 2 月初，市民郑女士在上班时收到“10086”发来的一条短信，称郑女士有大量积分，可以兑换一笔金额不小的话费。“10086 经常发送一些话费信息，而且我看到短信的发送号码是 10086，因此深信不疑。”郑女士表示，她随后点击了短信上附带的网址链接，进入了一个兑换话费的网页，并按提示输入了自己的支付宝账号密码和银行卡密码。郑女士等了几天，说好的话费却迟迟没有到账。更蹊跷的是，她发现自己在支付宝上绑定的三张银行卡内的资金缩水了。经查询资金流水，她发现 2.7 万元被盗。

案例 4

市民程先生在市南区香港中路收到一条手机短信，程先生一看对方号码为 95533，短信显示内容为建设银行积分兑换现金，心想积攒了很久的积分今天终于派上了用场，而且可以兑换成现金，心里那叫一个高兴。

程先生仔细一看，短信里面附有链接网站。他也没多想，直接点击这条链接登录了网站，点开一看，里面的积分兑换程序——首先需要分别填写自己的建设银行卡号、取款密码、姓名、身份证号、银行预留手机号、验证码等信息，就跟自己到银行网点办理个人业务一样。他填写完这一切之后，心里美滋滋等着现金入账，结果一会儿收到一条短信，说好的积分兑换现金不仅没有到账，反而提示自己银行卡的现金被转走了 1.2 万元。

【防骗指南】

1. 不要轻信陌生号码发来的短信，即使是好友号码发来的短信，也要认真鉴别。在任何信息中看到陌生网址都不要随意点击，因为这些钓鱼网址都设计得与其要模仿的官方网站很像，用户很难分辨真假。

2. 建议用户从官方的应用商店安装手机杀毒软件，不仅可以拦截各类诈骗短信，识别伪基站发来的信息，还能在扫描安装发现病毒 App 时做出预警，避免受骗产生财产损失。同时，要注意安装软件时尽可能不安装捆绑软件，或者直接关闭手机中“允许安装未知来源应用”的选项，一劳永逸。

3. 如果手机信号很好却不能正常拨打电话，那么该手机很有可能被接入了伪基站，建议尽可能等一段时间再拨打。不要随便打开短信中的网址链接，以防被诱入钓鱼网站。

4. 要注意保护姓名、电话、银行卡号等个人重要信息，不要轻易透露给他人，也不要在不熟悉的网站上录入，更不要把手机上收到的验证码透露给对方，以免信息泄露，造成财产损失。

七、假冒领导

近年来，电话诈骗出现了一种新型的手段，在拨通电话之后对方直呼你的名字，并以领导的口吻让你去一趟办公室，通过层层设套令人相信他的“官位”

不小，并借机敲诈。

诈骗案例

案例 1

任女士在市内某事业单位上班。前些天，她到石家庄开会。最后一天会议结束，她在住处收拾东西，准备第二天去北京。此时，电话响起，是石家庄本地的陌生号码。

“小任啊!”是南方口音。

“啊，哪位啊?”任女士有点儿懵，不知道是谁。

“怎么连你领导的声音都听不出来啊?”对方非常亲切。

“是张主任吗?”任女士单位领导没有南方人，忽然想起这几天开会的省里领导中有一个南方口音的，倒是挺像。

“对，这是我的私人电话。你明天早晨 8 点去我办公室一趟吧，我有事儿找你!”对方仍然很亲切。

任女士挺为难，赶紧告诉“领导”，自己买了第二天上午 8 点多的车票去北京，怕来不及。

听后，“领导”说：“没关系，那你早点儿去，7 点吧!”随后挂了电话。

“我跟这位领导也不熟啊，找我啥事儿呢?”挂掉电话后，任女士百思不得其解。

一小时后，电话又来了。任女士这次认识该号码了，开口就喊：“张主任!”

“小任啊!”“张主任”说，“我跟几位领导喝茶呢，求人办点儿事儿，带了现金人家不收。你卡上钱方便吗，先转账给我点儿? 我回头就还你。”

"有是有，不过我也没带太多啊！"任女士回答。

"你带了多少啊，是哪个银行的？"谈话中，"张主任"问了好几次带了多少钱。

忽然，任女士心念一闪——不会是骗子吧？告诉对方自己带了不到一万元，然后留了个心眼儿，说卡是工商银行的。其实，她的卡是建设银行的。

"张主任"说，稍后短信告知任女士转账卡号，又挂了电话。

任女士赶紧联系省里的同行，求证电话号码。结果得知，根本就不是张主任的号。而就在任女士和同事通话的时间里，"张主任"已经通过短信把账号发过来了。

任女士在网上搜索对方电话号。好家伙，第一条信息就是"诈骗电话"！有网友曝光了其电话骗钱行径，和任女士的遭遇如出一辙。

"好险，差点儿上当！"任女士说，因为骗子的口音真的和张主任挺像的，并且上来就叫她"小任"，她这才疏忽了。

案例 2

2014 年 3 月 4 日晚上 8 时许，市民张先生正在单位上班，突然接到一个电话，手机显示这是来自济南的号码。接起电话之后，张先生听出对方是一个南方口音的男子。"小张，明天上午 9 点来我办公室一趟，我找你有事。"对方一副领导的口气，而且知道张先生的名字。

因为张先生的公司恰好刚来了一位领导就是南方人，所以张先生就试探地询问："你好，你是李总吗？""是的，这是我济南的号码，你存下，以后多交流。"对方口气热情了一些。放下电话之后，张先生心里还很高兴，没想到领导刚来就给自己打电话了。

5 日上午 8 时 30 分许，张先生接到了这个"李总"的电话，问他到办公室没有。张先生说快到了，可是这位"李总"接着说："我这边有两个领导，等我把领导送走后你再上来。"过了一会，张先生又接到

“李总”的电话说他要给领导送礼，可是当面给现金，领导不好意思收，就询问张先生带钱了没有。

张先生称自己身上并没有多少钱，可是“李总”让其筹集两三万元，并告诉他一个银行卡号，让张先生先把钱汇过去，一会见面后再把钱还给张先生。看到领导开口借钱，作为下属的张先生感觉这是一个和领导拉近关系的机会，就没有多想将三万元汇至“李总”给的银行账号。

大约过了半小时，“李总”再次给张先生打电话，先是表扬了张先生能够急领导之所急，随后又问其还有没有钱，因为还需要给另外一个领导送点钱。张先生问他需要多少钱，对方说还需要两三万元。张先生告诉他确实没有这么多钱了，可是对方说一万也可以。

此时，张先生感觉有点不对劲，刚来的领导根本不认识，就接二连三地向他借钱，而且数额还不小，这有些不合常理。张先生于是给公司的其他领导打电话询问“李总”的情况，结果获知公司的“李总”在外出差，根本就不在办公室。张先生这才明白“此李总非彼李总”，就立即来到辖区派出所报案。

案例 3

2015 年 3 月 2 日晚上 8 时许，市民王女士接到一个陌生电话，王女士问对方是谁。“小王呀，连我的声音都听不出来了吗？我是你的领导。”对方显得有些生气。

巧合的是，对方在电话中的声音与王女士的一个领导说话声音很相似。随后，对方让王女士次日到办公室找他。3 月 3 日上午，王女士刚准备到那个领导办公室，结果那个领导打电话说有会走不开，让王女士帮忙给一个大领导送礼，但是领导不收现金，让王女士先替他转账八万元，下午就把钱给王女士。

王女士没有多想，就把八万元转至对方说的账户里。可是，对方接着打电话说再转五万元，这让王女士开始怀疑了。她直接来到那个领导的办公室，得知根本就没给她打电话。王女士这才明白自己被骗了。

案例 4

赵先生是南京一家大型连锁企业下属某门店的店长。某周五早上，他突然接到一个“领导”的电话，电话一接通，对方就语气生硬地说：“你是赵××店长么，今天下午一点半，你来总公司找我一趟。”疑惑不解的赵先生便问：“我是赵××，请问您是哪位老总啊？”“我是谁你都不知道啊，不想干了！”说完，口气霸道的“领导”便挂断了电话。

挂了电话，赵先生却犯难了，该“领导”不仅能直接叫出他姓名，还能说出他所处的工作岗位，电话还是公司的固定电话号码。赵先生心想还真有可能是总公司的某位老总找他。思前想后，赵先生觉得可能是他前两天汇报过工作的那位副总打来的电话。可是为什么副总不用手机打，而用公司的固定电话打呢？一开始，赵先生想到了这一点，但是后来又想，领导在办公室里肯定是用固定电话打，既然领导让自己去，那就去呗。在没有进一步核实的情况下，赵先生下午就按照约定的时间赶往总公司去见那位副总。

可是就在赵先生快要到总公司的时候，这位“领导”又来电话了，他电话里称，中午在外面陪客户吃饭，为了抓住这笔业务，他想给客户一点好处，可是现在身上钱不够，希望赵先生能够马上转账到这位客户的账户上。在电话里这位“领导”保证，事情过后，这笔钱公司肯定给报销。听到“领导”这么说，赵先生也深信不疑，立即来到银行，将自己卡中的3.8万元，分两次汇给了“领导”。可等赵先生办完这一切，到总公司汇报工作的时候，赵先生才傻了眼，公司没有一位老总打过电话给赵先生，更没有让他汇钱。

【防骗指南】

1. 对于陌生人的电话，一定要小心。如果接到“公司领导的声音都没有听出来”这种电话的时候，不要根据声音来猜测，不要急于说出猜到对方的名字，也不要透露自己更多的信息。要叫对方说出自己的姓名，和你之间的关系，如果不认识的话，就立刻挂断电话。以后打过来了也不要接，可以下载手机安全卫士等手机安全软件来识别和拦截诈骗电话。

2. 接到陌生人的电话，如果对方说出了自己的姓名，并叫出你的名字，还称自己的电话已经更改了，这个时候需要进行声音比对，看声音能不能对得上，如果对不上，马上挂断电话。如果声音相似，也不要轻易去相信他。而是在与他结束通话之后，再拨打以前的电话号码，确认下是不是同一个人。

3. 冒充领导进行诈骗，骗子打电话的时间多选择在晚饭过后的一两个小时。在事主看来，能拿到自己联系方式的人，不是平级，就是上司，自然不敢怠慢，也不好拒绝对方的要求，又害怕猜错引起尴尬。再加上酒足饭饱以后，反应会比平时迟钝一些，这个时候可能会根据声音猜出领导并说出领导的名字，不知正好上了骗子的当。

4. 可以虚设身份反试探。对于不明身份的来电，千万不要随便去猜，最好直接挂电话，什么也不搭理。如果实在拉不下面子，可以虚设一个身份给对方，故意猜这个身份，试探对方究竟是不是熟人。比如，对方打来电话，说是“公司领导的声音都没猜出来”，通过声音显示很像公司领导王总，这时故意说一个公司没有的领导，如谢总，看下对方是什么反应。如果对方说“是”，那就证明对方是骗人的，因为公司里根本没有这个人。

5. 接到对方电话的时候，如果不慎将领导的名字脱口而出，也可以接着通过多种方式进行再次确认，如可以委婉地多问几个关于公司的人和事情，通过询问对方一些小问题，设法核实对方身份的真实性。

6. 如果对方能够叫出自己的名字，而且也能通过一些小问题的询问，然后在电话中，提出急需用钱的“紧急情况”，可及时与当地公安机关联系，也可以咨询周围的朋友，核查对方所说事情的缘由的真伪。如果确认对方诈骗，要及时报警。

7. 在上网的时候，特别是在逛论坛、博客、购物网站时，一定要预防个人信息的泄漏，谨慎对待各类电话问卷调查，因为一些诈骗人员会假借问卷调查的名义，套取个人信息进行诈骗。

八、快递签收

目前，快递签收型诈骗主要有以下三种情况。

骗局一：栽赃陷害型

骗子首先打电话自称是快递公司工作人员，告诉你有快递物品，但由于天气潮湿看不清具体地址、姓名，只知道电话，请你提供地址、姓名。然后就有快递公司工作人员上门送来物品，一般会是假烟假酒，请你签收。看到有东西送来，许多人便不问来处，随意签收。一旦签收，随后就会有人打电话告诉你：快递你已经收了，必须按他们给出的银行账户汇钱，一般索要数万元，如果你不肯给，便有讨债公司或社会上不良人员上门骚扰。

骗局二：内鬼使诈型

“快递员”从中使诈。曾经有一位女士网购了化妆品，在收到包裹支付邮费时，较为大意没有检查，打开包裹时，发现自己购买的高级化妆品竟是6瓶廉价的润肤甘油，在与厂家联系后，双方协议，再发一次货。当包裹再次送来时，这位女士的先生当面打开了包裹，发现仍是假货，随即抓住了准备逃跑的快递员。据这位“快递员”说，自己根本就不是快递员，他受雇于某快递公司员工，而该员工则利用工作之便，将客户的真包裹以拒收为由退回，再拿着假包裹去骗取客户的货款及邮费。

骗局三：自导自演型

骗子先以邮政工作人员身份给受骗人打电话（语音电话、人工电话）或发送短信，告知受骗人的包裹因为内有毒品等违禁品被警方查扣，并提供一个警方电话，让受害人与警方联系。

诈骗案例

案例 1

28 岁的甘肃人杨小姐，租住在泉州市区城东街道某住宅小区 18 楼，经营着一家茶叶店。

2016 年 2 月 29 日下午 3 时许，杨小姐接到一名“快递员”的电话说，因杨小姐的收件地址字迹模糊，特意打电话询问地址。杨小姐也没多想，就把地址告诉了对方。

3 月 1 日 18 时许，“快递员”打来电话说送件，不在家中的杨小姐表示可以由小区物业代收，但“快递员”坚持，这封包裹需要亲自签收。两人约定在 3 月 2 日上午收送件。

3 月 2 日上午 10 点 40 分左右，这位“快递员”准时来送件。据杨小姐事后回忆，这个男子身高不到 1.7 米，戴着白色鸭舌帽，穿着黑色夹克，不到 40 岁的模样。

二人站在出租房门口，“白帽男”递给杨小组一张意见单，让其填写。意见单的内容为：“……为感谢老顾客，本店现赠送您一罐××腰果酥……”杨小姐拿到礼品，并填写自己姓名时，“白帽男”称要送件便离开了。

男子前脚刚走，杨小姐立马收到一个“152”开头的号码来电。通话中，对方自称是中通快递总部，快递员送错了地址，请快递员接听电话。此时，刚离开的“白帽男”又匆匆赶了回来，有点警惕的杨小姐当即回复：“我让快递员自己打给总部”。

“白帽男”在手机上按了一会儿，苦着脸求杨小姐，声称自己手机没信号，想借手机打个电话。杨小姐想了一下，最终还是热心地把手机借了出去。

在男子打电话时，杨小姐表示，曾听到短信提示声。“白帽男”在归还手机时，特意又瞟了一眼手机，便立即快步离开。“快递你不拿吗?”杨小姐特意追问了一句，对方边走边回答，“快件没有寄错”。

拿回手机的杨小姐，立马发现刚刚银行客服发来的转账验证码和被转走 34 500 元的短信提示。杨小姐立即向银行证实，在得知钱款确实已被转走后，意识到已经被骗的她立即报了警。

案例 2

2016 年 3 月，在北京海淀区上班的唐女士报警，称手机网银被莫名转走了 12 万元。

办案民警了解到，事发时一名快递员给唐女士打电话，让她下楼取包裹时，称手机没电了借用唐女士的手机。唐女士拿着包裹回到单位后，发现手机 SIM 卡没了。紧接着，唐女士手机上的银行 App 不断有消息提示，短短的几分钟内，她卡里的 12 万元已经被转走。

唐女士回忆，事发前几天，曾有自称快递公司的男子打电话给她，说她有个快递包裹地址不详，让她重新说一下。将整个事情串起来一遍，唐女士觉得不对劲，于是马上报警。

唐女士说，“当快递员让我说一下详细地址时，我当时根本没起疑心，因为我老在网上买东西，所以没当回事，就向对方提供了自己的地址。”

第二天中午，唐女士在办公室接到电话，对方说是中通快递员让她取件，“快递员戴着帽子，我当时也没看清他长什么样。他递过来一个单子，让我填满意度评价，我想都没想就接过来准备填，”唐女士说：“我填单子的时候手机响了，对方说是中通快递公司的，有急事找快递员，但他的手机始终打不通，如果他正给我派件，希望叫他听下电话。”

“因为当时在我单位，我也没多想就把手机递给了快递员，也就一两分钟的事，我也填完了单子，快递员把手机递给我，我拿着包裹就上楼了。”唐女士说，回单位发现手机关机了，打开手机后发现 SIM 卡不见了。

而拆开包裹，里面有一包糖，唐女士正在纳闷是不是送错了，这时她收到多笔银行出账记录，总共被刷了 12 万元。

3 月 5 日凌晨，民警在天津××酒店将涉事的林某、郭某、施某 3 名嫌疑人抓获，现场起获被盗取的 10 万多元现金，仍有 2 万元现金在嫌疑人银行卡内，警方将其冻结。

案例 3

某日中午，张先生忙完手中的活，收拾东西准备下班时，接到某快递配送员的电话：“是张先生吗？你有一个包裹要签收，到付邮费 39 元。”但因为张先生近期并没有网购任何物品，于是他问配送员：“能帮我看看是啥东西吗？我最近没有在网上买过东西啊。”

“上面写着赠送礼品，我也不知道是啥东西，你出门看下吧。”配送员说。张先生以为是亲人和朋友寄过来的礼物，但是没有告诉他，所以就出门去看了。当快递员递给张先生一个小盒子时，张先生看到上面写着代收货款 39 元。

张先生有点疑惑，“我确定自己最近没有网购过任何东西，如果是亲人和朋友寄礼物过来，肯定不会让我到付货款的。”张先生在拨打本报热线时告诉记者。张先生觉得有点不对劲，所以他告诉快递配送员能不能先拍个照问问亲人和朋友，暂时不签收。快递配送员答应后，张先生便拍了照片发给自己关系较好的朋友以及亲人进行询问，但是他们表示最近都没有给他寄过东西。

于是，张先生便打电话给该快递配送员，告诉他自己拒签这个包裹。

案例 4

家住三台县城的江女士在上班时收到某快递公司送来的包裹，江女士签收了这个包裹，并按照包裹上货到付款的要求，付给快递员 18 元快递费。当江女士回到家中拆开包裹后仔细一看才发现，自己上当了。

江女士在上班时接到了县城一家快递公司打来的取件提示电话，叫江女士去单位楼下取个包裹。当时，江女士并没有多想，认为可能是朋友送给自己的“七夕节”礼物，便来到了单位楼下准备把这个包裹取走，可是根据快递员的介绍，江女士才知道，这是一个代收货款的包裹，需要支付 18 元的货款才能取走。江女士误以为是快递费便支付了 18 元，江女士回到家中打开这个包裹，看到里面是一个红色的首饰盒，首饰盒里还放着一个类似于水晶的项链，里面还包裹着一个类似黄金的小天使图案，拿在手里仔细一看江女士才知道，自己肯定是被骗了。

江女士说：“东西拿在手上重量特别轻，像塑料一样的东西，当时我很气愤，就把这个东西的照片发到朋友圈，结果都说没有送我这礼物。我就想我肯定是受骗了，我马上在网上搜索了相关新闻，果然很多网友也有相似的经历。”

【防骗指南】

对于快递签收诈骗型情况，建议从以下几个方面加以防范，维护自身合法权益。

1. 一旦收到快递来的物品，先当面打开查看货物后再付钱是非常必要的。如果在收货过程中发现异常情况，网购者可以拒签快递单，并与卖家联系。

2. 尽量销毁或涂抹废弃订单上的主要信息。

3. 家里由老人签收快递的，子女要提醒长辈确认是否上网购买过相关商品。

4. 遇到陌生电话时一定要引起注意，千万不要轻易将个人信息泄露出去。

5. 遇到可疑情况可拨打 110 进行咨询或直接报警。

九、补办手机卡

所谓“补卡”就是犯罪嫌疑人利用伪造的受害人身份证，到通信运营网点补办与银行卡绑定的手机卡。所谓“截码”就是犯罪嫌疑人补卡成功以后，在盗刷、盗转受害人银行卡时，利用所截获的短信等动态验证码信息，在没有银行卡密码或网银支付密码的情况下也能将钱转出。而盗刷的方式主要是通过第三方支付平台或网银转账。

总体而言，“补卡截码”的整个作案流程，见右图。

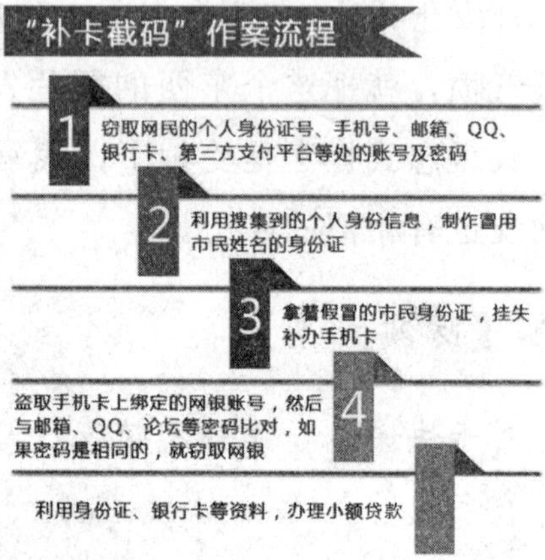

诈骗案例

案例 1

对于是北京电信用户且为首都航空公司的乘务员张女士而言，她在一周内真切地感受到电信对自己生活的重要程度。2016

年 5 月 4 日下午 4 点半，正在辽宁老家休假的张女士突然接到了一连串不同号码的骚扰电话。当时她并没有理会，电话不停地打，一直打到她的手机没电关机为止。等再次开机后却发现，手机卡已经不能接打电话。不过，她并没太在意，以为就是电话卡出了问题。

没想到，第二天下午张女士发现自己卡里的 15 万元不翼而飞。她赶紧找银行，客服称卡里的钱已被人转走，而这段时间正好是骚扰电话把她手机打到没电关机的时间。她急忙又给电信客服打电话，发现电话卡已经变成了空号。“电话卡明明就在我自己的手里，怎么会莫名其妙地成了空号?”

后来张女士得知，事发当天，有人持她的身份证补办了电话卡。而后，不法分子通过补办的电话卡，利用手机银行转走了她卡里的钱。张女士在微博上详述了自己的经历，并且不断更新事件的发展情况和维权进展。面对网友提出的“炒作”质疑，她贴出了自己的工作照、立案回执、账户明细、通话记录截屏等证据。

案例 2

马小军同志记得非常清楚，2015 年 5 月 5 日早上 8 点半，他的手机就被各路短信狂轰滥炸，内容都是一些网站的验证码；随后，手机又被众多骚扰电话侵占。在几百条短信和全国范围内近百个座机、手机打来的骚扰电话的轰炸下，马小军的手机摸上去就跟要烫化了似的，没办法，只得关了机。

第二天上午，一条来自 10086 的短信引起了马小军的警觉。因为自己并没有这个业务需求，所以他怀疑有人盯上了自己的手机卡。

马小军是金融防骗卫士的脑残粉，这个公众号上每天都发布各式骗局，所以马小军对很多诈骗手段都比较了解。

为了验证自己的猜想，他马上拨打了 10086，说明情况后，遵照客服人员的意见修改了北京移动官网的密码。但是他还是继续收到

10086发来的补卡信息，安全起见，马小军特意跑到附近的移动营业厅更换了新SIM卡，并按照客服建议进行了备案。

然而，马小军的这一连串行动，并没有阻止自己的手机卡被人盗补的命运。

5月6日下午4点半左右，正在走廊接客户电话的时候，手机突然“失灵”了，不仅无法接打，而且上不了网，手机信号标志也消失了。

马小军直觉这种情况可能还是跟手机卡被盗补有关，在多次重启手机无效后，他赶紧跑回办公室连上Wi-Fi，先把微信和支付宝的银行卡都解绑，然后修改了微信和支付宝密码；之后，他检查手机银行发现，招商银行储蓄卡上一笔50 000元“朝朝盈”基金被转为活期，然后显示已经有3笔分别以500元、1 000元、2 000元转出的消费记录。

马小军抄起座机立马报警，并致电银行客服口头挂失冻结了自己的银行卡。然而就在当晚，马小军发现那张被自己清空了的招行卡的查询密码和取款密码居然都已经被改了。要不是银行卡冻结之后资金就无法支出，只能进账的话，自己的存款恐怕就要被骗子清空了。

5月7日一大早，马小军跑到移动营业厅了解情况，发现就在自己的电话失灵的时间段，的确有人在某移动营业厅，用一张与马小军身份信息完全一致的临时身份证补办了他的手机卡。

案例3

2015年7月31日凌晨，段女士的手机接到没有主叫号码的骚扰电话上百个，拨通即挂断。这种情况一直持续到早晨，随即骚扰电话开始显示号码，接通后对方称段女士中奖获得了一个电饭煲，段女士觉得是骗子，便没再理会。

在这期间，段女士收到短信提醒，有陌生人登录了她的手机营业厅。她向营业厅反映相关情况后，工作人员表示很可能有人会对其进行电信诈骗，提醒她注意相关事项。

直到 8 月 1 日中午，段女士的手机卡忽然失去信号，拨通后无人接听，再次向营业厅确认得知，她的手机卡被进行了补换卡操作，她手中的卡已经作废。

段女士本人在银行上班，对电信诈骗有一定的了解。她觉得自己中招了，随后发现支付宝、电商平台、工行卡内的钱被人通过银联或者跨行汇款的方式转走，共计 21 700 元。而她的银行卡、身份证、手机一直都在身边，没有丢失。

多次询问客服后，她发现自己的手机卡是在大兴区亦庄营业厅被人进行了补换卡操作。

案例 4

家住外地的沈小姐有一天突然发现自己手机没有信号了，等回到家换了手机之后，发现手机依然没有信号，打不出也接不到任何电话。最后，沈小姐无奈地重新补办了一张电话卡，但随后却收到了银行对账单，才发现在手机没信号的时间里，她的银行卡竟被人盗刷了 26 万元。

沈小姐仔细核对发现，原来是有人以她的名义在微信和支付宝开了账号，在网上商城等消费平台上消费或提现。银行卡被盗刷的时间正是手机卡没有信号的那段时间。后来，她到通信公司营业厅询问，这才发现她手机没有信号时有人冒名补办了她的电话卡。

近期也有不少市民遭遇了类似的“怪事”：一直正常使用的手机打不出也接不了电话，随后确认手机没有问题，但手机卡却成了一张无效卡。待发现时，银行账户里的钱或被席卷一空，或被人申请了小额贷款。

【防骗指南】

1. 保护好个人信息“四大件”：身份证、银行卡号、手机号和密码。

从“补卡截码”的作案手法来看，确实让人防不胜防。业内人士提醒，消费者须提高安全警惕，保护好个人信息“四大件”。注意不要把自己的手机钱包载体（如SIM卡、SD卡、手机等）交给他人使用；同时，消费者须注意妥善保管个人身份信息、银行卡信息、各类金融服务密码、验证码和电子令牌等；通过正规和安全的渠道下载金融服务类应用软件，谨慎连接不明网络热点或点击网站链接。

2. 要尽量避免长期使用相同的密码，建议定期修改金融业务中的各类密码，两到三个月修改一次。

刑侦专家建议市民，不同的账号最好设置不同的密码，特别是银行密码、网银密码等，切勿和邮箱、QQ密码相同。同时，上网时不要轻易登录一些自动弹出的网站，注册相关论坛账户时，不要用和QQ、网银等账户相同的密码。

此外，提高密码复杂程度有助于加强密码安全性。尽量设置包含数字、字母、符号三种字符的登录密码，以保障自己的密码不容易被他人破解。

十、车票、机票退改签

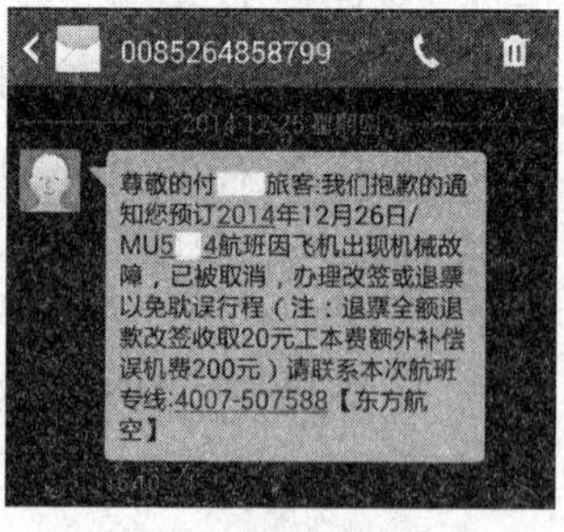

网上订购返程机票，离出发还剩几个小时突然收到“返程航班取消”的短信，需要改签。因为时间紧迫，事情紧急，赶紧联系短信上所提供的开头为“400”的客服电话，不明真相的乘客，在“客服”的解释和引导

下一步步走向诈骗者设计好的陷阱，不仅提供了自己银行卡信息，还将银行的验证码当作机票改签的确认码发给了诈骗者。机票改签诈骗到底是如何进行的，此类事件又是靠什么骗取乘客的信任呢？

诈骗案例

案例 1

2014 年 1 月 15 日上午 9 点，在海口工作的黄先生接到一条航空公司发来的短信，称黄先生于 16 日下午乘坐海口飞往北京的航班由于机械故障已取消，需要拨打退票电话进行改签或退票。黄先生立即和短信上的电话取得了联系。按电话中的提示选择“改签”后，一位所谓的人工客服接待了黄先生，黄先生提出改签到当天晚上的航班，客服说可以，还说黄先生的个人信息已与航空公司财务中心绑定，代码和个人信息都需要一致，要求黄先生必须使用网银完成退款，这样才能保证改签成功。客服让他报出自己卡内余额，说是为了避免航空公司与黄先生的经济纠纷。黄先生跟对方说了卡上的余额，并按照对方的要求在电脑上先输入银行卡账号、密码，又按对方要求在付款栏输入对方提供的“验证码”。随后客服说，验证没有成功，让黄先生进行第二次操作。当整个操作过程结束后，黄先生银行卡里被转走了 2 万元。黄先生随后拨打订机票的航空公司电话确认，结果黄先生第二天的航班并未取消。

案例 2

罗小姐介绍，2016 年 5 月 6 日上午她通过某网站帮客户订购了 5 月 14 日早上 7 点起飞的海南航空机票，为了方便客户，罗小姐特意在联系手机一栏填上了自己的电话，预订成功后，将航班信息的短信转发给客户。

然而5月13日晚上7点多，罗小姐接到了一则来自“海南航空”客服的短信，短信中声称罗小姐预订的航班因为飞机故障取消了，如果需要改签或退票可以联系一个“400”开头的电话。

罗小姐随后致电该400电话，要求将机票改签，对方自称海南航空的客服向罗小姐介绍，由于此次改签是航空公司的原因造成，航空公司会给予300元的补偿，但是改签需要20元的手续费。

罗小姐表示同意并将机票改为同一天8点的航班。此时客服人员表示，8点起飞的这班飞机余票已经不多了，罗小姐必须尽快转账20元手续费。

当天晚上9点，罗小姐急匆匆赶到家中，再次致电该客服人员表示希望马上改签，客服人员称罗小姐须尽快办理，否则票就被抢完了，并要求罗小姐在转账过程中保持通话状态。客服人员称，为了获得300元补偿，罗小姐必须提供一份“转账交易失败凭证”。

“我当时就问他们怎样才能有这个凭证，对方说只要在我银行卡余额的基础上加20元转给他们，这样就会造成转账失败。”罗小姐表示，当时她也没有多想，只想尽快实现机票改签，不要耽误了客户的工作。

当时罗小姐的卡上共有71 627元，于是罗小姐按照对方的要求，在网上银行输入71 647元转给对方账户，由于余额不足，这笔转账迅速被认定为“转账失败”，此时客服人员又表示，网络信号不太好，要求罗小姐重新转账，罗小姐不假思索地再次点击转账，然而就在罗小姐按下确认键的同时，罗小姐的手机突然出现一条短信，显示一个陌生的银行卡向她的银行卡转入40元。罗小姐正在思考怎么回事，突然发现自己刚刚点击的71 647元已经“成功”转入对方的账户。

当时骗子将她的7万多元转走后，又不停告知她说要将钱退回，要求她再拿出其他的银行卡来操作，并要求她去柜员机更改限额，她这才意识到自己上当受骗了，骗子不单想骗走这7万，还想让她把其他银行卡的钱转出去。她赶紧挂断了电话并报警。

案例 3

小贾是西安一所高校的在校大学生。2016 年 8 月下旬，他通过第三方平台购买了一张从南京飞西安的机票，起飞日期是 9 月 1 日。

就在乘机的前一天，正在收拾行李的小贾突然收到一条陌生号码发来的短信：“尊敬的旅客您好！我们很抱歉通知：您预订 2016 年 9 月 1 日的航班（南京—西安）由于机械故障已取消，请收到短信后及时联系客服办理退改签业务，以免耽误您的行程！（注：改签乘客需要先支付 20 元改签手续费，无须承担差价，并且每位乘客将额外获得航班延误补偿金 200 元）。”小贾急忙拨打了短信中的退改签机票专线，对方自称是某航空公司的客服，并一口报出了小贾的姓名、电话、身份证和航班号等信息。

在确认了上述个人信息后，这名“客服”要求小贾在银行 ATM 机上打印改签需要的付款凭条，再带着凭条去机场柜台办理机票改签。小贾赶到银行后，按照这名“客服”的提示一步步进行操作。结果，几轮操作后，小贾卡内的 6 800 元全部被转走，“这可是我一个学期的生活费啊，现在后悔也来不及了。”

【防骗指南】

1. 拨打客服电话

由于急于出行，或者被困机场等各种无奈，人们常常宁可信其有，或者绝大多数时候对这类诈骗信息都没持太多的疑问。搞清楚航班的具体情况是非常必要的，这时一定要通过官方客服电话或者官方网站了解情况，而不是拨打诈骗信息里的电话。

2. 了解退改签流程

对航空公司退改签流程的了解有助于我们分辨哪些是虚假的信息。如果不是航空公司本身的原因，旅客要求退改签，航空公司会根据相关条件，在必要时要求旅客支付相应的变更费用；如果因航空公司原因导致旅客要求退票，旅客如果退的是始发站的票，则航空公司应退还全部票款；如果旅客退的是经停地的票，航空公司应退还未使用航段的全部票款，并且均不收取退票费。

3. 汇款千万要慎重

无论是什么形式的诈骗，骗子最终目的就是钱。一定要保持提防意识，任何情况不要点开陌生的链接，不要轻易汇款给陌生账号，不要透漏自己的身份信息和银行卡信息。正规的售票渠道或航空公司在退改签时都不会要求旅客提供银行卡信息，只要是要求旅客提供银行卡信息的，就必定是诈骗。必要的情况下，首先选择报警。

第五章 网络传销、招聘和婚恋诈骗

一、免费陷阱

随着网络的普及和发展，各种诈骗手段也层出不穷，给广大人民群众造成了大量的损失。当今社会网络传销诈骗屡禁不止，就是利用普通民众对相关知识的不了解、对事件的不警惕，不断进行着违法的传销诈骗。最近出现不少“免费获利，增值消费”式传销行为，宣称“消费不用花钱，免费购买商品”“消费—存钱—免费”“消费满 500 返 500”等，欺骗性强、诱惑力大，引起不少人的兴趣，最终上当受骗。不法分子利用了人们的爱财心理实施诈骗，被欺骗感情、诈骗钱财而引发人命的悲剧屡见不鲜。

诈骗案例

案例 1　“WV 梦幻之旅”免费旅游还能挣钱？

近期，一个名叫“WV 梦幻之旅”的投资项目在微信朋友圈中疯狂转发，根据这个项目的介绍，参与者不仅可以获得免费旅游的机会，还可以通过拉入会员挣钱，只要够卖力，就能让人赚得盆满钵满。

视频中宣传，这个“WV”组织所从事的“业务”，就是号称可以让参加的人以远低于市场的价格参与某些旅游项目、享受机场接送服务、入住海景房间等。那么，如何才能获得资格去参加低价旅游项目？答案是：交钱入会。根据介绍，“WV梦幻之旅”有黄金和白金两种会员资格。成为黄金会员后，可以享受到所谓的各种低价旅游线路。同时，这一机构承诺如果在7天内找到完全相同的旅程，将会退还百分之百的旅行费用。视频中介绍了一个预订机票的系统，称如果在预订机票后，机票价格出现了波动，那么会为会员转变成较低价格的机票，并且获得退款。

对于白金会员，除了所有黄金会员的福利之外，还有梦幻之旅的白金旅游机会，可以在每个旅游中获得一些独有的旅游升级，包括房间升级、缆车票、免费旅游等。

然后，每个会员每付出一美元，则获得一个点数，可以用于抵扣消费。要想成为上述两种会员，必须交纳入会费和月费。其中，黄金会员的入会费为199.99美元，月费为49.98美元，白金会员的入会费为299.99美元，月费为99.99美元。

在宣传视频中，还给出了一些旅游案例。例如，一个所谓4天5晚的豪华北京之旅，会员仅需花费369美元即可参加，而安排入住的北京万豪酒店，正常的入住价格在千元左右。视频中列举的海外旅游项目，也远远低于正常的市场价格。

在最初的28天里，业务代表引入3个会员，就可以获得100美元的奖励，如果引入4个会员，就可以获得免除月费和代表费；如果引入6个会员，就可以获得额外的300美元的奖金；如果一个月内有12名新会员加盟，这名业务代表就可以获得越来越多的奖金。

然而，就是这样一个组织也存在许许多多的疑点，在其营销宣传中，使用了不少欺骗的手段。

这个组织还曾经宣称与旅游卫视形成合作关系，其后，旅游卫视也公开澄清，与其之间没有任何关系。此外，“WV梦幻之旅”还对外宣称已经在申请中国的直销牌照，但是在商务部的网站上却查不到任何关于这家企业的信息。

案例2　“万家购物”传销

“万家购物”网站所在的浙江亿家电子商务有限公司由应某等人于2010年5月组建。2010年7月起，“亿家公司”以“万家购物”等返利网站和“百业联盟”加盟店网络为平台，打着“满500返500”等幌子，以超高额返利诱使他人发展会员，并按等级计酬。

可怕的是，仅两年时间，万家购物从注册资本10多万元网络代购商发展到日交易额3亿元的电子商务巨头。万家购物发展各级会员200多万人，遍布全国31个省（区、市）的2 300多个县（市），是目前已知全国最大的网络传销案件。

为了更好地蒙蔽传销对象，万家公司通过花钱购买、赞助、提供支持等手段获取了一些所谓的政府、机构荣誉来装点门面。事实上，万家公司在荣誉的背后却大行网络传销的害人勾当。其计酬方式、公司分层级的架构、发展下线的做法都具有鲜明的传销特征。

【防骗指南】

参与网上的营销活动一定要明辨真伪，以免被不法分子诈骗而遭受经济损失，甚至被骗参与传销等违法活动。只要提高警惕，不贪小便宜，保持清醒的头脑，不轻易相信网络上发布的信息，通过有效途径对信息进行验证，不轻易透漏自己的银行卡号及密码等重要信息，骗子的手段再高明，我们也不会上当。除非网站经过安全认证，否则不要轻易进行操作。如果不慎陷入传销陷阱，必须学会在第一时间拿起法律武器保护自己，唯有如此才能保证自己不受伤害。

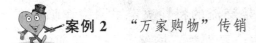

二、爱心互助

由于网络这个大空间本身的虚拟性，人与人之间的交流是通过信号交流转换传递的，而非面对面直接交流的特性决定了网络诈骗犯罪较之传统的诈骗犯罪具有其特殊性，表现为：网络是一个四通八达、没有边界、没有中心的分散式结构，体现的是由开放的理念和堵不住、打不烂的设计原则。任何人都可以接入互联网，向世界发布信息，传播自己的观点和理念，在这里信息跨越了时空界限，实现了自由流动。网络在为人们的生活提供自由、便捷的同时，也为犯罪提供了便利条件，使网络诈骗犯罪活动超越了时空条件的限制，犯罪行为人可以在任何时间、任何有网络的空间虚构事实或非法获取访问权实施犯罪。

诈骗案例

案例 1 爱心互助实为传销

警方某日上午捣毁一个藏匿在山东烟台开发区某高档住宅小区内的特大非法传销组织。经查，该组织以“爱心互助”为名在开发区部分小区内建立了 8 个窝点，按照拉人头提成分红的模式进行非法传销活动，已有数百名群众上当受骗，涉案金额约 600 万元。

2015 年 8 月初，烟台开发区海河派出所接到群众报案，称辖区内某高档居民小区里可能藏匿着一个非法传销窝点。经过细致走访与缜密摸排，8 月 18 日上午，开发区公安分局抽调近百名警力，划分行动小组对多个窝点同时展开抓捕行动，将正在屋里吃早饭的嫌疑人控制住。

据介绍，这个非法传销窝点房屋经现场民警测量有 270 多平方米，是南北通透的全海景房，装修豪华，里面摆放着供传销人员休息的床铺，50 寸的液晶电视机旁摆着价值几万元的仿明代酸枝木官帽椅。

警方根据现场其他涉案人员交代与细致勘查，在几个房间中发现了组织传销的证据，包括含有多章讲课内容的记录本、学员材料与大量现金；在一间卧室内，办案民警还发现了藏在床后用于非法宣讲的巨幅海报。

据了解，这个传销组织打着建立“爱心互助社”的名义吸引不明真相的群众参加，每名参会人员在申请加入时都要交 5 万元的会费。按照“发展层、三星、四星、五星一、五星二、五星三”组成 6 个层级，每个层级根据发展的下线情况领取相应的“工资”和“奖金”。

据统计，该传销组织下设 40 多个小组，分布在全国各地，每个小组约 100 名会员。不仅参与人数众多，而且由于入会门槛高，该组织成员多为“高端人士”。

此次行动共抓获传销人员 50 余人，涉案金额约 600 万元，搜查到该团伙大量的犯罪证据。目前，开发区警方已经对 19 名嫌疑人采取了刑事拘留的强制措施。

案例 2　4 名男子借“全球爱心基金会”名义搞传销敛财 200 万元

2016 年 1 月以来，犯罪嫌疑人孙某、许某、郭某、黄某以“全球爱心基金会”为名，在甘肃省定西市岷县以每加入一个会员交纳 3 000～6 000元不等的费用，注册成为该组织的金卡或银卡会员后，并按照层级，直接以发展会员的数量作为分红依据，交纳的费用 30%上交该组织的西北总监孙某处，剩余的 70%用于发展来的全体会员分红。

该组织的总部在深圳，孙某为该组织在西北地区的总代理，孙某的下线为许某，许某的下线为郭某，郭某的下线为黄某，会员分为 4 个小组，分别由一个小组长负责管理。全案共发展会员 209 人，社会危害极大。被引诱加入传销组织的成员多为农民、下岗职工、家庭妇女等低收入群体，有的老人甚至将一生积蓄投入其中。

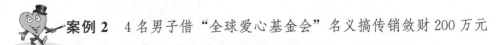

2017年2月，检察院在审查这起传销案时发现，武某等4个小组长管理的人数均在30人以上，承担联络组员开会、培训、旅游等日常活动事项，参与对每个组员的收款、分红过程，并以高额“分红”为幌子引诱吸纳会员。最后，孙某等4名犯罪嫌疑人以涉嫌组织、领导传销活动罪被提请批捕。

【防骗指南】

以爱心互助为幌子的非法传销现在最常用的手法就是与直销混为一谈。无论怎样，直销与传销还是有本质的区别。只要符合以下三种情况，那无疑就是传销了。

(1) 加入组织须交纳入会费（或购买产品）。

(2) 介绍其他人进来就有业绩奖金。

(3) 介绍的人越多，级别越高，收入越多，还有分红，等等。

牢记以上三点就能有效预防这类诈骗。

三、网络营销、网络直购

随着网络的发展，网络购物渐渐变成大众生活的一个重要部分。在淘宝、京东、一号店等电商崛起的同时，新型的诈骗手段也慢慢萌芽。以网络购物为幌子，假借“网络营销”“网络直购”等，吸引会员购买一定数额的商品，并推荐他人购物成为会员，根据下线会员的数量或购买商品数额的多少获得奖励。

诈骗案例

案例1 陈某通过网络营销骗取400多万元

“教你108天买奔驰、6个月买房、一年开劳斯莱斯”，打着微信营销的口号，号称“亚洲催眠大师”的陈某，2016年1月因领导、组织传销活动罪在南京市玄武区法院受审。3月17日上午，南京玄武法院宣判，陈某被判处有期徒刑8年。

相信大多数人看到这样的口号时都会觉得是一个天方夜谭，可是为什么还会有人义无反顾地跳入其中呢？就让我们来看看骗局是如何展开的。

陈某自称“亚洲催眠大师”，以推销其微信营销课程为名，打着“月入百万·微信营销”的口号，陆续在上海、杭州、广州、厦门、福州、石家庄、北京、长沙、宁波、南京等地开展以微信营销为主要内容的“免费授课”。

但这种“免费授课”并不是真的免费，而是要求参与者交纳不同数额的代理费，成为其不同级别的微信营销课程的代理商。代理商通过手机微信软件，向社会大众宣传陈某的“微信营销”大会，吸引更多的人参加此会，成为陈某的新代理商，骗取他人的代理费，并形成包括陈某本人在内的多级组织层次。

陈某被公安机关抓获归案。经公安机关查明，已有329人作为陈某的代理商参与了其领导的传销组织。

法院经审理认为，陈某以推销微信服务为名，要求参与者交纳一定的费用成为其微信代理商，并按照一定顺序组织层级，以直接发展人员的数量作为计酬依据，引诱参与者继续发展他人，骗取财物，扰乱经济社会秩序，情节严重，已构成组织、领导传销活动罪。

法院开庭审理了陈某传销案。法庭上，陈某否认他此前宣称的身份：“我不是什么‘亚洲催眠大师’。”据了解，陈某本人是中专学历，常年游走于上海、南京等地的社会培训机构学习营销，并无正规文凭。

为维护公民的财产所有权以及正常的经济秩序和社会管理秩序，法院依照《中华人民共和国刑法》相关规定，作出了判决，并责令被告人退赔被害人损失461万余元。

案例 2　警方然获“香妃丽人”传销团伙

2016 年 4 月，江西抚州市东乡县公安局经侦大队接二连三地接到外地人员的报警电话，称自己在东乡县打工的亲戚朋友向他们推销“香妃丽人”产品，索取了他们巨额“投资”后，就再也找不到人。东乡县立即成立了“4·13 专案组”，根据爆料人提供的线索，在全县范围密切布控。

根据当地一些居民反映，有些行动神秘的男女会在晚上出现在东乡县公园。有一天，一名老人路过县法院老宿舍路边时，从楼上窗口扔下一张 50 元钞票，上面写着求助信息。

专案组根据线索，通过两个多月的跟踪摸排与巡逻，从外围成功抓获犯罪嫌疑人李某，经审讯，在当地的华联超市、法院老宿舍、步行街路口、老火车站均藏匿着他们的传销组织窝点。

经过数天的摸排确定，8 月 20 日深夜，警方将 4 个传销窝点悉数捣毁，共抓获以杨某为首的犯罪团伙嫌疑人李某、张某、尹某以及被胁迫参与非法传销活动人员 60 多名，一举打掉盘踞在东乡的“香妃丽人”传销团伙。

经过初步审讯，一个以女犯罪嫌疑人杨某为首的传销组织浮出水面，该组织大部分为“90 后”，来自全国各地 18 个省份。该犯罪团伙在网上虚拟一款“香妃丽人”传销产品，每套 2 800 元，在网上交流平台以色情或者巨额利润为诱饵，诱骗不明真相的外地青年男子来交通便利的东乡，在东乡公园约见后，被带入上述 4 个传销窝点，秘密控制起来，并实行非法拘禁，若是有意逃跑脱离的，骨干人员就会指使其他人员殴打虐待。

案例 3　“无卡 POS 机”传销诈骗

名为“星火草原”的微信公众号自 2015 年 12 月上线运行所谓的“无卡 POS 机”分销系统。参与人通过微信扫描“星火草原”二维码、关注该公众号成为它的“粉丝”，但只有交纳100～300元后才能成为相应级别的代理商。获得了代理商身份，才具备发展下线并获取提成的资格，其方法就是继续转发二维码发展更多“粉丝”，再让“粉丝”交钱变成代理商，这时，他作为上线代理商就能获得直接和间接的推广提成，提成以微信红包形式发放。经查实，从“星火草原”的微信公众号开始运行截至案发的半年时间里，其“粉丝”达1 500余万人，各级“代理商”150余万人次，涉案金额2亿多元。

在这起案件中，传销组织用微信推销的是所谓“无卡POS机”，它并不是什么有形的商品，而只是可以让人继续发展下线的二维码。

【防骗指南】

疑似传销的营销模式普遍采用分级代理制度。

(1) 做代理无须加盟费用，直接购买货物就可以成为销售代理。

(2) 品牌代理有多个层级。拿货越多，层级越高，而最高等级的代理商则需要一次拿货数万元以上。

(3) 成为代理后，就可以发展次级代理，也就是俗称的“下线”。每个层级的代理拿货价格不同，赚层级差价得到的收入要远高于直接销售，越高级别的代理依靠发展下级代理获得的收入越多。

其实，判断是正常的经营、正常的朋友代购还是传销，要素之一就是它的赢利模式是不是靠发展下线、发展人头，或者说是不是我们所说的一种金字塔形的赢利模式。相信大家经过理性的思考一定能作出正确的判断。

四、网络游戏

网络诈骗是指一切利用网络进行诈骗的活动。在各类诈骗案中，网上诈骗日益猖獗，所造成的损失也日益严重。事实上，网络传销诈骗以其独特的方式、高额的回报成为网络诈骗中的主要组成部分。而网络游戏类诈骗也是近几年兴起的一种网络传销诈骗方式。

传销团伙以网络游戏为诱导，假借“游戏股票”“开心淘”“金钱游戏”等游戏形式引诱玩家购买游戏充值卡或交纳会费，鼓励会员推荐他人加入，从而获得直销奖、销售奖。

这类诈骗在我们平时上网时就会看见，一般各类偏门网站右下角的广告就是这类诈骗的一种传播形式。

诈骗案例

案例 1　山西大同网络游戏诈骗案

山西省大同市城区人民法院一审公开宣判了一起网络传销案，被告人姜某犯组织、领导传销活动罪，被判处有期徒刑 7 个月，并处罚金 1 万元。

法院经审理查明，被告人姜某自 2011 年 9 月 26 日进入金路网络国际投资有限责任公司网络传销集团后，以宣扬在网络玩游戏可以赚钱、交纳一定费用成为公司会员可得到回报、发展会员加入可得到更多回报的方式，进行传销活动，截至案发，发展下线 17 层，组织成员 100 余人。

案例 2　“AHK 澳洲汇金理财游戏”

从 2013 年起，广东江门、重庆以及山西省不少地区接到报警称，在网上有个“AHK 澳洲汇金理财游戏”网站，以现实资金兑换虚拟货币的购买方式加入，有人已投入数万元，很像一种网络传销。

2013 年 8 月 12 日上午 10 时，在广东省公安厅的指挥协调下，江门市公安局经侦、特警、宣传等部门出动警力，分成 10 个工作小组，前往广州、东莞等地对“AHK 澳洲汇金理财游戏”网站涉嫌组织领导传销活动的嫌疑人案采取收网行动，成功抓获该传销组织主要头目高某、包某等5人，冻结涉嫌传销资金近1200万元。

不法分子的具体做法是通过网友购买积分（EP）注册账户才能取得会员资格，每个会员在网站中有个ID账号，可在网站购买虚拟货币，这些虚拟货币也可以套现。与此同时，会员可以发展下线，并收取费用。该网站的赢利主要靠提现的手续费和入门费。

【防骗指南】

这类诈骗虽然是新型传销诈骗，但是还是不离传销诈骗的本质，即发展下线，以高额利益来诱惑人们加入这类不法组织。大家要提高警惕，不要上当受骗。

五、基金传销

基金式传销是指经营者以销售基金的名义发展人员、组织网络、募集资金，参加者通过向基金会交纳理财金或以认购基金等交纳会员费的方式，取得加入、介绍或发展他人加入的资格，并以此获取回报；组织者、先参加者通过发展人员、组织网络或以高额回报为诱饵，招揽人员并从发展的下线成员所交纳费用中获取收益的一种新型传销方式。

基金式传销本质上是一种新型的传销，既具有普通形式传销活动的一般特征，又有符合其自身发展规律的独有特征。

诈骗案例

案例1　“亿汇香港投资公司”诈骗案

杨女士退休后的一天接到一个电话，对方自称是“亿汇香港投资公司”，声称可以为客户代理投资国外优质基金，累计年收益率达20%。签订申购合同后，杨女士将10万元存入了该公司指定的账户。但此后不久，亿汇公司突然人去楼空，客户委托投资的资金也被转移。

警方破案后，据犯罪嫌疑人交代，其委托中介公司代办注册，在选定公司名称并支付6 000元后，仅用一天时间就完成了境外公司的注册业务，对方还向其提供了商务登记证、印章等全套材料。警方表示：“代办境外公司注册的业务蓬勃发展，但缺乏相关的法律条款制约，其业务因此也缺乏相应的监管，这一问题值得引起注意和防范。”

随着国内基金投资的财富效应持续升温，一些不法分子和不法机构在互联网上设立网站，向投资者兜售子虚乌有的“海外基金”，这些不法分子和不法机构以“高额回报”“下线返利”等方式蛊惑人心，当资金累积到一定程度后，犯罪嫌疑人关闭网站，将钱席卷一空，逃之夭夭。

目前，中国证监会从未批准过任何境外基金在中国销售，对于“瑞士共同基金”这种所谓的“境外基金”一旦出了问题，将不受《中华人民共和国证券法》保护，投资者资金也很难得到安全保证。因此，投资者应拒绝购买这种基金。投资者买卖证券投资基金应通过相关招募说明书或公告明示的银行、证券公司等有代销资格的机构以及基金公司直销中心办理。

案例2　互联网基金传销案

2004年，警方成功破获全国首例互联网基金传销案件——传销美国互联网基金案。据了解，该非法传销网络的结构为金字塔形，每一个金字塔系统分为12层，每一股基金在其中一个系统中占据一个位置，该位置向下又分支为两个位置。每一个加入这个组织的人，都必须出200美元的“基金认购金”，先加入购买基金的人可从后加入人员

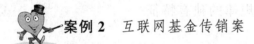

的出资中获取收益。参与者以本人为顶点向下构成12层金字塔模式的传销网络。任何一个组织的参与者都在World Net公司网站上有自己的会员ID号码及密码，通过ID号码及密码可在网站上查询本人所发展的人数及所得回报。经过一段时间的调查取证，警方采取联合行动，破获了这一全国首例互联网基金传销案。

【防骗指南】

首先，投资者对不熟悉的经营模式和领域，要提高警惕，谨慎投资，以防掉入网络传销陷阱。在利用网络选购理财产品时，尽量选择正规、信誉度高的发行机构购买，以最大限度地保障理财过程的安全性。其次，目前尽管很多银行开通了理财产品销售的网络渠道，如果要上网购买理财产品，必须在实体机构网点实名制开通网上账户，才能登录。同时，在网上理财时，最好利用移动密钥、U盾等，增加交易的安全度。

六、面试收费欺诈

这一类型往往通过发布招聘信息、引导用户面试、巧立名目收费、恶意毁约等流程实施诈骗。经58同城网站统计，该类型招聘欺诈的平均金额为372元，占比达74%。

诈骗案例

案例1　假老总网络招工，张先生工作一月方知被诈骗

2016年5月10日，张先生根据网上一则驾驶员的招聘信息，拨通了上面的联系电话并得到了面试机会。5月16日，张先生来到面试

地点。他被带进一家 KTV，自称是李经理的人已经在那里等着。随后，李经理简单询问了张先生关于开车的问题，并拿出一份试用合同，告诉张先生交 2 500 元加油卡押金之后就可以签合同了。急需工作的张先生确信无疑，交了钱后回家等消息。

第二天，张先生按照李经理的安排给徐总当了两天司机。5 月 19 日，徐总让张先生交付押金 1 万元，称要和张先生签合同，正式聘用他。正式合同和高额薪水让张先生非常心动，虽然押金 1 万元有点多，但为了这份“好”工作，张先生咬咬牙把钱给交了。之后，张先生开着自己的车给徐总当了一个多星期的司机，接着又给公司周总开了十几天的车。一日，周总称张先生的工作涉及公司商业秘密，需要签一份保密协议，并交纳押金 1 万元。

公司会出具一份收据和承诺书，承诺于 6 月 15 日将 1 万元押金和工资一并还给张先生。虽然保密协议上的公司名称与之前签订劳动合同上的公司名称不同，但张先生不舍得放弃这份高薪职业，便安慰自己这只是押金，再一次交出了钱。

翌日，周总出差，并把张先生安排给杨经理当司机。6 月上旬，张先生问杨经理要工资，杨经理以各种理由推脱责任，始终没有支付张先生工资。后来，张先生试图联系之前那些经理讨个说法，却谁都联系不上了。

此时，张先生才幡然醒悟，他用自己的车给这个经理那个老板当了近一个月的司机，到最后一分钱没拿到不说，自己还贴了 2 万多元。张先生慌忙来到派出所报案。警方随即立案侦查，根据线索锁定犯罪嫌疑人孙某、刘某，并于 6 月 14 日将两人抓获。警方在两人房间查获 5 部手机及两张手机卡，并在其中一部手机内发现大量招工信息和与多名被害人联系的短信记录。

经查，孙某、刘某两人伙同他人，冒充周总及其助理身份采取相同手法、以招工为诱饵已骗取多人财物，包括张先生的 2 万余元、李某 300 元及 iPhone 6Plus 手机一部、陈某 700 元和 iPhone 5s 手机一部。孙某、刘某因涉嫌诈骗罪被上海普陀区检察院批准逮捕。

案例 2　王某应聘船员，落入骗局

2015 年年底，王某在老家通过某网站招聘广告看到某中介公司称南京某船舶公司招聘船员。跟对方联系后，王某和老乡一共 11 人从老家来到该中介公司，并找到公司负责人张经理。面试后，张经理让他们每人交 350 元的体检费去医院体检。没过几天，张经理打电话通知王某等人体检全部合格，让他们每人再交 8 800 元钱用于办船员证。交完钱后，张经理让王某等人回老家等通知，没想到过了好长时间都没接到通知，打电话也联系不上张经理。

等到王某等人再次赶到中介公司所在地时，发现该公司已经人去楼空，随即报警。经过长达两个多月的调查，警方查明该起系列诈骗串案涉案金额 80 多万元，涉及人数高达 500 余人。2016 年 8 月 1 日，在相关地区公安机关的配合下，警方调集 60 余名警力，在南京和浙江温岭、山东威海等地同时实施集中抓捕活动，摧毁 4 个诈骗团伙，抓获犯罪嫌疑人 17 人，侦破各类诈骗案件 117 起。

【防骗指南】

2016 年 2 月以来，国家网信办会同有关部门，针对各类招聘网站开展专项整治行动，已有两批超过 200 家招聘网站被查处、关闭。

如果有人遭遇网络诈骗，应尽快拨打 110 报警，汇款后的 2～3 小时为最佳追查时间，若报案时间距离汇款时间较长，可能会出现多账户转账等问题，加大了追查赃款的难度。

七、监控面试招工

监控面试招工是新型的招工诈骗手段，嫌疑人大多通过小广

告、网络、短信等非正规媒介，打着高薪招聘的幌子，诱骗求职者面试。

诈骗案例

案例 1　应聘酒店工作人员，小刘被骗 5 000 元

2015 年春节刚过，河北人小刘就回到北京，想找份好点的工作。在某网站，小刘看到这样一条招工信息：某五星级酒店因春节前员工返乡严重，急招工作人员，薪酬丰厚，有意者请到酒店进行面试，联系人王经理。拨通王经理的电话后，对方要求小刘穿着整齐，第二天到酒店大堂等候面试。

小刘走进酒店，只见酒店装饰豪华，十分讲究，但没有看到王经理本人。再次拨打电话后，王经理让小刘在大堂沙发稍等。过了一刻钟，一个穿着一身黑西装、自称王经理的男子走到小刘面前说："祝贺你，酒店决定聘用你了。""我还没面试呢?"小刘不解地询问。王经理解释说，酒店为了看到求职人员的真实表现和素质，有关部门通过监控录像对小刘进行了暗中"面试"，"面试"已经通过，过几天就可以上班。"你先交押金和体检费。酒店不要现金，直接汇入公司账号。"王经理留下账号后，转头就走。汇款 5 000 元后，小刘却再也联络不到王经理了，向酒店前台一打听，酒店根本没有招工，也没有什么王经理。

案例 2　小郑应聘酒店经理被骗 1 000 元

2016 年 5 月 11 日，小郑在网上看到一条关于××大酒店招聘经理的信息，条件十分诱人。小郑激动不已，马上联系了招工信息下留的号码，电话接通后对方称自己是陈经理，表示诚意招工，并要求小郑到××大酒店内进行面试。小郑很快就坐上出租车，到了酒店大堂

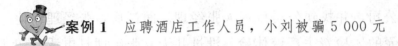

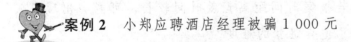

内，并拨打了陈经理的号码。隔了没多久，陈经理表示小郑已经过董事长的面试，由于董事长身份特殊，不能面对面面试，因此通过监控探头对其进行了面试。

接下来，陈经理声称要 1 000 元的押金费用，这是所有经理就职前要交纳的。小郑随后将 1 000 元汇到了陈经理给的银行账号上。之后，陈经理又在电话里称经理岗位重要，特别是服装方面肯定必不可少，所以还得交 2 000 元的服装费，之后，就可以马上安排工作。

小郑一听只得向朋友借钱，朋友不忘提醒几句："最近骗子很多，你可要小心。人都没见着，怎么就轻易交钱?"

这时，小郑才醒悟过来。再次拨打电话后双方没讲几句，陈经理就挂断电话，再也杳无音信。事后，警方联系××大酒店负责人，负责人称他们酒店近期没有在任何网站上发布过招工信息，一般他们招工都要通过严格的面试，不会这样草草了事。

【防骗指南】

如果遇到这类情况可以要求对方出示相关证明来证明其身份。特别提示：要想找一份可靠的工作，首先要警惕找工作的媒介是否正式规范，一旦要求交纳押金等各种费用，且要求汇款，十有八九是诈骗。一般单位招工有严格的招聘制度，对于"监控面试"更是要格外小心。

八、重金代孕、求孕、求子

大家一定或多或少看过街头的"重金求子"广告，虽然大部分人是不会信的，但是受骗的人不在少数。毕竟骗子都是赚个小概率事件，一万个人看过，有一个信就够了。

"借种"帮少妇生孩子，便能得到百万元回报？怀抱"美丽少妇"，坐拥"巨额利益"，竟有如此财色兼收的好事？"重金求子"这一看似老套的诈骗手段，以财色为饵，专门钻营人心贪念，频频得手。

“重金求子”这种老套的骗局，已经从原来贴在电线杆上的“牛皮癣”升级为网络新骗局了。搜索“重金求子”，便能发现许多以“重金求子”为名的信息，如“本人30岁，嫁香港房地产商。丈夫因意外失去生育能力，重金邀请健康男士圆我母亲梦。通话满意速付定金50万，事成后速付100万。”“求一品正男子共孕，重金酬谢！该广告由律师事务所代理，并已进行了公证。非诚勿扰！”

“少妇”“巨额利益”，竟有如此大的馅饼？当“少妇”和受害者接上头，“重金求子”骗局的走向就由他们操控了。据悉，“有些人越陷越深，对‘少妇’深信不疑，甚至将从亲朋好友处借来的钱拱手送给行骗者；而那些中途醒悟者，前期也被坑骗数百元。”

光看字眼，这似乎是很容易识破的骗术，但对置身骗局中的受害者来说，却是雾里看花，难辨真假。

诈骗案例

案例1 王某轻信重金求子，被骗3 000元

王某在登录QQ时看到一则“重金求子”的广告，无聊之下加了对方。对方声称只要王某有这方面的意向，可以先付给王某60万元，当作这段时间的生活费、营养费等，事成之后会再付给王某200万元。而后，对方让王某与其“律师”联系。王某与“律师”联系后，“律师”爽快地表示他们会先付给王某60万元。聊到最后，“律师”说，要得到这笔钱，必须先去公证处公证，需要3 000元手续费。

财迷心窍的王某决定汇出这笔钱。因为王某手头没有钱，还专门从朋友处借来3 000元汇给对方。结果对方又称王某的银行卡未办理大额汇款业务，需要交纳保证金1万元。此时，王某才发觉自己被骗

了，便到派出所报案。

案例 2　夏某相信富婆求子，被骗 11 200 元

2016 年 8 月 15 日晚 11 时许，夏某在网上看到一个自称是中国香港富豪妻子郭某的求子广告，郭某称自己丈夫丧失性能力，特寻健康男子与其共孕，孕后重酬 50 万元，并附上了专门用于联系的所谓的私密手机号。郭某挂断电话后，夏某还沉醉在郭某曼妙的声音里不可自拔，以为是天上掉馅饼，既不用吃太大苦，又可以狠赚一笔，这样的好事怎么轮也轮不到自己头上啊，一心想赚大钱的夏某毫不犹豫就拨打了郭某的电话聊天，一来二往，两人很快熟识了起来，夏某便经常和郭某聊天，期间，郭某称如果要她从中国香港飞过来合作受孕事宜，必须要先交纳 5 000 元的保证金，以示诚意，否则郭某不可能过来，信以为真的夏某毫不犹豫地向郭某提供的账户汇款 5 000 元，之后，郭某又以必须交纳受孕保证金、先行垫付车旅费为由，先后骗取夏某共计11 200元。而夏某还在翘首以盼，等待郭某从中国香港飞过来跟他相会，可他左等也不来，右等也不来，直到对方不接电话之后，夏某才意识到自己可能被骗了，夏某急匆匆报了案。

【防骗指南】

(1) 不盲目轻信

许多人喜欢贪图小便宜，所以，会在接收到这样的电话或短信时，觉得是自己幸运，被利益冲昏了头脑，自然就会上当受骗。所以，要树立正确的价值观、金钱观，不要轻信来历不明的电话和手机短信，不给不法分子设圈套的机会。

(2) 不透露

巩固自己的心理防线，无论什么情况，都不向对方透露自己及家人的身份信息。如有疑问，可拨打 110 求助或咨询。

(3) 不转账

保证自己银行卡内资金安全，不向陌生人汇款、转账。

(4) 信息要核实

如果接到类似的手机短信或电话，一定要仔细核对真实信息，以免上当受骗。

(5) 真伪要辨别

要仔细核对，分清真假，现在网络上也有很多假信息。

(6) 知识要积累

和家里人或者是身边的人一起分享这些诈骗信息，自己也能获取一些有价值的信息，以便提高警惕。

(7) 报案要及时

上当受骗或听到亲戚朋友被骗要立即报案，并提供骗子的账号和联系电话等详细信息，以便公安机关开展侦查破案。

九、网络婚恋、婚托诈骗

近年来，婚恋类诈骗为何发生的次数越来越多？首先是婚恋观和婚恋方式的转变，潜在受害人群越来越广泛。随着人们婚恋观和婚恋方式的转型，一些感情受挫又事业小成的人更加愿意追求情感世界的交流沟通，不少犯罪分子正是利用了其在婚姻中的情感缺失，对其展开“情感攻势”以达到骗取物质利益的目的。其次，随着工作压力增大、生活节奏加快，“剩男剩女”大量增加，也给了一些心怀不轨之人可乘之机。

相关行业的监管缺失也容易导致婚恋诈骗。在相关诈骗案中，网络或者婚介所是不少人认识的平台，但是在平台上发布的征婚交友信息却难以做到被悉数核实，有的甚至根本不进行核实。借助这类婚恋平台，犯罪嫌疑人能轻易发布用虚假身份编造的征婚交友信息，一旦案发，由于相关身份信息均为虚假的，案件的侦破度也比较大。

除此之外，在婚恋交友中，受害人不对对方进行身份核实，防范意识较为薄弱也是此类案件发生的重要原因。

现如今，剩男剩女已成为一个严重的社会问题。每个人都憧憬着自己的另一半能够外貌出众，事业有成。正因为如此，网络婚介便捷的特点也成了一个为众多单身男女青年提供交友的平台。然而，一些心怀不轨的人也将其视为敛财的“好机会”。“婚托”诈骗也由此诞生，并有持续增长的趋势。

诈骗案例

案例 1　征婚网客服诈骗

在征婚网站上填完资料后，很快就会收到“美女”发来的“秋波”，暗示想进一步交流。而后，在网站“红娘”的花言巧语下，交纳数千元的会费成为正式会员。谁料想，所谓“美女”都是网站客服人员冒充的。

2016 年，25 岁的小王在公司宿舍上网时看到一个婚恋网站，出于好奇，小王点击链接进入网站，并注册了会员。次日，当小王再次登录该网站时，就有两三个女孩给他发来“秋波”。之后，网站一名男性“红娘”给他打电话，说有几个美女想认识他。在介绍了这几个女孩的基本资料后，“红娘”询问小王是否满意。接着，就劝说小王升级为高级会员，可以直接与美女联系，还可以安排见面。

起初，小王并没有理会。之后，这位“红娘”又打了好几次电话。小王最终没有经受住诱惑，将 2 355 元会费转给对方。成为高级会员后，当天晚上，小王就跟一个女孩聊了快两个小时。可是过两天，再想找这个女孩聊天时，发现网站已经打不开了。与小王有同样遭遇的人有很多。华某就因为邮箱里一封来自婚介网站的广告邮件，一时心动去注册，结果为了和理想中的女友见面，华某交了 5 548 元，升级为高级会员。之后，发现上当受骗。

案例 2 虚构富婆诈骗

边某在业务来往中认识了年轻女子杨某，杨某采用张贴广告的方式称自己是一个富婆，年轻守寡，想找对象，一旦结婚，财产就可以分对方一半。单身男子李某听边某讲述后，首先通过边某与杨某取得联系，然后和杨某见面，一见面就动心了。为了表示诚意，李某拿出 4 000 元，让她将广告撤掉。交往期间，杨某又以过生日、旅游等为由，从李某那里拿了 3 万多元。后来，杨某消失了，边某始终联系不上方知受骗。

案例 3 邵先生花近万元也要不到女方的联系方式

“有个女孩对你有好感，向你发送了‘秋波’。”在注册完某婚恋网站之后，家住湖北的邵先生几乎每天都能收到网站工作人员的来电。

27 岁的邵先生还是单身，2016 年 7 月初，他偶然进入一个婚恋网站，便随手填写手机号码进行了注册，没料到，还真“中了头彩”，自己心仪类型的姑娘碰巧也相中了自己。

而在该网站，只能简单地用表情打招呼、发“秋波”等，如果想和对方对话，需要通过“爱情信使”服务委托红娘在中间进行传达，或者开通 VIP 会员发起在线聊天。

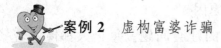

为了谈一场真心的恋爱，邵先生通过“爱情信使”服务告知该女孩，希望得知其真实的姓名、职业、所在城市等。女孩回复称，自己和邵先生位于同一个地区。邵先生将这一情况和红娘核实，红娘给出了肯定的答案。

“红娘还说，这个女孩都已经因为我开通会员了，希望我不要错过。”得知照片上清纯可爱的女孩竟然和自己在同一个城市，成功的概率似乎极大，邵先生便心动了，于是花费 2 999 元开通了水晶会员。

恋爱刚谈了 4 天，女孩表示想要绑定“单线联系”，即两个人单独对话，不会再收到其他人的示意和打扰。沉浸在爱河中的邵先生一口答应，随后便花费 4 888 元绑定了“单线联系”。

然而，邵先生的情路似乎有些坎坷，绑定之后还不到一个星期，女孩又抱怨“你不懂我”，要求邵先生和她一起开通“情感老师”，而仅这一项费用就需要 5 888 元，作为普通工薪阶层的邵先生没有马上同意，而是表示考虑一下。

最后，女孩以“叔叔生病”为由，便不再对其进行回复，整个过程，他没有要到女孩的联系方式，更别提见上一面。

女孩消失后，感觉被骗的邵先生用百度识图对其头像进行识别，发现照片竟然来自网络红人图片。

【防骗指南】

首先，要选择正规网站，不要盲目地登录一些不知名的婚介网站，在选择前也一定要仔细查询其是否为可靠的网站。

其次，单身人士一定要有正确的定位，切记不要因为那些“红娘”的花言巧语而变得盲目，应保持冷静的头脑，更不要盲目向外“送钱”。

同时，正规的婚介所对会员的档案管理都很严格，在与会员签署合同时，都要求征婚者出示相关有效证件、填写登记表，每一位会员都留有证件复印件，在介绍相亲时都会拿出会员的详细资料。如果婚介所不拿出征婚者的相关证件和资料，那就一定要小心判断是否为诈骗。

十、网络征婚

网络征婚诈骗是指通过网络交友、相亲网站、编造“高富帅”或

“白富美”等虚假身份，与受害人进行网络交流，在骗取对方信任、确立交往关系后，选择时机提出借钱周转、家庭遭遇变故等各种理由，骗取钱财后便销声匿迹。

（1）征婚信息：骗子会在各征婚交友网站注册，填报虚假信息，通过家境优越、有房有车等较佳的经济条件来吸引异性，并在与异性相约见面过程中通过各种手段极力证实其身份的“真实性”，博取受害人的好感。

（2）讨好受害人：获取受害人的初步信任与好感后，以各种方式进一步迷惑、讨好被害人，为最后的诈骗工作做准备。

（3）借钱：以各种理由向受害人借钱，实施诈骗行为，并消失踪迹。

诈骗案例

案例 1　团伙网络征婚诈骗

犯罪团伙利用网络征婚诈骗婚恋对象的财物。他们先后在多个婚恋网站注册，以恋爱交友为诱饵，花言巧语勾引外地女生或男生，待对方上钩后，谎称他办的公司要开张了，让对方送屏风、花篮等致贺，随后又谎称某天去探望对方与之约会见面，过一天又说半路出了车祸正在医院抢救，让对方把大额钱款汇入他的银行账号，以此诈骗对方钱财，一旦钱款到账便断绝联系。

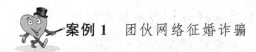

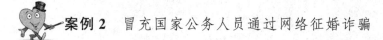

案例 2　冒充国家公务人员通过网络征婚诈骗

2016 年 10 月 19 日上午，王小姐到派出所报案称，其于 2014 年通过网络征婚认识一名李姓男子，该男子自称市里某部门公务人员，目前单身。两人交往一段时间获得信任后，李某对王小姐表示其可以利用股票投资挣钱，希望王小姐能借 10 万元作为启动资金。爽快的王小姐便向李某账户分两次打了 10 万元。事后王小姐发现李某并不是所谓的公务人员，随即发现被骗了。

案例 3　以恋爱交友为幌子实施诈骗

小宋在一个婚恋网站上注册了个人信息，希望能找到真爱。很快，他便在网站看到了一位让自己心动的女生。一个网名叫“晴晴”的女孩主动与小宋打招呼，她在郑州一家会计师事务所工作，月薪 6 000元。看到晴晴在网上发的照片青春靓丽，小宋以为自己撞了桃花运。

随后几天，两人的感情迅速升温，不仅相互留了手机号、微信号等通信方式，还每天通过网络互动聊天。晴晴的温柔体贴迅速打动了小宋，两人很快确立了恋爱关系，开始以“宝贝”“亲爱的”相互称呼。接下来的几天，晴晴对小宋说自己在一个网店看到一款情侣手表十分不错，并把男款手表拍了下来，给小宋快递过去。小宋很快收到了晴晴的爱心礼物，被深深感动的他立即在该网店以 3 000 元的价格将女款情侣表拍给了晴晴。接着，晴晴开始频繁向小宋要礼物，一会儿是每盒 1 900 元的进口高档巧克力，一会儿是出席重要会议需要的价值万元的高档皮包，接着就是以家人生病、信用卡透支等为理由向小宋要钱。在晴晴的请求下，小宋将父母辛苦攒下给自己结婚买房子的 14.9 万元全部给了她，可竟然还没见到晴晴本人。

两人交往三四个月，晴晴从来没有和小宋进行过视频聊天，但隔三岔五的几次电话却让小宋深信不疑。不久后，两人的感情达到高峰，晴晴的父母还分别与小宋通了电话，对两个人的交往十分满意，准备到郑州见一见小宋。小宋也急着见晴晴本人和她父母，但多次要求去和晴晴见面时，晴晴总是以出差、陪领导应酬等原因拒绝。后来，晴晴干脆不和小宋聊天了，小宋这才意识到自己可能被骗。

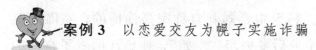

案例 4　女生冒充空姐诈骗

2014 年初春，在山东潍坊某高校读大一的刘莉通过 QQ 认识了在临沂市河东区打工的江明。聊天中，刘莉自称家是淄博的，在潍坊某高校航空服务专业就读，毕业后要去当“空姐”，还给江明看了自己的照片，江明对刘莉一见倾心，于是在网上对她展开了激烈的追求。聊了一段时间后，两人成了“男女朋友”关系。

两人“老公”“老婆”称呼着聊了一个多月，刘莉跟江明说自己和父母闹矛盾，父母不给自己生活费，都吃不上饭了，说到伤心处，哭得梨花带雨。江明哪见过这阵势，顿时怜香惜玉之情泛滥，立即给她打过去几百元，而且以后的每个月都给她打几百元生活费。

话说刘莉，家庭并不富裕，但是父母抱着“穷养儿，富养女”的态度，对女儿颇为溺爱，刘莉自小过着“衣来伸手，饭来张口”的生活。随着年龄的增长，刘莉对物质的追求越来越强烈，高档化妆品、时尚衣服、高端手机都成了她追逐的对象，父母每个月给她 1 000 元生活费，加上江明每个月打的几百元也满足不了她的需求。

2015 年，刘莉跟江明说自己要参加培训，每个月需要几千元。这时，江明犹豫了，虽然他们在网上聊得火热，但毕竟连面都没见过，以前每个月给几百块还能承受，现在要这么多钱，自己把工资给她都不够。刘莉感觉到江明开始动摇，便又注册了个 QQ 号加江明，自称是刘莉的妹妹，告诉江明刘莉是多么多么爱江明，如果不参加培训，刘莉的“空姐”梦就要破灭了。憨厚的江明再次选择相信刘莉是真的爱自己，并且会跟自己结婚，于是把自己每个月的工资几乎全都给了刘莉。这期间，江明去潍坊要求见刘莉，刘莉说自己在封闭式培训走不开，拒绝了他。之后，江明又多次要求见面，刘莉均以培训、上机实习等理由推托。

到了 2015 年年底，刘莉胃口大开，以去美国培训、上机学习等理由，张口就要10万元钱。这对江明来说简直是天文数字，但想到两个人一路走到现在不容易，等明年刘莉毕业，他们就能永远在一起了，于是，东拼西凑了10万元汇给了刘莉。

2016年上半年，刘莉称自己正式成为“空组”，在美国等国家的飞机上实习，需要考证件，又让江明分别往自己卡里打了8万元和5万元。此时的江明已经负债累累，筋疲力尽，他再次怀疑起自己“空姐”女友的真实身份来，想起刚开始聊的时候，她发过自己的身份证号，上网一查，发现身份证上的名字不是刘莉，而是一个姓徐的女子，身份证上的照片和她发给自己的照片也不一样，这才意识到自己被骗了，于是选择了报警。2016年8月，刘莉在淄博市自己家中被抓获归案。

案例5 网恋被骗10万元

2015年4月，张某在网上添加了一女性好友“菲儿”，菲儿自称是日籍华人，在某公司上班，两人很快确定了男女朋友关系。在交往了一个月左右，菲儿便开始以各种理由向张某借钱。最开始是充值游戏点卡，后来是“请同事吃饭忘带钱包”“手机丢了，还没发工资”，最多的一笔是称自己遭遇车祸住院，张某汇给她1万元。张某一次次给对方账号汇款，一年时间总计近10万元。菲儿向张某提出要借款几万元，张某因实在拿不出这么多钱便拒绝，之后张某渐渐感觉菲儿对自己越来越冷淡，这才起了疑心。

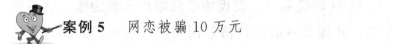

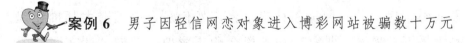

案例6 男子因轻信网恋对象进入博彩网站被骗数十万元

2015年10月初，年逾40岁、事业有成的梁某在一家婚恋网登记注册。随后，一名自称钱某的女子主动与他联系，对他表达“好感”。梁某查看钱某的简历，对方刚满27岁，在南京工作。梁某觉得钱某条件不错，便加了好友，互留了联系方式。随后，钱某传给梁某几张自己的生活照，梁某见钱某面容姣好，更加喜欢。在进一步接触中，梁某感觉钱某对人温柔体贴，两人的关系也日渐稳定，很快便到了谈婚论嫁的地步。

在闲聊中，钱某给梁某推荐了一个理财博彩网站，并称该网站采用“时时彩”玩法，没有风险，买彩票就可以赚取利润，并称已在网站赚钱，并截图给梁某看她的收益。梁某听后，抱着试试看的想法注册了账户，在钱某帮助下先期投入 1 000 元购买彩票，次日，钱某发来截图称梁某两次中奖，账户变 1 500 元。梁某惊喜之余，更加喜欢钱某。没过多久，钱某称已将两人恋情告知父母，为证明梁某经济实力，希望梁某将更多资金注入博彩网站。梁某未多想，先后数次共汇入账户 50 余万元。

2015 年 10 月 11 日，梁某突然发现博彩网账户金额为零。联系钱某，其称并不知情，并催促其继续往博彩网站注入资金。此时，梁某冷静下来，仔细回想每次提出与钱某见面，她总是推托，连语音、视频聊天都以不方便为由婉拒，至今未见过真容。

梁某越想越觉得可疑。10 月 12 日，梁某报警。接到报警后，警方成立专案调查。经大量侦查取证，一个湖北籍犯罪团伙进入侦查员视线。

据了解，该团伙于 2015 年 6 月在武汉成立了网络科技公司，以博彩网站为平台，用高额回报诱骗事主到此网站注入资金，参与彩票赌博项目。在诈骗梁某得手后，该团伙于 11 月初搬离原处，继续从事网络诈骗活动。

该团伙的基本诈骗手段为两种，一种是利用交友网站等社交平台，编造虚假身份信息骗取“朋友”信任，引诱“朋友”进入博彩网站购买彩票实施诈骗。另一种是在社交平台广发信息，以理财大师推荐理财产品为诱饵，吸引“朋友”注入资金购买彩票，并向“朋友”截图提供虚拟获利账户信息引诱“朋友”，骗取钱财。

经警方初步审查，犯罪嫌疑人徐某等 13 人对实施网络诈骗的犯罪行为供认不讳。据嫌疑人供述，2015 年 6 月，徐某等 4 人招募多名社会人员组建网络诈骗公司，以博彩网站为平台，诱骗事主参与“时时彩”赌博项目实施诈骗。博彩网站根据事主投资的金额按比例“返利”到徐某账户，徐某再将“收益”分配给其他“股东”和团伙成员。

10月初，团伙成员刘某冒充钱某骗取梁某信任，诈骗50余万元后，打算继续从事诈骗活动，没想到刚“开张”3天，就被民警抓获归案。

经警方初步核实，被该团伙诈骗的人员有40余人，诈骗金额60余万元。目前，徐某等13名犯罪嫌疑人已被警方刑事拘留。

【防骗指南】

征婚网站发信息，优越条件不靠谱；碰到借钱需谨慎，不然自己终吃亏。

充分了解骗术的一般展开过程：

(1) 首先是主动出击，物色容易行骗的对象，当感觉到对方是思想比较单纯的人，就把自己在交友网站上的注册信息删除。

(2) 把自己的大量照片发给对方。如果仔细看，会发现这些照片都被裁剪过，照片尺寸非常狭窄，估计是把他身边的人裁掉或者把照片的日期裁掉。对方收到大量的照片以后，一般就很容易相信了。

(3) 每天邮件来往。例如，刚开始的一两封邮件还讲述了他的一些身世：他父亲做生意，很有钱，后来去世，他继承父业，后来他把生意外包给其他人，他到了壳牌（Shell）公司承包石油管道工程，于是到了美国。由于经常在外面出差，第一个老婆跟别的男人跑了。还有个小儿子跟他一起生活。他希望找个亚洲女人做老婆，一起度过后半生。之后的邮件就没有任何实质内容了，无非就是反反复复地表述自己“会爱对方直到永远”之类的誓言。

(4) 双方取得信任后交换手机号码，骗子每天打2～3个电话给对方，早请示晚汇报，“我很想念你”“我很爱你”。再比如告诉对方，他已经把两人的婚事告诉他的老母亲了，他父亲去世了，他需要照顾老母亲。他母亲很高兴，希望早日能见到未来的中国媳妇。事实上，中国人尊重老人这一点也被国际征婚骗子利用上了。

（5）开始阶段基本上看不出任何破绽。如除了让人觉得感情进展得好像有点太快了，但是受害人以为也许老外就是这样直来直去，所以，也不着急下结论了。

在了解了此类诈骗的一般展开过程后就比较容易判断自己是否被骗，并采取必要措施了。

十一、直播间骗局

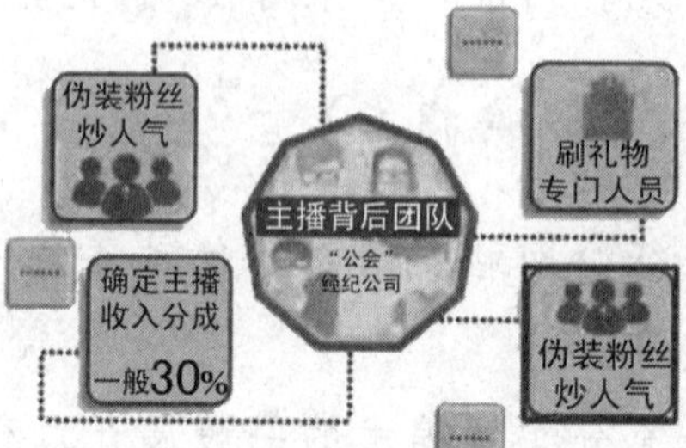

随着网络直播市场的迅猛发展，一大批网络直播平台借此崛起，“直播”在微博、微信之后，成为内容创业者们“暴走”的新阵地。各式各样的“网红”主播吸引了众多拥趸。骗子们瞄上现在十分火爆的网络直播平台，以直播平台刷单为由展开诈骗。

诈骗案例

案例 1

“本想着将炒股赔掉的钱通过这个‘现货原油’挣回来，谁知遇到骗子公司，利用完全封闭的对赌式操作，害我把 10 万多元的本钱赔个精光。”广州市天河区市民严阿姨报料称，最近三四个月以来，一个名叫“上海××联合金属交易中心”的平台让她血本无归。记者调查发现，该平台涉及非法期货交易，大肆通过互联网、电话等拉人头开户的方式忽悠市民投资。

“一开始没想着继续投资，结果是同事介绍这款软件给我，说一开始可以不开户、不投钱进去，先在直播间里听听‘老师’讲课。”回忆起金钱损失的过程，市民严阿姨说当时她抱着只听课、先了解了解的想法加入了网络直播间。

“在网络上直播的老师会一直引导你做原油，只说收益如何高，从不说风险。”严阿姨说，直播间里除了周末两天没有“老师”讲课外，从周一到周五，早晨7点到第二天的凌晨3、4点都有不同的“老师”轮番讲课，分析当天国际原油市场行情，还会明确告诉你何时做多、何时做空，“止盈可以无限大，止损可以设10%，这样就非常安全和可靠。”就这样，严阿姨终于动心了，在一名自称“五星客服”陈飞的指导下，在该软件平台上开了户。

将第一笔5万元转进××联合的账户上时，严阿姨非常谨慎，除了凌晨4点半收盘后眯一会儿之外，她几乎全天都在网络直播间里，一边认真听“老师”的指引做笔记，一边仔细研究软件上的K线图、分时图等指标。

“我第一次交易是去年12月份，当时听从‘老师’的建议，逢高建仓买了看跌的10手××油100桶，很快行情下跌了两三个点位，这样我一桶就赚了几千元。”至于具体赚了多少，严阿姨表示自己并不会算，“这个交易规则很麻烦，除了点差之外，还有手续费、委托点差、延期费（过夜费）等交易费用。”

尝到了几次甜头后的严阿姨逐渐放心，又陆续将几个月的工资转进了该交易软件的账户中。就在严阿姨满心欢喜地看着自己赚了将近3万元时，事情发生了转折。据她回忆，当时新闻里有几次国际上的原油数据公布，按照严阿姨的想法应该是买多，但是“老师”却在讲课中明确表示要做空。严阿姨和另外几名客户听从了“老师”的建议做空，而接下来的行情却是继续走高。眼看着自己账户里的钱随着行情的走高几千元几千元地缩水，严阿姨非常惊慌，多次在QQ上寻求“老师”指导，可一向实时在线的“老师”却没有及时回复她，往往是10时在QQ上询问“老师”，到了晚上“老师”才回复她。

“老师”的接连几次“判断失误”使得严阿姨账户资金仅余2 000

多元，但“老师”要她重仓满仓，说坚持下来肯定回本，严阿姨开始向亲戚借钱继续炒原油。

2月下旬，她和几位相熟的客户在QQ上聊天时，意外得知他们这批客户中没有一个赚钱的，亏得最多的一位客户亏损达到了30多万元。其中一位客户发现，他们使用的“××联合”操作软件中的数据和其他平台的数据都不一致。蹊跷的是，没有“老师”出来回应，而是直接将这位客户踢出了直播间。此时，严阿姨才意识到自己可能上当受骗。

案例 2

扬州宝应的小刘喜欢看网络直播。2016年3月7日，看网络直播时，页面跳出广告“手机兼职”，他点开了页面，一名自称李经理的主管表示小刘可以做直播刷热度兼职，既能赚钱又不耽误看直播。直播刷热度非常简单，只要小刘像平时一样充金币、刷礼物就行了。直播结束后，不仅充的钱全部返还，还有高额返利。

小刘表示愿意做，在李经理的指示下，他登录对方发来的网页链接，用支付宝分两次，将1 198元转到指定的账户。转完钱，小刘发现李经理无法联系上了，连对方的直播间都上不去。

3月1日，宿迁的潘先生在某直播平台加了一个QQ好友，对方问潘先生要不要做直播刷单业务。潘先生觉得既不耽误看直播又能赚钱，何乐而不为。随后，对方通过QQ发了一个网址链接，潘先生点击后直接进入支付宝界面。对方表示，整个操作过程有些复杂，让潘先生开启远程控制程序，他来“手把手”远程教学。潘先生当即答应，很快他的手机上收到验证码，他按对方指示输入。对方操作完后，潘先生发现支付宝上多了一条5 997元的交易记录，他才意识到被骗。

案例 3

直播平台中，主播们靠自己的直播内容赢得粉丝的喜爱，粉丝们送来的鲜花、礼炮、跑车等礼物对于主播来说一方面颇有成就感，另一方面主播可通过这些礼物折现获取酬劳。谁知，不法分子也看准这一机会，实施诈骗。网络主播冯 MM 正在直播视频时，一位热情的网友向她猛送各种礼物。随后，网友主动与其聊天，表示有低价“礼物”可以出售。由于“礼物”可以在直播平台兑换现金，而该网友提供的价格仅为市场的一半，让冯 MM 倍感心动，按网友要求转账数千元。转账完成后，网友却没如期在直播平台上送出跑车、火箭等礼物，并且冯 MM 已被其加入黑名单中。

案例 4

2016 年 8 月，小刘正在某频道观看直播，看到一条“帮忙找工作”的弹幕。小刘刚从老家来沪，正愁没有工作。他立即拨通了信息中留下的联系电话，并与一位自称是“方经理”的人取得了联系。“方经理”表示可以为小刘介绍月薪 6 000 元以上的工作，但他以支付名誉保证金、注册费为由，让小刘多次扫描其提供的支付宝二维码，先后转账 1 000 余元。当小刘完成转账后，却再也无法与“方经理”取得联系。

【防骗指南】

通过以上案例，大家首先要明白一个道理——天上不会掉馅饼，没有人会免费帮你赚钱。不要轻信直播平台中所谓的免费升级、诱人广告、低价礼物、低价金币等信息，避免遭遇诈骗；同时，不向陌生人透露自己的身份证号、手机号、银行卡号、支付账户及密码等隐私信息；不随意扫码、点击不明链接，避免遭遇有毒二维码和钓鱼链接。

十二、陌陌诈骗

“陌陌”是陌陌科技于2011年8月推出的一款基于地理位置的移动社交产品。通过陌陌，用户可以认识身边的人、加入附近的群组、查看附近的留言、参加附近的活动，还可以和朋友交换各自的地理位置等。

诈骗案例

案例1

“就是因为陌陌推送的广告，让我被骗了13 000元，半年过去了，直到现在都没能挽回损失。”

2016年9月26日，在某装饰公司供职的邓富（化名）在陌陌上看到一条贷款广告，因为急需资金，便按照要求填写了贷款申请，没想到竟然遭遇了骗局。

邓富回忆，当时他急需资金周转，在浏览陌陌时发现一条“缺钱！找东圣贷款”的贷款广告，该条广告号称只需要填写个人信息就可以办理贷款业务。

“因为是在陌陌上看到的，我以为都经过了陌陌的审核，没有问题。”基于这样的判断，邓富就依照东圣的要求填写了个人信息，申请贷款5万元。次日，一名自称东圣贷款的“工作人员”打来电话，与邓富核实了贷款需求后表示，东圣的贷款月息仅为0.6%，但贷款人必须提供工商银行或建设银行的流水，否则需要新办一张银行卡，存入贷款总额的20%，即1万元作为查验还款能力的“还款验证金”，否则不能申请贷款。

由于当时邓富手中并没有工行和建行银行卡，无法提供资金流水，为了能够尽快贷到款，他便依照上述“工作人员”的要求，办理了一张新卡，并存入1万元作为“还款验证金”。

办理完上述手续后，对方称“要等银行确认，之后会有银行工作人员联系你。”随后，一位“银行工作人员”联系邓富，要求他提供手机刚收到的一个验证码用于贷款审核。

“当时贷款心切，他要验证码，就给他了。”邓富回忆，在他把验证码告诉对方后，发现银行卡内少了 9 900 元，“还款验证金”被划转到一个上海的银行账户。

邓富坦言，自己当时也怀疑这是否是一个骗局，但想到该广告发布在陌陌平台上，陌陌应该做了审核，便放松了警惕。

在将 1 万元转至所谓的东升贷款账户后，东圣贷款“工作人员”又联系邓富称“‘贷款已批准，再转 3 000 元的利息即可放款’，但是，我按照要求转款之后，对方又要求再转 5 000 元，这时我才彻底意识到被骗了”。

案例 2

某日晚上，刘先生跟同事打完球回到工位拿东西正准备走的时候，突然手机陌陌消息响了，一看一个很温馨的问候：“下班了吗？”刘先生一看自己是被一个陌生人通过附近搜索搜到的，起初还以为是公司的同事，就随便回了一句：“正准备走，你呢？还加班吗？”对方又回复刘先生：“早下班了，现在无聊，找人聊聊天。”刘先生再仔细一看，对象为女士，照片还不错，温柔可爱是刘先生喜欢的类型，然后就开始正式聊天了。

刚开始俩人随便聊了聊各自的工作，女士自称是自己开店卖化妆品的，刘先生也如实地告诉对方自己是一个北漂的 IT 屌丝男。随后，他们又聊了聊各自的感情生活，女士开始问刘先生："照片是你本人吗?"刘先生回答："是"。女士又问："有对象了吗?"刘先生说："没有。"对方说不信长这么帅连对象都没有，得到刘先生再次肯定地告诉她没有女朋友后，女士说她叫王若雪，让把刘先生的电话和名字发给她存到手机里，这样好方便见面联系。然后，刘先生就怀着激动的心情发了过去，再问她的电话多少啊时，女士告诉刘先生明天正准备换手机，等明天换了新号再告诉，刘先生给当时稀里糊涂相信她了。后来，他俩就甜蜜地聊了聊缠绵的话，说明天给打电话约见面的地点。

第二天，刘先生刚午休起来，突然一个陌生电话打来了，是陌陌上女士打过来的，当时刘先生感觉声音不像想象里那么幼稚逼真，选择相信是陌陌女士本人了。两人约下班见面。见了面以后，相互寒暄了一下，刘先生说咱找个地方吃饭吧，女士说已经吃过饭了，就去对面咖啡厅坐会聊聊天吧。咖啡厅门口一个男服务员很主动地开门，然后热情地把俩人领到屋里暖和的沙发座位。一个男服务员拿着菜谱过来了，刘先生很绅士地递给女士，一分钟不到就点好了，服务员上来了一壶茶（自称铁观音）、一个果盘、几袋小吃摆在桌上。然后服务员就说先生买下单，刘先生问多少钱，服务员很小声地回了句"总共消费 620 元"。虽然觉得很贵，但碍于面子，就强忍着把卡刷了。后来，女士又通过各种点餐手段累积让刘先生刷卡消费 1 800 多元。事后，刘先生才恍然大悟：这是女士和咖啡厅串通好的骗局。

案例 3

2015 年夏天，汪某在"陌陌"上结识了 27 岁的宁波女子胡某，他自称叫"林健翔"，是东方航空公司宁波分区的机长，南京人，住在宁波某优质小区。胡某对"林健翔"很有好感，两人常常打电话、发微信，感情迅速升温，不久后便开始交往。

胡某觉得自己很幸运，能交上一个"机长"男友，便将自己的有关情况都坦诚相告。可是过了几天，有个叫“王雨涵”的女人加了胡某的陌陌号，自称是“林健翔”的同事，是一位空姐。

“王雨涵”对胡某说，她很喜欢“林健翔”，让胡某主动离开。其实，“王雨涵”也是汪某编造出来的，目的是让胡某对他机长的身份深信不疑，此外，制造了有人跟胡某“竞争”的假象，也可以让胡某对自己百依百顺。

为寻找刺激，汪某还让胡某把她的裸照发来。当时，胡某对“林健翔”已经是完全信任了，为了抓住“机长”男友的心，她乖乖地将自己的几十张裸照通过微信发了过去。

去年 10 月，“林健翔”说自己银行卡被吞了，急需 3.3 万元钱，请胡某帮忙借一下，把钱打到自己朋友汪某的建行卡上，胡某很快便汇了过去。随后，“林健翔”的手机就关机了，胡某多次电话短信催钱，都被汪某以各种理由推掉。无奈之下，胡某报了警。

案例 4

2016 年 8 月下旬，市民邹先生办完事，无聊时打开软件“陌陌”，搜索到附近一位名为“sunny”的网友。sunny 介绍了一个彩票、足球等投注网站，引导邹先生在该网站上投注，称若听其指挥下注，百分之百赚钱。

起初，邹先生投注 100～200 元的小额资金，每次都能赚取 10% 的利润，直到 8 月底，邹先生共赚了 1 万余元。见有利可图，在 sunny 的引导下，邹先生按照指示开始新的投注玩法，在网上实名注册用户名和账号，通过网银向账号转账，钱可以随时转入转出。

sunny 介绍，新的玩法一次性投注不能低于 5 万元，一天可以投注两次。按要求，邹先生购买了 5 万元的彩票，十分钟后，开奖显示其中奖金额 5 千元，账号总金额为 5.5 万元。中奖后，邹先生试图把钱取出，但最终未果，他便联系网站客服，客服提示注册用户名和账号不匹配，普通用户注册满一个月后才能更改用户资料。邹先生检查注册名和账号，发现注册账号的确少了一位数，因此也没有怀疑，并按照 sunny 的引导，再次注册了新用户，继续投注。这样，邹先生又投注了 5 万元，再次赚取利润，但钱同样无法取出，这次的理由同样是用户名和账号不匹配，账号少了一位数。

连续两个栽在账户上，邹先生开始怀疑，但他出于侥幸心理，继续连本带利投资，直到 9 月 18 日，邹先生发现投注的网站无法打开，网站提示系统维护。9 月 24 日，邹先生才意识到自己遭遇诈骗，但此时共被骗走了 14 万余元。

【防骗指南】

社交诈骗账号的特点：

1. 等级很低，一般都是最低的那一级。因为经常骗就会经常被投诉，所以经常换号。这个是最典型的鉴别方式，也是第一重要的。

2. 一开口就诱惑你，或者约出来喝酒（酒托）、或者喝茶（茶托）、或者约会（仙人跳）、或者扮可怜说自己生病没钱医治、没学费上学等理由，然后向你借钱，其实都是骗子。

3. 要求对方发照片而被拒绝的（当然也有初次认识不愿意发的在内，这个要鉴别），或者主动发比较暴露的照片的。

總序

張載（一〇二〇—一〇七七），字子厚，宋鳳翔府郿縣（今陝西眉縣）人，祖籍大梁，宋仁宗嘉祐二年（一〇五七）進士。張載出身於官宦之家。祖父張復在宋真宗時官至給事中、集賢院學士，死後贈司空。父親張迪在宋仁宗時官至殿中丞、知涪州事，贈尚書都官郎中。張迪死後，張載與全家遂僑居於鳳翔府郿縣橫渠鎮之南。因他曾在此聚徒講學，世稱橫渠先生。他的學術思想在學術史上被稱爲橫渠之學，他所代表的學派被後人稱爲「關學」。張載與程顥、程頤同爲北宋理學的創始人。可以説，關學是由張載創立并于宋元明清時期，一直在關中地區傳衍的地域性理學學派，亦稱關中理學。

關學基本文獻整理與相關研究不僅是中國思想學術史的重要課題，也是體現中國思想文化傳承與創新的重要舉措。關學文庫以繼承、弘揚和創新中華文化爲宗旨，以文獻整理的系統性、學術研究的開拓性爲特點，是我國第一部對上起於北宋、下迄於清末民初，綿延八百餘年的關中理學的基本文獻資料進行整理與研究的大型叢書。這項重點文化工程的完成，對於完整呈現關學的歷史面貌、發展脈絡和鮮明特色，彰顯關學精神，推動傳統文化創造性轉化、創新性發展無疑具有重要意義。在關學文庫即將出版發行之際，我僅就關學、關學與程朱理學的關係、關學的思想特質、關學文庫的整體構成等談幾點意見，以供讀者參考。

一、作爲理學重要構成部分的關學

衆所周知，宋明理學是中國儒學發展的新形態與新階段，一般被稱爲新儒學。但在新儒學中，構成較爲複雜。比較典型的則是程朱理學與陸王心學。南宋學者呂本中較早提到「關學」這一概念。南宋朱熹、呂祖謙編選的近思録較早地梳理了北宋理學發展的統緒，關學是作爲理學的重要一支來作介紹的。朱熹在伊洛淵源録中，將張載的「關學」與周敦頤的

「濂學」、二程（程顥、程頤）的「洛學」並列加以考察。明初宋濂、王褘等人纂修元史，將宋代理學概括爲「濂洛關閩」四大派別，其中雖有地域文化的特色，但它們的思想內涵及其影響並不限於某個地域，而成爲中華思想文化史上重要的一頁，即宋代理學。

根據洛學代表人物程顥、程頤以及閩學代表人物朱熹對記載關學思想的理解、評價和吸收，張載創始的關學本質上當是理學，而且是影響全國的思想文化學派。過去，我們在編寫中國思想通史第四卷、宋明理學史上冊的時候，在關學學術旨歸和歷史作用上曾作過探討，但是也不能不顧及古代學術史考鏡源流的基本看法。

需要注意的是，張載後學，如藍田呂氏等，在張載去世後多歸二程門下，如果拘泥門戶之見，似乎張載關學發展有所中斷，但學術思想的傳承往往較學者的理解和判斷複雜得多。關學，如同其他學術形態一樣，也是一個源遠流長、不斷推陳出新的形態。關學沒有中斷過，它不斷與程朱理學、陸王心學融合。明清時期，關學的學術基本是朱子學、陽明學的傳入及與張載關學的融會過程。因此，由宋至清的關學，實際是中國理學的重要組成部分，它是一個動態的且具有包容性和創新性的概念，它開啟了清初王船山學術的先河。

關學文庫所遴選的作品與人物，結合學術史已有研究成果，如宋元學案、明儒學案、關學編及關學續編、關學宗傳等，均是關中理學的典型代表，上起北宋張載，下至晚清的劉光蕡、民國時期的牛兆濂，能夠反映關中理學的發展源流及其學術內容的豐富性、深刻性。與歷史上的關中叢書相比，這套文庫更加豐富醇純，是對前賢整理文獻思想與實踐的進一步繼承與發展，其學術意義不言而喻。

二、張載關學與程朱理學的關係

佛教傳入中土後，有所謂「三教合一」說，主張儒、道、釋融合滲透，或稱三教「會通」。唐朝初期可以看到三教並舉的文化現象。當歷史演進到北宋時期，由於書院建立，學術思想有了更多自由交流的場所，從而促進了學人的獨立思考，使他們對儒家經學箋注主義提出了懷疑，呼喚新思想的出現，於是理學應時而生。理學主體是儒學，兼采佛、道思想，研究如何將它們融合爲一個整體，這是一個重要的課題。從理學產生時起，不同時代有不同的理學學派。比如，在「三教融合」過程中，如何理解「氣」與「理」（理的問題是迴避不開的，華嚴宗的「事理説」早在唐代就有很大影響）的關系？理學如何捍衛儒學早期關於人性善惡的基本觀點，又不致只在「善」與「惡」的對立中打圈子？如何理解宇宙？宇宙與社會及個人有何關係？君子、士大夫怎麽做才能維護自身的價值和尊嚴，又能堅持修齊治平的準則？這些都是中國思想史中宇宙觀與人生觀的大問題。對這些問題的研究和認識，不可能一開始就有一個統一的看法，需要在思想文化演進的歷史進程中逐步加以解決。宋代理學的產生及不同學派的存在，就是上述思想文化發展歷史的寫照，因而理學在實質上是中國思想文化的傳承創新，具有重要的歷史意義。

張載關學、二程洛學、南宋時朱熹閩學各有自己的特色。作爲理學的創建者之一，張載胸懷「爲天地立心，爲生民立命，爲往聖繼絶學，爲萬世開太平」的學術抱負，在對儒學學説進行傳承發展中做出了重要的理論貢獻。北宋時期，學者們重視對易的研究。易富於哲理性，他通過對易的解説，闡述對宇宙和人生的見解，積極發揮四書義理，並融合佛、道，將儒家的思想提升到一個新的高度。

張載與洛學的代表人物程顥、程頤等人曾有過密切的學術交往，彼此或多或少在學術思想上相互產生過一定的影響。宋仁宗嘉祐元年（一〇五六），張載來到京師汴京，講授易學，曾與程顥一起終日切磋學術，探討學問（參見二程集河南程氏遺書卷二上）。張載是二程之父程珦的表弟，爲二程表叔，二程對張載的人品和學術非常敬重。通過與二程的切磋與交流，張載對自成一家之言的學術思想充滿自信：「吾道自足，何事旁求！」（呂大臨橫渠先生行狀）

因爲張載與程顥、程頤之間爲親屬關係，在學術上有密切的交往，關學後傳不拘門戶，如呂氏三兄弟呂大忠、呂大鈞、呂大臨，蘇昞、范育、薛昌朝以及种師道、游師雄、潘拯、李復、田腴、邵彦明、張舜民等，在張載去世後一些人投到二程門下，繼續研究學術，也因此關學的學術地位在學術史上常常有意無意地受到貶低甚至質疑（包括程門弟子的貶低和質疑）。

事實上，在理學發展史上，張載以其關學卓然成家，具有鮮明的特點和理論建樹，這是不能否定的。反過來，張載的一些觀點和思想也影響了二程的思想體系，對後來的程朱學說及閩學的形成也有重要的啟迪意義，這也是客觀的事實。

張載依據易建立自己的思想體系，但是，在基本點上和易的原有內容並不完全相同。他提出「太虛即氣」的觀點，認爲沒有超越「氣」之上的「太極」或「理」世界，換言之，「氣」不是被人創造出的產物。又由此推論出天下萬物由「氣」聚而成；物毀氣散，復歸於虛空（或「太虛」）。在氣聚、氣散即物成物毀的運行過程中，才顯示出事物的條理性。張載說：「太虛不能無氣，氣不能不聚而爲萬物，萬物不能不散而爲太虛，循是出入，是皆不得已而然也。」（正蒙卷一）他用這個觀點去看萬物的成毀。這些觀點極大地影響了清初大思想家王船山。

張載在西銘中說：「乾稱父，坤稱母。予茲藐焉，乃混然中處。故天地之塞，吾其體；天地之帥，吾其性。民，吾同胞；物，吾與也。」天地是萬物和人的父母，人是天地間藐小的一物。天、地、人三者共處於宇宙之中。由於三者都是氣聚之物，天地之性就是人之性，所以人類是我的同胞，萬物是我的朋友，歸根到底，萬物與人類的本性是一致的。進而認爲，人們「尊高年，所以長其長；慈孤弱，所以幼其幼。聖，其合德；賢，其秀也。凡天下疲癃殘疾、煢獨鰥寡，皆吾兄弟之顛連而無告者也」。這裏所表述的是一種高尚的人道主義精神境界。

二程思想與張載有別，他們通過對張載氣本論的取捨和改造，又吸收佛教的有關思想，建構了「萬理歸於一理」的理論體系。在人性論方面，二程在張載人性論的基礎上進一步深化了孟子的性善論。二程贊同張載將人性分爲「天地之性」和「氣質之性」。但二程認爲「天地之性」是天理在人性中的體現，未受任何損害和扭曲，因而是至善無瑕的；「氣質之性」是氣化而生的，也叫「才」，它由氣稟決定，稟清氣則爲善，稟濁氣則爲惡，正因爲氣質之性不可避免地受到了「氣」的侵蝕而出現「氣之偏」，因而具有惡的因素。在二程看來，善與惡的對立，實際上是「天理」與「人欲」的對立。

朱熹將張載氣本論進行改造，把有關「氣」的學說納入他的天理論體系中。朱熹接受「氣」生萬物的思想，但與張載的氣本論不同，朱熹不再將「理」看成是「氣」的屬性，而是「氣」的本原。天理與萬事萬物是一種怎樣的關係？朱熹關於「理一分殊」的理論回答了這一問題。他認爲：「太極只是個極好至善的道理。人人有一太極，物物有一太極。」又說：「太極非是別爲一物，即陰陽而在陰陽，即五行而在五行，即萬物而在萬物，只是一個理而已。」（朱子語類卷九四）「理一分殊」理論包括一理攝萬理與萬理歸一理兩個方面，這與張載思想有別。

總之，宋明理學反映出儒、道、釋三者融合所達到的理論高度。這一思想的融合完成于兩宋時期。張載開創的關學爲此做出了重要的學術貢獻。正如清初思想家王船山所說：「張子之學，上承孔孟之志，下救來茲之失，如皎日麗天，無幽不燭，聖人復起，未有能易焉者也。」（張子正蒙注序論）船山之學繼承發揚了張載學說，又有新的創造。

三、關學的特色

關學既有深邃的理論，又重視實用。這可以概括爲以下幾個方面：

首先，學風篤實，注重踐履。黄宗羲指出：「關學世有淵源，皆以躬行禮教爲本。」（明儒學案師說）躬行禮教，學風樸質是關學的顯著特徵。受張載的影響，其弟子藍田「三呂」也「務爲實踐之學，取古禮，繹其義，陳其數，而力行之」（宋元學案呂范諸儒學案），特別是呂大臨。明代呂柟其行亦「一準之以禮」（關學編）。即使清代的關學學者王心敬、李元春、賀瑞麟等人，依然守禮不輟。

其次，崇尚氣節，敦善厚行。關學學者大都注意砥礪操行，敦厚士風，具有不阿權貴、不苟於世的特點。張載曾兩次被薦入京，但當發現政治理想難以實現時，毅然辭官，回歸鄉里，教授弟子。明代楊爵、呂柟、馮從吾等均敢於仗義執言，即使觸犯龍顏，被判入獄，依舊不改初衷，體現了大義凛然的獨立人格和卓異的精神風貌。清代關學大儒李顒，在皇權面前錚錚鐵骨，操志高潔。這些關學學者「窮則獨善其身，達則兼善天下」，體現出「富貴不能淫，貧賤不能移，威武不能屈」的「大丈夫」氣節。

最後，求真求實，開放會通。關學學者大多不主一家，具有比較寬廣的學術胸懷。張載善於吸收新的自然科學成果，不斷充實豐富自己的儒學理論。他注意對物理、氣象、生物等自然現象做客觀的觀察和合理的解釋，具有科學精神。後世關學學者韓邦奇、王徵等都重視自然科學。三原學派的代表人物王恕以治易入仕，晚年精研儒家經典，強調用心求學，求其「放心」，用心考證，求疏通之解，形成了有獨立主見的治國理政觀念。關學學者堅持傳統，但並不拘泥傳統，能夠因時而化，不斷地融合會通學術思想，具有鮮明的開放性和包容性特徵。由張載到「三呂」、呂柟、馮從吾、李顒等，這種融會貫通的學術精神得到不斷承傳和弘揚。

四、關學文庫的整體構成

關學文獻遺存豐厚，但是長期以來沒有得到應有的保護和整理，除少量著作如正蒙、涇野先生五經說、少墟集、元儒考略等在清代收入四庫全書之外，大量的著作仍散存於陝西、北京、上海等地的圖書館或民間，其中有的在大陸已成孤本（如韓邦奇的禹貢詳略、李因篤的受祺堂文集家藏抄本），有的已殘缺不全（如南大吉集收入的瑞泉集殘本，現重慶圖書館存有原書，國家圖書館僅存膠片；收入的南大吉詩文，搜自西北大學圖書館藏周雅續）。即使晚近的劉光蕡、牛兆濂等人的著述，其流傳亦稀世罕見。民國時期曾有宋聯奎主持編纂關中叢書（邵力子題書名），但該叢書所收書籍涉及關中歷史、地理、文學、藝術等諸多方面，內容駁雜，基本上不能算作是關學學術視野的文獻整理。二十世紀七十年代以來，中華書局將張載集、藍田呂氏遺著輯校、關學編（附續編）、涇野子內篇、二曲集等收入理學叢書陸續出版，這些僅是關學文獻的很少一部分。全方位系統梳理關學學術文獻仍系空白。

關學典籍的收集與整理，是關學學術研究的重要基礎，文獻整理的嚴重滯後，直接影響到關學研究的深入和關學精神的弘揚，影響到對歷史文化的傳承和中國文化精神的發掘。

現在將要出版的關學文庫由兩部分內容組成，共四十種，四十七冊，約二千三百餘萬字。

一是文獻整理類，即對關學史上重要文獻進行搜集、搶救和整理（標點、校勘），其中涉及關學重要學人二十九人，編訂文獻二十六部。這些文獻分別是：張子全書、藍田呂氏集、李復集、元代關學三家集、王恕集、薛敬之張舜典集、馬理集、呂柟集涇野經學文集、呂柟集涇野子內篇、呂柟集涇野先生文集、韓邦奇集、南大吉集、楊爵集、馮從吾集、王徵集、王建常集、王弘撰集、李顒集、李柏集、李因篤集、王心敬集、李元春集、賀瑞麟集、劉光蕡集、牛兆濂集以及關學史文獻輯校。

二是學術研究類，其中一些以「評傳」或年譜的形式，對關學重要學人進行個案研究，主要涉及郿縣張載、藍田呂大臨、高陵呂柟、長安馮從吾、朝邑韓邦奇、盩厔李顒、郿縣李柏、富平李因篤、鄠縣王心敬、咸陽劉光蕡等學人，共十一部。它們分別是：張載思想研究、張載年譜、呂大臨評傳、呂柟評傳、韓邦奇評傳、馮從吾評傳、李顒評傳、李柏評傳、李因篤評傳、王心敬評傳、劉光蕡評傳等。此外，針對關學的主要理論問題與思想學術演變歷程進行研究，共三部。這些著作分別是關學精神論、關學思想史、關學學術編年等。

在這兩部分內容中，文獻整理是文庫的重點內容和主體部分。

關學文庫係「十二五」國家重點圖書出版規劃項目、國家出版基金項目、陝西出版資金資助項目，得到了中共陝西省委、陝西省人民政府和國家新聞出版廣電總局的大力支持。本文庫歷時五年編撰完成，凝結著全體參與者的智慧和心血。總主編劉學智、方光華教授，項目總負責徐曄、馬來同志統籌全書，精心組織，西北大學、陝西師範大學、中國人民大學、華東師範大學、鄭州大學等十餘所院校的數十位專家學者協力攻關，精益求精，體現出深沉厚重的歷史使命感和復興民族文化的責任感；他們孜孜矻矻，持之以恒，任勞任怨，樂於奉獻，以古人爲己之學相互勉勵，在整理研究古代文獻的同時，不斷錘煉學識，砥礪德行，努力追求樸實的學風和嚴謹的學術品格。出版社組織專業編輯、外審專家通力合作，希望盡最大可能提高該文庫的學術品質。我謹向大家卓有成效的工作表示衷心的感謝。由於時間緊迫、經驗不足等原因，文庫書稿中的疏漏差錯難以完全避免。希望讀者朋友們在閲讀使用時加以批評指正，以便日後進一步修訂，努力使該文庫更加完善。

張豈之
二〇一五年一月八日
于西北大學中國思想文化研究所

前言

得知南大吉這位明代學者，緣于我參加的國家社科基金明代關學文獻研究課題，閱讀到劉學智教授的南大吉與王陽明一文。[一]以後因劉教授及其他同仁的指點，我從重慶圖書館的縮微膠卷中抄録了瑞泉南伯子集殘本，並從清賈鴻洙周雅續、渭南志等書中輯出部分詩篇，又補充了其他有關南大吉的資料，編成現今這樣的集子。通過點校、整理，對南大吉的思想有了一點認識，現陳述於下。

一、關於南大吉的生平業績

南大吉，字元善，號瑞泉，陝西渭南人。關於南大吉的生平，學界一般根據較爲易見的黄宗羲明儒學案卷二九北方王門學案、馮從吾關學編卷四瑞泉南先生等，因其中介紹比較簡略，所以只知道大吉生於明成化二十三年（一四八七），爲明武宗正德五年（一五一〇）舉人，明武宗正德六年（一五一一）進士及第。授戶部主事，歷員外郎、郎中、浙江紹興府知府，不久致仕。卒於明嘉靖二十年（一五四一），年五十有五。現據瑞泉南伯子集後記中南逢吉所撰紀年[二]，得知南大吉生於成化二十三年冬十月己巳，于秦村莊第，卒於明嘉靖二十年秋八月辛巳，享年五十五歲。可證通行各本中對南大吉的記載

[一] 刊登於中國哲學史二〇一〇年第三期。論文收入本書附録四。

[二] 南逢吉（一四九四—一五七四？），字元貞，一字元命。別號以豐原之泉名，故學者稱姜泉先生。南大吉弟。嘉靖十七年（一五三八）中進士，授禮部儀制主事。後任雁門兵備道，山西按察司副使。著有越中紀傳、訂註會稽三賦、姜泉集等。在渭南建姜泉書院。墓志由太子太保兼文淵閣大學士同州馬自強撰，其墓在南金墓西。南軒是其長子。事蹟參見本書附録一南軒明萬曆刊本（天啓續修本）渭南縣志卷十一人物志。

無誤，不過於具體的月份則記載更爲詳細。

另外，關於南大吉的任官經歷，明儒學案僅記「授戶部主事，歷員外郎、郎中，出守紹興府」，寥寥數句，語焉不詳。而瑞泉南伯子集附録中收録其紀年、墓誌銘、墓表，嘉靖渭南縣志中有自敘傳，對其事蹟記之甚詳。前幾年的業績，以清李維禎南郡守家傳概括的話説，即是「前後司御馬天津倉者一，司下糧廳漕儲者一，司保定邊儲者一，司京坊草場者一。會計嚴審，諸猾不得侵牟。嘗犒師雲中，上郡師交口誦其廉惠。而在本科獨久，部事無大小，有所興罷，尚書壹是屬公。草奏明解，朝章亢直敢言，所條上便宜，若督漕大臣歲赴京師會議，至今應用之。肅皇帝即位，賜七十二宿衛士金，中貴人意在掊尅，公持不可。諸冒京營卒食糧者，汰斥強半，更煽蜚語撼公，不爲動。或遺火焚所司草場，計公當坐，尚書廉得狀，卒不能奪也」。説明其有所作爲，敢於擔當。明馮從吾關學編謂其「志於聖道，然猶豪曠不拘小節」之語，並非虚言。

有關南大吉知紹興府事的具體時間，史載不詳。劉學智教授據關學編「嘉靖癸未知紹興時」句，及王陽明送南元善入覲序在「乙酉」年推知，大致在明世宗嘉靖二年（一五二三）到嘉靖四年（一五二五），前後至少有三年。〔二〕現據南逢吉所撰紀年，確知其於嘉靖二年（癸未）二月陞浙江紹興府知府，而離任時間則在嘉靖五年（丙戌）春正月考察閑住，是時南大吉年四十歲。前後確實三年，不過離任時已經到嘉靖五年了。

南大吉在紹興任知府時與王守仁的交往，明儒學案等書中已有事跡之記載，補充瑞泉南伯子集等新的資料，大致可歸納成這樣幾個方面：

（一）南大吉與王陽明的師生關係

王守仁（一四七二—一五二八），字伯安，別號陽明。浙江紹興府餘姚縣（今屬寧波餘姚）人，學者稱之爲陽明先生。明代著名的思想家、文學家、哲學家和軍事家，陸王心學之集大成者。晚年官至南京兵部尚書、都察院左都御史。因平定

〔二〕參見本書附録四劉學智撰南大吉與王陽明一文。

「宸濠之亂」軍功而被封爲新建伯，隆慶年間追贈新建侯。謚文成，故後人又稱其王文成公。據考，祖居紹興的王陽明是在嘉靖元年（一五二二）春，因爲父親王華守喪歸居，時年五十歲，而三十五歲的南大吉以部郎出任紹興府知府，則在次年的二月（不過到任已是嘉靖二年的六月）。

明馮從吾關學編、清張驥關學宗傳等多種史書中談到，王陽明爲南大吉正德六年（一五一一）京城會試中的主考官，當年殿試南氏登二甲進士第，王氏以座主而與其有門生之稱。不過據清乾隆紹興府志記：「當是時王文成公講明理學，大吉初以會試舉主稱門生，猶未能信，久之乃深悟，痛悔執贄請益。」說明南大吉對王陽明學說的信服有一個過程，起初只是以座主門生泛應，但是在經過一番學習、理解之後，對王學有了由衷的信從。

嘉靖五年（一五二六）二月，南大吉與家人離任紹興府後經過杭州，王陽明特意前往杭州相送，兩人會於杭州的勝果寺。別後南氏啓程回家，至秋七月到達故鄉渭南，其間南大吉與王陽明有書信往返。次年五月，王陽明即受命兼都察院左都御史離開紹興，後又改任南京兵部尚書總治軍務，出征廣西。又過一年，王陽明終於江西南安，時爲嘉靖七年（一五二八）十一月二十九日。可以說南大吉親歷了王陽明晚年回紹興創「致良知」學說、設壇講學的全過程，並在其間起到了積極的作用。

（二）爲王陽明辟稽山書院

此書院在臥龍西岡，原係北宋范仲淹知越州時所創立，後來南宋朱熹曾到這裡講學，故聞名遐邇。在南大吉知紹興府時，書院因年久失修已經破敗不堪。王陽明曾撰稽山書院尊經閣記，記録此事，文曰：「越城舊有稽山書院，在臥龍西岡，荒廢久矣。郡守渭南南君大吉既敷政於民，則慨然悼末學之支離，將進之以聖賢之道。於是使山陰令吴君瀛拓書院而一新之，又爲『尊經』之閣於其後。曰：『經正，則庶民興；庶民興，斯無邪慝矣。』閣成，請予一言以諗多士。予既不獲辭，則爲記之若是。嗚呼！世之學者既得吾說而求諸其心焉，其亦庶乎知所以爲尊經也矣。」可知此書院修繕得於南大吉之力，而修建書院之因緣自「進以聖賢之道」。瑞泉南伯子集中對此事亦有史料上的印證。如在附録南逢吉撰紀年中，有

「（甲申三年）夏四月重起稽山書院，聚屬府學官，弟子高等著功，令給日需，躬教之學」的記載，此與明錢德洪、王汝中王陽明年譜中「（嘉靖）四年四月作稽山書院尊經閣記」相一致。另外，同書卷二十二有稽山書院成告先師朱子文，曰：「高高龍山，盤於越州。肅肅書院，在於西輀。創彼有宋，至於皇朝。祀我文公，養我俊髦。亦既邈矣，亦既湮矣。奚命工師，煥其新矣。於以采芹，於泮之宫。於以告之，是主是宗。」清楚記載此書院的地理位置在越州龍山西崗，始創於宋代，朱熹曾到此講學的史實，對王氏之記也起到相互補充、印證的作用。

王守仁回紹興後始居於城西光相坊的陽明書院，自稽山書院修復，則應紹興府之邀，移至稽山書院講學。明黄宗羲明儒學案卷二十九北方王門學案下有郡守南瑞泉先生大吉節，記載南大吉「知紹興府，文成方倡道東南，四方負笈來學者，至於寺觀不容。……辟稽山書院，身親講習，而文成之門人益進」。確認了南大吉聚八方彦士，以門生身爲表率，參與講習並以督任的事跡。關於稽山書院的記載，瑞泉南伯子集中收馬理南大吉墓表記：「至於前錢氏所遺鎮東山閣、晦翁所建稽山書院，俱存遺址而已，先生舉肇造之如初。府學及八邑諸生，嘗躬率諸令誨之得之。復拔諸髦士於稽山書院，令其親炙。乃給之飲食筆劄，俾專心向學無他累焉。以故從遊之士成者十九，至今紹興稱科目之盛始於乙酉，夫先生作人之功顧可少邪！」與黄宗羲所説一致。據清張驥關學宗傳等史籍記載，當時紛至遝來的各地學者中，有來自湖廣的蕭璆、楊汝榮、楊紹芳，來自廣東的楊仕鳴、薛鎧、黄夢星，來自直隸的王艮、孟源、周衡，來自南贛的何泰、黄弘綱，來自安福的劉邦采、劉文敏，來自新建的魏良政、魏良器，來自泰和的曾忭，等等。王陽明弟子錢德洪刻文録敘説中記：「環先生之室而居，如天妃、光相、能仁諸僧舍，每一室常合食者數十人。夜無臥聽，更番就席，歌聲徹昏旦。南鎮、禹穴、陽明洞諸山遠近古刹，徙足所到，無非同志遊寓之地。先生每臨席，諸生前後左右環坐而聽，常不下數百人；送往迎來，月無虚日，至有在侍更歲，不能追記其姓字者。諸生每聽講，出門未嘗不踴躍稱快，以昧入者以明出，以疑入者以悟出，以憂憤鬱積入者以融釋脱落出。」可見前來求學者之盛況，這使得紹興成爲當時全國的學術中心，也爲以後形成王學流派奠定了基礎。由此亦可證馬理所説「先生作人之功顧可少邪」，亦無虚誇之處。

不過值得注意的是，南大吉修整的書院似不止稽山書院一處，瑞泉南伯子集卷十八有龍首書院記，云：「紹興府治據臥龍山之東麓，由府東廊之南出而東走」則有龍首書院遺址。南大吉也曾命人丈量修繕，使其得到使用，並謂其有大觀堂、吏隱軒等處所。南逢吉撰瑞泉南伯子集紀年中，記有嘉靖二年（一五二三）「冬十月 建龍首書院」一事。明祁彪佳（一六〇二—一六四五）越中園亭記之二中載：「城內：大觀堂，堂在府署內，後有吏隱軒，即嚮所謂龍首書院也。」〔一〕則此書院就在紹興府不遠處。明錢德洪、王汝中王陽明年譜中記：「（嘉靖四年）山陰知縣吳瀛重修縣學，提學僉事萬潮與監察御史潘仿拓新萬松書院于省城南，……先生（指王陽明）皆爲作記。」可見南大吉將修整書院作爲政事之一，除龍首書院外，當時還有萬松書院等的建立。

（三）疏浚河道溝壑，治水安民，受到王陽明的稱讚

南大吉在紹興知府任上，還承負治水安民的重政大業。當時紹興府河跨山陰、會稽兩縣界，縱横貫穿於城中，皆通舟楫，然而因爲富家侵佔，河道漸趨壅窄。於是南大吉下令疏浚河道，並擬拆兩旁廬舍六尺許以廣河道，爲鄉里造福。在面臨阻力，甚至受到毁謗誣告之時，仍不動搖。瑞泉南伯子集卷十八有南大吉登會稽山記，其文曰：「在昔夏后氏之有天下也，南巡而會諸侯于苗山，計功而崩。因葬焉，乃更名其山曰會稽。……嘉靖二年夏六月，予乃辱命分符，來守兹土，既至而即謁禹廟、祀南鎮、至於會稽。」爲追蹟先祖大禹治水的功德，他花費巨資，重修禹廟，興建碑亭，開闢大禹陵園。至今，其親自題寫雄渾有力的「大禹陵」三字，仍矗立於大禹陵碑亭之中。

遵循歷代先賢的事蹟，他不忘治水之本，疏浚郡河，開平水上灶溪（位於紹興城上游的若耶溪支流，爲「萬峰之瀑交注之處」），築坡塘以備旱澇，通溝壑而除險厄。王陽明見聞太守這些舉動，欣然命筆，寫下浚河記：「越人以舟楫爲輿馬，濱河而廛者，皆巨室也。日規月築，水道淤溢。蓄泄既亡，旱澇仍頻。商旅日爭於途，至有鬭而死者矣。南子乃決沮障，復

〔一〕祁彪佳集，中華書局一九六〇年版，第一百八十一頁。

舊防，去豪商之壅，削勢家之侵。失利之徒，胥怨交謗，……陽明子曰：遲之。吾未聞以佚道使民，而或有怨之者也。既而舟楫通利，行旅歡呼絡繹。是秋大旱，江河龜坼，越人之收穫輸載如常。明年大水，民居免於墊溺，遠近稱忭。……人曰：信哉，陽明子之言，未聞以佚道使民，而或有怨之者也。紀其事于石，以詔來者。」〔一〕王守仁用簡潔的筆調，客觀記述了南侯（指紹興太守南大吉）浚河治越的功績，譽此舉爲天道、公理與人心之昭顯。據説此記曾被紹興民衆刻碑豎立在府河邊，現在紹興人又提出刻浚河記石碑重立於現存府河岸邊的建議。〔二〕這是南氏之實績，也是王陽明心學思想與實踐的體現，所以得到紹興民衆的認同與支持。

（四）刊刻王陽明傳習録

明錢德洪、王汝中王陽明年譜中記：「（嘉靖三年）十月，門人南大吉續刻傳習録。」〔三〕瑞泉南伯子集卷十八有刻傳習録序，王陽明全集卷四十一也收有南大吉傳習録序，從行文來看，後者爲前文中之一段，約占文字的四分之一。但時間、落款均爲一致。據學者考證，大致爲王陽明的學生徐愛自正德七年（一五一二）開始，陸續記録下王陽明論學的談話，取名傳習録。正德十三年（一五一八），另一學生薛侃將徐愛所録殘稿及陸澄與他新録的部分一起刊印，仍名爲傳習録。嘉靖三年（一五二四）十月，南大吉增收王陽明論學書信若干篇，增原三卷爲五卷，以原名刊刻。嘉靖三十三年（一五五四），王陽明的學生錢德洪將陳九川等人所録的遺言録加以刪削，加上他和王畿所録，編成傳習續録付梓。嘉靖三十五年（一五五六），錢德洪又增收黄直所録。隆慶六年（一五七二），謝廷傑在浙江刊行王文成公全書，以薛侃所編傳習録爲上卷，以錢

〔一〕見清高登先康熙山陰縣志卷十二。
〔二〕參見沈衛莉治水功臣南大吉，紹興日報二〇一四年四月十八日第十二版。那秋生王守仁與南大吉的師生情緣，紹興市越文化研究會，學術園地二〇一四年六月二十八日。
〔三〕王陽明全集卷三十五年譜三。

德洪增刪南大吉所編書信部分的八篇爲中卷，以傳習續録爲下卷，附入王陽明所編朱子晚年定論，形成現今流行的王文成公全書本傳習録。而南氏所録仍保留於此著作之中。

南大吉刻傳習録序謂：「某也從遊宫牆之下，其於是録也朝觀而夕玩，口誦而心求，蓋亦自信之篤。而竊見夫所謂道者，置之而塞乎天地，溥之而横乎四海，施諸後世而無朝夕，人心之所同然者也。……凡斯録之言，皆其心之所固有，而無復可疑者矣。是故大道之明於天下，而天下之所以平者，將亦可竢也已。」〔二〕其通過刊印此書，傳播王學的主旨，由此可見一斑。

（五）育化民衆，造福鄉里，遵行王陽明「政學合一」主張

瑞泉南伯子集附録中收明馬汝驥瑞泉南公墓誌銘，其中言及：「紹興又故稱難郡，多宦家豪民鉅猾，俗奢風悍，法壞而人不存。……公乃以身先之靖其，在位蚤作而暮不輟。故新建伯陽明王公座主也，定時方講致知之學，親民之政。公聽從其教，任擇丞史詥尚體要，諸凡舊政之不便民者，一切罷之，既憲憲令典而又不屑屑苛細。勞身以赴時，劭農也；均則以致一，督課也；平心以求是，聽訟也；先行以作人，典學也；修禮以盡志，寧神也；檢身以裕財，益下也；明義以遏欲，章極也。……其議決大獄率以直道。毛氏抵歐人之死，田妻坐誣人之奸，雖御史家無少貸。若衢州守、上虞令被誣停官，獨冒嫌洗雪之。塘庸既飭矣，而運河淤溢，蓋賓居鉅家規築日甚，故往來多阻，旱澇無備，至是始決排復舊防，盜竊既驅矣。至渠魁獨杖殺數人，雖善結大宦門而請寄，一無所聽。官田既覈矣。戒珠，山東山者，王右軍、謝太傅祠寺也，乃學士蠶食之，亦必履畝限域絶其計。豪黠既迸矣，而諸暨石氏寔土豪最，乃特重之法論拒捕死，適給事中有勢力且同年學受賄，千囑之竟不得。風俗既正矣。」明確指出南大吉之所以能夠「鋤奸興利，不避嫌怨」，與其遵循王陽明「致知之學，親民之政」有直接的關係。

〔二〕王陽明全集卷四十一序說序跋增補。

確實，王陽明曾倡導「政學合一」的宗旨。他提出：「修己治人，本無二道。政事雖劇，亦皆學問之地。」〔一〕這同他的「知行合一」主張是一脈相承的。對於當時的陽明先生來說，講學活動原本就是一種獨特的參政手段。他要以心學的普及，「使天下之人皆知自致其良知，以相安相養，去其自私自利之蔽，一洗讒妒勝忿之習，以躋於大同」。〔二〕作爲親録其語的南大吉，便以自己的行動去實踐了王陽明的「心學治政」的主張。〔三〕

二、南大吉的主要學術思想

黄宗羲明儒學案認爲，王陽明學派流傳於浙江、江右（指江西）、南中（指江蘇）、楚中、粵閩、北方等地，而南大吉則是北方王門中的代表人物之一。這提示南氏在王學學派中的重要地位。

關於南氏的心學思想，劉學智教授曾歸納爲三點：一、「以致良知爲宗旨」〔四〕；二、「以慎獨爲致知功夫」；三、「相忘於道化」的境界追求。〔五〕並依據南大吉刻傳習録序等原文加以論證，爲我們理解南大吉思想提供啓示。我想順此思路再作一些陳述。

首先，關於南大吉「以致良知爲宗旨」觀念，還可以其寄馬西玄仲房書爲藍本加以分析。〔六〕此信寫於嘉靖三年（一五二

〔一〕王陽明全集卷四答徐成之。
〔二〕王陽明傳習録卷二答聶文蔚。
〔三〕南大吉曾將自己整理的王陽明語録加入原有的文本，並幫助刊刻傳習録。據錢德洪記，答聶文蔚一文爲南大吉所録。見王陽明全集吳光等編校本，上海古籍出版社一九九二年版，第八十七頁。
〔四〕馮從吾語，見關學編瑞泉南先生。
〔五〕參見劉學智南大吉與王陽明，中國哲學史二〇一〇年第三期。
〔六〕瑞泉南伯子集卷十九。

四）。馬西玄（一四九三—一五四三），名汝驥，字仲房，號西玄，陝西綏德人。與南大吉有同鄉、並同在京城爲官的經歷。曾預修武宗實録，歷任兩京國子監司業、禮部右侍郎等職，爲南大吉墓誌銘撰寫者。南氏在信中說：「是故紛至遝來，困心衡慮，反諸吾身，徵諸吾民，夫然後始見夫是心之良知本一也。以其運於天而言謂之命，以其賦於人而言謂之性，以其率而行之謂之道，以其修而誠之謂之教，以其推而及之于四海謂之治，以其成而重之於萬世謂之功。皆是心也，天下之所同也，學所以明此也，仕所以行此也。故吾心于事苟無欺蔽，行之而自覺其是；于物苟無私累，處之而自得其安；則必自以爲快矣。吾心既快，求之天下而同然，人心亦一未有不快之者。是故毀譽不能搖，禍福不能怵，無入而不自得也。」這裏講到了良知與心性、道體的關係。王陽明曾說：「良知者，心之本體。」[二]良知與道的關係爲：「夫良知即是道，良知之在人心，不但聖賢，雖常人亦無不如此。若無有物欲牽蔽，但循著良知發用流行將去，即無不是道。」[三]而南大吉的上述話語，正是對王氏「良知」說的很好闡發。

在後文中，南大吉轉述了王陽明自孟子的良知、良能說出發的「致良知」學說基本觀點，體現其對王學的領悟，並言「若于此數章既而求之於心，則王先生之學亦可得其大概而知其必是，而斷無可疑者矣。是在有志者心誠求之，非筆舌之所能盡也」。這裏同樣對講「人心」中存在「天理」與「人欲」本然對立的觀點加以了否定，而把現實的個體人視作健康的、可以進步的教育對象，這樣就與以往世人遵從的程朱理學加以了區分。

南大吉接着說道：「夫王先生之學，天下方疑而非議之，而某輒敢篤信而誠服之者，非所以附勢而取悅也，非謂其所惑也，非喜其異而然也，反而求之，竊有以見夫吾心本如是，道本如是，學本如是，而不可以他求也。」體現了他對王學的篤

[二] 答陸靜原書，王陽明全集卷一，上海古籍出版社一九九二年版。第六十一頁。下同。

[三] 答歐陽崇一，王陽明全集卷二，第七十一頁。

信誠服之情。同樣的心情，在南氏寄王陽明先生書中表現得更爲明確。此信寫於嘉靖五年收到王陽明的來信之後，〔一〕其中曰：「茲孟子謂七十子之服孔子，中心悦而誠服之也。夫苟其中心之悦也，必得其心之所同然者矣。心之所同然者，由聖人至於衆人一也。衆人去之，聖人存之，夫是以異爾。彼七十子者其初也，亦衆人之徒也。及聞孔子之教而各得其心之所同然，然後天之命於我者勉而全之，始不愧於爲人之道，而得免夫禽獸之歸，則孔子於諸子有罔極之恩焉。是故其生也悦而誠，其死也哀而廬諸其墓焉。大吉兄弟資不敏，其幼而學也，竊嘗有志於聖賢之道，乃爲近世格物之説所罔，終焉莫得其門。比其長也，乃遂馳騖於詞翰之場，爭奇而鬭勝者，然且十數年矣。既乃以守越獲登尊師之門，而領致知之教，始信人皆可以爲堯舜，而七十子之所以服孔子者非僞也。天命我心而我自放之不仁，孰大焉？親生我身，而我自失之不孝，孰大焉？今而後愚兄弟可以勉強惕厲以求自存其心，自成其身，而不至不仁不孝之大者，皆導師之賜也。故曰孔子於諸子有罔極之恩焉。」這裏對自己過去學術上的進程作出反思，要求走出「近世格物之説」「馳騖於詞翰之場」的心願表達得十分明確。

其次，體用結合的「致良知」觀念。王陽明講「致良知」，要求人發展良知，不在「良知」這個「體」上用功，而是在「體之用」上用功，也就是在「良知發用流行中」用功。即根據自己的道德理性來按「天理」行事，「致吾心良知之天理於事事物物」，使「事事物物皆得其理」。如果説朱熹教育人的主張是從外在客觀之理的認識再到自内的身心修養的話，那麽王陽明的「致良知」思想則是教育人由内在道德理性的覺悟後作用于外在的道德知行。王陽明通過體用關係，把良知與人的日常行爲聯繫起來，使它有了社會倫理的基礎。這種「致良知」的觀念本質也爲南大吉所領受。早在明武宗正德十六年（一五二一），南大吉就寫過一篇師論，其中説到：「君子之師諸人而人之誠服之也，蓋以善養之，非以善服之也。夫人性之善也，合天地萬物而一體者也，人之所同也。故夫人之心無蔽也，親豈唯其父子，苟見一夫之煢而無弗哀也；愛豈唯其

〔一〕王陽明去信見王陽明全集卷六答南元善，第二一〇頁。

花鳥，苟見一器之毀而無弗惜也。時而見雲翔也，而無弗與適也；時而見川泳也，而無弗與悠也。是夫人之性也，是固天地萬物而一體者也。聖人盡之，君子反之，衆人蔽之耳矣。……聖人之視斯人也，由己推而納之溝壑之中也。是故循循然而善誘之，過者俯而就焉，不至者企而及焉。去其蔽以復其本性之善而已矣。所謂以先知覺後知，以先覺覺後覺，固非裂我之善而增之彼，亦非恃我之長而攻其短也。……是故其感也深而悦也，至所謂中心悦而誠服之者也。」這裏已經將「中心悦而誠服之」作爲「致良知」的途徑。以後他修建書院、助辦王學講壇、參與地方科舉取士，對如何培養、教化民衆有了更深的體會。

南大吉在書山陰府蓬菴卷[一]中提出：「孟子曰居移氣，養移體，此恒情也。」所以「人皆可以爲堯舜。唯夫人移而不知夫察也，溺而不知夫反也，是故其去也始相遠也。古之君子好善而忘勢，亦唯反求諸己而已矣」。這是因爲人受天命之性以生，受氣之清濁淺深的弗同，而由所蔽，若能就「其善端之發而求之於其心，以擴充之。比其久也，氣化而神流，蔽去而性復，無入而不自得，何勢與名之足與也」。如此，只要做到見吾之性本與天地萬物同體者，雖堯舜亦可爲也。而他的種種實踐活動，都與助人獲得本心之良知相關。這種思想與王陽明的觀念也是相一致的。

再次，對「政學合一」觀念的體悟。出於自身的親歷實際，南大吉對王氏的「政學合一」觀體會甚深，他曾提出在瞭解了良知真諦之後，便能「知學與仕本一事，而非兩途也」。[二]進而提出自己在紹興雖然政事繁忙，但「不至墜溺之甚者，賴有陽明王先生爲之依歸云爾」。[三]他在嘉靖三年（一五二四）寫下雜説二首，其中言曰：

「夫有定理而無定法，有定體而無定用，其聖人之心乎！無定理而有定法，無定體而有定用，其今人之心乎！定

[一] 書山陰府蓬菴卷，寫於嘉靖七年戊子（一五二八），見瑞泉南伯子集卷十九。

[二] 寄馬西玄仲房書，瑞泉南伯子集卷十九。

[三] 同上。

理、定體，其即聖心之良知乎！毫末不可以加損，其猶規矩尺度之不可易乎！法用之不可定也，其猶方圓長短之不可勝窮乎！聖人以其一心之良知，而應乎無窮之事變。大而參贊彌綸，小而動靜食息，無不各得其當，亦猶規矩立而方圓不可勝用，尺度陳而長短不可勝用。天下豈有不治乎！周公思兼三王，正唯求之於吾心焉爾矣。夫何今之人不反求物理於吾心之良知，而乃求之于應事之變。如某事則曰當如之何如之何，其治也如某官則曰當如之何如之何，其爲也各爲定法執之以爲定用，故不能隨物當理，隨時應變。滯極而不可通，弊至而不可救，亦猶不以規矩爲方圓，而以方圓爲方圓，則方圓一定而用必窮矣。不以尺度爲長短，而以長短爲長短，則長短一定而用必窮矣，天下之不治茲其病之源與。

聖王之治天下也，本諸道以爲法，身有之而已矣。後王之治天下也，本諸法以爲道，身假之而已矣。身有之先得乎人心所同悦者也，悦則推之而無不準，動之而無不化。天下之人皆以一人之心爲心，邪慝息而其事簡矣。身假之，先得乎人心之所同懼者也，懼則推之不敢不從，動之不敢不則。天下之人各自以其心爲心，邪慝興而其事繁矣。惟簡故精，惟精故其治不可及也。惟繁故弗精，惟弗精故其治日就於汙下也。……由是觀之則夫今之爲政者，欲以上追古昔之治，其要在乎知古人所以致治之道，而用之何如耳。」〔一〕

這裏提出的是以「聖心之良知」爲定理、定法的評判標準，爲如何執政提出了新的見解。他自己也是這一思想的很好實踐者。

在寄馬西玄仲房書中南大吉對好友吐露心聲，謂：「某在此適當大壞極弊之後，不能不稍有更張。公便而私或弗便，民悦而吏或弗悦，良是而奸或弗是，遠可而近或弗可，圖一家之利者而一方之害有弗顧，偷一時之安者而百世之患有弗恤，是故毁譽興而恩怨生焉。孰不曰是可畏也，否則禍福隨之矣。竊意以爲毁在一人而利在衆人，雖毁何妨；怨在一時而澤

〔一〕瑞泉南伯子集卷十九。

在百世，雖怨何害。唯反之于心苟無愧焉，誰毁誰怨吾心自快也；苟有愧焉，誰譽誰恩吾心自欺也。自快則心快而樂莫大焉，自欺則氣餒而憂莫大焉。故某每以自欺是省，自快是期，而未能也。」他在越中所做的事情，都是以此爲出發點的，所以雖見謗於豪門，受黜於朝廷，仍自信不悔。故被王陽明讚爲「朝聞夕死之志者」。[一]

對於南大吉的種種「致良知」體悟，王陽明給予很高的評價，他在答南元善中説：「凡有道之士，其于慕富貴，憂貧賤，欣戚得喪而取捨愛憎也，若洗目中之塵而拔耳中之楔。其于富貴、貧賤、得喪、愛憎之相值，若飄風浮靄之往來而變化於太虚。而太虚之體，固常廓然其無礙也。元善今日之所造，其殆庶幾於是矣乎！是豈有待於物以相勝而去彼取此？激昂於一時意氣者所能强？而聲音笑貌以爲之乎？元善自愛！元善自愛！」[二]體現了對於一名心學實踐者的由衷稱讚。

三、南大吉的關學意識變通及其影響

南大吉於嘉靖五年（一五二四）被黜返鄉，回到陝西渭南。王陽明在給他的覆信中曾言：「關中自古多豪傑，其忠信沈毅之質，明達英偉之器，四方之士，吾見亦多矣，未有如關中之盛者也。然自有横渠之後，此學不講，或亦與四方無異矣。自此關中之士有所振發興起，進其文藝于道德之歸，變其氣節爲聖賢之學，將必自吾元善昆季始也。今日之歸，謂天爲無意乎？謂天爲無意乎？」[三]希望他能通過宣講心學來振奮關學。南大吉確實也不負此望。在回到家鄉的十餘年間，他即以講學爲事，所作示弟及門人詩云：「昔我在英齡，駕車詞賦場。朝夕工步驟，追蹤班與揚。中歲遇達人，授我大道方。

[一] 見答南元善，王陽明全集卷六。
[二] 見答南元善，王陽明全集卷六文録三。
[三] 見答南元善，王陽明全集卷六文録三。

歸來三秦地，墜緒何茫茫。前訪周公跡，後竊横渠芳。願言偕數子，教學此相將。」〔二〕這裏回顧了自己從詞賦到「大道方」的學術轉向，並表明了欲遵循祖先周公、張載遺跡，在關中宣講聖賢之學即「心學」的志向。

南氏秋曉發秦村復諸生講約詩中，有「四十苟無聞，皓首竟何稱」句，〔三〕説明嘉靖五年南大吉四十歲始黜歸鄉之時，即已與諸生講學於秦村。此外，其先後講學之所有啟善寺、湭西書院等。啟善寺在南大吉所居之田市里。南大吉講學的湭西書院，或稱湭西草堂，乃在渭南縣城西，於嘉靖八年（一五二七）夏四月建成。〔三〕南逢吉紀年謂此時「諸生來，學者益衆」，此後十餘年，大吉一直堅守於書院，「日夕勉勵以求無負我尊師之教」〔四〕，由此培養出許多優秀的子弟，也使當年宣講聖賢之學的志向獲得了落實。

嘉靖二十年（一五四一），南大吉卒，遺有三子，長子轅字叔孫，仲子軫字叔展，季子轙字叔平。兄弟才華競爽，鼎峙諸生間，時人目爲三鳳。然嘉靖三十四年陝西大地震中，轅、轙罹難，軫俄以病卒，均未能爲光大南氏之學盡力。〔五〕不過這一學脈通過其弟南逢吉、其侄南軒及其孫輩得到了繼承與發展。據史書記載，南逢吉講學於姜泉書院，而在南氏兄弟的門人中，較著者有薛騰蛟、王麟、裴貞等人。〔六〕

南大吉在年輕時就是關中地區學術活動的積極參與者，當時著名的關中學者有康海、吕柟、馬理、韓邦奇、韓邦靖、楊

〔二〕引自張驥關學宗傳卷二十一，瑞泉南伯子集卷四存目，爲示弟及諸門人十五首。

〔三〕引自（天啓）渭南縣志卷十五，瑞泉南伯子集卷四存目，爲秋曉發自秦村復諸生講約。

〔三〕參見明南軒編（天啓）渭南縣志卷二封域志古蹟湭西草堂。

〔四〕寄王陽明先生書，瑞泉南伯子集卷十九。

〔五〕參見人物志儒林南大吉，（天啓）渭南縣志卷十。

〔六〕薛騰蛟：字時化，號南崗。弱冠從二南先生講學，嘉靖十四年（一五三五）進士。著有南崗漫稿、經説等書。王麟：字季靈，渭南辛市人，爲縣學生時從南大吉兄弟遊學，學問益邃，從學者衆。稱爲石鼓先生。裴貞：字一卿，號靈陰，渭南臨渭里人。從南大吉遊，大會良知之旨。嘗著易説。

爵等。他們分布在三原、高陵、渭南、朝邑、富平等區域，涵蓋文學、理學、經學諸多領域。學界以爲其中以呂柟、馬理的影響最大。如明代馮從吾關學編說：「光禄（馬理）與宗伯（呂柟）司馬金石相宜，鈞天並奏，一時學者歙然響風，而關中之學益大顯明於天下。」〔一〕反映了學派中人的看法。其中的呂柟爲陝西高陵人〔二〕，瑞泉南伯子集卷九有呂仲木家席上二首、卷十二有再會呂子于高陵，說明彼此素有交往。同書寄馬西玄仲房書中亦云：「昔日吾子嘗校士南宮矣，不有契書之策乎？蓋爲陽明先生發也。而吾子與涇野子力辯而扶救之得不行，某固知吾子素知陽明之學而尊信之者也。」〔三〕此處之「吾子」，係指馬西玄（名汝驥）。這裏認爲馬氏曾有與王陽明相通的觀點，並以此與呂涇野即呂柟發生爭論。不過他們相互間的觀點碰撞並不影響於感情交流，史載南大吉爲戶部主事時值父喪，呂柟曾爲作墓誌銘〔四〕，康海爲撰墓碑〔五〕，便是其中一例。

至於馬理，與南大吉的關係似更爲密切。瑞泉南伯子集卷二十有明誥贈中大夫光禄寺卿雲巖馬先生墓碑，係南大吉

〔一〕馮從吾關學編中華書局一九八七年版。

〔二〕呂柟（一四七九—一五四二），明代學者、教育家。原字大棟，後改字仲木，號涇野，學者稱涇野先生。陝西高陵人。南京禮部侍郎致仕。生平以講學爲事，大江南北門生合約千餘人，幾與陽明氏中分其盛。朝鮮國曾奏請其文爲式。著有周易說翼、尚書說要、毛詩說序、禮問內外篇、春秋說志、四書因問、史約、小學釋、宋四子鈔釋、涇野集等。

〔三〕瑞泉南伯子集卷十九。

〔四〕明呂柟呂涇野先生文集卷三十敕贈承德郎戶部江西清吏司主事渭南南先生墓碑。

〔五〕明康海康對山先生集卷三十九墓誌奉政大夫戶部雲南清吏司郎中南公封太宜人焦氏墓誌銘。

爲馬理父親撰寫的墓誌銘。其中寫到自己的父輩就與三原馬氏結交，以後兩家又有親戚關係，故來往更爲頻繁。〔一〕文中對馬氏父子評價很高。從題首記「丁酉」時間來看，當爲嘉靖十六年（一五三七），此距南氏回渭南已經十餘年了。所以南大吉去世後之墓碑爲馬理所撰，也就情緣自然了。〔二〕另外，瑞泉南伯子集卷十三還有贈別馬谿田召起四首等文字，體現其對馬理的深厚友情。清代關中學者李元春說：「涇野爲薛文清門人，學朱子之學；渭南二南則陽明受業弟子，各不相是，而未始不交重也。」〔三〕此話當無虚假之處。

康海〔四〕以毛詩爲根柢，尊崇復古文風，在當時與李夢陽、何景明、徐禎卿、邊貢、朱應登、顧璘、陳沂、鄭善夫、王九思等號稱「十才子」。南大吉在早年深受其影響，瑞泉南伯子集卷十三有關内二首副題云爲對山康子德涵作，稱讚康海「海内文章稱獨步」「杏園花積史壇深」，「北極星垂詩樹裏，南山雲溢禮庭中」。認爲他的文章可與司馬相如長門賦、諸葛亮梁甫

〔一〕明誥贈中大夫光禄寺卿雲巖馬先生墓碑曰：「敬皇帝十一年予方髫幼，嘗從我先大夫渭陽父觀藝藝林，時聞源諸生曰馬伯循理者，以文行擅名關輔，既而伯循果以胡氏春秋擢舉人魁第。其後四年，予從先渭陽父進遊太學，又聞伯循之名重天下。毅皇帝九年，伯循果又以朱氏詩擢進士上第，官拜冢宰司勳主事，而名益洋溢四海。……當是時予也謬茸司徒左司主事，乃始進交于伯循。……時予亦先以會稽郡守罷歸而伯循先。又繼室以吾渭張季子者，先妻張孟子之娣也，故予於是往來三原。」

〔二〕見瑞泉南伯子集附録。

〔三〕語見關中三先生語要録關中道脈四種本馮少墟先生。

〔四〕康海（一四七五—一五四〇），字德涵，號對山、滸東漁父，西安府武功縣人（今陝西省武功縣武功鎮滸西莊人）。二十四歲與三原馬理同舉於鄉，二十八歲通過殿試對策稱旨，登進士第一，曾任翰林院修撰兼經筵講官等職，參與修憲宗、孝宗兩朝實録。除詩文集外，還著有散曲集滸東樂府、詩文集對山集、雜著納涼餘興、春邊餘録等，尤以武功縣志最爲有名。

吟相提並論，評價非常高。[一]同卷還有浒東四時行樂樂府作五言排律四首存目。康海認同南氏爲「有文名世」[二]者，並在望渭南詩中緬懷南大吉云：「渭南煙霧裏，黯淡若爲看。嶺樹低籠日，山風遠送寒。水曹猶有宅，民部欲無官。可惜姚江守，春風會晤難。」[三]可見兩人間文字、學養上的交流頻繁，並在學術、人品上相互敬重。清李維禎以爲「公（指南大吉）豪爽善詞賦，故與康武功、太史胡秦、安中丞齊名」[四]，亦非虛誇之言。

由於呂柟、康海、馬理等人與韓邦奇兄弟、楊爵之間也交往密切，故南氏二兄弟在關學一派中的知名度也就可想而知的了。由於南氏兄弟接受王陽明的「致良知」學說，與呂柟等仍堅持程朱學傳統者有所不同，故對於關中學派的轉向起着重要作用。正如清張驥所說：「石渠公唱道三原，康僖績承家學，學風丕變；而渭南南氏兄弟以姚江高弟開講湭西，稍稍乎門戶分矣。」[五]南大吉在關學中的作用由此可見一斑。

作爲關中學者，南大吉在回到渭南以後除了宣講王學之外，還有其獨特的關中學脈繼承。十六世紀初期的明代關學以其讀經、重禮及關學意識爲特徵，區別於其他地區的學派。這些特點也在南大吉身上有所體現。南氏年輕時學習小戴禮記、周易，後又以禮中舉，其弟逢吉則在紹興時向王陽明學易，可見他們都有經學的深厚根柢，而非以泛論心性爲能事。在他爲馬理父親撰寫的墓誌銘中稱讚其「遵述五經、四書而反約之孝經」的治學方向，並在讚「靜川公之博學也，尤邃于

[一] 原文爲：「海内文章稱獨步，浒東泉石且娛心。臺臨清渭迎紅嶼，樓背黃山湧翠岑。菊圃氣薰書館靜，杏園花積史壇深。金聲肯託長門賦，玉韻唯傳梁甫吟。漳川遙與輞川同，弱水何如武水雄。北極星垂詩榭裡，南山雲溢禮庭中。陶潛黃菊應誰采，李白金樽肯自空？門外繽紛輪鞅至，拼留恒醉百花叢。」

[二] 參見康對山先生集卷三十九墓誌奉政大夫戶部雲南清吏司郎中南公封太宜人焦氏墓誌銘。

[三] 明康海康對山先生集卷十五言律詩望渭南。

[四] 大泌山房集卷六十五南郡守家傳。

[五] 清張驥關學宗傳自敘。

易，又邃于小戴中庸」之後，發出「夫易道之祖也，中庸道之傳授心法也」[一]的感嘆，可知其對讀經的重視。不過值得注意的是南氏家族已有所變通，這從南大吉之侄南軒提出的尊經者當求諸心之説，可見一斑。[二]

南氏的重禮可以從瑞泉南伯子集中與母親、兄弟、子侄等相關的文章中體現出來。明末大儒劉宗周説：「關學世有淵源，皆以躬行禮教爲本。」[三]此評價同樣適合於南大吉兄弟。不過在講求禮數的同時，南氏也講與内心體悟的結合，如他曾講：「夫得父子之道之謂仁，得兄弟之道之謂義，得處鄉及禦暴客之道之謂禮，得養身之道之謂智，得師之道之謂善教，得遊藝之道之謂善學。仁義禮知，性也。性矣命也，非由外鑠我也，我固有之也。學者學此者也，教者教此者也。」[四]即是一例。

關中學者多對關中之學有強烈的自豪感，其根源乃存於對關中風俗淳厚的文化性格的認同。這種感情也在南氏身上有所體現。南大吉在晚年時曾接受編寫渭南縣志的重任，他帶領其弟子爲此「旁搜博考，包羅兼括」，傾注了全部的精力。他曾在此書風土考中言：「蓋關中，古周、秦、漢、唐都會之地。周人尚禮義而貴農桑，秦人尚武勇而貴富強，漢人尚寬大而貴敦樸，唐人尚章程而貴勳伐。故今渭南之俗，猶有歷代之遺風：男耕女織，而賢者重信義，則周之遺也；負氣恃悍，而勇者輕生死，則秦之遺也；惡衣粗食，而富者致蓄藏，則漢之遺也；策名樹業，而貴者多氣概，則唐之遺也。……若論前輩人士，大抵猶古人耳。男子恥遊惰，不恥惡衣惡食，非禮會不聚飲，不大禮會不聽樂。即大貴，服即品服一襲耳，餘雖賓貴交接，細布焉止矣。富即田連阡陌，家累高貲至萬金出入，即一白布袍耳。飲會，唯巨盤大盞，醉飽焉止矣。……存心

[一] 引文見明誥贈中大夫光禄寺卿雲巖馬先生墓碑，瑞泉南伯子集卷二十。

[二] 參見明南軒尊經閣記，清光緒新續渭南縣志卷十；南大吉集附録（三）。其文曰：「六經聖人傳心之典，尊經者當求諸心也。……是故道體於身，措於天下。……詎有得師於書器之外者。渭之文獻不自是益有興乎！奚翅吾渭即以倡於天下可也。」

[三] 劉宗周師説吕涇野柟，明儒學案卷首。

[四] 明誥贈中大夫光禄寺卿雲巖馬先生墓碑，瑞泉南伯子集卷二十。

率忠厚，議論多正直，蓋得其本矣。……跡似粗糲猛奮，然其中則蕩蕩，無留滯也。」〔二〕淳樸之民風躍然紙上。他接着比較了渭南與中國其他地區民風之差別，深爲家鄉「人醇俗美，渾璞氣象」的風氣所自豪。萬曆間關中學者喬世寧曾有「明興以來，鄉先達多質樸彊毅、厚重抗商之風，而關中亦用是稱於天下」〔三〕的說法，明關學思想代表人物之一的馮從吾亦認同關中風俗之美，並說：「邇年以來，士大夫講明理學，家修鄒魯，烈婦孝子接踵而出，昔人所謂以善導之則易興起而篤於仁義，諒焉！」〔三〕不過與當時關學中人由此引申到固守本地區儒學傳統不同，南大吉提出昔人所謂的「地靈人傑」，不過是沿襲常談耳。他舉生於戎地的伏羲爲例，説他雖然出身於邊遠地區，但因能開物成務，繼天立極，被尊爲聖神者。可見人的出身並不決定一切，只要能做到「一旦用力於克己，革其習變化其氣質，久則禮復。而聖賢且同歸矣，何言乎地之靈之不靈也」。〔四〕這樣就對傳統關學的自我封閉局限有所打破。

南氏後學仍活躍於關學，史家曾言及南氏一門多個進士，其中南軒（南大吉侄子）曾任吏部文選司郎中、翰林院庶吉士；南大吉的孫子南企仲、南軒的兒子南師仲、南企仲的兒子南居業、南居仁，均在朝廷爲官，並留有著作。南大吉曾侄孫南居益官至南京工部尚書。清代著名學者王士禛曾視南氏爲大家盛族。〔五〕他們發揮自己在社會上的作用，通過刊刻南大吉、南逢吉文集，續修渭南縣志和交遊、講學等各種方式，來繼承家學，使南氏的學脈得到繼承與發展。這其中南軒曾應康海子康欅（字子秀）之請，爲康對山文集抄本作序，説明他們仍然保持着與關學學派中人的密切聯繫。而明代後期重要

〔二〕明嘉靖渭南縣志卷九。

〔三〕送謝副使督學關中序，（清雍正）陝西通志卷九十三藝文志。

〔三〕風俗志，（清嘉慶）長安縣志卷十九。

〔四〕明嘉靖渭南縣志卷十五人物傳上。

〔五〕王士禛分甘餘話卷二大家衣冠之盛謂：「渭南南氏，自大吉、逢吉而下，衣冠之盛，與靈寶之許、餘姚之孫相鼎足。若吏部尚書企仲、禮部尚書師仲、國子祭酒居仁、工部尚書居益，其尤著者。余爲禮部郎官時，與宗伯孫廷鉉鼎甫同舍，相得甚歡。」

關學代表人物馮從吾也曾說：「自二先生傳文成公之學以來，代有聞人。元善先生三子俱蜚聲庠校而俱早亡，有孫曰企仲，官太僕卿，以直諫顯。有曾孫曰居業，登科而未仕。元貞先生有子曰軒，善世所稱陽谷先生者也。」〔二〕可見他對這一家族非常熟悉。馮從吾曾有越中述傳序，影響很大，究其所由，則是應南逢吉曾孫南居益（字思受）之請，爲南逢吉越中述傳所作的序。關學宗傳例言十二則中，張驥說：「有明一代，關中大儒若石渠、涇野、少墟，恪守程朱；渭南南氏兄弟，純主姚江師說，各有不同；二曲先生薈萃程朱、陸王之學，不偏不倚，義極持平。此關學派別之大概也。」然自馮從吾（字少墟）越中述傳序中「立志、格物、從政、教人，正所以致良知也。良知是本體，致知是功夫，識得本體，然後可做功夫。做得功夫，然後可復本體。千流萬注而不離其源，千言萬語而不出其宗，此文成公之學所以大有功於斯道也」等話語來看，他對王學宗旨也是理解甚爲深入的，故是否可以「恪守程朱」概括，仍有可商榷之處。

總之，南大吉的學術思想及與關學的關係是個值得深入探討的問題，本文掛一漏萬，尚有待於大家的批評指正。行文最後，還想感謝爲本書的成稿、出版費心出力的項目組同仁，感謝國家圖書館、上海圖書館、重慶市圖書館、西北大學圖書館等單位的鼎力相助。

華東師範大學哲學系　李似珍

二〇一四年十月

〔二〕越中述傳序，馮少墟集卷十三。

點校説明

一、瑞泉南伯子集，據明嘉靖四十四年南軒刻本。目前重慶市圖書館藏有此集之殘本，製有縮微膠卷，存重慶市圖書館及北京國家圖書館内。線裝本，每半頁十行，每行二十一字。正文爲仿宋體，敘、後記等爲楷體。版心下刻「姜泉書院」。此書爲記載南大吉文字最爲完整之文集，收有詩詞、紀傳、書信、政論及疏跋、志銘等二十二卷。後記中有其弟南逢吉撰寫的瑞泉南先生紀年。惜是集中一至十五卷佚。據目録提示，似第十三、十四卷原未刊刻。另，此刻本之胡直敘、南軒跋均記時爲嘉靖丙寅，即嘉靖四十五年，而刻本首頁題記嘉靖四十四年，不知何故。

二、明崇禎賈鴻洙選編周雅續，陝西刻本。其中第六卷收南大吉詩四十八首，與瑞泉南伯子集中目録相合。詩前有作者小傳。現藏西北大學圖書館。

三、明嘉靖渭南縣志摘録，據明嘉靖渭南縣志抄本（現藏上海圖書館）。此本題南大吉纂修，嘉靖二十年（一五四一）刻本藏臺灣。二十世紀八十年代渭南縣志辦公室覆印抄本，梁玉珍、姜繼業校注成渭南志出版（陝西人民出版社二〇一〇年版）。

四、附録諸文出處依次如左：

（一）黄宗羲明儒學案，點校修訂本，中華書局二〇〇八年版。

（二）馮從吾馮少墟集，文津閣四庫全書影印本，商務印書館二〇〇五年版。

（三）焦竑國朝獻徵録，文津閣四庫全書影印本，商務印書館二〇〇五年版。

（四）王守仁王陽明全集，吳光、錢明、董平、姚延福編校，上海古籍出版社一九九二年版。

（五）萬曆渭南縣志，南軒纂，南師仲增訂，天啟元年增訂本。藏北京國家圖書館。據藏本録文。雍正渭南縣志，清岳冠華纂修，雍正十年刻本。據北京國家圖書館藏本録文。道光重輯渭南縣志，何耿繩修，姚景衡纂，道光九年刻本。據上海圖書館藏本録文。光緒新續渭南縣志，嚴書麐修，焦聯甲纂，光緒十八年刻本。據上海圖書館藏本録文。

（六）紹興縣志，紹興縣志編纂委員會編，中華書局一九九九年版；紹興市志，紹興市地方志編纂委員會編，浙江人民出版社一九九六年版。

（七）康海康對山先生文集，萬曆十年潘允哲刻本，據北京國家圖書館藏本録文。

（八）呂柟呂涇野先生文集，明嘉靖三十四年德昌刻本。藏北京國家圖書館。據藏本録文。

（九）張驥關學宗傳，陝西教育圖書社民國十年（一九二一年）鉛印本。

（十）李維禎大泌山房集，四庫全書存目叢書影印本，齊魯書社一九九六年版。

（十一）明史點校本，中華書局一九七四年版。

（十二）王陽明傳習録詳註集評，陳榮捷著，華東師範大學出版社二〇〇九年版。

（十三）南大吉與王陽明，劉學智撰，中國哲學史二〇一〇年第三期。

五、點校凡例如左：

（一）本書的校勘以版本對校和訛誤改正爲主，不做繁瑣考證和過多的異文羅列。

（二）凡底本不誤而校本誤者，不出校記。底本有誤而校本不誤者，據校本改。底本、校本字異，而文字俱通者，若意義差別不大，如同義詞、近義詞或無關緊要的虚詞，不改底本，也不出校。反之若意義差别較大，不改底本，則出校説明。

（三）凡脱訛衍倒，確有實據，補改删乙者均出校，説明校改理由。

（四）對「於」「于」等混同的，尊重原作，明顯錯誤的逕改，不出校。作者原作避諱用他字者，一般不改。個別影響文意者（如人名、地名、書名、官名、常語、成語等），則出校説明。

（五）本書用繁體字排版，專用名詞（人名、地名、朝代名等）用專名線標示，書名用波浪線標出。校改之處使用符號者，圓括號括住的字詞，表示衍或誤需刪去（刪去的字用小一號的字體）；　方括號括住的字詞，表示改正或增補。

（六）對異體字，根據國家「第一批異體字整理表」，採用通行字；　個別人名、地名中的異體字，酌情保持原貌。　凡有錯別字、漏字或原文無法補上的字，除用□□等標出外，還用校注的方式加以說明。

（七）對明清人常用異體字、俗體字進行規范。　凡書名統稱、類稱不加書名號（但統稱名撰成專著者除外），書籍簡稱、習稱則加書名號。

（八）本書按一九九五年十二月十三日國家技術監督局頒佈的「標點符號用法」，給全書加上標點符號。

（九）因是繁體豎排，所以年代一般寫成漢字：　如1982，寫成一九八二。

（十）附録中收入非作者所寫、但是涉及原作者的生平、著作、思想和社會交往等可供參考的資料。

目録

（注：本卷除十五言懷、早發安肅至保定公館、門有遠方客行、門有青雲客行、悼亡三首（之二首）外，餘僅存目）

（注：本卷除河中書院歌爲呂子道夫作外，餘僅存目）

第八卷　詩八　長短句下

（注：本卷除禁中有述四首、哀三子並序外，餘僅存目）

第十卷　詩十　五言律詩下 ………………… 二二二

（注：本卷除早入禁中、雨後禁中、早入禁中謝勑、經三川望杜子美故宅外，餘僅存目）

第十三卷　未刻　詩十三

〔一〕　此詩周雅續選録其中二首，并有「爲對山康子德涵作」數字。

（注：本卷除關內（四首之二）、題杜子美圖箑、午入花園、望華嶽外，餘僅存目）

禁中有述八首
井陘道中六首
銅雀妓六首
鴻濛歌
湭西書院閒適二首
閒居四首
皓皓九皋鶴八首

六言絕句

田家雜詠五首
夜宿良鄉
緱嶺道中二首
西堂臥起
（注：本卷僅存目）

田家樂
內鄉道中
經韓湘洞
再至謁

煙鎖
下第歸
經驪山
葉水懷古
經襄城
題箑次韻
函谷關
望臥龍岡
滸州懷古
賓至
元日
靈石感舊
夕次壽陽有懷用韻
直沽謠四首
次韻劉子聞常子謫居四首
除夜四首
甘棠祠次韻
楊柳辭四首
夜懷二首

（注：本卷除前巡幸歌、前凱歌、豫章歌二首聞南昌平作、後巡幸歌五首、後凱歌四首、次韻張太微時濟滸西行樂詞二首外，餘僅存目）

[一] 此詩周雅續選録其中二首，并有「聞南昌平作」數字。

〔一〕原作「謝雨祭城隍辭」，據正文標題改。

說

辨

跋

書

第二十卷　文三

疏

碑碣

[一] 原文「北厓」下缺「文載」二字，據正文標題補。
[二] 原文「溪」下缺「舜卿」，據正文標題補。
[三] 原文「玄」下缺「仲房」，據正文標題補。
[四] 原文「莊」下缺「良器」，據正文標題補。
[五] 原文「駱」下缺「秀才行簡」，「王」下有「二」字，「秀才」下缺「懋明」，據正文標題補。
[六] 原文「明」下缺「文林郎河南新鄭縣」八字，據正文標題補。
[七] 原文「訓導」改爲「山西襄陵縣學訓導渭川」，據正文標題所示修改。

〔一〕原文「明」下缺「誥」，「贈」下缺「中大夫」，「卿」下缺「雲巖」，據正文標題補。

〔二〕原文「明」下缺「山東道監察」，「御史」下缺「贈光祿寺少卿」，據正文標題補。

〔三〕原文「明」下缺「朝列大夫貴州布政司左」，據正文標題補。

〔四〕原文「安人」下缺「賀西原君配」，據正文標題補。

〔五〕原文「姜公」下缺「若虛」，據正文標題補。

〔六〕原文「進士」前缺「稽勳」，據正文標題補。

瑞泉南伯子集附録

明嘉靖渭南縣志摘録

附録

瑞泉南伯子集（共二十二卷）

[明]南大吉撰

明嘉靖四十四年　南軒刻本　附録一卷　後記一卷

瑞泉南伯子集敘

明賜進士第文林郎雲南道監察御史奉敕提督南畿學校楚侗耿定向撰

余聞詞人學士家率推轂秦中曰：晉代綴文之士一變而追蹤古作者，實自秦中始，接跡而起麟麟稱盛者，亦惟秦人矣。古云三秦多豪傑，信哉其言之也。然竊謂古稱豪傑若異撰，即孟子所稱陳良云云可概知已。彼固以其悅周公、仲尼之道也，秦中故多材儁，若宋張横渠氏者，則誠所謂豪傑之士乎哉！彼其授易時蓋已巋然爲人師矣，乃聞二程論即虚己欽服，撤皋比而尊事之，其勇于舍己而篤於惟道若此。今讀訂頑篇，是所謂可向詞林藝圃中論邪。關中人士至今稱爲儒宗不虚矣。余讀南伯子集，思想見其人，蓋亦所謂瑰瑋不群者也。乃守越時聞陽明先生良知之旨，輒數數造請而虚受焉。此其與撤皋比之勇何殊哉！

余雖究所止，嘗聞其時往復質證語，悉皆反身體察，似不若近世談學人，入耳出口，徒嘵嘵知解文義，揣摸影響。然者，及觀被黜時與陽明書，千數百言，勤勤懇懇，惟以聞道爲喜，急問學爲事，恐卒不得至聖人爲憂，略無一字及得喪榮辱間。嗟夫！古所謂豪傑士不當如是邪！維時陽明先生亦諮嗟歎賞不置，語具年譜中。報書爲論良知旨甚悉，兹特爲採録之附于簡端，俾讀是集者思南伯子所志之大，所受師門宗旨大凡云。後有振發興起志聖賢之學而趨道德之歸者，必曰：關中自横渠後，今實自南伯子始。此固陽明先生當時屬伯子意也。伯子即辛未科陽明所舉進士，考其受學則在守紹興時，其詩若干首，文若干篇，乃其弟姜泉逢吉所裒集，從子陽谷軒氏所刻也。

附録：按陽明先生年譜，南伯子性豪曠不拘小節，嘉靖甲申歲守紹興，陽明先生與論學有悟，乃告先生曰：「某臨政多過，先生何無一言？」先生曰：「何過？」伯子歷數其事，先生曰：「吾言之矣。」伯子曰：「何？」曰：「吾不言？何以知之？」曰：「良知知之。」先生曰：「良知却是我言。」伯子笑謝而去。居數日復自數過加密，來告曰：「與其過後悔改，不若預言無犯爲佳也。」先生曰：「人言不若自悔之真。」伯子笑謝而去。後數日，復自數過益密，曰：「身過可勉，心過奈何？」先生曰：「昔鏡未開可得藏垢，今鏡明矣。一塵之落自難住脚，此正入聖之機也，勉之。」伯子謝别而去。於是闢稽山書院，聚八邑彦士，身率講習以督之。越丙戌伯子入覲，見斥于時，至書先生千數間百言，勤勤懇懇惟以得聞道爲喜，急問學爲事，恐卒不得至聖人爲憂，略無一字及於得喪榮辱之間。先生讀之歎曰：此非真有朝聞夕死之者，未易以涉斯境也。同門遞觀傳誦，相與歎仰歆服，因而興起者多矣。先生復書曰：「世之高抗通脱之士，捐富貴、輕利害、棄爵禄，決然長往而不顧者，亦皆有之。彼其或從好於外道詭異之説，投情於詩酒山水技藝之樂，又或奮發於意氣、感激於憤悱、牽溺於嗜好，有待於物以相勝，是以去彼取此而後能。及其所之既倦，意衡心鬱，情隨事遷，則憂愁悲苦隨之而作。果能捐富貴，輕利害，棄爵禄，快然終身，無入而不自得已乎！夫惟有道之士，真有以見其良知之昭明靈覺，圓融洞徹，廓然與太虚而同體。太虚之中，何物不有？而無一物能爲太虚之障礙。蓋吾良知之體，本自聰明睿知，本自寬裕溫柔，本自發強剛毅，本自齊莊中正文理密察，本自溥博淵泉而時出之，本無富貴之可慕，本無貧賤之可憂，本無得喪之可欣戚，愛憎之可取捨。蓋吾之耳而非良知，則不能以聽矣，又何有於聰？目而非良知，則不能以視矣，又何有於明？心而非良知，則不能以思與覺矣，又何有於睿知？然則，又何有于寬裕溫柔乎？又何有于發強剛毅乎？又何有于齊莊中正文理密察乎？又何有于溥博淵泉而時出之乎？故凡慕富貴、憂貧賤、欣戚得喪愛憎取捨之類，皆足以蔽吾聰明睿知之體，窒吾淵泉時出之用。若此者，知明目之中而翳之以塵沙，聰耳之中而塞之以木楔也。其疾痛鬱逆將必速去之爲快，而何能忍於時刻乎？故凡有道之士，其于慕富貴、憂貧賤、欣戚得喪而取捨愛憎也，若洗目中之塵而拔耳中之楔。其于富貴、貧賤、欣戚、得喪、愛憎之相值，若飄風浮藹之往來而變化於太虚，而太虚之體，固常廓然其無礙也。元善今日之所造，其學殆庶幾於是矣乎？〔一〕是豈有待於物以相勝而去彼取此？激昂于一時之意氣者所能強？而聲音笑貌以爲之乎？元善自愛！元善自

〔一〕王陽明全集卷六答南元善書中無「學」字。

愛！關中自古多豪傑，其忠信沈毅之質，明敏英偉之器，四方之士吾見亦多矣，未有如關中之盛者也。然自橫渠之後，此學不講，或亦與四方無異矣。自此關中之士有所振發興起，進其文藝于道德之歸，變其氣節爲聖賢之學，將必自吾元善昆季始也。今日之歸，謂天爲無意乎！謂天爲無意乎？」

嘉靖乙丑春三月

瑞泉南伯子集敘

明賜進士出身中憲大夫四川提刑按察司奉敕提督學校副使泰和胡直撰

予爲童子，喜攻文詞不肯休，頗自矜嚴，以號於人曰「古詩文法當爾也」。比壯，有先生長老訓之曰：「若小子，奈何以萬鎰珠彈飛肉，不可還，以連城湛盧辟錦石，不折則闕，寧不慳乎？今夫人至靈者心也，而道出焉，可以三天地，可以首庶物。自陶唐氏得之以協萬邦，有虞氏得之以光海隅，三王得之以式九圍、清四海，尹陟得之格皇天，周公得之興禮樂，孔子得之卒爲萬世師。係其大哉！奚翅萬鎰連城而子小用之？奚翅彈飛肉、掘錦石？吾不暇爲子笑且爲哀之。」予始聞，格搪焉若有阻也，而問曰：「文終不可爲乎？」曰：「文者，聖人所有事也。吾告子以協萬邦，光海隅，式九圍，清四海，格皇天，興禮樂，師萬世，文亦至矣。聖人奚不爲文哉！且子之所謂文，是猶女婦刺繡文之工，而未睹山龍火藻之從生，是猶齊人雕楮葉之奇，而未知徂徠新甫松柏之爲真也。是奚足以語文。子不見自漢儒工富麗，中人心髓，延及魏、晉、六朝凡數百年，劫奪不可已。甚矣哉，其禍天下萬世之蠱毒也。子尚攘攘焉慕之以夸嚴於人，仁者固樂爲乎。」予於是惶然汗下，口禁不能言，又愧焉若有惺也。已而悔棄所習，凡有年矣。雖未得於道，然灼然知蠱毒不可近，又未嘗不自哀且以哀人！雅聞渭南瑞泉南公少喜詞賦，日爲數千言。既守紹興，偕其弟姜泉公聞陽明王先生語學，遂毁棄其宿習，奮志求學，蓋有先得予心之所同者。當其時王先生始以學倡東南，要歸於本心，正所謂三天地，首庶物者，而信之者尚希。公生關內居西北，爲詞賦藪。乃一旦棄去，變而之道，豈非所謂天下大勇者哉！

公既聞學，以書抵其侶馬西玄諸君，摯而之道。諸君錯愕不能決，第稱公之言以爲弘大，不知公既澤于道而文之，猶之睹山龍火藻自不屑組繡，樹徂徠新甫之松柏者，固知楮葉之不足矜也。先生既終之幾年，姜泉公裒其先生後詩之得若干卷。姜泉公之子叔後予友也，將付之梓以序見屬予。考公方強聞道未傳年而逝，孝友之德、循良之政，風被四方久矣。向使天假之年，公所就不可涯，進則格皇天、興禮樂，退則求爲萬世師，無不可企者。悲哉已矣！兹集之刻，俾世之彈飛肉、掘錦石而矜爲組繡楮葉者讀而思之，慨然感于公之大勇，咸有得於大小虛實之辨，則斯道斯世之從繫不尠小也。序可辭哉！

嘉靖丙寅秋七月

第一卷　詩一　四言古詩（原文佚）

第二卷　詩二　五言古詩上

十五言懷[一]　己巳以前

皇穹何穆穆，大化亙流行。誰謂予嬰小，忽焉十五齡。
志學因所願，含精殊未靈。獨念前賢訓，堯舜皆可並。
中懷轉激烈，仰思奮以興。復禮良由己，反身乃自成。
所貴聞天道，華章但秋螢。毋徒拾青紫，赫耀日相乘。

早發安肅至保定公館　丁丑

雞鳴度梁門，日午臨清苑。逶迤通側巷，窈窕陟崇館。

[一] 本詩及以下四首輯自賈鴻洙選編周雅續卷六。

青槐夾戶生，芳蕤緣階蒲。戍卒何匆忙，累月食無糧。長跪悲且泣，情如刀割傷。會計我所職，聞此迫中腸。年穀良不實，安得千斯倉。含淒眺京縣，青規何茫茫。有章殊未達，沉歎永難忘。

門有遠方客行　丁丑

門有遠方客，言自居庸來。停輈登我堂，言談殊可住。孟秋朔烽熾，勁虜揚氛埃。君王按劍怒，夙駕儼驂騑。平明遵側巡，金璫左右隨。遥遥青絲鞚，阿誰敢挽之。兩宮晝日昏，九廟風⿰皆風⿰皆風。青驄李柱史，聞此心獨悲。奮身當豹闕，鐵冠何崔嵬。左手收金鑰，右手闔重扉。守臣遵羈束，殺身不敢違。赫赫天使至，薄暮空言歸。緘章中夜發，雞鳴達皇闈。中官捧擁來，宜詞淩九垓。所念寧邦國，剖心良不哀。坐令大威霽，鏘鏘鳴鑾回。清飆動九衢，白日耀三階。史臣更秉筆，青青簡編開。斯言良未竟，我心殊已諧。對客傾銀壺，痛飲不放杯。願言生羽翼，托身與之偕。

門有青雲客行　丁丑

門有青雲客，赤驥雙朱幡。照耀金盤陀，聯翩自幽燕。
稅駕延入戶，磬折禮周旋。置酒寢門內，陳言京城間。
秋高西風勁，儸蹕時遊盤。夜見旄頭出，直欲勒燕然。
賴有李柱史，閉關回鳴鑾。明月三五闕，柱史適南巡。
遂復躍輕騎，翻身據綉鞍。左手控繁弱，右手攜龍泉。
豪俠邊城兒，追隨四五人。朝遵盧溝滸，夕出居庸關。
立馬飲龍池，飛鞚越狼山。練兵黄沙壘，射鵰黑河灣。
聞將窮瀚海，復道下秦川。兩宫晝不開，霑灑損玉顔。
沉沉卿相府，白髮鏡中繁。到今無消息，寒蟾光復圓。
言罷各停杯，竚立廣除前。決眥西北望，蒼茫起長歎。

悼亡三首（之二首）　庚辰

我昔遊華嶽，陟彼白雲岑。玉女從西來，遺我紫瓊琴。
金徽何錯落，中含曠世音。揮手一鼓之，泠泠龍鳳唫。
素絲鮮且潔，飄風壯難任。音聲中斷絕，頹響不可尋。

空餘瑤軫在，令我傷肺心。

又

菲菲幽蕙花，寄生洪河岸。涼露何太早，芳香忽已散。
之子竟何之，悠悠歲云晏。玄廬一何深，幽隔不可見。
還顧雙飛翼，中懷車輪轉。天命良有常，結髮情何限。
況思南澗蘋，青青憑誰薦。

第三卷　詩三　五言古詩中

題祝文安檍野卷〔一〕　辛巳

鬱鬱溫江岸，青青檍樹林。美人中盤桓，佩服雙璆琳。
睠茲生成易，丹泉日浸淫。霜露三代謝，苕苕百餘尋。
連蜷淩青霓，百畝陰以森。一朝王師至，顧盻輕千金。

〔一〕　本詩輯自賈鴻洙選編周雅續卷六。

運彼蒼精龍，遵此幽藪陰。采之爲梁棟，舟楫兼所任。梁以擎清廟，中鳴瑟與琴。舟以濟大川，櫂歌發清音。清音一何長，泠泠衆所欽。達人乘大用，展轉多幽襟。蒼虯淩霧遊，紫淵香深沉。鳴鸞翔羅囿，還顧白雲岑。喬林餘樹木，聯翩棲暮禽。殷勤還自愛，終此投華簪。

第四卷　詩四　五言古詩下

示弟及諸門人十五首之一〔一〕

昔我在英齡，駕車詞賦場。朝夕工步驟，追蹤班與揚。中歲遇達人，授我大道方。歸來三秦地，墜緒何茫茫。前訪周公跡，後竊横渠芳。願言偕數子，教學此相將。

〔一〕本詩輯自明儒學案卷二十九北方王門學案郡守南瑞泉先生大吉。

秋曉發自秦村復諸生講約〔一〕

長飆響森木，宵景搖繁星。雞明嚴駟駕，迅予逝南征。霞晨〔二〕度清渭，汎汎揚松舲。憑軾登脩坂，鏘鸞度遠坰。遵彼林下麓，欸此水西扃。曲徑交綠竹，廣庭虛以明。摳衣趨猶子，循牆遲諸生。川輝澄講席，八牖洞疎櫺。蘭澤多芳草，山水鬱層層。采之薦清廟，兼以列丹楹。竊誦知新訓，慚無長善能。安得魯尼父，宮堂共爾升。仰思遺編在，清清耀性靈。白日如西墜，紅顏安可停。四十苟無聞，皓首竟何稱。邈矣先聖學，典哉貴始終。丹書何肅肅，千載垂吉凶。願言同此佩，永爲盤上銘。

〔一〕本詩輯自賈鴻洙選編周雅續卷六。萬曆渭南縣志天啟增刻本卷二封域志古蹟亦收此詩，然缺「何稱。邈矣先聖學，典哉貴始終。丹書何肅肅，千載垂」二十字，且文字略有不同。

〔二〕「霞晨」，萬曆渭南縣志作「凌晨」。

冬曉發自秦村復諸生講約〔二〕

層穹丹旭照，平野皓繁霜。駕言欲何之，湭水瞰雲莊。
門堂何肅肅，生徒亦蹌蹌。講筵俯清沼，相遲日彷徨。
我心濳以昭，有懷殊未央。改木方知困，撞鐘始自強。
青也緑出藍，冢矣玉成章。教學良相半，仲尼良後生。
念此情愈迫，驂鸞鳴以鏘。去去遵横渠，遥遥眺孔堂。
攜爾由山徑，起予履周行。天命雖穆穆，人心自皇皇。
君子而乾健，終老以無疆。

〔二〕 本詩輯自明萬曆渭南縣志天啟增刻本卷二封域志古蹟。

第五卷　詩五　七言古詩

河中書院歌爲呂子道夫作[一]　己卯

黄河之曲雷首隅，彼書者院何盤紆。高臺岐嶒俯通衢，上有飛樓百尺餘。
雲梯杳窕朱欄扶，閣道周回丹牖虚。牙籤充棟網垂蛛，鼅書縈牆龍掛圖。
榱桷高淩三足烏，松桂下視羅堦除。帝殿賢祠動星樞，射亭講室左右俱。
此院此樓真絕殊，誰其爲之呂大夫。君昔黄門侍金鋪，朝焚諫草暮塵途。
朝廷失卻滄海珠，蒲坂翻耀紅珊瑚。翩翩遥載五車書，翼翼獨能爲此謨。
土木移從古廟區，丹青不動公家需。碧梧無復妖鳥呼，青衿日見生徒趨。
西都石渠空交疏，江上白鹿及此無。我來遊燕暫曳裾，登樓臨眺獨躊躇。
深傾酒醆旅與孤，浮雲東北正愁予。日暮滄茫將安如，聊爲長歌歌大儒。

[一] 本詩輯自賈鴻洙選編周雅續卷六。原題作「已卯」，據改。

第六卷　詩六　長短句上

夏日啟善寺試門人[一]

駕玄牝，辭藥房，野路雜花蕭帶長。振繁纓，入禪林，密葉晴絲曲院深。

臨華殿，較諸生，珊瑚明珠照丹楹。餘霞燦，縣景移，願言崇志翔天池。

泛洪波，凌朱垠，莫令坎井負青春。

贈別何子仲默長歌[二]　戊寅

古今天地何茫昧，才子高賢復幾人。卜商季札俱長往，大雅國風竟誰陳。

洛下既蕪沒，鄴城亦蒿草。顏謝只瓊敷，王楊空玉藻。

千載寥寥四海間，獨數謫仙與杜老。杜陵之老不可望，禹穴之僊亦高翔。

蘭芬獨御當絕代，至今誰復接流芳。南望麒麟山，北俯黃河水。

[一] 此詩據清雍正渭南縣志卷十四中輯出。

[二] 本詩輯自賈鴻洙選編周雅續卷六。

人傑鍾地靈，間世生何子。五歲操觚翰，七歲通經史。十歲揮毫如有神，十三遂充觀國賓。驊騮之駒走千里，射策君門邁等倫。崑丘此時失威凰，朝廷自是得銀甕。淩雲作賦擬離騷，開口吟詩追雅頌。十年中省散緗帙，千古正聲歸健筆。黃鐘大呂雲門律，疏越朱絃清廟瑟。遺徽流傳達四溟，餘商散漫繞中京。字體遙觀蒼頡氏，文章還似左丘明。我生清渭北，後君三四載。濯足涇水流，悵望懷風采。振衣謬登青雲梯，亨衢時復識琳圭。未隨大饗沾玄酒，忽道高空墜紫泥。紫泥璽書何爲者？黃金腰帶青驄馬。帝念秦中多英材，爛然瓊杯間玉斝。命君校此連城珍，共垂國華映千春。花驄夕飲盧溝窟，星駕秋經汴水濱。汴水應登李子舟，汝南還上故鄉樓。草堂花徑休留滯，秦川多士正含愁。含愁夫何如，沙礫群瓊玉。望君青銅鏡，早掛秦山曲。秦山况是我故里，未得同歸空仰止。此日猶堪餞行輪，後來何以接芳塵。遙遙函谷關，杳杳金城野。漢寢剥青麟，唐宮埋碧瓦。橫渠祠墓柏蒼蒼，周公碑殿繞丹牆。陵崇文考岐宮闕，廟祀羲皇隴阪長。去去橫槼八川口，翩翩應有詩千首。呦鹿還登小雅堂，關雎更瞰周南牖。淨掃西銘壁，置身周禮筵。遙從爻辭裏，直探卦畫前。窮搜如會相承訣，莫惜雙魚寄我傳。

遊紅石峽歌〔一〕 己卯

戴總戎、劉將軍，金蟒銀麟爛綉紋。攜我來遊紅石峽，踏青躍馬何紛紛。
一徑遥迴邊澗水，諸天高入洞門雲。坐石深傾清濁酒，掃岩細讀古今文。
更喜墩臺連朔野，單于不敢來牧馬。轉旆聯鑣出塞行，摐金伐鼓緣山下。
立馬高岡聊騁望，把酒幽溪真□□。平沙莽莽帶窮磧，亂草萋萋埋古瓦。
歸來沙路没蒿萊，轉向名園絶氛埃。太古軒前油幕起，濯纓亭上錦筵開。
緣溪采藻翻紅藥，臨沼釣魚坐緑苔。急管啁啾緣雲上，異香泱漭入座來。
此時衆賓懷俱壯，金觴玉爵遞飛颺。舞袖翩翩懽未歸，不知身在邊城上。
日暮平川煙霧合，酒酣樂極轉悲愴。天生材官良不偶，況君俱是干城將。
只今開拓勞明主，東征西伐富境土。轅門未得李將軍，幕下誰爲齊仲父。
我爲君歌願君聽，自古名將多勒銘。貔虎營中鳴角鼓，麒麟閣上畫丹青。
君不見東都班虎頭，又不見西漢霍驃騎。萬里封侯度玉關，百年遺誓藏金匱。
丈夫處世貴立名，君今何以答皇情。長槍大劍清絶漠，何用書生自請纓。

〔一〕 本詩輯自賈鴻洙選編周雅續卷六。

雁塔歌喜逢吉弟及姜生泗鄉試登第作此以示[一]　己卯

秦川秋色何蒼蒼，中含寶塔金琅瑠，上接青雲之梯，下臨黄金之堂。鴻名散方策，遺址自隋唐。昔日龍門客，曾此題名揚輝光。總是杏園春宴後，非關桂子當秋香。悠悠浮雲變今古，寥寥曠野自荒涼。爾曹幸與鹿鳴宴，會須尋訪一稱觴。掃開浮圖千丈壁，揮毫大書接流芳。奮翅遙通金閨籍，濟川仍駕紫桂航。更刺華虫補龍衮，毋徒織此綉羅裳。

第七卷　詩七　長短句中

天寧寺行[二]　辛巳

城西野寺名天寧，遥遥大道臨郊坰。多士驪駒停玉策，諸天魚鑰啟金扃。金扃窈窕通華殿，桂（拱）〔栱〕璇題皆可見。雕銜紫盖覆珍輪，獸吐青蓮承寶薦。

[一]　本詩輯自賈鴻洙選編周雅續卷六。原題作「已卯」，據改。
[二]　本詩輯自賈鴻洙選編周雅續卷六。

寶薦明珠照四隅，修廊廣室紛盤紆。參差鐵鳳翔高閣，琅璫金鐸湧浮圖。
浮圖萬丈淩遙碧，嘉樹陰森連廣陌。丹青不道千黃金，土木寧論雙白璧。
此都此寺真無比，誰其建者中常侍。可憐海内蒼生心，只得上方經行地。
君不見年年四月天，傾城車馬紛聯翩。蘭若上人登寶座，沙門佛子坐青氊。
此時公侯亦羅拜，神鐘大磬鳴天外。螓首佳人解誦經，珠袍公子能受戒。
受戒誦經敞綉筵，左廊右室曲相連。如陵之肉萬銅錢，如澠之酒金杯傳。
金杯象箸何狼籍，蔓草叢蘭同一澤。薊門豔舞留飛錫，燕市名謳調上客。
吁嗟乎，中黄門，食禄千鍾近至尊，胡爲崇此盂蘭盆。

題白樂天聽琵琶圖〔一〕 丁亥

吾聞冀北驊騮碧玉蹄，有時坎壈在塵泥。又聞東園桃李華爛熳，一朝凋謝人不見。
時哉功名焉可圖，磊磊矗矗真丈夫。翻飛蹭蹬俱天地，浮雲衣綉與軒朱。
君不見潯陽江頭左遷客，昔日鳳池今澤國。鄰舟一夜聽繁聲，把酒相看淚沾臆。
秋葉蕭蕭春草生，清江依舊繞盆城。遷官商婦各何在，至今空傳琵琶行。

〔一〕 本詩輯自賈鴻洙選編周雅續卷六。

第八卷　詩八　長短句下

長安妓〔一〕　壬辰

長安甲第含煙雲，長安女兒緗綺裙。垂手舞筵嬌落日，珠袖翩翩淩紫氛。
拂拂紫氛沉綉褥，雕楹文坫金壺緑。主人中廚促豐膳，醉客前席要清曲。
一曲清商發絳脣，箜篌相和不勝春。玉杯殷勤行素手，銀甲縹緲裏紅巾。
紅巾香與高雲杳，珠斗縱横斜月小。揚眉轉袖入曲房，花裏鶯啼重門曉。
重門深鎖複院幽，新粧娥娥寶鏡妝。紅牙鏤馬懽未足，重開錦席上丹樓。
丹樓淩紫燕，佳氣通芳甸。歌屏夕未掩，舞衣朝猶見。
歌舞留人不可常，朝來暮去妬寵光。一朝顔色不稱意，百斛明珠委道傍。
道傍野花年年發，新寵那復生□□。可憐綺陌娼家女，猶畫蛾眉歌白紵。

〔一〕本詩輯自賈鴻洙選編周雅續卷六。

第九卷　詩九　五言律詩上

禁中有述四首〔二〕　戊寅

一

七校傳天語，百官集禁城。君王親降敕，神武自行兵。鳳馭嚴宵駕，蛇幡引晝旌。何當斬胡首，歸馬宴周京。

二

聖朝化無外，夷使日相乘。名向傳呼得，恩從賜予承。麒麟雙獸錦，菡萏四金繒。垂老黃龍戍，鐵衣獨不勝。

三

傳聞西幸輦，猶駐土城邊。風疊霓旌卷，雨捎虎帳偏。瑤池周駿馬，青海漢樓船。此日鳴鑾去，何時奏凱旋。

四

掖垣低燕雀，御沼綉荷菱。馳道看調馬，閣門見臂鷹。

〔二〕本詩輯自賈鴻洙選編周雅續卷六。

金宫雲寂寂，玉廟樹層層。仁壽中常侍，獨能問寢興。

哀三子並序〔一〕　己卯

三子者何？中部劉中丞子也。伯曰佐，三十三卒。叔曰侃，二十九卒。季曰仁，二十四卒。卒何爲哀？三子者皆才也而俱夭，故哀之。然則何才？佐，予同榜進士且同官，文而達。侃，舉人，文而不羈；仁，侃同榜，文而博，俊逸而不浮。皆有盛名于時，故曰才。

一

哭子今三載，蕭條度此城。登堂把盃酒，飛動想平生。遺珮紅雲闕，修文白玉京。鴈行同榜意，落日益含情。

二

弱冠遊京國，才名早擅場。衣冠憐俊秀，天地妒文章。一病歸黄土，三年長白楊。空遺詩卷在，傳誦有餘傷。

第十卷　詩十　五言律詩下（原文佚）

〔一〕 本詩輯自賈鴻洙選編周雅續卷六。

第十一卷　詩十一　七言律詩上

登進士第[一]　辛未

弱冠謬充觀國賓，綸言慚復對丹宸。乘時竊擬酬前志，隨分應須致此身。皇闈日薰雙鳳暖，帝城風散萬花春。青雲肯負窗前月，白璧常懷席上珍。

喜弟逢吉至自故鄉[二]　壬申

汝來就我問羈棲，青草紅塵亂馬蹄。落日喧傳群鵲喜，隔年相見萬行啼。漫披尺牘風燈暗，復戀重闈嶺樹迷。回首共看今夜月，白雲低繞華山西。

[一] 本詩輯自賈鴻洙選編周雅續卷六。

[二] 本詩輯自賈鴻洙選編周雅續卷六。

贈劉子廷麟使占城[一] 壬申

象林封國丹書下，天使宵征玉節寒。萬里帆開閩海月，九夷風動漢臣冠。扶桑青瘴魚龍睡，春殿紅雲日夜看。但使深恩流絶域，未須文翠入長安。

第十二卷　诗十二　七言律詩中

早入禁中[二] 戊寅

青驄朱紱漢郎官，楚漏追趨五夜殘。天樂只今傳玉塞，朝章依舊下金鑾。掖垣日送千門曉，閣道風生七月寒。回首紅雲起天末，卻將宣府望長安。

[一] 本詩輯自賈鴻洙選編周雅續卷六。
[二] 本詩輯自賈鴻洙選編周雅續卷六。

雨後禁中[一] 戊寅

涼氣蕭條滿禁城，高風殘雨度神京。文華殿日陰陰上，仁壽宫雲冉冉輕。
玉戶深扃天上闕，金輿遥駐國西營，微臣候旨巖廊下，寂寞空懷劍佩聲。

早入禁中謝勑[二] 戊寅

彈冠端笏禁城陰，河廻天寒秋氣深。星樓落落金鐘静，風殿蕭蕭玉磬沉。
鳴佩虚隨雙闕漏，回鑾應繫百官心。堯天只在桑乾北，拜答翻令淚滿襟。

經三川望杜子美故宅[三] 己卯

銀章赤瑄曾供奉，南北東西絕可憐。萬里竄身登蜀道，全家寄食傍秦邊。
空山悵望溪雲繞，遺趾荒涼野蔓纏。應是蒼天深有意，故令詩史至今傳。

[一] 本詩輯自賈鴻洙選編周雅續卷六。
[二] 本詩輯自賈鴻洙選編周雅續卷六。
[三] 本詩輯自賈鴻洙選編周雅續卷六。

第十三卷　未刻　詩十三　七言律詩下

關内二首爲對山康子德涵作〔一〕　己丑

海内文章稱獨步，滸東泉石且娱心。臺臨清渭迎紅嶼，樓背黄山湧翠岑。菊圃氣薰書館静，杏園花積史壇深。金聲肯託長門賦，玉韻唯傳梁甫吟。

漳川遥與輞川同，弱水何如武水雄。北極星垂詩榭裏，南山雲溢禮庭中。陶潛黄菊應誰採，李白金樽肯自空？門外繽紛輪鞅至，拼留恒醉百花叢。

題杜子美圖箑〔二〕　甲午

軒蓋何時返故鄉，青春空復斷人腸。那堪回首登江閣，且自尋花到野塘。玉壘啼鸎千樹合，劍門歸路萬山長。懸知畫省垂新梴，徒使儒冠老異方。

〔一〕本詩輯自賈鴻洙選編周雅續卷六。
〔二〕本詩輯自賈鴻洙選編周雅續卷六。

午入花園[二]　戊戌

八載不窺黄狗谷，今朝馳駕五花驄。孤村近入花園裏，一徑斜通石澗中。
霧樹白翻青嶂合，風泉紅灑碧潭空。主人掃候柴門道，笑問緣何獨采菘。

望華嶽[三]　辛丑

華嶽岧嶤壓地尊，西堂終日坐相吞。晴峰夜拂星辰動，雲壑朝噓草木昏。
河湧青蓮懸玉井，關通紫氣落金盆。掀髯如躡仙人掌，揮手應排帝子閽。

第十四卷　未刻　詩十四　五言排律（原文佚）

[二]　本詩輯自賈鴻洙選編周雅續卷六。
[三]　本詩輯自賈鴻洙選編周雅續卷六。

第十五卷　詩十五　七言絶句

前巡幸歌十二首（存一）〔一〕　戊寅

萬乘秋巡瀚海灣，千旗暮出居庸關。生憎老上多顔色，欲奪燕支作漢山。

前凱歌十二首（存一）〔二〕　己卯

伐鼓摐金四野聞，凱歌杕杜入燕雲。紅旗對列中書字，黄帳雙懸内史文。

豫章歌四首（存二）　聞南昌平作〔三〕　己卯

名藩大郡金枝繞，桂海朔天玉曆同。借問歸俘玄武闕，何如端冕豫章宫。

〔一〕本詩輯自賈鴻洙選編周雅續卷六。爲十二首之一。
〔二〕本詩輯自賈鴻洙選編周雅續卷六。爲十二首之一。
〔三〕本詩輯自賈鴻洙選編周雅續卷六。爲四首中之二首。

鐵騎金槍憲府寒，毁垣壞殿故宫殘。香爐峰月娟娟在，照著空城血未乾。

後巡幸歌十二首（存五）〔二〕 己卯

鐵柱旌旗白晝懸，潯陽煙火上薰天。羽書夜報鷹房裏，駿馬朝嗚虎圈前。

驃騎手傳紫鳳文，鑾輿親將羽林軍。朱干玉戚凌江霧，翠盖黄旗拂海雲。

誰遣中丞去復回，掃清衡岳夜登臺。高懸白旆章江上，肯待君王羽騎來。

安慶城中戰氣高，南昌城外鼓嘈嘈。樓船方待諸侯會，露布已傳萬乘勞。

妃子宫嬪滿畫船，天兵南下動紅煙。長江魚鼈應無賴，螓首蛾眉絕可憐。

〔二〕 本詩輯自賈鴻洙選編周雅續卷六。爲十二首中之五首。

後凱歌十二首（存四）〔一〕 庚辰

千里驊騮按玉環，隔年龍舸傍江關。海門昨日紅雲動，知是君王振旅還。

羽盖雲廻江水澄，鍾山佳氣樹層層。金繩鐵檻諸囚首，面縛先應謁孝陵。

鐃歌朱鷺拂天來，塞馬紛從江漢回。紫殿丹宫龍闕閉，金鋪玉帳豹房開。

夾道千宫錦綉分，霜戈晴按大將軍。寶圖麗日昭龍武，綵旞迎雲絢鳳文。

次韻張太微時濟滸西行樂詞十首（存二）〔二〕 癸巳

白鳥黄鸝散水西，香風樓閣共誰躋。晚來愛妾横琴坐，一曲清商烏夜啼。

仙人醉卧草萋萋，素女菱歌繞翠溪。丹室深懸滄海間，紅樓高與白雲齊。

〔一〕本詩輯自賈鴻洙選編周雅續卷六。爲十二首中之四首。

〔二〕本詩輯自賈鴻洙選編周雅續卷六。爲十首中之二首。

第十六卷　賦一　賦上

謁四皓廟記　己巳以前[一]

山巃嵸兮四周，雲冥冥兮水悠悠。驂騄耳兮嚴駕，出闉闍兮遠行遊。望四塚兮壘壘，遵周道兮懷殷憂。撼廟門兮窈窕，俯重階兮空幽。桂連蜷兮葉交零，松晻暖兮枝相繆。野鶴鳴兮山精藏，殿廡塵兮淒以凉。整余冠兮振余衣，排桂扉兮進葯房。瞻遺象兮再拜，懷幽德兮不能忘。君昔生當兮秦之季世，菉葹盈畹兮蘅若不芳。群龍翱翔兮逐鹿于野，君獨遠遁兮茲山之陽。朝飡留夷兮爲衣，夕搴揭車兮爲纕。采采兮紫芝，冥鴻兮高翔。匪溺沮兮往不返，匪巢由兮身獨臧。曰坑誅兮恐遭之，又嫚罵兮或當非。太子兮延士終不登兮，廟廊清風流兮千祀，起頑懦兮廉且強。余北方兮小子，訪遺跡兮奠椒漿。回首蓬萊兮雲蔽之，思君不見兮心獨傷。

朱明賦　常子明卿招予復會作　己巳以前

朱明伏于南陸兮，大火流於西郊。木黃落而離披兮，雲紛飛而高飄。良會閡其中絕兮，覺山徑之生茅。心煩惋而獨愁兮，喜君子之復盟。

〔一〕　原文作「巳巳以前」，據改。

招予駕而驂驪兮，飛予履于芝堂。臨瑤席以容與兮，曰長夜其無荒。挹蘭茝之餘芬兮，清輝接乎瓊瑠。酌桂酒以稱觴兮，翼願附而同翔。

步庭皋之蕭瑟兮，蟲啁哳而悲鳴。仰天宇之泬寥兮，月徘徊而西行。時忽忽其不淹兮，恐來日之弗將。期皓首以相勵兮，毋失時而望洋。

度伊闕　庚午

春日兮遲遲，春草兮萋萋。飛予驂兮洛城，南遵周道兮伊水西。伊水兮瀰瀰，逝者兮如此。魚之躍兮鳥之翔，渚有蘭兮洲有芷。白芷兮綠蘩雜，英冒兮芳以鮮。我欲往兮采之，悵中流兮無船。伊闕塞兮崔嵬，傍層阿兮駐騑，登丹厓兮臨翠壁，攀紫蘿兮淩青霓。王靈兮既沒，帝跡兮亦湮。仰春風兮定性，懷洛書兮思天。願奮飛兮千載下，從賢聖兮遊盤。回首雲兮杳杳，日之西兮空增歎。

葉上人　過問津鋪作　辛未

朝予發兮葉城，駕赤騮兮驂青驄。草蕭蕭兮無人，流眄極兮心忡忡。忽若人兮水之陽，復宛在兮中央。朱容兮皤髮，蕙帶兮荷裳。躡雲履兮玉趾，步清風兮容與。搴杜蘅兮芳洲，扈薜荔兮湮渚。予將涉兮問聖真，乃莞爾兮翔陽濱。歷蒼厓兮越丹丘，排青雲兮淩紫氛。浩遠去兮春寂寂，窅不可從兮悵獨立。攬霧鬌兮驅予駕，回首日暮兮長太息。

前憶昔賦　癸酉

憶往昔之今日兮，惟我翁之誕辰。瑞星爛於蓀壁兮，佳氣鬱乎桂囷。予昧爽而載興兮，陳瑤席以筵賓。朱輪蔆於重門兮，玉珂麗乎文茵。我翁時出華寢兮，切雲冠兮綉裳。登高堂以飡霞兮，衆賓壽而稱觴。薦扶桑之琅菜兮，遺昆侖之玉英。緪瑟亘於蕙楹兮，都嬂發于清商。予時偕予弟妹兮，被彩服之輝煌。竭誠悃以拜舞兮，曰萬壽之無疆。白日悠悠其既入兮，復重之以夕張。明蘭膏於申旦兮，殊歡樂之未央。何今日之索居兮，羈此身于殊方。徒竚眙以愁予兮，悼瑤巵之弗將。思繚轉而内締兮，神儵忽而外揚。望玄雲之央鬱兮，涕泗流而縱横。虬螭紛其難驂兮，終何釋乎孔傷。幸先世之修德兮，延我翁而益昌。宜壽考之維祺兮，與日月而齊光。悵歸途之無由兮，祈唯斯乎昊蒼。

蓼國賦　挽李子廷章母　甲戌

嗟此蓼國之佳人兮，何性命之靈異。毓淮洛之秀氣兮，逴獨立而絕代。容則習以窈窕兮，步逍遥以静安。憎粉黛之妖冶兮，唯渾璞以好閒。

既懿性之内嬂兮，復洵修而外淑。陳女傳以自訓兮，飡落英於秋菊。菉葹判而不服兮，結申椒與宿莽。歸靈修之君子兮，薦明月之朗朗。

申佩縭之不忘兮，謂晨婦之爲鄄。紛鳴杼于申旦兮，殷勤助乎靈修。横雕鶚於秋旻兮，門遂昌而大也。親睦淹於茂族兮，豈唯篤乎孝愛也。

挹虙妃之清塵兮，遵孟母之遺則。獻國器于貝闕兮，通金閨之玉籍。施瑰木於粉署兮，綴偃蹇兮華英。發先世之幽光兮，啟後人之繩繩。

聊假日以相羊兮，靈修忽其先逝。閔頹暮以獨愁兮，猶申之以惕厲。搏瓊枝以爲杖兮，留夷搴以爲席也。雖中門其未出兮，耄不倦此德也。

蒙聖皇之深眷兮，翔紫誥於翡帷。冠翠鳳之岌岌兮，琳琅鏘而陸離。繼黃髮與兒齒兮，方承歡以樂只。宜萬壽之無疆兮，羌一疾而弗起。

明月墜于金昊兮，白露晞于羅襪。悼嚴霜之不仁兮，使芳萱之永歇。埃風被於翠翹兮，丹旐忽返乎故閭也。雖壽命之未夭兮，終可惜此都也。

曰鳳雛其余僚兮，因縞素而哭之。置生芻於下堦兮，托楚聲以增悲。

亂曰：已矣哉！白日暮兮玄猿啼，草萋萋兮芳菲，悵青春兮去復來，魂冥冥兮不歸。

彼蒼兮雲之上，后土兮在下，開闢兮死生，誰離兮此者。蓬萊宮兮亦康樂，洞戶幽兮被芬若。碧衣侍兮曳鳳舄，紛容與兮何綽約。矧華裔兮方興，魂雖去兮猶在。竭余誠兮奠椒，仰德音兮千載。

哀痛辭　祭父　甲戌

痛矣乎哀哉父兮何之，兒無怙兮當告誰！憶往昔之艱難兮，雖荷鋤亦佩籬。惟孝友于兄弟兮，窮墳典其弗遺。哀時命之不遇兮，沉下僚於絳帷。

誅泮水之菉葹兮，德音日其孔暉。維時兒與弟妹兮，朝暮趨於重闈。遵詩禮之懿訓兮，申義方其弗違。兒儌倖以沾禄兮，父亦陟于錦江。方將洽乎善教兮，偶嬰疾於露霜。遂乞骸而來歸兮，說四牡於故鄉。

兒欲見乎未得兮，幸王命之孔將。越山川之險阻兮，遙省問以稱觴。閡歡娛之未已兮，復征旆之央央。父送兒以躊躇兮，兒別父以彷徨。將湯藥之留待兮，又華誥之允望。乃就駕於長途兮，遂復朝于巖廊。誰謂毒彼二豎兮，日輾轉于膏肓。黃熊入於霄夢兮，晨鵩鳥兮鳴翔。騎箕尾于閶闔兮，馳訃音于殊方。骨肉脫以震驚兮，魂恍惚而飛揚。奔菅履之遙遙兮，窮日夜以蹌蹌。灰兒心以垢體兮，遂及門而登堂。見丹旐之高樹兮，又繐帷之橫張。蕙肴陳於素案兮，明燭熏乎空梁。思虫唫於柩下兮，蔽層塵於遺裳。兒於是乎向母兮，迸涕淚之萬行。母左右乎弟妹兮，摧肝肺以裂腸。昔稱觴于此室兮，今稽顙以奠漿。曰窮慘之孰甚兮，兒獨罹乎此殃。

痛矣乎哀哉父兮何之，兒無怙兮當告誰！悼玄旻之不仁兮，后土深兮無知。訣兒母于黃髮兮，遺兒弟于青春。雖一妹其云歸兮，亦家世之未振。兒獨成以何爲兮，與九死其爲鄰。

痛矣乎哀哉父兮何之，兒無怙兮當告誰！充充乎其如窮兮，思愈增而轉悲。感内則之雞鳴兮，痛蓼莪於雅詩。仰深恩之罔極兮，重兒罪之當誅。寵未沾乎紫泥兮，養亦違而永遺。媿涓埃其未報兮，從擗踊以號噫。

痛矣乎哀哉父兮何之，兒失怙兮當告誰！忽日月其遄邁兮，慨幽明之殊途。遵古訓以安厝兮，啟西阡之玄廬。卜此日之維良兮，遷沐柩於此亭。

魂車出而在道兮，從祖馬于芻靈。杳一別之茫茫兮，舉積顙以爲奠。埋白璧於重泉兮，紛泣血其如霰。怨氣浩于長空兮，痛終天其弗見於歲。

已矣哉！瞻彼渭水兮山之阿，淒風日夕兮起層波，層波萬里兮有時盡，兒恨悠悠兮可奈何！

後憶昔賦 乙亥

悲此季冬之良辰兮，僊蓂生兮十莢；灌木鳴以蕭颼兮，回風瀏而栗烈。堂高高其閴寂兮，素壁窈窕而凝寒。竚惆悵以愁余兮，撫余心乎長歎。感霜露之悽愴兮，憶愉樂於昔日。

余先翁之壽旦兮，曰此日其介福。肆廣筵于此堂兮，陳蕙殽與芼羹。屑雕胡以爲食兮，蘞〔二〕丹泉以爲漿。嘉賓來于四方兮，騄耳騰乎衢巷。集琱輿於外戶兮，謁中庭之儀讓。余先翁結華綏兮，組瑞玟以爲佩。襲君子之仁服兮，臂文章之璹瑁。步青履以登堂兮，溢繁弦之奏也。交鼓樅而急管鳴兮，又金音之叩也。萼綠忽來於丹丘兮，王母亦降于玄圃，說啾啾之玉鸞兮，屯連蜷之赤羽。獻碧桃與麟脯兮，衆賓稱乎兕觥，曰俾爾耄而艾兮，秩禮度之孔明。

余采衣偕弟妹兮，酌金罍之流霞。既頓首以起舞兮，又重之以雅歌。歌曰：廣庭兮重階，靈椿兮盤錯。交柯兮繁陰，噦噦兮青雀。芳萱兮在下，俱慶兮湛樂。樂且樂兮樂未央，揚清曲兮舞霓裳。朱顏酡兮蒼雲爛，願眉壽兮不可量。

遂累累而載歌兮，日暖暖其既宴。僊靈忽其返駕兮，幸衆賓之未散。申夜燕之厭厭兮，聊且敖以容與。柔余色以承歡兮，曾不知夫代序。何彼蒼之不仁兮，降當夕之繁霜。奄離披乎靈椿兮，羌菸邑而不芳。恫疾風之飄忽兮，竟摧積而弗起。

哀余命之奇薄兮，遘此禍之無怙。席白苫以爲寢兮，采衣易爲縞素也。塊孤窮以瞀亂兮，歲冉冉云暮也。忽此日之重臨兮，啟虛寢以薦羞。仰棟宇之泬寥兮，設遺裳而隱憂。芳蕭達于牆屋兮，明粢蒸乎土簋。情惻惻以傾聽兮，目炯炯而眷視。神彷彿而來饗兮，慨聞乎其歎也。復周旋而出戶兮，終杳焉而莫之見也。閔庶羞之虛陳兮，紛余涕以沾。

臆忳余母其銜恤兮，痛余弟于其側。誰謂昔日之愉樂兮，轉爲今日之煩冤。退躊躇而莫余知兮，進擗踊而莫余聞。天蒼蒼而在上兮，地曠莽而在下。逝余魂其焉告兮，蹇余思而不舍。靜闔門以儆惘兮，檕鳥號于前除。日慘慘其無輝兮，徒憶昔以增欷。

亂曰：春蘭秋菊落復生兮，槭槭靈椿不重榮兮。高堂邃宇流塵下兮，感今懷昔奠玉斝兮。虛几蕭條魂莫招兮，瞻望墓門松柏交兮。曜靈不淹檕獸躅兮，濕遺衾裯罪莫贖兮。仰視明月俯空闈兮，明發不寐永傷懷兮。浮雲晻靄興復息兮，悠

〔二〕「蘞」字書無此字，疑爲「斞」之俗字，「舀」之意。

悠怨恨安終極兮。

夜燕歌　州守伍子朝輝席上作　丁丑

日晼晚兮雲蒼茫，振我衣兮登君堂。華燈錯兮錦筵，酌桂酒兮瓊觴。張廣樂兮堂之下，浩歌繞兮杏梁。露湛湛兮夜何其，獻且酧兮樂未央。曰不醉兮無歸，巾令儀兮孔章。交豈但兮青雲，棠之蕚兮蘭之香。願言隨分兮修職，延華譽兮無疆。

暑夜御琴賦　丁丑

覩朱夏之窈窕兮，闔重門以索居。雲芒熛而絳霄兮，氣淫蒸以毒余。憶凉臺之清曠兮，步燠館以愁寂。心鬱結其焉告兮，志沉抑而弗釋。

忽孅人之枉駕兮，齊六轡以騄騮。鳴玉鸞于余門兮，稅金軑于庭幽。陟余堂而摯余袂兮，紛琅鏘之綺語。解余懷之煩懣兮，曾不知夫炎暑。

曜靈忽其西藏兮，華月遙出乎東廂。乃移步於中階兮，坐樹木之蒼蒼。螗蛄寂其不鳴兮，飆風颼而徐至。烈椒桂以揚芬芳兮，陳太古之雅器。

孅人翩其振衣兮，攘皓腕而鼓之。飛纖指以流動兮，歌洋洋之遺辭。歌曰：　駕青虯兮驂黃龍，過丹丘兮訪赤松。飡琅玕兮飲沆瀣，浩雙翔兮淩太空。下視兮萬物，如蜉蝣兮杳空濛。

復改弦而易調兮，紛摟搶之洪纖。忽如層崖之噭鳳兮，又如幽澗之鳴泉。流韻集于廣室兮，積響激乎中坐。傾余耳而怡余神兮，理正聲而倚和。

和曰：今夕何夕兮，月明星稀。余得與子兮，偕好追隨。逍遙簷楹兮，容與堦墀。暢懷銷憂兮，樂且未涯。時不可再兮，年歲如馳。願言與子兮，修德崇基。滋蘭樹蕙兮，皓首無違。

歌未竟而星移兮，孅人起而整軾，曰長夜之不可荒兮，謂淫樂之不可極。遂反駕而長往兮，余亦席荃而就床。懷耿耿而不寐兮，永餘音之不能忘。

於止亭問 辛巳

瑞虹先生搆亭于曠莽之地，幽虛之鄉，亘以綠水，被之修篁。面窈窕之洞壑，背崔嵬之高崗。珍木森以蓊鬱，異華爛而芬芳。於是排桂扉，出葯房，遵蘭皋，陟濠梁。瞻喬木于百步，集萬鴉而回翔。乃垂名曰「於止」，取黃鳥之詩章。有客聞而往問焉，曰走[一]聞達人垂大觀而處世，智士貴知微以保身，是以大小殊情俱有所止，幽顯異地各得其歸。豹隱南山之霧，鯤游北海之涯，鳳凰振翮于九仞，鷦鷯托身于一枝。雖萬彙之紛錯，皆緣情而攸棲。今先生身佩葱珩、位亞台鼎，朝聯王殿之班，暮出金華之省，佐司戎而平邦國，參大猷而提要領。方將進秩上公，置身中書，禮尊三獨，功奠八區，胡遽爾以搆亭，羌取義於丘隅。走雖不敏，可得聞與？先生曰：諾。

客曰：高堂翼起，廣廈雲連，溫房東拱，涼室西環。瑚楹玉碣、累桴重簷。麗白日於璇題，結丹霞于蕙穆，朱綴離離兮懸綱，白間皎皎兮列錢。鏤檻參差兮周砌，文攙回合兮重垣。復有層臺相經，疊榭對起，飛樓承霓，延閣結綺。洞四戶以御風，敞八窗而瞰水。綉甍飛以淩虛，亘盤螭之桂柱。煙霧杳其霏微，絕氛埃之依斐。於是重門洞啟，飛闥高開。文以藻綉，

[一] 「走」，意似爲「僕」，卑謙詞。擬爲司馬迁「牛馬走」之意。

衣以錦綈。芝楣交映，蓀壁相輝。几隱文茵，屏掩琉璃。掛璠璵之簾鈎，張翡翠之床帷。絡琦璜而結組，懸曲瓊而綴璆。夏簟珍兮琅玕，寒褥綉兮芙蕖。翠幙羅兮萬戶，朱塵承兮四隅。爾乃觀二儀，遵四序，載寢載興，爰居爰處。登高明以遊眺，宴幽邃而逸豫。歷隆冬而不知寒，當盛夏而不知暑。時忽忽其不淹，聊優遊以卒歲。茲宮室之安閑，乃人情之所耽。爰以之而攸止，庶介祉之或繁。先生曰：否。君子卑宫陋室，未屑此止也。

客曰：蜀錦織雲，越羅疊雪，霧縠輕明，霜縑殊絕。金繒文綺，重綈繊葛。裁爲褒衣，製爲袨服。翠裘翩兮鸞回，綉裳垂兮霞蔚。裙襜襜兮紆朱，緣楚楚兮結綠。復有玄弁含玉，峨冠切雲，綺緌結采，瑤紞呈芬。佩陸離而繁飾，纕繽紛以綉紋，雜明月與寶璐，曳朱履而生塵。於是長筵孔肆，廣席紛張。金虀玉薤，白黍黄粱，桂酒既陳，椒漿亦芳。烹西羌之紫駝，膾東吳之紅魴。炰漢南之玄鵠，宰冀北之黄羊。女樂姣而雜陳，鐘鼓錯以交鏘。搖熠爍之翠翹，揚翩翻之霓裳。爾乃舉象箸以飫味，飛玉杯而醉酒。聆名謳于皓齒，玩豔舞于螓首。日晼晚其既宴，申蘭膏而攜手。踐幽閨而載歌，倒綠樽以爲壽。永夕歡其未央，曾不知夫年之暮。茲服食之肥遯，乃人情之所願。爰以之而攸止，庶體胖而身潤。先生曰：否。君子緼袍疏食，未屑此止也。

客曰：名園佳麗，喬木青蔥，曲亭中起，步墹四通。門夾榆柳，牆被槐楓。宿莽茁兮蘭畹，申椒雜兮桂叢。青蔬茂兮冉冉，白蒿間兮芃芃。珍果垂兮鮮且繁，異花稠兮菲以穠。復有玉沼左旋，金塘右抱，環以長堤，蔭以修篠。岸帶桂舟，波回花島。荇青青而帶蘋，魚白白而翻藻。菱荷密含兮光風，菡萏倒映兮晴昊。於是傍溪開筵，緣林置酒，懸衣疎桐，挂冠高柳。釣清水之纖鱗，剪芳畦之細韭。薦翠瓜于冰盤，沉朱李于玉甃。泛洞庭之春色，列金觴而會友。爾乃撫流景豁，幽懷放情；八表遊神，九垓逍遙。酣暢澹然忘歸，遵池亭而共嘗。颺舟楫于漣漪，采芳洲之白芷。鳴蘭槳以陳辭，辭曰：碧雲合兮宴遊清，白日沒兮暮靄生。攜我好仇兮泛舟忘形，白露湛湛兮有爛其星。傾金罍兮飛玉觥，誰復云兮月西征。茲園池之勝遊，亦情之所留，爰以之而攸止，庶佳興之可遒？先生曰：否。君子愛日惜陰，未屑此止也。

客曰：星冠遐征，羽衣高翩，從師名岳，結友仙寰，攀緣葛藟，披拂雲煙。登青岩之細蹬，陟綠蘿之層巔，引紅泉以爲飲，捋翠栢以爲餐。發五圖之金記，煉九轉之玄丹。洞陰陰而虎臥，壇高高而龍蟠。復有扶桑琅菜，爐峰瑤草，明霞朝結，沆瀣衣浩。酌玉醴以共餐，⿰奧斗[一]玄霜而同擣。神炯炯而晶英，色娟娟而姣好。於是使王喬驂鸞，赤松結駟，浮丘左驅，洪厓右馭。羽蓋搴雲，霓旌掣霧。足淩丹梯，袖拂紫氣。朝發軔于咸池，夕稅駕于玄圃。登閬風之層城，拂丹柯之寶樹。遵赤水之周遊，臨瑤池而容與。爾乃駟玉虬以高驤，涉玄雲而上征。登太一之玉臺，召豐隆使前行。經清都之羅囿，問太微之所營。命天閽使闢扉，謁玉帝於椒庭。駐紅顔而不老，齊日月而長生。夕留情于鸞簫，朝寄歌于鳳笙。歌曰：溘埃風兮登天梯，籍紫府兮名丹臺。飡冰桃兮與碧藕，入無極兮遊無涯。茲僊遊之汗漫，亦人情之所羨。爰以之而攸止，庶壽命之可延。先生曰：否。君子樂天知命，未屑此止也。

客曰：介情拔俗，遐想出塵，遯身岩穴，脱跡王門。蟬蛻囂埃之中，魚游江海之濱。芥萬鍾而不盼，脱千駟于浮雲。懷夜光而掩彩，抱昭華而不文。山宮幽以泬寥，岩扉迥而無塵。復有碧嶺前横，丹崖後阻。翠巘左盤，青岑右峙。泉飛鳴兮淩谷，水曾波兮環浦。樹木連蜷兮雲冥，山氣巃嵸兮霞紫。蕙路曲通兮菌閣，芝田廣連兮荃圃。於是振衣拂日，策杖淩煙，青鞋穿蘿，布襪冒蘩。陟重岩以眺望，緣修林而盤桓。掇丹荑于高岡，采紫芝于平原。坐桂樹之旖旎，臨清流而垂竿。朝洗耳于緑渚，夕濯足于紫淵。群麋鹿而爲友，佩蘭芷以朝鮮。爾乃寄情霄漢，甘心堵牆，風出牕戶，雲生棟樑。世悠悠其既遠，鴻冥冥而高翔，夕焚膏以著書，朝擥荷而製裳。踵潁陽之遺躅，振商山之流芳，何塵纓之足憂，終年歲以相徉。茲隱逸之高概，亦人情之所在，爰以之而攸止，庶垂名於百代。先生曰：否。君子貴遯世而不希名，然亦惡懷寶而不行義也。

客曰：讀書衡宇，鼓篋辟雍。德輝耀日，文藻垂虹。飛金相于上苑，登玉笋于南宫。荷皇天之深眷，沾雨露之濛濛。仙籍通兮金閨，鴛簉接兮丹楓，出風塵兮鵰鶚，得雲雨兮蛟龍。名燁燁兮禄且遒，政優優兮階以崇，復有華簪垂螭，寶帶拖玉，雲冠金梁，珠纓象笏。紛瓊珮其鏘鳴，絢織文之朱芾。綬飄飄而盤鵰，舄几几而曳躅。佩青萍以上殿，懸斗杓而指闕。

[一] 同斞，音居(ju)，舀取。張衡思玄賦「斞白水以爲漿。」

於是禮隆九命，位陟三台，班聯八座，政摠百揆，心飛丹掖，夢繞青規。鳴絳騶于綉陌，浮翠幰于沙堤。槐蒼蒼而蔭庭，鵲翩翩而墮階。爾乃典領縉紳，左右君王。朝排金鋪，暮宿玉堂。觀畫省之紅葯，挹紫微之芳香。聳蟬冕以秉鈞，峙鼎足而持衡。宴龍津以被寵，陪雉尾于建章。出入皇闈兮生輝，優遊甲第兮何傷。茲貴顯之榮艷，亦人情之所戀，爰以之而攸止，庶景福之可衍。先生曰：否。君子攀龍鱗而立功名，然亦懼鼎餗而戒盛滿也。

客曰：望冠岩廊，德茂師垣。天方帝賚，民具爾瞻。式彼萬國，正此百官。旱作霖雨，袞補龍山。河沙汰以澄清，績咸熙而政均，賢不遺于窮海，才皆充于國賓。調四序于青帷，燮五緯于丹宸。威靈振乎無外，惠澤播乎黎民。俗既易而世泰，神亦應而休臻。慶雲爛而晨集，景星繁而宵陳。光稷契之遺烈，步伊周之芳塵。銘勳庸于鐘鼎，畫丹青于麒麟。於是上書貝闕，乞骸彤墀，焚魚紫閣，解綬黃扉。慕韋賢之高義，接疏廣之遺輝。委洪伐而不居，指暮景以求棲。沾黃金之寵賜，駕四牡之騑騑。含日月之末光，乃翻然而來歸。爾乃稅駕方宅，寄樂名園；堂開綠野，門對碧山。角巾飄修，野服幽閑。結鄰里之父老，友山林之鶴猿。或巾車而出谷，或松舟而泛川。掇薜荔以爲佩，雜杜蘅與椒蘭。朝墜露以爲飲，夕秋菊以爲餐。鸞鳳翔於丹霄，杳矰繳之不干。蛟龍潛于滄海，何網羅之足患。東門黃犬兮無由生悲，雲夢良弓兮豈復增歎。知足不辱兮知止不殆，娛樂嬋娟兮聊以終夫天年。於是先生躍然而興，曰：美哉言乎！始可與言止也已。

第十七卷　賦二　賦下

哀鳳辭三章　壬午

有鳳自西兮儀于玄堂，有凰從之兮其鳴鏘鏘。丹霞爲衣兮紫霧爲裳，文采炫爛兮羽翼孔張。靜處璇室兮崇蘭其芳，悠悠三載兮產此夜光。終風忽起兮乃翺乃翔，乘被白雲兮歸于帝鄉。哀鳳獨立兮于彼高岡。顧瞻青冥兮杳不可將。悲哉中路兮罹此凶殃，崇朝竟夕兮涕泗交滂。

有鳳自西兮儀于玄墀，有凰從之兮翼翼其飛。朝飲王醴兮夕飡瓊蕤，文采炫爛兮羽翼孔輝。靜處璇室兮幽蕙其菲，悠悠三載兮產此明璣。終風忽烈兮乃睽乃離，乘被白雲兮歸于帝階。哀鳳獨立兮于彼高臺，顧瞻青冥兮杳不可來。悲哉中路兮罹此凶災，崇朝竟夕兮涕泗交垂。

有鳳自西兮儀于玄樓，有凰從之兮噰噰其遊。耳懸木難兮腰佩瓊敷，文采炫爛兮羽翼孔修。靜處璇室兮芳茝其幽，悠悠三載兮產此玄珠。終風忽霾兮乃鳴乃啾，乘被白雲兮歸于帝都。哀鳳獨立兮于彼高丘，顧瞻青冥兮杳不可留。悲哉中路兮罹此凶尤，崇朝竟夕兮涕泗交流。

溫先生山水圖賦　壬午

竊獨悲此世路之多岐兮，埃風何其飄揚。衆草淒以藿靡兮，荃蕙幽而不芳。鶴悲鳴于中天兮，燕翩翩其高翔。仰浮雲之氾濫兮，步偃蹇而增傷。

屯余駕其焉之兮，弭余節以彷徨。鸞和淥其鏘鳴兮，淩雲霓以高驤。朝發軔于昆丘兮，夕余至乎扶桑。前鸞皇使先導兮，後虬螭使相將。

濯余纓于咸池兮，税余駕于大壑。登蓬萊之崔嵬兮，覽浩氣于六漠。曰美人其求都兮，容溫溫其如王。逴絶世而高居兮，遵銀宫以婨樂。

摳余衣而趨蹌兮，肅余襟而上征。望丹梯而攀援兮，謁美人于珠庭。既飲余以沆瀣兮，又食余以玉英。命洪厓爲余友兮，偕余遊乎太清。

乘黄鶴以相羊兮，杳矰繳之何營。駟玉虬以容與兮，俯滄洲之冥冥。世悠悠其既遠兮，日晼晚其既宴。羌丹臺不可以久留兮，旋余駕乎赤岸。

故廬幽其既返兮，息余馬于蘭畹。蛩啁哳于堦墀兮，使余侘傺而煩惋。悵渤海不可以恒涉兮，徒望洋以永歎。

亂曰： 節彼仙巖何嶔岑兮，雲靄巃嵸幽以深兮。溪谷盤盤芳茝藉兮，鳴泉濺濺飛流下兮，緑竹叢生山之陽兮，繁菊雜蘂鮮且芳兮。 彼美者兔拱蒼壁兮，彼都一人皎明月兮。竚眙〔一〕懷思羌不可親兮，寶璐瑤華聊以自珍兮。眷言從子事太一兮，桂酒椒漿欣康樂兮。 與彼太初永以爲鄰兮，終此年歲氛不以侵兮。

謝雨辭祭城隍作 甲申

皇天運播四氣兮，浩坱圠其無疆。草木莽其蕃廡兮，在時若夫雨暘。蒸庶賴以有生兮，並化育之流行。曰維人而贊之

〔一〕「眙」原作「眙」，訛字。

兮，和與沴乎相將。夫何當此仲夏之杪運兮，羌獨罹此亢陽。朱光徹于厚地兮，丹氣鬱乎穹蒼。歷季月之盈蒲兮，曾不聞夫鸛之鳴。溽暑閉其如蒸兮，炎飈烈其如煬。山赫赫以流火兮，土既焦而塵揚。溝瀆涸而田欲裂兮，苗連蜷以萎黄。庶衆嗷其愫惶兮，仰蒼蒼而周章。痛旱魃之淫毒兮，恐秋成之失望。

余小子之涼薄兮，寧茲土以爲邦。哀民生之惟艱兮，羌又遘此禍殃。懷煩懣其如熏兮，心隱隱其中傷。夫既曰民父母兮，在生之而咸亨。患不捍而菑不禦兮，衆安用乎爾相。矧茲蘊隆之蟲蟲兮，曰乖淫之所乘寔。維余輩之罪尤兮，皇天震怒以昭彰。

心恐恐而獨畏兮，率余寮以趨蹌。仰廟貌而哀禱兮，陟重階以拜揚。自壬子至於辛亥兮[一]，通朝夕其彷徨。何密雲之既敷兮，又涼颸之遙翔。靈雨既降而復升兮，終焦枯之莫榮。反余躬而自尤兮，陳余詞以自聲。

仰昊天而莫余導兮，俯厚地而莫余通。向神像而稽首兮，冀丹誠之上馨。叩神惠不余棄兮，乃佑啟于冥冥。皇天既垂念下民兮，又不罪余兮無良。命飛廉爲先導兮，後豐隆使相頏。既屏翳使載驅兮，又阿香使載驤。風飈飈以徐至兮，雲萋萋而維霙。雨祁祁而既沛兮，澤瀸瀸之莫量。曰壬戌之日⿱日豕[二]兮，夜癸亥之蒼茫。紛淅瀝而既沾兮，杳淋浪而復零。

當孟秋之初晝兮，又雷霆之如崩。溥四野之滂沱兮，發膏潤於川岡。秔稻芃其暢茂兮，田疇渥而生光。雖魚鱉亦咸若兮，曰草木亦青葱。衆欣欣而相告兮，謂秋穀之可登。解余志之侘傺兮，釋余心之憂惶。夫茲伊誰爲之相兮，民咸曰神之靈。

[一] 「辛」當爲「癸」之誤，參見後段賦文。文中敘述六月二十九日即壬戌三十日即癸亥之交有陣雨，故在此期間「通朝夕其彷徨」。辛亥則爲八月十九日，有一個多月之誤差。

[二] 「⿱日豕」不見字書，疑同「晐」。

慨幽明之維一兮，與天地而相同。重余罪之莫贖兮，懷幽德之無方。率群衆而奠拜兮，竭余衷于洋洋。牲在俎而維潔兮，酒在尊而維芳。維神明其余鑒兮，異終惠之未央。相帝靈而默運兮，廣天德之方將。曰自今而及後兮，時雨露其有常。綿百澤之亹亹兮，降萬福之瀼瀼。俾下民之瞻賴兮，永神功之不可忘。

墨竹賦　題永壽王贈羅參政循矩墨竹圖　己丑

鬱丹宫之嶔岑兮，淩金天而峻起。王孫何其綽約兮，敦嘉好於繪事。曰彩色非所絢兮，臨墨池以構思。修竹森以嬋娟兮，石嶙峋其依依。彼藩臣之修美兮，王懷之而縈抱。瓊玫奇而匪珍兮，貺是圖以爲好。

夫孔稱松柏之後凋兮，又以芝蘭況善人。騷謂叢桂之冬榮兮，申蕙茝擬賢臣。孟所養唯梧檟兮，嶧之材兮桐梓。曰王孫羌彼取兮，謂此君而兼美。筠青青而浥露兮，葉翛翛而儲霜。貫四時而不易兮，與松桂而同清。輕颸時至而玉聲珊兮，中采齊而葉肆夏。揖遜俯仰若魯群賢兮，至和兼沖乎蘭蕙顧。梧檟之堪棟樑兮，梓桐獨中乎琴瑟美。此君之備衆任兮，殺青簡而垂帛。既可爲矢而壯軍容兮，又可爲席以登宗廟。簫笙竽管樂以興兮，筐篚籩簋禮儀孔濟。豈群材之云長兮，得時哉兮大成。茲王孫之取義兮，寔美人之盤銘。

重曰：　應蟄斯出遇隱伏兮，雨雪晦明無不穀兮，洞然中虛圓體乾兮，挺爾外直本固坤兮。懷彼衛武淇之澳兮，貺此蜀賢秦之麓兮。仕優遜志物理方兮，靜虛動直敬義將兮。厥修茲來用何滯兮，進退升降行何裕兮。嗟哉王子意獨深兮！言念君子永維欽兮！

麓臺辭　爲祭誥封都御史寇公代作　庚寅

麓臺何其巃嵸兮，媾赤坑以孕精。氣洞渦之氛氳兮，鷹山鬱以降靈。皇佑啟其誕發兮，篤生公乎矯矯。玉度藹以方鳳兮，爛雲華而況昂。深塗渙其懷珠兮，僻席珍乎晉陽。雲大行以春耕兮，蒙榆野之秋霜。白駒皎以棲遲兮，紫芝翳而容與。既種桂之蔽麓兮，又樹蘭之盈畮。朝麋鹿以爲友兮，夕木石以爲群。志隱居以自求兮，曰若將以終身。

雲無心以成渥兮[一]，忽吐雨而澤物。世與公乎相違兮，功獨偉於佩紱。夫窮則獨善翳何功兮，曰餘慶之光啟。譬土積厚而爲嶽兮，若水積深而爲海。澤洋洋其孔溢兮，產中丞之英賢。既養之使有豐藝兮，又教之使希天。贊廷尉于始進兮，步皋呂之芳躅。儼五馬乎郡駕兮，度龔黃之遺則。亨衢蕩而萬里兮，翮翼翼其翱翔。陋子產之乘輿兮，樹邵伯之甘棠。

夫何番戎之限夫玉門兮，燧馬支乎烽祁連。帝皇皇命曰中丞撫綏兮，駿鸞車而啾鳴鸞。時中丞重受公訓兮，校獵黑山而草綠白狼。青海竚貽肅兮，渥洼馬來兮兼之白鹿。朱芾皇斯東璇兮[二]，返花驄乎秦中。弭節三川八水兮，鎮華嶽與九嵕。夫中丞安車時復迎養兮，公又教之以恤宥。曰唯賢簡在帝心兮，方內轉乎司寇。

膏澤將下於八埏兮，疾公寢乃彌留。昊天高而羌何不遺兮，使中丞乎增煩憂。朝發軔于灞陵兮，夕聞訃于蒲阪。歷汾霍之遼邈兮。紛零涕其如霰。哀風颼以興感兮，歸鳥悲鳴而迴翔。悵椿榮之難再兮，思情切如刀割。傷夫惟死生之有命兮，公壽考殊非殀。矧鸞誥之榮封兮，腰黃金而拖紫。

居雖僻而行乃鮮兮，身未庸而志通。曰中丞之勳德兮，如皎日之方升。顯公名于當時兮，揚公名于後世。餘韻洋以鏘

[一]「渥」，原文作「幄」，據文義改。

[二]「璇」或爲「旋」之誤。

鏘兮，前徵悠其無替。曰志士每徇名兮，生自古誰無終。惟奄化而不朽兮，斯無忝於爾躬。

予小子曰後生兮，乃中丞之官屬。公佳美雖罔悉兮，緣木潤而知玉。懷遺惠于臺端兮，跡尚在而可攀。仰公後之流芳兮，杳藏景之蔽原。嗟予儕皆有紲兮，躬陳牲乎弗違。肅命介賫生芻兮，致遙誠其如在。

痛軫辭　祭母作　癸巳

昊穹悠悠黃輿莽而，寒颯蕭瑟慘窮晃而，哀哀我母今安往而，去日昔辰懸空想而。嗚呼痛軫哉！悲乎兒心獨惘惘乎而。懸想雞鳴盥櫛興而，率我婦弟孫子蒸而，問寢潔餐承歡以寧而，哀哀我母今安征而！繐帷堊室寂以扃而。

嗚呼痛軫哉！兒心獨怦怦乎而。〔一〕懸想曦入明膏繼而，率我婦弟孫子遲而，竟筵貳幃承歡以既而。哀哀我母今安逝而，沐柩靈榻寂以闕而。

嗚呼痛軫哉！悲乎兒心獨懙懙乎而。懸想朱明揚炎光而，率我婦弟孫子蹌而，洒掃庭內承歡以涼而，哀哀我母今安行而，高堂廣廈寂以荒而。

嗚呼痛軫哉！悲乎兒心獨皇皇乎而！懸想玄冬氣凜慄而，率我婦弟孫子踖而。熏闈燠室承歡以懌而。哀哀我母今安適而，靈筵綃幄寂以閴而。

嗚呼痛軫哉！悲乎兒心獨慽慽乎而！懸想佳節氾清颸而，率我婦弟孫子來而。珍品金卮承懽以怡而。哀哀我母今安之而，獨日曛黃寂以積而。

〔一〕參見前後文，此句原文似缺「悲乎」二字。

嗚呼痛軫哉！兒心獨淒淒乎而〔一〕。懸想令辰瑞靄薈而，率我婦弟孫子侍而。壽筵蟠桃承歡以愛而。哀哀我母今安在而，空晝陰森寂以蔓而。

嗚呼痛軫哉！悲乎兒心獨憒憒乎而。惟惰斯屯母也已矣，勤誰我策而。惟奢斯敗母也已矣，儉誰我覈而。惟驕斯滅母也已矣，恭誰我貴而。惟傲斯凶母也已矣，遜誰我迪而。

嗚呼痛軫哉！悲乎兒心獨惻惻乎而。有酒惟芳母也不見，觥何云稱而。有肴惟旅母也不見，豆何云登而。有冠惟峨母也不見，簪何云横而。有衣惟綉母也不見，帔何云膺而。

嗚呼痛軫哉！悲乎兒心獨煢煢乎而。追思我父逝廿歲而，遺我弟妹獨母恃而。兒幸叨禄歸養遂而，順壽是期惟合背而。詎意彼蒼不母睇而，溘然一疾邈長逝而。弟攀我踊、妹向我淚而，諸婦群孫紛雨泣而。

嗚呼痛軫哉！悲乎兒心獨沸沸乎而。追念我母雖耄年而，出入起居健輕便而，巵酹是酡飫盤鮮而，兒心竊謂壽如山而。詎意彼蒼不母瞻而，奄然一疾返大元而。諸父我憫、諸母我憐而，猶子侄孫雨泣漣而。

嗚呼痛軫哉！悲乎兒心獨煩煩乎而。是想縈思催肝肺而，萬憶填胸氣横潰而。人謂母壽世稀介而，兒無母依獨侘傺而。顔容謦欬宛如在而，瞻望弗及遐不慨而，涕洟泛瀾抱永喟而。

嗚呼痛軫哉！悲乎兒心獨劌劌乎而。凝霜塗塗凍雲鬱而，野鳥回翔離禽突而。長郊蒼唐荒草沒而，悵望中天墜明月而。從先大夫于譖閫而，姫禮是嘉合冥漠而。

嗚呼痛軫哉！悲乎兒心獨怛怛乎而。靈輀綵荒丹旐翔而，翣雲逶迤薤露瀼而。祖馬既駕祖筵張而，潔牲在俎、華燭煌而。幽明殊途掩泉堂而，酹酒寫哀裂中腸而，華岳峻嶒黄河茫而，兒恨悠悠焉終疆而！

〔一〕據前後文，原文似缺「悲乎」二字。

悠哉辭三疊

嗟悠哉兮世紜紛，盛興衰兮浮雲。燕然山兮表漢，琅邪臺兮勒秦。薰天兮魏伐鬱，豪華兮歇以淪。願修身兮竢命，毋徒使兮後人辛。

嗟悠哉兮世怔營，慨繁華兮秋螢。朝元閣兮峰樹綷〔一〕，步高官兮土花紅。英雄兮一去，繞黄粱兮窈以冥。願循理兮安命，毋徒使兮後人怦。

嗟悠哉兮世迷離，悵林壑兮誰歸。紫桑逕兮樽酒，商山谷兮紫芝。此中兮别有歡，情交兮幽以佳。願樂天兮知命，毋徒使兮後人悲。

凜此仲冬歌　餞石壘李子西參伯　丁酉

凜此仲冬兮霜皓晨，回飈迅薄兮黯玄雲。驅我驪駕兮出城闉，曰誰爲餞兮北方一人。昔從予遊兮今爲國珍，崇臺豸冕兮巨省熊幡。朱芾皇兮隼旟馸，朝石川兮夕湎郭。

皤羔雁兮以繪來，予覿兮松風閣。松閣兮桂堂明，燭申兮宵張羌。會見兮能幾澁，復云兮驂鸞鏘。鸞之鏘兮原之趾，祖筵肆兮朝霞紫；攜棣弟兮與蘭朋，獻華酌兮薦文鮪。

悵岳山兮崔嵬，川河渺兮紆以回。山有璞兮川有離，思君去兮采贈之。情贈君兮無極，云何別兮以釋。擴君仁兮爲君

〔一〕循文意當爲「纖」。

宅，揚芳蕤兮鏘韶玉。

雲車乘兮駟虹，浩然游兮合宫。揖禹皋兮侣夔龍，稽首舜座兮允執厥中。昔予竊聞兮神鳳翔，弗雁鶩兮爭稻粱。使鶩蹇兮群可與，又奚稱兮飛黄。

嵬都四時歌　寄稽勳進士逢吉弟　戊戌

沆瀣軋芴佳美哉嵬都乎！鬱兮葱兮思皇丹宫。天官晝省兮拱其于傍，勳署春堂兮有綉其甍。我思我弟兮難兹試能，輝輝青陽兮東風其沖。

帝德煦嫗兮萬物敷榮，我有朱黻兮刺之文繒。常恐紅紫兮紛其淩憑，思欲遙致兮棣庭之東。制爲冕服兮昭事皇廷，慎哉出入兮視思惟明。勿令非禮兮交相爲乘，於悠哉言嗟兮春歌拍。思我弟兮牽我憶，懷嵬都兮不能釋。

輪囷薈蔚佳麗哉嵬都乎！赫兮郁兮思皇丹地。天官晝省兮拱于其外，勳署夏堂兮有朱其綴。我思我弟兮難兹試藝，煌煌朱明兮南風其颸。

帝德發揚兮萬物光大，我有璞玉兮韞以金匱。常恐青蠅兮紛其淩厲，思欲遙致兮棣庭之際。裁爲後來搢穀兮肅將皇瑞，慎哉出入兮言思惟又。勿令非禮兮交相爲蝥，於悠哉言嗟兮夏歌振。思我弟兮牽我心，懷嵬都兮不能禁。

蚡緼蟠紆佳偉哉嵬都乎！閟兮穽兮思皇丹闈。天官晝省兮拱于其限，勳署秋堂兮有華其榱。我思我弟兮難兹試材，皜皜白藏兮西風其颸。

帝德澄曠兮萬物昭回，我有號鐘兮絙以朱絲。常恐鄭聲兮紛其淩夷，思欲遙致兮棣庭之西。播爲德音兮盈洋皇闈，慎哉出入兮聽思惟謀。勿令非禮兮交相爲馳，於悠哉言嗟兮秋歌抗。思我弟兮牽我望，懷嵬都兮不能放。

嶕嶢蚴蟉佳幽哉嵬都乎！沕兮穆兮思皇丹極。天官晝省兮拱于其側，勳署冬堂兮有皓其壁。我思我弟兮難兹試德，漠漠玄英兮冬風其颷。

帝德嚴凝兮萬物保合，我有瓘珠兮皎如明月。常恐魚目兮紛其淩歷，思欲遙致兮棣庭之北。結爲幽衡兮鳴鏘皇掖，愼哉出入兮動思惟則。勿令非禮兮交相爲忒，於悠哉言嗟兮冬歌長。思我弟兮牽我腸，懷嵬都兮不能忘。

嵬闕辭　題薛子仲野謝恩圖　己亥

嵬闕嶔岑紫垣爛兮，卿雲轉困擔日旦兮。屹彼山立鬢髮蒼兮，峩冠横簪葱佩鏘兮。襜襜錦綬絢赤芾兮，皇皇朱雀拱太乙兮。洪鐘既撞黄扉開兮，肅容端笏趨丹堦兮。銜恩稽首思圖報兮，委質振鐸闡皇教兮。

嗟君遜志爰垂髫兮，强記洽聞探羲爻兮，長衢坎壈數奇薄兮，鴻漸之翼困燕雀兮。悠悠蒼昊雲何私兮，暮早崇卑允有時兮。高官大爵雖赫耀兮，素餐以曠人所誚兮。

孟曰抱關孔乘田兮，道苟可行隨寓安兮。況乃善人以師衆兮，杳粱璇題朝廷正兮。誰謂泮宮寂以卑兮，厥初帝師恒由茲兮。高高南山心予共兮，蕩蕩素懷諳天命兮。登高自下愓勉旃兮，去去解梁勿復歎兮。

冬歌三疊　別舉人姪軒赴京　己亥

玄雲肅莽兮晏歲天，凍草蕭蕭兮北風寒。整我駕兮霜皓川，送我姪兮桂子丹。出其東門兮道路回邅，爾父我弟兮射策舜軒。銜恩歸展兮駕言早旋，爾往從之兮赤縣遊盤。氣含萬象兮寓遐不安，轉思骨肉兮歡樂獨難。悵焉哉溘言別兮，執予心釋乎惔惔。

玄天空寥兮季冬月，凍木槭槭兮北風烈。驅我駕兮霜皓陌，送我姪兮桂子碧。出其東郭兮山川廖泬，爾父我弟兮通籍堯闕。銜恩歸展兮早言旋輗。爾往從之兮紫都藏息。體備萬象兮入遐不得，轉念骨肉兮會晤獨促。悵焉哉溘言別兮，孰予心釋乎惻惻。

玄冬凜慄兮大寒辰凍，禽翽翽兮北風振。馳我駕兮霜皓晨，送我姪兮桂子芬。出其東郊兮川塗無垠，爾父我弟兮獻圖羲宸。銜恩歸展兮旋言返輪，爾往從之兮丹漢飛翁。心存萬姓兮志遐不伸，轉悲骨肉兮散聚獨頻。悵焉哉溘言別兮，孰予心釋乎忳忳。

華巖哀辭　庚子

咸林傑兮惟靈，孕華嶽兮金天晶。嗚呼！太華寮巢兮盤極穹蒼，崇岩嶔崟兮灝氣滂洋。蔣蔣天門兮下臨洞壑，橚木蕭蕭兮峻嶺寥廓。靈之游兮逝安歸崩，岑頹烈兮猿狖嗚悲。天高高兮雲冥冥，巖寂寂兮日淒淒。

夫茲巖之幽兮，靈昔此藏焉。息山精兮遠遁[一]，木魅兮遙匿。攜巨靈兮與行，邀白帝兮娛哉康。飢飡仙掌兮瑤草，渴飲玉池兮瓊漿。玄豹變兮文以蔚，潛龍躍兮霈澤溢。登天門兮驅風霆，歷雷首兮濡霍嶽。入馭兮驄乘攬，轡肅兮都京出。理輪兮大江東，虎丘搖兮震澤澄。羌鸘鷞兮靈鳥，匪雞鶩兮能群。曰獬豸兮神獸，聲獨應兮麒麟。歸來巖穴兮木石與居，優遊肥遯兮懷瑾握瑜。

井蓮層兮再芳，峰霞明兮重光。松檜兮蔽芾，虎螭兮昂藏。幽薄兮穹谷，玉版生兮精芒。縈篠兮嶺嶆嶮嶙，瑰瑋發彩兮珍琦舒蘊，白鹿遊兮濯濯，呦呦兮優優[二]。靈淹留兮心逍遙，巖之嵬兮千仞高。日月邁征兮樹木零凋，今何之兮空巖

[一] 原文作「循」，爲「遁」之異體字。
[二] 「優優」，原文爲「⿰亻急⿰亻急」，俗字。

沉寒。

驚鳥回翔兮駭獸咆，鳥鳶鳴嘯兮熊羆嗥。丹厓兮翠壁，靈魂兮何極。攀兮挽兮不來良覿，再兮難得擘於涕兮。竚以望悵愁，予兮心煩傷。陳牲羞兮蒸玉笋，奠明酌兮祖筵下。山氣慘懔兮風瀏瀏，巖扃在眙兮思悠悠。

鄭亭哀辭　庚子

嗚呼傷哉！窮冬凜冽兮，何草不枯而冰不凝？陰風憭慄兮，予獨徂此以征。嘗皓霜繁而交下兮，天黯〔二〕霮其如傾。玄雲淒以鬱起兮，風飂飂而肅冷。噫！悲吁！兹何時兮予忍設祖乎鄭亭。

抆淚陳辭兮，忳予心其㤈㤈。懭況惝惘兮，亭競寂〔三〕而窈冥。予惟君慱蹇兮，昔嗜此以修藏。則英賢之遺矩兮，遵禮義之周行。溫恭兮襲以爲裙，謙退兮佩以爲纕。朝藝林兮出入，夕文苑兮相羊。壯擢桂兮乘白鸞以奮舉，強鳴琴兮應列宿而布光。望閶闔以上征兮，冬粉署兮鳴璜。鷺階超陟兮含雞舌之清香，鵰省委迤兮佐司空而熙康。出泛樓艦兮江錢塘，桂楫再鼓兮水沅湘。清飂飀兮鳴鏘鏘，英聲蜚兮方琅琅。

夫何炎飈之酷烈兮，又申以淫暑之獨蒸。紛獨摧此蕙草兮，使桂樹之不榮。翔鳳來自帝閣兮，悴羽溘積乎巴陵。游龍逖出皇藪兮，憔鱗倏脫於洞庭。丹旐翩翩兮返秦坰，繐帷漠漠兮閴鄭亭。

痛思君逝兮璧堭珠崩，滔滔歲月兮欻已二齡。追惟去歲兮春日載陽，君始南征兮道出我疆。餞君西郊兮君固康強，言猶予耳兮形恍我傍。何意盖棺兮遽爾淪傷，呼之不應兮招之不卬，增予歔欷兮涕泗浪浪。竊既憤善人之不穀兮，然又悼衣

〔二〕「黯」，原文作「黷」，俗字。

〔三〕原字作「㝱」，「寂」的碑别字，參見中華字海（一九九四年版）據改。

冠之凋零。

白日慘慘其無色兮，曛靄荒荒而四與。寡鵠謬戾以哀號兮，孤雛忉慅而悲鳴。曰此痛與此恨兮，雖路人其曷勝。矧兒女之昏姻兮，予又骨肉乎慟情。誦蒿里之哀挽兮，傷云何而不填胸。曠悠悠奄及玆辰兮，殯宫爰啟於蘭堂。將夜臺之永扃兮，眺文幢于連岡。長阡紆以蟬嫣兮，煙郊杳其蒼唐。羞庶品予祖告兮，悵永別而奠觴。禮遙傲于生翙兮，同桂酒與椒漿。歌焉能以盡哀兮，辭豈達乎意之長。嗚呼噫悲吁！英魂爽氣兮附麗玄黄，乘陰陽而降升兮，尚其鑒玆而來饗。

第十八卷　文一

奏狀

條陳便宜奏狀　丁丑

臣聞能臣不避劇務以勤官，智士不安近圖以遠慮，是以攸[一]司惟欽，厥猷乃裕也。故曰：處其位則思履其事，食其禄則思畢其能。臣以布衣韋帶之士，叨職地官之屬，爵美而才疏，禄厚而技薄，會計未當，涓埃無補。嘗懷曠官之憂而增素飧之愧也，曾敢有出位之思乎？

今年四月七日，本部委臣監督收放保定等處糧斛，禁革奸弊。飛芻輓粟，朝晝暮籌，臣固不敢謂劇也，但事體凋敝，動輒未便。初臣至良鄉，纔入城軍士夾道長跪號呼而啼泣者，老弱男婦以千數，問之則曰食糧乏盡，今已三月矣。入而視之倉則空，視之庫則匱，有積弊焉。及至涿州亦如之，及至保定亦如之，唯易州爲稍充。紫荊等關猶夫易州也，而紫荊積弊實過之。然此時麥秋已登，穀田甚秀，人猶有賴也。既而大雨時行，晝夜如注。山谷沸騰，川河泛溢。傾我城塹，覆我廬舍。漂流我民，陷我林藪。潢汙我田疇，湮沒我禾黍，而又宣大聲息，不時報聞。蕩搖我邊陲，恐懼我民人，勞瘁我士卒，以防守

［一］「攸」字不通，當爲「有」字之誤。

我關隘。

七月二十六日臣自易州復如保定，時雨晴已將二十日矣。田野積水猶瀰漫，無論汙下其高生阜長者，率皆爛死十唯一存。民有菜色，道有流移。且各衛軍士調發，各關條理隘口以防虜患者，已有萬數。管子曰：「倉廩實而知禮節，衣食足而知榮辱。」夫民知禮節則能懷仁以親上，知榮辱則能服義以死長，然後驅而之難則勇於戰鬬而樂爲之用，雖死無怨焉者。今倉廩空虛，府庫匱竭，積弊未除，夙奸滋蔓，而又加之以凶災，繼之以征戍，如是而或有所警如去歲北虜深入者，欲其樂赴難而不攜貳，勇臨陣而不怨讟，無乃不可乎。飢餓、困窮、逋逃、流移之餘，緊又能保潢池無弄兵者乎。矧保定密邇京師，南通秦楚，東連海岱，西接雲中，尤非他郡邑比也。夫救災患，匡困乏，勤撫字，緩催科，守令之責也。肅軍伍，寧邊陲，觀風俗，弭寇盜，兵備之責也。實倉稟，充府庫，杜奸弊，給饋餉，臣之責也。今倉稟如是，府庫如是，奸弊如是，此臣所以日夜憂思而不能忘者也。豈敢竊目前偷安之計而顧弗爲長久之慮也哉！

然事體因循，弊源浸漬，其所由來遠矣。臣愚千慮輒或一得，欲有所爲又以未便中止，今略舉一二，昧死妄言，伏望陛下察其未便，少賜議行。庶乎自是以後倉庫充，食用足，奸弊杜，公私清，豈惟臣愚之幸。更乞聖明憫念災傷，一則命有司停催科之政，加撫恤之仁而救荒於漸。一則敕兵備嚴整飭之方，肅巡視之令，而杜亂於微，則恩威並行，地方可保無虞矣。

記

登會稽山記 甲申

在昔，夏后氏之有天下也，南巡而會諸侯于苗山，計功而崩。因葬焉，乃更名其山曰會稽。會稽者，會計也。周禮職方氏曰：東南曰揚州，其山鎮曰會稽。鎮者，大也，安也。言大而安，鎮乎？一州者也。又止也，言東南諸山止於此也。故會稽至今爲東南名山云。予少遊太華，覽終南；長登緱嶺，觀砥柱，攀伊闕；南遵黽水，北陟黃河，升降于太行、居庸之間。嘗欲遍觀四海名山水，以上下古今如會稽者，蓋耳所樂聞而心欲必登之者。故每讀史至太史公自序曰南上會稽探禹穴，輒興恒慕之懷焉。

嘉靖二年夏六月，予乃辱命分符，來守茲土，既至而即謁禹廟，祀南鎮，至於會稽。然以簿書倥偬之際，乃又弗克遂登也。越明年，予以禹廟歲久頹壞不蔽風雨，蓋將上告監司，下告百姓而大加修葺也。二月戊戌，乃遂率我諸寮佐往觀焉。於是出若邪，登山殿，攀梅梁，撫窆石，亦既畢覽而計料之矣。乃遂謁於禹陵，濯於菲泉，遵山而西至於南鎮。乃乘肩輿由大墺而入，委蛇而南過香爐菴之側，緣勺水溪之涘，傍依紫銷、金水、晶廉諸山，南出泉清塢之麓。又南五里出長龍、盤龍諸山，折而西南，夾兩山之交。西傍飯籮石，東依獅子巖。挽修篠，履亂石，步登而壁上者。又五里，至溜沙峰之下兩山峰之間，坐磐石而憩焉。緣籮引蔓，荊有黃華，亦佳境也。既又攀長藤，臨絕壁，遵細逕至於降仙臺之下，西出兩峰之間，左盤而登于玉笥峰之巔，下對降仙臺而竚立焉。

於是仰淩青霓飄乎清飈之遊也，俯瞰碧潭淵乎神龍之潛也；左窺仙洞杳乎金簡之藏也，右觀香爐茫乎紫煙之生也。乃其遠而望之，東峙禹陵、姚丘拱焉，西翼梅里苧羅抱焉，南背天柱秦望繞焉，北面臥龍火珠含焉。周覽乎長江大海之外，飛思乎虞、夏、秦、漢、晉、宋之間，豈非古今天下一大奇觀也邪！

既而興闌懷倦歸思興焉，於是左旋而下，西遵萬丈巖，北出石竇，由側徑而西，以肩輿度斷石至石葫籠峰之下，又少憩焉。乃遂由南烏、北烏、大溇、石磨諸山峰環繞而下，又至於蜈蚣嶺，由澗濱斜逕經香爐菴之西，出大墺，復至於南鎮。維時煙嵐幽杳，雲霧四興。比其歸也，而日已入矣。是故作登會稽山記。

龍首書院記 甲申

紹興府治據臥龍山之東麓，由府東廊之南出而東走，南向者爲守宅。由宅大門入，經廳事出東北隅之側戶，過東側廂之廊，由北傍門出而梯東麓之半，得平土乃一區焉。前後有屋各一所，前而南向者三間五架，中祀土神，左右爲司夜者居。詢之乃前守退食遊藝之所。後而西向者三間，棟宇雖廢，石堦磚砌斬然存焉。詢之亦前人藏置典籍之所。

由麓之東南折而之北斜，陟其巔而周覽其下，竹篠交加，松蘿掩映，離鳥居之，煙霧興焉，則固一佳境也。然幽草荒榛蕪穢而不可遊；毁垣傾棟，落莫而不可居矣。爰命工僕薙治而量度之，南北凡一十四丈有七尺，東西凡六丈有一尺。於是因前屋之舊而增新之，名曰大觀堂。移後屋之基，依北麓而並制之，名曰吏隱軒。由軒外東北隅折而之西，至麓之盡，遵岸而南齊堂右前簷而止。依東麓爲磚砌，如西垣之制，崇亦如之。巋然東西相麗也。

堂有棟，由棟南二架之下，每間實以交扉六，其三架之下歇而爲廊，直廊之東西各爲圭竇。由竇而轉於兩序之外，各爲翼室，而以磚垣塞其後。由棟北二架之下歇，其左右二間，中爲屏六扇，合兩楹而塞之。隸刻樂府一首，曰遠期篇。

由兩楹之外折而之後各爲戶，戶二扉，東西相直。其三架之下，中爲交扉二，依兩楹而竪之。又爲半雲扉二，實諸中之下而歇其上。左右各爲交牕六，以磚築其下爲半墉，而以牕實其上。堂中之地砌以方磚，兩簷之下合以長石，文梁斷桷，黝柱堊牆。凡三間七架，闊四丈有四尺，深三丈有三尺。軒有檼，由檼北二架之下，中爲交牕六。以磚築其下爲半墉，而以牕實其上。左右各以磚墉而實築之。其檼南二架之下，中實以交扉六，左右各爲交牕六。以磚築其下爲半壁，而以牕實其上。由南北二架之下，直兩楹之前後，各斷以板扉八開闔。其前之中二扉爲左右戶，由戶而入爲東西房。其南三架之下歇而爲廊，直廊之東西亦各爲圭竇。由東竇出而之北，爲廁室。由西竇出而之北，爲後門。兩楹之地閣以木板，中軒之地砌以方磚，兩簷之下合以長石，蒼楣黈宇，紫綴丹疏。凡三間六架，闊四丈四尺，深二丈四尺有五寸。由後門之外，左登北山之巔，可以遠眺。右遵石堦而下，與宅後寢旁門屬焉。由後門之内爲圭竇，而入至軒牕之後，依北垣爲臺。崇三尺，種薔薇其軒前。中廊之下爲石堦二級，堦之下爲石路，闊一丈有二尺，長四丈有四尺。抵前堂之中，與後堦屬焉。

路之上爲箬棚三間，直軒堂南北之簷，以蔽風雨。其兩旁爲院，院種紫、斑二竹及芭蕉各二本。由堂前中廊之下，亦爲石堦二級，堦之下中墀砌以長石。至地之中，分而東西爲兩路。中墀之左右皆磚墀，墀各種桂一株。兩路之南直東西皆磚甃，之中爲臺崇，二尺有五寸。種牡丹四本，芍葯八本。臺之左右置大鋼各一，貯水種荷。鋼之左右種柏各一株，臺之北中種海棠一盆，左右種盤梅、羅松、刺柏各二盆。又左右置盆各六，種萱菊蘭芷諸花草。由堂兩序之外，緑麓之岸兩遵而繞南合而至中，亦繚以磚垣，崇四尺有五寸。東西各闕其中爲路之口，南之中出外三尺，砌爲石屏。崇五尺、闊八尺。屏之面鐫記「書院」，其兩傍斜入而翼者爲側垣，與東西磚垣屬焉。

由堂中堦左右兩簷之下鑿石爲渠，繞垣之内至石屏兩傍之外，出以泄水。其中墀東石路以下，折而爲石堦者七級，循堦而外爲斜垣。崇六尺。堦之下西向者爲屋，二間五架。左間斷而爲司夜者居，右間穴其後墉爲門，雙扉。出門而遵山之東麓，可以遊覽。又中墀西路而下折而爲石堦者，二十有七級。循堦而外亦爲斜垣，上崇六尺，下九尺。其下爲門二扉，北向而簷額，其上題曰龍首書院。出門而西下，右爲賓廚。前由石徑而之左，乃與側廂旁門屬焉。

於是登堂而望，越之山川城郭盡歸一覽之下，故曰大觀。遊軒而息深山茂木之中，宛如隱者，故曰吏隱。然茲地也，實臥龍山之首，故於門則大題曰龍首書院云。書院云者，蓋亦竊取「仕優則學」之義以自勵焉爾矣。

神醫夢記　贈謝醫友劉子順夫　甲午

嘉靖甲午春，關中大疫而吾渭尤烈。鬱如也，涇如也。凡人十中九病，十病九不禄。潰如也，洶如也。當是時予僻居湭西之莊，獨加慎焉。閏二月戊午晨，予觀魚於沼上，乃冒疫毒弗知也。比既暮始忳如也，恫如也，於是徵醫乃劉子順夫之焉。己未劉子來診焉，曰陰證見陽脈，吉，勿懼。既夜藥弗解，庚辰〔一〕劉子復診焉，曰必九日汗始愈，勿懼。於是劉子乃去。後七日甲子雞初鳴，予夢獨立于沼上，遙見劉子自柳衢中來，老圃嘩而大呼曰：「何物乃妖，由宅大門遁此厓下！」劉子聞之趍來，於是其物隱隱然狀如黑犬，突然東奔踰牆北去。既寤而劉子果來，然予已煩如也，懣如也。家人由是乃恐，劉子曰：「候當如是，勿懼。」比九日丙寅果汗。日入予復夢若登天者，及其至也巍乎其宮闕，若帝居者也，乃入朝焉。既朝出一童子從予下，下至其半，見二青衣侏儒者，一自下、一自上來，上來者謂下來者曰：「爾徒來何居？」下來者曰：「初予至彼居，其象嚴嚴然，若不可入也。是故循諸南院之中伺焉。既七日始得從人入。其狀森森然，若不可居也，是故伏諸西牕之下間焉。日未晡，俄聞歡然自外趨者，曰劉醫師來矣。其氣洋洋然若不可逼也，是故奔諸大門之外歸焉。」上來者曰：「然則爾何彼畏哉？」曰：「聞彼受帝命來，何可與抗邪！抗則獲罪於帝無所逃也。」上來者愕然駭，頽然者有所畏也，乃相與攜手馳去。而予亦欻然惕，恍然若有所悟也，遂偕童子歸。既歸童子辭去，予始寤，日已出矣。於是振袂援筆乃書五言古詩一章，曰：「朝朝上帝去，夕暮駕鸞歸。朱鶉揚彩旞，玄武樹星旗。蒼龍元左導，白虎乃右隨。仙童今歸去，爲我謝太儀。」家人由是甚恐，劉子曰：「獨不聞秦穆鈞天之夢乎？茲病愈兆也，勿懼。」然胍則乃漸結矣。三月己巳結愈甚，而予亦又瞀如也，沉如也。家人由是益恐，且致咎劉子，劉子恬然微哂曰：「何傷，候且過矣。勿懼。」乃日中而予脈果油然來復，未浹旬言歸於瘳，脫如也，灑如也。於是劉子之說皆徵矣。

夫醫之道四：神、聖、工、巧，而神爲至。蓋醫與鬼神合其吉凶者也，是故惟神斯可以言醫。由今予夢觀之，劉子之醫庶幾神與！不然何以其說之能徵而應之，若是無謬也！大哉醫也，斯其至矣！

〔一〕「庚辰」乃「庚申」之誤。據上文作者患病始於「閏二月戊午」，即爲二月二十一日。其後之「庚申」爲二十三日，與後文之「復七日甲子」即二月二十七日相合。庚辰則三月十四日，是與前後文之敘不合。

序

贈丁少參序　辛巳

郎中原德出爲湖廣參議，謂諸僚友曰：「何以贈我？」胡子曰：「參議，布政之貳也，任亦囏矣，弗共則憂且至。」蕭子曰：「共之反爲怠政，體之所以解也，是故賈憂。」周子曰：「弛憂者其勤乎。」方子曰：「勤匪能徒勞也。」王子曰：「行之以廉，其君子之能乎。」黄子曰：「惟廉生威，寬以濟之，無怨焉。」葉子曰：「寬則得衆。衆歸則位稱而官尊矣。」趙子曰：「位有階崇，階者勞也。官有聲，蜚聲者名也。」李子曰：「合諸子之論，庶其克囏矣乎。」南子曰：「嘻！是未足爲原德道也。夫原德之初，吾不得而詳之矣。其官於吾部也，恪乃位著有儆而無慢，其誰謂弗共。夙興夜處以經緯，其政久彌殷，其誰謂弗勤。事不避難，與人議輒出高論，人莫能及，其誰謂弗能。三進其秩而一守弗更，其誰謂弗廉。弘而有容，不校細過，衆乃德，其誰謂弗寬。九載三考政，咸有乂，其誰謂無勞。博學宏文，樂與諸人以爲善，獲重譽焉，其誰謂無名。由是觀之，内署外省一運焉耳。是何足爲原德道哉！」

丁子曰：「祥辱諸大夫愛，亦既聞命矣。又重辱執事教祥不德，願有聞也。」曰：「古者天子開國建官，内有百揆四嶽，外有州牧侯伯，故二百一十國以爲州，州有伯。伯也者，所以統屬長、連帥卒、正以君、長其民而蕃衛王室者也。故諸侯之有功德者，賜之弓矢斧鉞以專征伐、正四方、尊天子，庸亦重矣。夫今布政即古之方伯也，今國家多難，北伐南征以勤我天子，役我蒸民，勞其生。矧全楚之地廣於諸省，邇年重遘四鄰兵革之禍，淫雨大水之菑，使我明天子南顧有重憂焉。則是蕃衛之寄，其無乃虛且孤也乎！吾子往矣！其唯益展布其腹心，大肆其才猷，以左右爾方伯，戮力同心捍乃大禍，禦乃大菑。卑征輸有藝，蠡賊之害民、貪暴之奸政者屏，且化黎民用寧，魚鱉咸若。萬邦有憲，一人無憂，以光裕明室之業，則吾子有大勞，重名百世庸焉，惟夙夜實重圖之。」曰：「吾子有命敢不敬承然，致祥亦嘗念今天下財賦匱竭，民力雕盡，國無常賞，下有二心。諸大夫士其各敬慎爾位，贊我大司徒夾輔王室，以彌縫共闕。節財用以裕百姓，卑我明天子弘敷大惠，無徵怨于四海，邀高文之福，以永昭駿命，則致祥藩臣有大賴矣。」

曰：「子之及此言也，國之福至，生民之慶也，可以觀來治矣。」於是諸大夫置酒賦鳴鴻以餞丁子，賦野有鹿酹之。酒三爵，乃行鳴鴻詩曰：翩彼鳴鴻，于城之端。汎彼杜舲，于河之幹。旟隼既舉，檣烏斯飛。逝雲適楚，王化是宣。載張彤弓，載乘朱軒。康彼荊蠻，爲國之蕃。

翩彼鳴鴻，於城之限。泛彼桂舲，於河之涯。旟隼既舉，檣烏斯飛。逝雲適楚，皇風是熙。肅爾命服，敬爾大圭。藩我王室，以康九圍。

野有鹿詩曰：野有鹿，呦呦群集，念茲徂矣，云何以別。凡百君子，各共爾職。左我司徒，以匡王國。

野有鹿，呦呦群處。念茲徂矣，云何別只。凡百君子，各敬爾事。匡我王國，以戢下土。

刻傳習録序　甲申

天地之間道而已矣，道也者人物也之所由以生者也。是故人之生也，得其秀而最靈。以言乎性則中矣，以言乎情則和矣，以言乎萬物則備矣，由聖人至於途人一也。故曰人者天地之德，陰陽之交，鬼神之會，五行之秀氣也。又曰：致中和，天地位焉，萬物育焉。是故古者大道之明於天下也，天下之人相忘於道化之中，而無復所謂邪慝者焉。率性以由之，修道以誠之，皞皞乎而不知爲之者。是故大順之所積也，以天則不愛其道也，以地則不愛其寶也，以人則不愛其情也，以物則不愛其靈也。聖人于此夫何言哉，恭己無爲而已矣。至其後也，道不明於天下，天下之人相交於物化之中而邪慝興焉。失其性而不求，舍其道而不知修，斯人也，日入於禽獸之歸而莫之知也。是故萬物弗序而天地弗官矣。聖人生而知道者也，賢人學而知道者也，其視天地萬物無一而非我，而斯人之不知道也，若己推而入之鳥獸之群也。

理有所不可隱，心有所不容忍，惡能已於言哉！故孟子曰「予豈好辯哉？予不得已也」。故夫聖賢之言，將以明斯道而示諸人，使天下之人曉然知道之在，是而庶民興焉。庶民興則邪慝息，邪慝息則萬物序而天地官矣，然後聖賢之心始安而其言始已也。是故其言也求其是則已矣，非以爲聞見之高也；求其明則已矣，非以爲門戶之高也。而後之爲聖賢之學者，其初也執聞見以自是而不知聖之所是者，天下之公是也。立門戶以自明而不知聖人之所明者，天下之同明也。故其後也言愈多而愈攴，攴〔二〕則不可行矣。門愈高而愈小，小則不可通矣。皆意也已也，勝心之爲也。而世之號爲豪傑者，方皆溺于其中而莫之知也。其亦可哀也已矣！

夫天之命於我而我之其於心者，自有真是真，非至明而不容有蔽者也。故天下之言道者，至不一也。苟以平心觀之、易氣玩之，則其是是非非自不能遁吾心之真知也。唯夫聞見已執於未觀之先，而門戶又高於既玩之際，則其言雖是也，敝於聞見之私，而不知其是旨。雖明也，隔於門戶之異而不通其明，道之不明於天下，治之所以不能追復前古者，其所由來遠矣。

是録也，門弟子録陽明先生問答之詞、討論之書，而刻以示諸天下者也。某也從遊宮牆之下，其於是録也朝觀而夕玩，口誦而心求，蓋亦自信之篤。而竊見夫所謂道者，置之而塞乎天地，溥之而横乎四海，施諸後世而無朝夕，人心之所同然者也。故命逢吉弟校續而重刻之，以傳諸天下。天下之於是録也，但勿以聞見梏之，而平心以觀其意，勿以門戶隔之而易氣以玩其辭，勿以録求録也，而以我求録也，則吾心之本體自見。而凡斯録之言，皆其心之所固有，而無復可疑者矣。是故大道之明於天下，而天下之所以平者，將亦可竢也已。

〔二〕「攴」，爲「支」之誤。

嘉靖三年冬十月十有八日，賜進士出身中順大夫紹興府知府、門人渭北南大吉謹序[一]。

擬浙江鄉試録前序　乙酉

嘉靖四年，天下復當鄉試之期，某輩謬典浙江考試事。比其録之成也，而某當序諸首以爲二三子告曰：天下之道一而已矣，而其所趨者時也，其所乘者勢也，是故太上忘言之治弗可尚已。後聖有作，度時以趨之，存乎知焉爾；審勢以乘之，存乎仁焉爾。是故知非偏物之謂也，當務之爲急。仁非兼愛之謂也，急親賢之爲務。故曰堯舜之知而不徧物，急先務也；堯舜之仁不徧愛人，急親賢也。夫所謂先務者，豈有出乎禮樂刑政者哉？禮節，民心者也。樂和，民聲者也。政則所以行之，刑則所以防之，禮樂刑政四達而不悖，而王道備矣，故曰先務。夫苟知急先務矣，而賢乃弗知選也，能弗知舉也？則天下之大，非一人之才所可擅也。禮樂刑政其所以四達乎？故曰急賢親，是故帝舜之有天下也，選於衆而舉禹焉，則地平而四海同矣；選於衆而舉稷焉，則穀播而黎民育矣；選於衆而舉契焉，則禮修而五品遜矣；選於衆而舉夔焉，則樂和而庶尹諧矣；選于衆而舉皋陶焉，則刑明而萬邦服矣。此選舉之法所由起也，備焉者其唯周乎！

後雖代有弗同焉，要皆蹈遺矩而推移之。則今之選猶古之選也，而今之人獨不猶古之人者何哉？且今之所謂教與學曰五經者，非堯、舜、禹、湯、文、武、周公、孔子之道乎！曰四書者，非孔、曾、思、孟道乎！皆古聖賢也，人心之所同然者也。上以是爲教，故其設科也，亦以是試之而已矣。下以是爲學，故其就試也，亦以是應之而已矣。試之以聖賢之道，則是以聖賢期待之也。應之以聖賢之道，則是以聖賢者自期待也。而何三代以還名世者，善人則有矣，大聖吾不得而見之也；名儒則有矣，大賢吾不得而見之也；而其治曰驩虞則有矣，小康則有矣，大同吾不得而見之也。是果時異而勢有弗同

[一] 王陽明全集序説序跋增補收録本文之末段，題南大吉傳習録序。本句爲文末款署，附注於此。

哉！上無禮下無學，其所由來遠矣。

是故，古之教也以崇德，後之教也以修名；古之教也以敦行，後之教也以立言；古之教也以蓄藝，後之教也以角能。久矣上失其禮也。豈唯上哉！古之學也以居仁，後之學也以要爵；古之學也以由義，後之學也以干祿；古之學也以樂天，後之學也以徇人。久矣天下失其學也。夫上失其禮，故其選也，古則以幣聘矣，而後則以勢奔也；古則以賓興矣，而後則以技驅也；古則以誠求矣，而後則以僞防也，不亦薄甚矣乎！下失其學，故其出也，古則以席珍矣，而後則以衒玉也；古則以竢命矣，而後則以行險也；古則以澤民矣，而後則以厚躬也，不亦偷甚矣乎！上下交失其道，則其所以相睽而不相投，相猜而不相信者，抑豈一朝一夕之故也哉！

是故選士者以聖賢之道試之矣，苟有指中式者而稱之曰大夫也、聖賢也，主司肯遽以爲信乎。就試者以聖賢之道應之矣，苟有指中式者而稱之曰吾觀於選乃知爾士也，聖賢之流亞也，而學者則赧赧然蹙若弗安，退若弗勝，亦未敢遽以自信爲也。夫其始也，既以聖賢交相期待之矣，而其後也，乃不以聖賢相信者，是果聖之不可及哉！習之所移也，變之所趨也，失其本心而不自知也。孟子曰：人皆可以爲堯舜。又曰：堯舜與人同耳。夫豈不是而孟子言之是，則所爲道也。道者萬世無敝者也，通天地、亘古今。其在堯舜者，即其在吾心者也。吾讀堯典而求堯于吾心，是亦堯而已矣。吾讀舜典而求舜於吾心，是亦舜而已矣。唯在有志者反觀之焉爾。而何不可及之有？乃今明天子御極撫民，求賢圖治，兹其第一科也。其所以夙夜祇承明命，招探俊彥以爲羽輔者，豈曰文具乎哉！

若兹試也，則合提學、僉事、某所校士，凡二千七百有奇，而巡按監察御史某，實唯監臨是柄。深懼夫知人之難，無以仰答明天子求賢之心也，是故論其提調者而俾之恭，則左布政使某、左參政某，莫不同乃心焉。勉其監試者而俾之敬，則按察使某、副使某，莫不慎乃憲焉。誓其考試者而俾之公，則某與訓導某，莫不恪乃服焉。體其同考試而俾之明，則學正某、教諭某某、訓導某某，莫不彈乃材焉。察其諸有司之執事者而俾之勤，則知府等官某等，莫不欽乃司焉。而御史某方且欿然自視，恐恐然慮夫幽隱之難燭也，乃又采之衆論，以盡旁求之道。而監察御史清軍某、巡監某，則於監臨而叶振之矣。太監鎮守某、市舶某、織造某，則于興舉而叶翼之矣。右布政使某、右參政某，參議左某、右某，則于提調而叶敘之矣。副使某、僉事某，則于監試而叶肅之矣。督稅郎中某、監權主事某，則于明揚而叶相之矣。都指揮使某、同知某、僉事某，則于矩范而叶周之矣。而御史某又且周旋其儀品式其節，弗敢有慢易之心，所以明有禮也。

塓其垣閎，崇其樓榭，使望之肅然，非辟之心無自而入焉，所以明有義也。布令陳詞而章告之，使聽者不惑，感以正而自防，所以明有廉也。戒士率以從事，銜枚而處，秉燭而興，喧囂者有誅，陵慢者有誅，所以明有恥也。審視聽公論，薦廉、校閱正取捨，所以明有誠也。執爵而燕，執幣而享，鐘鼓喤喤，承筐是將，所以明有敬也。茲其意則亦拳拳甚懇切矣，而豈徒然乎哉！亦唯曰苟得豪傑之士、聖賢之才如稷、契、皋、夔者，登之天府，布之庶位，左右我明天子以匡救其不逮，使是君爲堯舜之君也，使是民爲堯舜之民也，使是世爲唐、虞、三代之世，而吾身親見之也。豈不快哉！豈不快哉！

二三子亦既由此其選矣。亦唯曰稷契何人哉！皋夔何人哉！有爲者亦若是翼翼乎，其進也蹌蹌乎，其征也翻翻乎！其欲兼善之也，而何聖賢之不可及哉！況東南者文明之區也而浙爲首，其在上世雖曰荒服之流裔也，由堯、舜、禹巡歷之後以至于今也，神化之妙行乎千世之上，千世之下通之者，則固無間然也。豈無所謂豪傑之士、聖賢之才如稷、契、皋、夔者，生乎其間也！二三子其重圖之！某也夫何言哉！

籌邊餘興集序　辛卯

籌邊餘興者，今甘肅三重臣所倡和者也。三臣者，巡撫趙北厓、鎮守陳綿城、總戎姜西河也。集者憲使張潢池刻以傳之者也。夫邊，危地也，兵，兇器也，故當是寄者有重憂焉。弛憂者其籌也，籌其善於同心乎？是故鎮守內臣也，巡撫外臣也，勢焉能無隔乎？總戎，武臣也，都憲，文臣也，權焉能無分乎？是故爾我立而其心始弗同也，技能競而其籌始弗善也。然則北厓之于錦城、西河者，籌也。蓋能同心者也。同心故同志，同志故同力。同志可以共謀，同力可以共事。共謀故謀成而動吉，共事故常濟而境安。夫是以無憂也，是以有餘興也。倡和興而窮陲韻短簫矣。非天下之至同，其孰能與於此。

夫是同也，非比也，殊途而同歸者也。性之德也，合天地萬物而一體者也，夫人之所同也。衆人蔽之，君子反之，聖人盡之耳矣。是故堯舉舜，視舜即己也。舜舉九官，視九官即己也。是故伯禹治水稼之弗知弗恥也，而稷其禹也。皋陶明刑教之弗知弗恥也，而契其皋也。夫是之謂大同也，是以有賡歌也，簫韶成而阿閣儀神鳳矣。非天下之至聖，其孰能與于此。夫聖人也，人亦人也，以予觀乎北厓之詩，而知學聖之易易也。是故秉燭行臺，觀物也；單衣初試，撫春景也；暮地飛晴雪，惜芳也；水畔落紅，憶丘園也；故其情藹藹焉。晴雪對城南，戀闕也；絕域西來，內尊也；郵亭曉日，撫夷也；雨霽虜氛收，志在雪恥也；故其懷惓惓焉。行旌，重交也；日轉中天，思其濟也；小雪邊城，讓能也；節鉞褒儒，將推賢也；故其量休休焉。一度登舟，察化育也；上巳、九日，識時也；七夕，通古今也；小舟移，達天人也；故其意悠悠焉。夫是性情也，因天地萬物一體之氣象也。夫故合內外文武而同其心也，夫故同〔二〕不恥其從外，外之所恭內叶之也。武不恥其無文，文之所事武備之也。

夫故籌事無弗共而志斯同也。詠物無弗共而聲斯同也，皆性也。何也？聲音以其志之所宣者而言也，志者以其心之所之者而言也，心者以其性之所主者而言也，性者以其天之所命者而言也。一也，夫人亦在乎反求諸心而已矣。是故情藹於物之觀，而恒乎其芳之惜焉，是之謂惻隱之心。有所戀於其中而欲內尊以雪恥，是之謂羞惡之心。思其事之共濟而推賢以讓能，是之謂辭讓之心。察于時之化而達於其天人之分，是之謂是非之心。惻隱之心，仁之端也；羞惡之心，義之端也；辭讓之心，禮之端也；是非之心，知之端也。夫是四端也，擴而充之，奚翅一邊陲之安也？萬邦叶焉，萬物育焉，在識其端亟反之而已矣。是故今皇古聖人也，故視天下之才而若有諸己。北厓，今才也，故簡在皇心而讒弗能行其間。然則北厓由足佐元臣以輔聖皇，使南風慶雲之歌於吾身親見之焉。夫是可以言心也，是可以言一體也，上下格而大庭洋調露

〔二〕「同」疑爲「內」之誤。

矣，非天下之至誠，其孰能與於此。是故醇焉而美之謂善反焉，而城之謂賢廓焉，而天地萬物一體之謂聖。北厓既由此以選矣，慎諸其獨而自強不息焉，亦惟北厓之所至矣。夫孰御！

第十九卷　文二

論

師論　辛巳

君子之師諸人而人之誠服之也，蓋以善養之，非以善服之也。夫人性之善也，合天地萬物而一體者也，人之所同也。故夫人之心無蔽也，親豈唯其父子，苟見一夫之煢而無弗哀也；愛〔一〕豈唯其花鳥，苟見一器之毁而無弗惜也。時而見雲翔也，而無弗與適也；時而見川泳也，而無弗與悠也。是夫人之性也，是固天地萬物而一體者也。聖人盡之，君子反之，衆人蔽之耳矣。

天惟其有所蔽也，奚翅物焉弗惜也。雖父子兄弟之間而弑逆鬬爭，亦有所不免者矣。聖人之視斯人也，由己推而納之溝壑之中也。是故循循然而善誘之，過者俯而就焉，不至者企而及焉。去其蔽以復其本性之善而已矣。所謂以先知覺後知，以先覺覺後覺，固非裂我之善而增之彼，亦非恃我之長而攻其短也。然則孔子之所以不能拒互鄉童子者，果待物之洪哉？夫是之謂以善養者也。

〔一〕「愛」，原作「爱」，據文意改。

是以人之被其教者，皆曰我醉非聖人沃，孰使吾之醒也；我夢非聖人呼，孰使吾之覺也。是故其感也深而悅也，至所謂中心悅而誠服之者也。若曰我善也而彼不善，惡心起焉；而攻以爲教，勝心生焉；而恃以爲高，終于私而已矣。人將懼焉，而亦起惡議焉，而亦生勝，其不叛也鮮矣哉！昔者韓愈氏以一代山斗，而不能保籍湜之判者，所謂以善服之者也。然則今之有師世之責者，其亦思聖人之所以爲教而學以教焉，斯可矣。

兵論　辛巳

天下之事莫凶于兵，莫危于戰，故曰兵，兇器也；戰，危事也。聖人不得已而用之。夫所謂聖人者，以天地萬物爲一體者也，而何以用兵爲哉！是故譬之身焉，氣血周流而無滯四體則本和也，苟有毒生焉，使治之弗函，則横潰奔裂並其身而亡之矣。天下者聖人之身也，萬民親附，萬物效靈，禮樂教化洋溢而無外，豈非聖人之深願哉！不幸而寇盜或生焉，使除之弗早則一夫横行、群醜四起，其不亂天下者鮮矣。茲其幾則甚微也，而人皆忽之；其初則甚細也，而人皆易之。抑孰知夫峻堤之勞弗如塞源者之捷也，爛額之勳弗如徙薪者之高也。是故赤眉、黄巢往鑒何必遠爲哉！

日者劉、趙二寇之起，文霸也，其初若可忽而易焉者，而今横驅中原矣。夫是則聖人之所深病者也，然則兵豈聖人之得已哉！聖人不得已而用之，無非欲除禍亂清寰區，以遂其天地萬物一體之心而已矣。

是故察幾而防微，謀始而謹細，凶之所以使吉也，危之所以使安也。是故丹浦之戰、管蔡之誅，聖人之所爲，豈衆人之所能識哉！是故兵有弗用，用無弗善者矣。否則智用術而殺無藝，勇持力而驕無律，愚失機而緩無筭，柔昧義而退無庸，甚矣其亂也莫可已也。然則今之用兵者，其亦求聖人不得已之心而用斯萬全矣。

說

雜說二首　甲申

夫有定理而無定法，有定體而無定用，其聖人之心乎！無定理而有定法，無定體而有定用，其今人之心乎！定理、定體，其即吾心之良知乎！毫末不可以加損，其猶規矩尺度之不可易乎！法用之不可定也，其猶方圓長短之不可勝窮乎！聖人以其一心之良知，而應乎無窮之事變。大而參贊彌綸，小而動靜食息，無不各得其當，亦猶規矩立而方圓不可勝用，尺度陳而長短不可勝用。天下豈有不治乎！周公思兼三王，正唯求之于吾心焉爾矣。夫何今之人不反求物理于吾心之良知，而乃求之于應事之變。如某事則曰當如之何如之何，其治也如某官則曰當如之何如之何，其爲也各爲定法執之以爲定用，故不能隨物當理，隨時應變。滯極而不可通，弊至而不可救，亦猶不以規矩爲方圓，而以方圓爲方圓，則方圓一定而用必窮矣。不以尺度爲長短，而以長短爲長短，則長短一定而用必窮矣，天下之不治茲其病之源與。

聖王之治天下也，本諸道以爲法，身有之而已矣。後王之治天下也，本諸法以爲道，身假之而已矣。身有之先得乎人心所同悅者也，悅則推之而無不準，動之而無不化。天下之人皆以一人之心爲心，邪慝息而其事簡矣。身假之，先得乎人心之所同懼者也，懼則推之不敢不從，動之不敢不則。天下之人各自以其心爲心，邪慝興而其事繁矣。惟簡故精，惟精故其治不可及也。惟繁故弗精，惟弗精故其治日就于汙下也。

今夫字，商周而上數少而體備，點畫形象無闕焉，觀于鳥書篆書可見矣，毋乃事簡而易用之故也乎。秦漢而下數多而體略，點畫形象漸減焉，觀于隸書草書可見矣，毋乃事繁而難用之故也乎。吾嘗見古人之器矣，如鐘鼎尊爵之類，視今之器大而精，厚而堅，有渾樸之意焉，有細微之理焉。然而今之諸雜玩器，無慮百千種，古則未之見也。故古之鐘一也，今如者不知其凡幾，然而不能如古一鐘之美也。古之鼎一也，今如鼎者不知其凡幾，然而不能如古一鼎之佳也。至於尊爵亦然。由是觀之則夫今之爲政者，欲以上追古昔之治，其要在乎知古人所以致治之道，而用之何如耳。

高氏宗祠說　乙酉

溫欒清之茗嶼，高氏有宗祠焉。高氏者，宋太尉高瓊氏之裔也。瓊之五世孫曰世則者，爲宋南渡行營副使。扈駕之溫，始卜今地家焉。茲祠也，乃世則之孫曰新七者之所構焉者也。而何取於宗以名乎哉？蓋人之生也，誰能居不由家。家也者，父子兄弟夫婦之所由以聚者也。家道不正則倫散而支疎，本蠹而世替矣。然則宗法者，其古人正家之道矣乎。是故經之以大宗百世不遷者也，緯之以小宗五世則遷者也。百世不遷，本斯一矣；五世則遷，支斯異矣。本一故支異，支異故從宗，從宗所以親親也，親親故尊祖，尊祖故敬宗，敬宗所以尊尊也。是故以之祭享而有昭穆祔祧之節焉，以之燕會而有親疏隆殺之別焉，是故父父子子、兄兄弟弟、夫夫婦婦而家道正，正承而本支衍且蕃矣。故高氏之祠取之。噫！蔽也久矣！高氏何以獨能取之而獨能行之也與哉！

詩云：「刑于寡妻，至于兄弟，以御于家邦。」孟子曰「言舉斯心加諸彼而已矣」，故非徒法也。是故吾心有仁焉而親親仁也，吾心有義焉而尊尊義也，吾心有禮焉而節斯二者禮也，吾心有知焉而別斯二者知也。故曰仁義禮知非由外鑠我也，我固有之也。是所謂良知人心所同然者也。親之而同乎父子，睦之而同乎兄弟，別之同乎夫婦。推而施諸一國而同，推而施諸四海而同，推而施諸百世而同。故家道可得而正，故天下後世可得而達也。而今之人乃獨違之是，豈法蔽而時有弗同哉？道之明與不明焉爾。是故古昔大道之明於天下也，天下之心公而同，父慈子孝，兄良弟弟，夫義婦聽，忻忻如也，藹藹如也。聖人者順其心而導治焉，故爲之宗以聯屬而親附之。天下之人各順其則，各止其所薰和樂化，而不知足之蹈之、手之舞之也。猶之規矩之於方圓，而方圓不可勝用也。尺度之於長短，而長短不可勝用也。及夫大道既隱，天下之心私而異，子焉而不父其父，弟焉而不兄其兄，婦焉而不夫其夫。而乃以古宗法漫焉，施之古步，亦使之步，古趨亦使之趨，瞠乎莫知其所如，勞勞乎莫喻其動履之所自也。故目見其格之拘以苦，而莫之樂以從也。猶之遺規矩而以方圓爲方圓，遺尺度而以長短爲長短，則其法一定而莫可用也。故曰徒法不能以自行。由是觀之，則高氏宗祠之所由行也而豈徒遵古法者哉！

是故有廟曰「宗會」，所以序昭穆也。有堂曰「時思」，所以時祭享也。有樓曰「環翠」，所以興懷慕也。有軒曰「延月」，所以肅禮容也。有亭曰「望雲」，所以起孝思也。有庖維肅，有池維清，所以潔牲牢也。有田維治，有租維積，所以供粢盛也。凡此制也，何莫而非新七公之心所思存也。是故由南宋以至於今也，傳且四百年矣，子孫之聚散處者，爰翅數百餘爨，而歲時祭享燕會禮則無弗與也，事則無弗恭也，本則無弗敦也，支則無弗別也。乃今又得提督漕運都御史某光大而修睦之，而前休餘慶乃益無窮已也。是固一本之親根之乎！新七公之心者施之而無乎！不同人莫及知而子孫知之，都御史知之而能繼述之也。

故曰非徒法也，推是心也則天下一家也，四海一人也，天地萬物一體也。大君者，天地之宗子也；大臣者，宗子之家相也，而顧可以恝然乎哉！是故千艘蔽江、萬軍魚貫而不絕，都御史亦既理天下財賦以制國用矣。洪伐重望，簡在帝心，行將置諸左右，任之家相以共拯時艱。舉是心而誘啟聖衷，宗吾宗以及人之宗，使大道明及于四海。

人人宗其宗，尊其尊，序其序，別其別，各明其心，各止其善，無有乎弗同，無有乎或違者焉。則是克明峻德，以親九族，九族既睦，平章百姓。百姓平章，黎民於變時雍，則高氏宗祠之傳也，與國家宗廟之祀也，世世萬子孫無替矣。斯其所以爲不朽也，斯其所以爲世寶也已。

辨

守辨　壬午

司寇屬大夫有出爲郡守者，或者惜之且稱屈焉。惜之者爲其爵崇分卑而制於勢也，屈者謂其才美秩深而亦猶夫遷也。吁！是何言也。夫君子之學而仕也，將行其道以有爲也。將以有爲而弗有所建立以聞于天下，亦惑矣。是故古之君子其立志也，崇其修業也廣，其考文也覈，其究物也至。故其仕也慎以行己，敏以臨政，忠以事上，敬以使民，果以禦變，勳勞王室，潤澤生民，榮名令譽，民到于今稱之。如是而仕事畢矣，分之崇卑，禄之早暮弗論也。今之君子則惑之，自高以趨分，自是而狥禄，崇以取榮，卑則辱莫大焉。早以求伸，暮則屈莫甚焉。道之行，違義之可否，置而不問，則吾之所以學者抑亦徒爲媒利之階耳。生無聞乎時，没無傳于後，安用彼赫赫者爲哉！故曰：君子疾没世而名不稱焉。矧夫崇卑有數，屈伸有時而可以強哉！今夫守流澤而宣化，庇民而保邦，職仕則莫重焉。故汲黯以中大夫遷守東海，卧治歲餘，召列九卿，遷史有傳焉。黄霸出治潁川，聿興教化，因以入相，載在漢書者亦可考也。一官之屈，一時之暮安在哉！然則今之出守者果能使澤被蒼生，功在社稷，如汲黯、黄霸者焉。是豈非用世者一永伸哉，而況不爲汲、黄者乎。予固曰：君子學以行道，餘則弗論也。

跋

書樓居子卷後　戊子

瑞泉子曰：甚矣！樓居子之不自珍也久矣！其詞之散亡今幸得見，是卷焉詞雖僅一篇也，而豪邁之氣、飛動之英，開卷而觀，宛然其如在也。使其不没，如所志焉，則其所就詎可量邪！噫！天何靈秀之秘而奪之獨早乎哉？夫器車至寶、鳳鳥神禽，世固希見也，見則亦暫然爾矣。故夫大聖人者千歲不一產焉，而英賢豪士則亦閒世而始名。然則天固靈秀之秘也，不然何曠達不羈、不屑屑與世較名利如樓居子者，使在高山大川之間探玄搜妙，長嘯豪吟，以發天地之藴，豈非一奇珍邪！高幬明〔覆〕〔覈〕[一]博乎其無涯也，何多此一才而遽使之淪没哉？然則天固靈秀之秘也噫！

書山陰府蓬菴卷　戊子

夫人受天命之性以生也，而勢與名弗與焉。唯夫氣之所萃，物之所蔽，有清濁淺深之弗同。是故苟非豪傑之士，鮮有不勢移而名溺者也。苟知所反焉，因其善端之發而求之于其心，以擴充之。比其久也，氣化而神流，蔽去而性復，無入而不自得，何勢與名之足與也，故曰人皆可以爲堯舜。唯夫人移而不知夫察也，溺而不知夫反也，是故其去也始相遠也。古之君子好善而忘勢，亦唯反求諸己而已矣。

[一]「覆」或當爲「覈」。「明覈」，明辨，明察。白居易爲人上宰相書：「但在乎明覈是非，必行賞罰。」

孟子曰：「居移氣，養移體」。此恒情也。而山陰府適長子者生自王宮，袞衣珍食，而構菴也乃以「蓬」名，居則弗能移矣；其爲人也虛而謙，退而若不勝衣，養則弗能移矣。夫富與貴，是人之所欲也，而王子乃獨弗之淫焉，則其心之所欲必有甚於此者矣。是故讀書而好文，禮賢而下士，玆其所萃者頗清，而所蔽者亦淺。夫故所謂豪傑者之流亚也。王子苟自是而反求之，則見夫吾之性本與天地萬物同體者也，何嘗有所謂勢充是心也，雖堯舜亦可爲也。

若曰吾能書也，以此交人而可以取譽；我能畫也，以此禮士而可以章能，是亦名好而已矣。是故勝心生勝心，生則客氣動矣。至其究也，必至於矜己而驕人，輕世而傲物，亦終與扶勢者同歸矣！王子其勉之哉！

書

寄趙北厓文載書　甲申

別來兩經春秋矣，衣冠聚首之雅，兄弟同氣之情，朋友規礪之義，寮宷贊襄之仁，徒爲想像焉爾。案牘煩勞之際，炎涼奔走之間，利害禍福之相煽，是非毀譽之相搖，其情感懷抱，當何如也。

雖嘗勉強自樹求諸心，以徵諸民，利唯其當興而有福於民者則興〔一〕之，功不邀于一時；弊唯其當革而有禍于民者則革之，名不爲乎一己。風則欲移而之淳也，而不苟從夫衆見之同。俗則欲易而之厚也，而不竊畏夫群言之亂。然或格有所拘而法不可爲，勢有所制而力不得爲，又兼排議者多、助和者寡，是故不如意者蓋十常八九矣。

〔一〕「興」，原文作「與」，據文意改。

仰惟吾兄職在藩屏，守專一方，慶賞刑威得以自用。志不沮其素懷，民得沾其實惠，況以光明俊偉之器，兼之疏通博辨之才，豈非駿駕驊騮淩厲〔二〕周行者乎！按節鳴鸞，周游八極，抑又何阻之有？一礦盜之平，一臺臣之薦，是奚足以盡馳騁之美哉！如弟者素寡高遠之識，又非通變之才，顧乃謬當茲郡其難治，又有如前所云者，雖受知諸當道過辱提携，而孤鳴寡和，常若臨深淵，而或有顛墜以貽我知己者辱。尚賴吾兄永懷舊好，不吝教言仲弟，有所適從，附尾周遊之，後則年家道義之交，可以久要而不忘矣。唯吾兄其垂念之。

寄王三溪舜卿書　甲申

弟不才辱爲吾兄所知，亦得附名於衣冠之末，既而終南兄橫罹禍患，吾兄以手足之情假差西歸，以爲解圍之圖。未幾弟乃辱命出守茲邦，欲求教言而未有由也。比得手教讀之，使弟不忍釋乎。峻潔之文、剛正之辭、碩大之見，其所以教弟者至矣！至矣！弟敢不朝夕佩服，以求無負吾兄之盛心也哉！

但所謂不滿云者，則弟豈敢。夫弟草茅一匹夫耳，幸爲有司甄録登名任籍，竊禄七八年，曾無寸補朝廷，不加黜責，亦云幸矣。一但不棄駑鈍，復以一郡之赤子舉而托之，高其爵厚其禄，使之橫金拖紫爲一郡之長，以父母乎斯民。弟有何功於朝廷，朝廷何負于弟，而弟尚有所不滿哉！若果如此，是亦妄人而已矣，與禽獸奚擇焉！但弟才本綿薄，當此難郡儻不能勝，一或覆敗，殃及朝廷之赤子，而笑貽吾鄉之永辱，是不亦大可畏哉！

又兼水土不服，自去歲八月遘疾纏綿至今，春正月疾大作，不能理事者兩月有餘，家中自老母以下瘡疥溫寒之疾俱所不免，舉家惶惶促弟爲歸計。弟惟勉強支持，聽其自爾，至今五月以來稍漸就妥。怙尚賴吾兄不棄愚陋，早晚遇便恒示教

〔二〕原文「厲」作「歷」，據文意改。

言，聞弟之過明白開示，使弟知所懲改，他日不至顛廢以禍越民，則是豈惟弟一人之幸，而紹興之民皆被吾兄之澤矣。唯吾兄其永念之。

寄馬西玄仲房書　甲申

草莽腐儒叨名榜末，又辱相知朝夕，受教益者多矣。薄技微名，得與衣冠齒者，皆吾子賜也。去歲春首辱命出守茲邦，懇求教言，竟未獲領。憫然侘傺寧能已于懷乎！後既履任，百務叢委，群情變詐，若處暗室而莫可聞，面巖牆而莫可睹。當是時也，欲得吾子一言以開迷途，何啻飢之于食，渴之于飲。然而山川遼邈，縮地無由，一日不見，又何啻三秋已乎！

是故紛至遝來，困心衡慮，反諸吾身，徵諸吾民，夫然後始見夫是心之良知本一也。以其運于天而言謂之命，以其賦于人而言謂之性，以其率而行之謂之道，以其修而誠之謂之教，以其推而及之于四海謂之治，以其成而重之于萬世謂之功。皆是心也，天下之所同也，學所以明此也，仕所以行此也。故吾心于事苟無欺蔽，行之而自覺其是；於物苟無私累，處之而自得其安；則必自以爲快矣。吾心既快，求之天下而同然，人心亦未有不快之者。是故毀譽不能搖，禍福不能怵，無入而不自得也。夫然後知學與仕本一事，而非兩途也。夫然後知學固學也，仕亦學也。夫然後知嚮之所謂學者詞藝焉耳，於吾心何益？於吾民何補？而今之號爲豪傑者，皆溺于其中而莫之知也。是故某也離群遠處，碌碌猶如昔日而不至墜溺之甚者，賴有陽明王先生爲之依歸云爾。

夫王先生之學，天下方疑而非議之，而某輒敢篤信而誠服之者，非所以附勢而取悦也，非謂其所惑也，非喜其異而然也，反而求之，竊有以見夫吾心本如是，道本如是，學本如是，而不可以他求也。

孟子曰：仁，人心也；義，人路也。舍其路而弗由，放其心而不知求，哀哉！人有雞犬放則知求之，有放心而不知求。學問之道無他，求其放心而已矣。又曰：無爲其所不爲，無欲其所不欲，如此而已矣。又曰：人之所不學而能者，其良能也。所不慮而知者，其良知也。孩提之童無不知愛其親也，及其長也無不知敬其兄也。親親，仁也；敬長，義也。無他，達之天下也。又曰：老吾老以及人之老，幼吾幼以及人之幼，天下可運於掌。詩云：刑于寡妻，至于兄弟，御于家邦。言舉斯心加諸彼而已。若于此數章玩而求之於心，則王先生之學亦可得其大概而知其必是，而斷無可疑者矣。是在有志者心誠求之，非筆舌之所能盡也。

吾子英明特達，博學能文，某之腐陋何啻文杏之于朽木。而某乃拳拳以此爲言者，非以爲吾子不由此道也。昔日吾子嘗校士南宫矣，不有焚書之策乎？蓋爲陽明先生發也。而吾子與涇野子力辯而扶救之得不行，某固知吾子素知陽明之學而尊信之者也。某又辱在相知，故敢喋喋如此。非吾子不可以此言進，非相知亦不敢以此言進也，唯吾子其亮察之。請觀傳習録而求之于心，勿動客氣，勿泥舊聞，則吾心之本體自見，而凡諸說之非不待辨而自明矣。

某在此適當大壞極弊之後，不能不稍有更張。公便而私或弗便，民悅而吏或弗悅，良是而奸或弗是，遠可而近或弗可，圖一家之利者而一方之害有弗顧，偷一時之安者而百世之患有弗恤，是故毁譽興而恩怨生焉。孰不曰是可畏也，否則禍福隨之矣。竊意以爲毁在一人而利在衆人，雖毁何妨；怨在一時而澤在百世，雖怨何害。唯反之于心苟無愧焉，誰毁誰怨吾心自快也；苟有愧焉，誰譽誰恩吾心自欺也。自快則心快而樂莫大焉，自欺則氣餒而憂莫大焉。故某每以自欺是省，自快是期，而未能也。夫聖人無過，君子不貳過，小人文過。文過某固不敢，若聖人、君子相去奚翅千萬，則其過也蓋時有所不免矣。又況南北風氣不同，人情土俗亦各有宜，若必一一盡知而處之各得其願，雖號爲達者猶有所弗能也，況昏昏如某者乎！此某之所以拳拳懇懇，望教于吾子而莫有由也。且無稽之言，不根之謗，此又越人之故習也。唯吾子不棄菲材，始終其愛，每逢便使恒賜教言，使某知所適從不至迷惑。倘有所聞明示無隱，使某知所懲改不至顛廢。是豈唯某之私願，而紹興之民皆被吾子之澤矣重，唯吾子其垂念焉。

與葉碩莊良器書　丙戌

古之君子不以毀譽得喪動其心，是以學日進而德日修也。是故國有道不變塞焉，國無道至死不變。其所得者深，而其所見者真切而有味也，如是而其心始快。此之謂自謙，此之謂誠其意者。是故達我所欲也，所欲有甚於達者，故進不肯苟取也。窮我所惡也，所惡有甚於窮者，故退有所不悔也。此唯大賢以上者能之。某也鄙夫，竊嘗有志于聖賢之學而未能也，是故聞譽而喜，見毀而怒，得則樂，喪則憂。每覺而每加省焉，至於今年且四十矣，而兹歸也，反之於心若無愧焉。然不平之氣又或竊發，發則覺，覺則力加克治。病根若或拔矣，稍懈而萌者復達焉，達則又芟治之而其心始快。顧唯氣薄而質不美，是以此心不能常躍如也。所幸者吾心之良知自明，故發則即能覺，覺則克治之功自有不容已者。弗克則心必不快，不快則愧怍生矣。

然則某之守越也，不恤重毀大謗，凡人之所不肯爲者而必欲爲之，雖至于今日而其心勉強不悔者，當必大有所可欲、所可惡者。兹言也，唯可爲吾兄知己者一道焉耳，若與他人言，不以爲癡則以爲迂，其不竊笑者鮮矣。吾兄以疏通廉幹之才其爲郡也，既已名世，若又進而求諸三代以上，爲邦者之所名，則其惠澤德業奚翅龔黄云哉！唯吾兄以吾道爲念，某當拭目以觀，傾耳以聽也。恃在相知，故敢妄言。儻不以狂見罪而采録焉，則斯文幸甚，斯民幸甚！

寄答陽明先生書　丙戌

兹孟子謂七十子之服孔子，中心悦而誠服之也。夫苟其中心之悦也，必得其心之所同然者矣。心之所同然者，由聖人至於衆人一也。衆人去之，聖人存之，夫是以異爾。彼七十子者其初也，亦衆人之徒也。及聞孔子之教而各得其心之所同然，然後天之命于我者勉而全之，始不愧于爲人之道，而得免夫禽獸之歸，則孔子于諸子有罔極之恩焉。是故其生也悅而誠，其死也哀而廬諸其墓焉。

大吉兄弟資不敏，其幼而學也，竊嘗有志于聖賢之道，乃爲近世格物之説所罔，終焉莫得其門。比其長也，乃遂馳騖于詞翰之場，爭奇而鬬勝者，然且十數年矣。既乃以守越獲登尊師之門，而領致知之教，始信人皆可以爲堯舜，而七十子之所以服孔子者非僞也。天命我心而我自放之不仁，孰大焉？親生我身，而我自失之不孝，孰大焉？今而後愚兄弟可以勉強惕厲以求自存其心，自成其身，而不至不仁不孝之大者，皆導師之賜也。故曰孔子于諸子有罔極之恩焉。

方圖日侍講筵以終大惠，而遽以不才見斥，又當携家西還，勢不可滯留也。離山去斗，莫可瞻依。中心彷徨奚翅稚鳥失巢云哉。幸辱舟從渡江下臨勝果，崇朝竟夕之教，耿乎其難忘也。別後又辱手翰累累數百言，雖欲其致吾之良知，務求爲真聖人之學爾矣。又教之以安貧，且曰飯疏食飲水，樂亦在其中。無非以聖人之學望大吉也，大吉雖不敏，敢不日夕勉勵以求無負我尊師之教！況大吉尚有餘俸十數鎰，又有先人遺田百數畝，瓦室十數間，亦足以供朝夕奉慈顏。抑又何敢稱貧盜名以重辱我師也！

所念者遠歸渭北，博約之訓不能常領，且居寡良朋而砥礪無賴，雖不至離矩判教，而子夏索居之過，恐或不能免也。秦越山川固爲遼邈，而商旅往來未嘗絶歲，是故大吉請教之啟，賴此猶可常達，而尊師賜教之言，亦幸毋因〔不〕〔二〕便而吝也。南望會稽日遠一日，悵仰之懷又奚翅飢渴云哉！唯尊師其永念之。

〔二〕「因」下疑缺「不」字。

寄駱秀才行簡王秀才懋明書　丙戌

疎直鈍夫謬辱天子大命爲貴郡守，得與行簡、懋明諸秀才朝夕周旋其間，以求古聖賢爲政之道，務爲久安遠大之圖。若夫施小惠、務虚名，違道以干百姓之譽，以苟一時之進取，則非區區之所敢也。今兹歸也，雖曰讐者毁之，奸者謀之，妬者排之，弗同者攻之，而寔則有命存焉，非人以所能爲也。故曰吾之不遇魯侯，天也，臧氏之子焉能使予不遇哉！

前在杭時也，已與行簡、懋明曾備論之，故兹不復瑣瑣云也。所念者仁人心也，仁者以天地萬物爲一體，是故人之有技若己有之，人之彦聖其心好之，不啻若自其口出。若或妬忌相殘，則是自賊其心矣。而與禽獸奚擇焉。南山之南，北山之北，區區則固處之，獨幸此心尚存而良知之在吾心者，即其在行簡、懋明之心者也。萬古一日，四海皆準，豈以秦越遼邈而有異哉！

故夫慎獨格物致吾之良知，以求至乎聖人之道者，則非一時之榮辱進退、聚散遠邇所能加損者也。若苟放其心而攴於物，則亦引之而已。雖其居也日與之同，而心則日與之異，其不探戈入室者鮮矣。唯行簡、懋明念之。在杭時匆匆相會一次，中懷未獲盡吐，比其行也，又辱追送。而區區以亡女夕奠之故，舉家方在悲泣中，且舟行不便，是以遂失展待，至今中心歉然。千里同心，想必能體之也。炎天險路，行色滯淫，此月十日方得抵汴，前去敝邑尚有千二百里。山川高下，大雨時行，是以抵家之期猶未能卜也。尚冀行簡、懋明便中不惜教音，則愛莫大焉。元固處已於乃兄敔中道鄙意矣。舜臣、允升、南夫及原在書院讀書三學諸友，不能一一裁問，幸爲區區轉致遠懷。余情不能盡悉，更唯照亮。

答賀長洲府書　丙申

去歲北上時，予以衰服在躬，且鄉居阻遠，未獲臨岐一別，中懷至今耿耿。玆得應壁手翰展而玩之，其意似懇懇焉，其情似劇劇焉。隨既得蔣舉人啟，内亦云同門之好，不勝雅愛，則應壁之心又可覘矣。昔王仲淹讀秋風辭曰：樂極哀來，其悔心之萌乎。今予觀應壁之意，若情也懇劇交騈，其亦悔心萌乎。是故惡非君子之肯爲過，則雖聖人不能免也。是故古之君子其過也，非聞之爲難而悔之爲難，非掩之爲貴而改之爲貴。故曰吾未見能見其過而内自訟者也。又曰：過而不改，是謂過矣。是故湯商聖王也，仲虺稱之曰改過不吝。顔淵孔門大賢人也，孔子稱之曰不貳過。是故聞貴悔，悔貴改，改斯善而可與聖賢同歸矣。今應壁悔心既萌，則其省而改也，蓋翻然矣。

或曰：弗然，聖未之信也。是在吾應壁反之於心，自察識之而已矣，戒懼之而已矣，他人弗能與也。且翰尾又云倘不終棄，垂降教言，不勝慶幸。夫予之於應壁者處也，豈一朝一夕云哉！教學相長之益，恩義相締之久，非泛泛焉者。人既有詷于應壁，應壁又有詷于予，予豈忍恝然置之不言，以予不恕之身而陷吾應壁于有過之地哉！是故反之於身，謗謗切切以自責焉。玆其意豈有他哉，冀得與吾應壁同立于改過之地耳。應壁一反而來予方歡然，且謂其晚也曰棄，則予豈忍？互鄉童子何如人也，亘來見孔子即與其進，應壁於予何如人也，而予尚忍逆詐，億不信哉！今又遙求終教，則予雖愧於知新之學也，抑又豈忍退然無一言以答來意哉。

夫學問之道，合内外人己而一之者也，是故無用舍，無崇卑，徹少徹老，一貫焉耳。故曰：唯日孳孳，斃而後已。昔應壁之居學也以明倫，今居官也使倫明。昔應壁之在家也，老吾老，幼吾幼；今在邦也，及人之老，及人之幼，果有二道乎哉！是故學固學也，仕亦學也。臨下有君道焉，事上有臣道焉。教民有父道焉，愛民有母道焉。上交有長道焉，下交有幼道焉，旁交有友道焉。夫是道也具於吾心，秉彝天則之良。大中至正人人所同，而不可以毫髮私意加損焉者也。依是天則而處之各得其道，則人心無有不慊者矣。人心既慊，吾心有不慊乎！今且以應壁今見諸其行之淺近易見者言之，當應壁初遺人歸也，其寄書若禮于其宗戚親黨朋舊也，自常情觀之，孰不曰茲末節也，于吾心何關焉？是故或弗慎也，抑未思書之稱敘也。不有尊卑之等乎？貺之施報也，不有厚薄之等乎？其書若禮，又不有有無之等乎？夫是等也揆之于吾心，亦各自有天然之則。無過不及，人之所同，而不可以毫髮私意加損焉者也。依是天則而施之各得其當，則人心自無不慊者矣。人心既慊，吾心有不慊者乎！苟以末視之而或以私間焉，則行之必失其等矣。

是故當尊也心有所驕，忽而或卑稱焉；當卑也心有所恐懼，而或尊稱焉；當厚也心有所忿懥，而或薄施焉；當薄也心有所好樂，而或厚施焉。當有也心有所拂吝，而或乃無焉；當無也心有所憂患，而或乃有焉。又或之其所畏敬而辟焉，則過於尊矣；之其所以傲惰而辟焉，則過於卑矣；之其所親愛而辟焉，則過於厚矣；之其所疎薄而辟焉，則過於薄矣；之其所哀矜而辟焉，則過於有矣；之其所賤惡而辟焉，則過於無矣。此等一失，人皆曰我非也，而人心慊乎？人心不慊，則吾内省能無疚乎？能自慊乎？然此等此則具於應壁之心者，其幾之初動也。或是或非，或當或不當，應壁之心昭然自知，即所謂莫見莫顯者也，即所謂良知。依是良知，尊尊卑卑、厚厚薄薄、有有無無，不以一毫私意參乎其間，即所謂慎獨也，即所謂致良知也。

此知一致，人皆曰我是也，人心有不慊乎！人心既慊，則吾内省未何愧乎！夫何不慊乎！夫茲應酹小事也，此其大者可無慎乎！由是觀之則吾心天理之流行，果有離于日用之常乎！夫其常也自一應酹〔一〕之小以極乎庶政之繁繁，然條理果有出於吾良知天則之外乎！然則學之道果有間於内外人己乎？果有分於用舍尊卑乎？孟子曰：萬物皆備於我矣！反身而誠，樂莫大焉。又曰道在邇而求諸遠，事在易而求諸難。人人親其親，長其長而天下平。夫是之謂格物之學，是之謂聖賢之教也已。應壁苟反而自強不息焉，其於爲政也何有。

〔一〕「酹」，當爲「酬」之誤。

第二十卷　文三

疏

爲梁尹上當道辯疏　壬辰

夫天下之事唯其公而已矣，君子之于人也，唯其情與法而已矣。是故情者法之生也，弗得其平斯鳴矣；法者情之治也，弗得其當斯枉矣。是二者其理相因，其勢相乘，唯其公而不可悖者也。是故鳴焉可無達乎？枉焉可無反乎？可達也則當與之言箝焉，而弗言者嫌也；可返也則當與之行沉焉，而弗行者疑也。嫌與疑君子不避也，故曰唯其公而已矣。公則言之必可行也，惻然言之而使之平；行之必可言也，毅然行之而使之當。夫平情仁也，當法義也。仁義之心人皆有之，言之而或有弗惕，行之而或有弗服者鮮矣，夫何嫌疑之有。

若曰情可言也，受賄之猜可慮也，遂乃已法可行也。受囑之謗可防也，遂乃已是亦有我之私也而可乎！故曰嫌與疑君子不避也。是故情莫大乎好惡，是非之明而已矣；法莫大乎懲勸，舉錯之當而已矣。反是則善者莫有所勸，而不善者莫有所懲矣而可乎！故曰其理相因，其勢相乘，唯其公而不可悖者也。況夫法以情立公則貴也，情以法治恕則貴也。又且人材難得，愛惜之仁不容已；善類易殘，保全之義不可闕也。玆則君子小人其道消長之幾，而政之治亂所由倚伏者也，可無慎乎！是故渭南尹梁沂氏者，既已落職去矣，其人之材不材、善不善，某不敢以私與也。徵之人心可知矣。

初，梁尹之宰渭南也，渭南之人習焉而莫知其材也，由焉而其善莫之覺也。比其去也于今三年，而吾渭南也其在上者，不有蹌然而印綬相繼者乎！利孰不欲興之以衒能也，既乃曰：梁氏以此得厚誣，我獨何爲也。害孰不欲除之以來譽也，既乃曰：梁氏以此致隱禍，我獨何敢也。是故有大懼焉。其在下者不有群然而黎黃相聚者乎！征輪或復峻也，則皆曰：安得我梁父復來而使之蘇也。奸宄或復興也，則皆曰：安得我梁父復來而使之息也。是故有永思焉。其傍觀而議者，不有濟然而衣冠相處者乎？禮焉見其弗興也，則譁然曰：使梁侯在，未必鹵莽如是也。義焉見其弗明也，則譁然曰：使梁侯在未必滅裂如是也。是故有深惜焉。由是徵之，則梁尹之才材也，善之類也。夫其去也，是果好惡之公而懲勸之當哉！是非之淆亂交讐者，造言以塗之也；舉措之顛倒交謗者，飛語以撼之也。當是時人人皆有不平之心，而愛莫爲助也，故遂落諸陷井而終莫之有援也。咎在縉紳，斯文之大諱也，而尚可言哉！

夫是以自鳴也，是以鳴而來也，人無有弗是者也，無有弗謂其反焉而平之必速者也。顧又淹久而弗得理者何哉！將其情無或以達而上焉者，莫之知也乎。抑其讐謗者猶騰其昔日之流讟以搖惑之，而莫爲之當焉也乎！且今天寒歲暮，則彼之旅況其寥寥者又可想也。茲又豈非天理之所當憐，人心之惕然而不容不念者乎。

顧唯執事者素知其情者也，是故體其淪落也，深察其滯淫也。久則其心之不忍而手欲援之者，無待于人言而自皇皇焉者也。然而某猶瑣焉而言之者，所謂無或以達而猶或流讟者也。況其蹤也獨，故其助也寡，誰能不懷嫌也而肯以白之乎？誰能疑之釋焉而慨然爲之理也乎？攀高岸而欲登籲青天而求救，不于執事望而誰望邪？是故某之于彼也，既曰相知若猶避焉而弗言，是無惻隱之心非仁也。言焉而猶弗敢盡，是無強毅之心非義也而可乎！故曰：君子不避嫌，況某之心又執事者之所素知者也，孰謂其言之瑣也而執事或厭之乎！孰謂其非所當言也，而執事或以遊說疑之乎！是故彼之去吾邑也既久，理無復來者也，某何利於彼而爲之遊說，彼何勢于某而能使之遊說。茲又豈非天理之不可泯，人心之洞然而不容不言者乎！是故古之君子內舉不避親，外舉不避讐，唯其公而已矣！抑又何嫌何疑之有。

或曰梁尹固材也，留可也，去亦可也，奚必拳拳注意哉？某則曰否。人材難得，是以君子常少而小人常多也。君子少故其類也常孤，小人多故其類也常勝。是以仁者無棄人而君子扶善類也。無棄人故其使人也器之，扶善類故其取人也以心焉。語云君子之心公而恕，其斯之謂與！ 夫以梁尹之材愛惜而保全之，其誰曰不然而必欲箝焉。以中讐謗者之計使之肆焉，弗有所忌而殘我善類也乎！ 必欲沉焉以沮繼治者之心，使之畏焉弗敢有爲而重，貽我民禍也乎？ 幸唯執事之垂情焉。儻得早賜吹嘘，出諸陷井之中，復之青雲之上，是豈唯梁尹幸哉？ 人將莫不曰執事之好惡也。其公有如此者，執事之舉錯也，其恕有如此者。執事之于材也愛焉，其仁有如此者。執事之于善類也扶焉，其義有如此者。是豈唯執事譽哉，將乂莫不曰： 雖有造言弗能塗執事之聽也，其聰有如此者。雖有飛語弗能蔽執事之見也，其明有如此者。雖有浮謗弗能間執事之心也，其信有如此者。雖有流讟弗能詛執事之行也，其勇有如此者。是豈唯人焉德哉，由是則持公者有所勸，皎焉而論無弗明也。由是則樹私者有所懲心報焉，而心無弗訟也。由是則在位者展其才而交修焉，無復有畏也。由是則在下者協其心而交慶焉，無復有不服也。夫是之謂君子之道長，是之謂仁人之治政也已矣。豈其一人之私而某言之重，唯執事之留意焉！

碑碣

明文林郎河南新鄭縣知縣張抑抑子墓碑　辛卯

弘治正德之際，華多名魁士，故予自爲童子時，已聞張抑抑子。抑抑子早喪父，與弟廷佩紳者同居以事母。廷佩爲學官廩膳生員也，抑抑子教之。其子曰煦者之娶馮氏女，女之嫁生員孫爵也。

抑抑子禮之母子昆弟之間，夔夔如也，怡怡如也。故又以孝友聞。後予繼室以馮氏之姑，往來咸林，故得與廷佩交，頗又聞抑抑子之詳。比其卒也，已按廷佩狀略爲志其墓矣，然廷佩之情弗但已也，故既葬之七年，又以表墓詳狀來請，於是又作抑抑子墓碑。

辭曰：張抑抑子者，名曰縉，字曰廷儀，華州人也。六世祖曰士奇，生高祖曰六。配畢氏生曾祖曰顯，廣惠庫大使。配李氏，生祖曰倫，蓬州驛丞。配楊氏，生父曰正，處士。配雷氏，生抑抑子與弟紳。而抑抑子有異姿，稍長，父處士即爲擇師使學焉。抑抑子之學也，雖冱寒炎暑，每宵旦父處士必躬視焉。見其孳孳無倦也則喜，或時稍懈乃即艴然不悅，故抑抑子則乃惕厲日益如不及也。比弱冠即爲州學廩膳生員，既而弘治甲子果舉鄉試高第。然乃屢不利于會試，乃後正德庚辰始拜河南新鄭縣知縣。知新鄭者三年罷歸，歸二年卒，春秋才四十又八耳。夫抑抑子用未大究，所施而又弗壽考也，故其所可傳者，家庭之外唯官新鄭時事云。

初抑抑子之官新鄭也，鄭人以征輸逋散者過半矣，而孔廟學宮頹壞又甚，抑抑子首督諸工修葺而丹（艧）〔雘〕〔一〕煥之，未越月廟貌宮牆巍巍然，望之者儼然尊師敬道也。每朔旦望晨而又校閱諸生，施賞罰以風勸之，鄭人士風由是勃勃興矣。其于民也，煦嫗勞來，生養日益蕃滋。業既棄而旋復者，初年半，次年盡矣。然鄭人故好訟，抑抑子初下車日有千人乃盡呼廉下，而以禍福善淫論之，時即有愧去者。其留者期以再至與決焉，比期百才二三至，抑抑子聽又無弗平也，於是鄭俗欻然變歸醇厚矣。

鄭地多沙鹵而人又喜商販，故其田多蕪穢不治，抑抑子下令倦倦劇劇，唯末是抑也。故民稍知務本，歲獲果倍，力農者始賤商賈。山坡澤垠墾爲良田者萬傾〔二〕，至今猶自稱說也。鄭富豪故習率能致賂役貧，抑抑子之編差也，躬視其籍，詳諦

〔一〕「艧」，船也。據文意當爲「雘」。
〔二〕「傾」或當作「頃」。

里甲，而上下酌之無不均稱稱便。當道者聞之，以爲審編官，審編鄰郡〔二〕邑凡十之又三，皆如新鄭，雖桀（椽）〔掾〕黠書無所容其奸也。歲辛巳今上駕道新鄭，扈從臣庶奚翅萬數，抑抑子周褫處畫，事濟而民不知勞，撫按藩臬咸獎譽之。既而河南有流寇自浙川充斥宛襄鄭許間，抑抑子齊眾振威，群醜因以旋魄，故遂大敗。縣南四十里之野而悉就俘馘，於是當道者益以爲能而交章獎勵焉。斯固可以睹抑抑子才矣。

顧乃以寢疾致怒請軍御史，遂浸論之使歸。既歸而逍遙爲樂也。才二年顧又奄然不吊，茲其命又可覘哉！夫抑抑子年少負盛氣，英毅倜儻，以爲功名可立取也，然竟止以舉鄉爲縣官，故自貶損鳴謙以求貞吉。曰吾今可以抑矣，乃遂自號抑抑子。故曰張抑抑子。

抑抑子配王氏，繼配劉氏，生男三人熙、薰、然，而熙爲生員。女子二人，長嫁席學書，次幼。夫其葬也，以卒之年冬十月庚午，墓在州東馬村之南，蓋祔諸先塋者云。

瑞泉子曰：予聞張抑抑子去新鄭時，鄭人泣送以言，有曰：吾民雖稍蘇息，侯遂以陽城自考去，此吾民所以扼腕痛恨者也。才也由是益可徵矣。夫居異等者望必重，修華行者期必耀，茲恒情也。其或蹇焉，苟非俟命君子而弗憤懣以沒者，鮮矣。故達如賈誼，一逮讒置乃竟沉折，況其下與。今觀抑抑子治新鄭固今才也，然乃抑扼以至淪落不考，或者意衡心鬱拂亂不堪邪！然予當交抑抑子，彼固超曠通脫夫也，豈其然哉！古稱豪英死草萊，夫是之謂命爾矣。

銘曰：

盤盤其山，漭漭其潭。丘隅之墟，馬村之南。華峰外抱，清渭中含。佳氣氛氳，草樹沉酣。彼淑君子，一夢何淹。精英薰洋，上繞羲炎。⿵風立〔三〕然去晁，寂矣垂簾。棣庭瑟瑟，萱樹毿毿。穹碑森鬱，被檜蜷杉。振爾孫子，蒸哉具瞻。嗚呼時祀，

〔二〕「郡」，原作「群」，據文意改。
〔三〕「⿵風立」即「颯」。

世萬其嚴。

亡妻馮宜人墓碣銘　癸巳

亡妻馮宜人者，華州人，武功左衛經歷世隆女也。正德庚辰先妻張安人以疾亡，故宜人來歸，繼室於我。時予爲戶部員外郎，其明年陞郎中，會有詔乃誥封曰「宜人」。是歲宜人生子曰獸兒，以痘疹夭折死矣。後一年又生子曰馬兒，生時宜人已中風弗知也，既六日蕩顫始作，暈絶而復甦，猶曰虛極乃爾。已而顫暈不已，遂至瘈瘲而亡。嗚呼！天又何奪我妻之早也。

宜人既亡之明年，而予出爲紹興郡守，程命迫促，故不得歸宜人柩，乃遂同船携至揚州，托寄尼寺之別室，而予乃之越中矣。其明年冬，吾女曰芝英者夢宜人來謂曰：人奪我室奈何？既旦，芝英乃以其夢來告予，然予亦竟莫知所謂也。無何而揚州來書云：不幸寺也災，致燔夫人之柩，謹收餘骸封之漆室固藏以待。於是吾女之夢乃徵矣，異哉有是乎其數也。又二年予乃罷歸，將歸而吾芝英女亦以病死。嗚呼！夫又何奪吾女之早也。既歸而過揚城，乃始取宜人骸室，與吾女來柩同携以歸。歸寄吾里之啟善寺。後二年子馬兒亦又以痘疹殤矣，嗚呼！天又何奪吾兒之早也。其後五年癸巳冬十二月四日，始葬宜人骸室於新塋之東北隅，而以芝英柩從焉。新塋者，豐草原先渭陽公宅兆也。當是時合葬我太宜人、故宜人始得從葬焉。然不祔宜人於塋次者，燔骸耳，先人之所禁忌也。慧也宜人苟有知焉，必安命不吾咎也。嗚呼！天又何禍我宜人之烈也。

夫吾嘗念吾張安人德範婉儀，靜娟妹麗，詩碩人稱詠有焉。吾宜人雖微弗逮，然幽秀篤貞，蓋亦絶代立矣。而吾女生又淑靈，八歲而能事筆硯，能誦習。既笄而能通孝經、小學、女教諸書，古人列女諸傳，駸駸乎禮義止矣。奚翅諸女工，精絶可愛也。夫其生稟皆若此，貴壽並得，其誰曰弗皆宜也？而吾張安人既已早逝，吾宜人與吾女又皆短折者何哉？然予又嘗以是而思女婦人者，坤體也，坤厚斯載物無疆矣。而吾妻吾女蓋皆清稟極耳，故氣薄而數短，故其弗壽也又奚惑焉！然皆予遭則予命薄又可知矣。嗚呼其慟也已矣！

宜人生弘治甲子夏五月六日，亡嘉靖壬午冬十一月二十九日，年才十又九矣。芝英生正德己巳夏四月二十八日，亡嘉靖丙戌春三月十八日，視宜人少一齡耳。其張安人者，芝英母也，存亡歷履載在張壙石中矣。

銘曰：原之麓，塋之陬，母斯歸，女爲儔。玉埋櫝，芝閉楸。風肅肅，野悠悠。

明山西襄陵縣學訓導渭川張先生墓碑　乙未

嘉靖壬辰張渭川先生卒，春秋六十又五矣。卒二年，其子學官弟子養正者始葬先生于酒西之郊，時瑞泉子爲會稽太守會已歸閑，與先生素厚善，已爲略志其墓矣。既而養正復以墓碑請，於是瑞泉子始詳采其事實。

碑曰：張渭川先生者，諱吉字元慶。其先美原人也，宋初始遷居渭南江村里之南村，故遂爲渭南人。父諱鵬，淮安府稅課局大使，時稱南村翁，翁娶于黄氏之女，生四子，先生其叔子云。先生生四年而從南村翁遊淮上，七年而通聲律，善對句，又善記。淮水之人好門帖，而先生好遊覽，鏘然句陳無誒再睇。淮有龍興寺者，高皇帝隱跡地也，故其中多名貴人題焉。南村翁每令人負先生入而讀之，既出而歸誦無遺謬也。南村翁以是命從西湖子王舉人遊，西湖子門弟子百餘人，每朝暮歸期以對句，先生輒得先歸焉。既而能文又能詩，淮縉紳先生聞者皆來敬禮，試焉皆大奇之，於是名聞淮上矣。

比南村翁歸，始從學官遊[一]，且弱冠即爲渭南高第弟子，而時提學來試者亦皆大奇之，於是名又聞關中矣。當是時關中同試人士嘗與先生過長安酒舍，貰酒既酣遇飇風，先生乃自爲辭擊節歌曰：「飇風舉兮漢長安，鵬鳥揚翎兮翔翀天，回

[一] 原文「遊」下衍一「遊」字，删。

盼鷦鷯兮蒿草間。」此其志豈在人下邪！然既試乃不第，然乃屢試科舉第一，乃又屢不第。後至正德庚午，先生偕予及予同榜二人者卷，皆爲考官所取，比登榜獨先生卷爲人所匿置，茲其命已慨可睸也。後三年癸酉，又三年丙子，先生乃又皆試科舉第一，而又乃皆不第。先生曰：「嘻！有是哉？相者之先見也。昔予在淮上時，有昆弟二人者自宿州聞予名來，予應口對者凡百句，二人者愕曰：果若人言。既乃予相中，久之穆然若有所有憫者。先翁固問，唯曰可惜耳。先翁以爲迂誕，乃果信，由今觀之，是尚不可謂定命耶！」後二年乃貢，既貢而與天下士貢來者凡千人廷試，試則列第二，乃又授爲山西襄陵縣學訓導。

先生之訓導襄陵也，豈唯嚴嚴義莊無倦哉？當是時諸弟子薛生文祥有母而（屢）〔窶〕〔一〕甚，先生乃爲求閒田于令尹氏，又時推俸周焉。盧生麟妻亡擇繼，女家以其貧弗許，先生既致之書，又躬之聘，盧生由是得再娶。初，先生至襄間，襄人昏聘以雞酒，即出賈累數十歲弗歸。又娶或死，前聘者終莫敢嫁。喪則朝死暮葬，後方筮日舉柩。風自金元數百年莫變矣。先生以爲惑亂甚也，乃言之令，令曰是當革。乃下令凡昏喪者皆先生聽。於是先生令受聘十年以上者俱許嫁，訟決者凡百狀。諸所遭喪者禮稱富貧，而以諸弟子教讀迭相行焉。既而先生攝令事，遂又榜示籍名以風行之。於是民聽不惑，昏喪歸厚矣。居攝者凡百日而罷閤〔二〕，弟子鳳儀上書頌之，郡太守寥平陽獨敬礜焉。是時會有詔纂修毅皇帝實録，郡太守乃又舉先生爲平陽總修官。既修已，會又有令修龍子祠，郡太守藉徵料金百鎰，欲令先生收之，先生乃固辭，由是人益稱賢矣。群僚汪教論常口銜妬之，欲微伺中傷，然竟未有間也。已而汪病且死有悔言，先生奚翅弗較，而又惻然助治喪具使得歸。是以諸弟子歸仁焉。

居襄陵者三年。乃又翻者歌曰：「英年願學兮孔子，遲暮不夢兮周公，情豈纓兮簪組，歸去來兮宴鴻。」故遂上章請

〔一〕「屢」，無窮困之意，疑爲「窶」之誤。詩經邶風北門「終窶且貧，莫知我艱。」

〔二〕「閤」不見於字書，疑爲「閒」的俗體。

老，當道者固留而竟莫之奪也。於是襄之人盛具旗帳，設祖汾河之濱，送之者數十百人。雖大雨沛然，而縉紳弟子或五十里、或百里，戀戀弗忍舍去也。既歸日與其門人親舊觴詠相羊湑渭間，賓客至門雖盤味尊醪，必洽情歡。或門無車馬，亦與妻子宴笑終日，何嘗怏怏稍慍哉！

至其孝友又天性也。初南村翁以貲豪渭南而諸子皆居南村，獨先生奉南村翁、黃孺人於縣城倉衢之舍事焉。比其相繼以沒也，凡喪治又皆先生啇[一]痛行之。諸昆弟析產，唯其意予而弗券視也。弟季子不才，或謂先生當殛之，先生泣弗聽。後季子果犯大戮，先生極力弗得脫，心甚悼之。比丙子當先生貢，乃讓之方朝元氏。方氏者，故鬱鬱淹困者也，故先生讓之。故人乃又稱義焉。其攝襄政日，富室盧氏兄死而弟利其貲，乃搆訟立嗣子不當，先生一決洞然，故嗣子得不逐，既而嗣子之母以重錦十兩、白金三十鎰來謝先生，拒勿受。民有范天倉者犯重辟而事弗麗，令尹氏令輸百金贖之，先生弗忍卻然義又無處，會時修築學宮，於是令室人納磚爲千者百，盡以其金予之。宮傍故有大樹十餘株，值可數十金也，當先生歸老治行時，令尹氏謂其蕭然涼也，欲其伐而貨之，先生勿弗肯。孰不可爲皎皎者邪。

先生自少好聲詩，雖樂府小詞皆諧叶可誦。所著有渭川稿十餘卷，散在識者，故多遺亡。今所存者遺懷稿數卷耳。先生自號渭川子，故人稱曰渭川先生云。

瑞泉子曰：張渭川偉貌若神，儻爽蕭閑有醞籍，蓋古人豪徒也。故門下多名魁士，其最褎然稱傑者李舉人文進輩也。夫材沃者耀迅，藝丰者庸崇，如其恒與。予觀渭川飈風辭何壯烈也，至其述「相與其翻然」歌也，又何知命君子哉！然則渭川之遭其時之屯乎，不然何攝襄令也才百日耳，而數百年頹汜之風灑然一變。使得遇泰崛起，驂駕雲螭，雷雨天下，德名勳伐，巍巍安可等評哉！顧䟽越大呂，弗享清廟，幽佩遐捐，泠泠自鏘鳴也。豈易所謂卑不可喻、困窮而通者邪！

銘曰：連岡周麓鬱蟬嫣，幽遂潛扃莫蕃。上有豐原下渭川，渭川之名千萬年。嗚呼！蓄光被後兮，渭川之名千

[一]「啇」，「衜」的異體字。

百年。

明誥贈中大夫光禄寺卿雲巖馬先生墓碑　丁酉〔一〕

敬皇帝十一年予方髫幼，嘗從我先大夫渭陽父觀藝藝林，時聞源諸生曰馬伯循理者，以文行擅名關輔，既而伯循果以胡氏春秋擢舉人魁第。其後四年，予從先渭陽父進遊太學，又聞伯循之名重天下。毅皇帝九年，伯循果又以朱氏詩擢進士上第，官拜冢宰司勳主事，而名益洋溢四海，令德龍光。雖朝鮮、安南諸夷使臣，莫不馳慕競觀，若鳳鳥龍馬出焉。則是行藏何啻奕奕科第昕耀已也。當是時予也謬葺司徒左司主事，乃始進交于伯循。間得覩誦雲巖先生墓志，志稱先生得君子之道有九焉。先生者，伯循父；志者，今少宗伯呂仲木子撰者也。於是乃知伯循子嵬嵬名冠天下者，固其豪傑自興，而父庭授受實有所本始云。其後二年，伯循改考功主事，又一年三載考績，始推贈雲巖先生如伯循官，錫之敕命。又後十二年，而當今上己丑，伯循以南通政養高綺野，時予亦先以會稽郡守罷歸而伯循先。又繼室以吾渭張季子，張季子者，先妻張孟子之娣也。故予於是往來三原，乃又聞雲巖先生之詳。其後二年伯循復召起爲光禄寺卿，其明年今上誕皇太子，又推恩加贈雲巖先生如伯循官，進階中大夫，錫之誥命。又明年，伯循乃又謝病歸。故予於是又數遊三原，乃又數聞雲巖先生之詳，而知仲木子志所稱述皆實，德履鑿鑿可永世傳者。況仲木子以戊辰進士第一與伯循子名稱齊鶩，當世靈衷哲志，素非古賢聖弗學焉。夫是而志，夫是豈阿所好云。

按先生諱江，字文淵，一字鉅源，三原留坊丁村人也。其先世居富平孫姜里，元季有號毅齋者，避亂徙三原王村。高皇帝四年，又徙今丁村綺野莊。先生父曰貴，字尚賓，號靖川，贈光禄寺卿；配張氏，贈淑人，皆以伯循貴也。靖川父曰仲

〔一〕　原文誤作「酉丁」，據改。

良，字唯直，號抑菴。配傅氏。抑菴父曰彥真，字孝誠，即毅齋也。配徐氏。毅齋父曰仕禄，字汝綏，號醇齋。配趙氏。醇齋善教諸子，逃世難故以智稱。毅齋力能提巨畜牛羸，踰垣脱難以保家，故以勇稱。抑菴喜施予，簷來野鴿千百巢且訓，故以仁稱。靖川博學而喜友，嘗刲股和羹以事親，故以孝稱。逮夫先生，又以君子之道稱者凡九焉。三原人曰：馬雲巖軀貌碩頎，廣額而豐下，嚚嚚遯世，篤君子也。其事靖川父也，朝夕夔慄，有古內則遺禮焉。故有所承受無弗誦習。挹澤擴藴，父没而慕終其身，故言稱而行稽，此謂得子道也。諸子趨侍，每舉先世遺德，曰是宜嗣、是宜嗣，故諸子恂恂稱善，人知伯循資可賢聖希也。痛刮浮豔，誘之根本之學，故伯循早聞道也。此謂得父道已。伯兄湧氏既異居而嘗病，則爲煮稻鬻、執匕筯以養之，故湧病不藥而瘳。視仲兄渭氏之遺子女猶子也，故咸予室家之好，此謂得弟道已。季弟河氏早逝，念其聰慧故老而弗忘，哀從弟子曰：塋者遠歸無家也，故收鞠之俾有所。此謂得兄道已。隱居教授，不慕榮達，竹園綺野之間，綽綽河汾風烈也，故先後弟子以千數。祖述孔門博約之訓，循循懇懇而善誘之，故出其門者多名邦伯、良州牧焉，此謂得師道已。修舉鄉約，糾鄉之者俊而率行之，故丁村藹然古雍睦遺化也。里有爭訟者善爲解説，有弗聞聞無弗赫然休者，故留坊興讓如虞芮，此謂得處鄉之道已。嘗獲盜蔬者于王村圃，又獲盜薪者，悉予之戒之去，故其盜俱艾而良。又嘗被酒自天齊原歸也，夜遇盜者而從容論之，故其盜肅然退竢其過，此謂得禦暴客之道已。自結髮然薪讀書，淹貫百家衆技，咸臻要妙，故應其求者無弗愜其願。遵述五經、四書而反約之孝經，故所注釋多關日用，此謂得遊藝之道已。葆光嘉遯，既耄而顔如渥丹〔一〕，故登降出入弗有所憑；寡欲積誠，精明而神爽，故前知屬纊之期。此謂得養身之道已。

夫得父子之道之謂仁，得兄弟之道之謂義，得處鄉及禦暴客之道之謂禮，得養身之道之謂智，得師之道之謂善教，得遊藝之道之謂善學。仁義禮知，性也。性矣命也，非由外鑠我也，我固有之也。學者學此者也，教者教此者也。孔子稱「躬行君子」，其雲巖先生謂邪！

〔一〕「丹」，原文作「卅」，形近之誤。渥丹，潤澤光艶的朱砂，多形容紅潤的面色。詩秦風終南：「顔如渥丹，其君也哉。」

先生生昭皇帝元年五月一日，卒毅皇帝五年八月廿九日，春秋八十又六。墓在丁村之東，配劉氏，貳配李氏，俱贈淑人，亦以伯循貴也。男子四人，伯循其仲焉。女子二人。先生之號也，初曰雲巖，中曰浩然子，晚曰竹園老人。學者尊之自初也，故稱曰雲巖先生云。

南某曰：予數遊三原，數見三原父老傳誦雲巖先生教子言，若曰「勤儉起家之本，以富天下可也。忠信修身之本，以化天下可也」。又曰「正以居官民，斯可得而治矣。廉以立心身，斯可得而正矣」。夫此謂非知道者言邪？謂非得道者而言如是邪？夫知故思而行弗罔，行故學而知弗殆，故知愈真而行愈篤矣。舉而措之，焉以往而非道乎！故志曰雲巖先生得君子之道有九焉，其細者勿論也。然予又聞靜川公之博學也，尤邃于易，又邃于小戴中庸。夫易道之祖也，中庸道之傳授心法也，而靜川公獨兼邃焉。則伯循早聞道，予謂其有所本始者，抑又遠矣。然則伯循由是而得志，則使澤加于民，苟弗得志則修身以見於世，豈非孟子與所稱古人者乎！然則天下後世之稱雲巖先生者，亦豈不謂斯古賢聖徒者父乎！則是名也蓋亘天壤無疆也，又何啻一金紫光禄中大夫卿赫贈云哉！經謂「立身行道，揚名於後世，以顯父母」，蓋是之謂也已。

銘曰：

前則郁而龐龐乎而，後則發而皇皇乎而！山則峨而塘塘乎而，河則清而浪浪乎而，氣則乘而磅磅乎而！風則流而泱泱乎而！山而河乎而，而悠而長乎而。吁其雲巖先生乎而，吁其雲巖先生乎而！

明魯齋翁墓碑　庚子

魯齋翁者，浙之紹興府新昌縣人也，名謨，字廷圭，姓呂氏，別號魯齋，故稱魯齋翁云。魯齋翁生正統八年某月某日，卒正德元年某月某日，年六十又三歲。卒之明年葬下金山，其後十五年而當嘉靖元年，乃某月某日翁配趙安人卒。繇生景泰元年某月某日，年七十又三歲。於是啟翁玄堂而合葬焉。翁孫曰光洵者，舉嘉靖壬辰進士，知某縣，徵爲河南道監察御史，歲庚子出按河西過渭南，見南瑞泉子。齋翁行狀，述其父命請所弗朽焉。瑞泉子嘗守紹興，識光洵于初進故，忝有一日之長，故茲請也義弗可辭。

按狀翁固行力孝之篤君子也，初翁嗜學能文爲舉子業，既乃棄去，曰吾不能僂僂於是，作葛天吟以見志。然故富室也，翁又勤儉稍治之，即累千金。即又推以與人，曰多積非我志也。里中嘗大疫，病且死者十之八九，而人莫之敢視也，翁獨爲糜粥躬遍食之，活者數千人。而翁亦無他，且曰有人心者當惻然矣，夫茲不謂行義者哉！翁嘗與族人議置高祖墓田，或稍弗協，即自以其田爲之，竟不議其族人也。翁之一叔二伯相繼早世，三室嫠居，諸孫幼弱而翁母章夫人又老，翁獨殫厥心力，俾諸孤成立，娶婦生子，門戶嵬嵬興矣。章夫人由是忻然康樂，又十餘年始以壽考終焉。斯又不可爲孝德至邪！至論居喪有禮，致祭有敬，周死有惠，卻金有識，交遊有道，皆偉夫懿範，可以垂世遺則，而茲唯表其大者已耳。

然予按狀又知相翁篤行者亦由趙安人，安人父曰湯，宋安義王十二世孫也。當安人歸魯齋翁時，章夫人及翁高大母梁夫人俱在堂，梁好施，章婦儉，而翁又好賓客，安人事之各得其歡心，故翁令聞勃勃日彰著焉。然性喜澹素，即垂白即弗食重味、被重采也，諸子孫婦女苟有明妝袨服者，輒怒曰：吾嘗見富家翁死肉未寒子孫有乞丐者何也？知積財而不知積德耳。吾與而翁力淳行以遺，若輩顧不可邪！故翁子孫至今皆儉飭無敗度者，安人助翁教力也。

聞之浙大夫曰，翁四子曰世安、曰世元、曰世欽、曰世良。世良，光洵父，封官如光洵。一女，其婿曰章端之。九孫曰光汧、曰光沛、曰光泗、曰光澄、曰光汶、曰光淪、曰光洵、曰光演、曰光泌。光洵即河南道監察御史，光演亦爲縣學生員。孫女子三人。苗裔之盛而有聞如此，非所謂積善餘慶者邪！

按呂氏上世河東人，其著焉者唐御史大夫曰延之者也。後遷河北，又遷河南，而宋太師曰端，御史中丞曰誨，又騏最著焉者。靖康間中丞之孫大理左評事曰億者，始度浙遷新昌。億生集，集生亶，亶生瑾，承事郎。瑾生沖之，慶元五年進士，南康軍簽判。沖之生惟通，贈朝散大夫。惟通生秉南，紹定五年進士，大理寺寺丞，進司農卿。秉南生嶸，淳祐十年進士。嶸生价，价生楧，楧生宗學，宗學生辯，以子昌貴，贈奉議大夫，江西按察司僉事。辯生欒，配即章夫人，生五子，翁其中子也。然則呂氏之顯其世遠矣。況光洵留心理學，洞識遐覽，上淩往古賢聖，將來所就又何但功名赫耀已邪！然則魯齋翁遺質流衍，抑又安可量邪！

銘曰：

沃洲天姥鬱蟬嫣，中有山名下金山。幽燧潛扃草木暮，魯齋之名千萬年。嗚呼！蓄光被後兮，魯齋之名千萬年。

第二十一卷　文四

山西按察司副使弟逢吉編集，四川按察司副使侄軒校刻

誌銘

明處士南君墓誌銘　丙子

君諱遂，字克成，姓南氏，渭南田市里秦村人也。高祖諱安義，曾祖諱選，皆耕築不仕，祖諱義，國初舉人材爲汝寧府司獄。父諱釗，天順三年進士，官至河南右參政。母寧氏，贈宜人。君生有懿質，稍長授之書即能諷誦，見者咸曰此兒有若翁風，必國器也。尋病疹喪一目，乃不學屬文顓務讀書，既壯大益肆涉獵，每對賓客談論，出入子史，踔厲風發，雖老生弗及也。

初參政公起自環堵，室無儋石之儲，後雖官戶部然性高潔，秋毫無所取，業產基趾如初。君乃勤儉自奮，蒙霧露，戴星霜，躬嘗稼穡之艱難，弗敢或懈。由是田園寖廣、廩畜日充。後益經畫有方，比參政公罷歸，有田五百晦，粟三千斛。君復商遊商洛，南入蜀漢，窺劍門，浮褒水，歷唐鄧，比涉汴汜，出入燕代之間。所至豪傑多與之遊，未嘗以賈客視君也。俄傳參政公疽發背，君聞之即自鄧奔歸，旦暮侍側，飲食藥餌非手所劑量弗進。亂首垢面，累月不交睫解帶。及公疾瘳，君亦精醫，遂留侍左右養。先是參政公爲郎中時，偶遘疾蓐食，君時家居得公手書，即日如京師，日訪良醫，夜則禱諸天，三月乃

愈。母宜人早卒，每言及輒哽咽泣下。弟漢今蘇州府通判，嘗爲長山教諭，寢疾病，君親往視之，留月餘始歸。既而異產，君以諸幼弟未成立也，宅園蓄藏則皆讓焉，由是著孝友名。

成化末，歲饑，時富多閉之糴，君獨推所餘濟諸飢餓。諸飢餓就食漢濱，男女有不能携去者，皆爲撫養而嫁娶之。弘治間嘗以粟四百斛貸人，既而飢乃棄其券曰償之矣，是以人又多君之能義也。雅性剛直，居家尤有法度，每教諸子必曰：爾祖官至藩臣，清勤靖共，爲當世所稱。爾所以得享溫飽者，皆爾祖慶也。爾其念之毋爲不臧，忝爾祖凶于爾躬。又嘗教諸孫曰：昔夏侯勝謂士明經術，取青紫如俛拾地芥，爾欲爺遺爾黄金滿籯邪？抑欲教爾一經邪？古今君之子孫皆恂恂如也。

晚厭囂塵好性靜，嘗欲棄家人入隱商山，未幾以疾卒于家。遺命毋厚斂侈葬，斯亦可以瞯君之達矣。生景泰五年七月一日，卒正德十一年九月十三日，年六十有三。配牒氏，子男三，韶、義、官，先君三日歿。娶李氏祜，陰陽訓術。娶田氏郊，先君二月歿。娶喜氏，女二，長適劉相，次適李憲，先君三月歿。孫男三，復性、復禮，韶所出也。復初，祜所出也。女四。卒之年十二月七日，將葬君于村東北新塋，君之諸弟若子命某銘君墓。君某從叔也，弗敢辭。

銘曰：

嗚呼！惟叔父惟幼遜志大興，嗜欲克典于學。冀乃考攸服天，不祐厥躬，乃奪之目。弗顯于國，修于白屋。克開厥家，克茂厥德。惟孝友于兄弟，惟仁惠於煢獨，惟黄耇攸宜，永享遐福而胡惟耆。二男一女，同於無禄，乃扃潛闥，乃封宰木。惟千祀之無疆，安茲窀穸。嗚呼命矣！夫叔父後其有興哉！

明山東道監察御史贈光禄寺少卿朱白浦子墓誌銘　甲申

白浦子者，姓朱氏，名節，字守中，山陰瑞麥里人，別號白浦，故曰白浦子。父科贈監察史，母張氏贈孺人。白浦子生而穎篤，甫數年即知誦讀，嘗從父謁宣聖廟見諸聖賢像，乃奮然曰：　吾師其在是乎！　既冠爲郡學，諸生卓乎其志，磊磊乎其言論也。故時人咸以公輔期之。郡判楊某慕其名乃館焉，以爲諸子師。適有富室民獲罪於判者，夜持重金求解于白浦子，白浦子峻拒之，判覺而謂曰：「先生親故有罪，某當惟命。」白浦子曰：「審若茲則公之館節也，是貨之也，焉有貨者而可以爲人師乎！」既而捧詔下蕭山，例有謝金，白浦子曰：「竊王命而取金，君子不爲也。」卒乃以峻却之。比其壯也，聞陽明王先生講學而從遊焉。乃於其所謂本源者務而溯之，故其所獨往又有非他人所能及也。

正德丁卯登浙江鄉試榜，甲戌登進士榜，乃授黃州府推官。黃城舊無井，白浦子既履任，乃相地脈鑿井凡六，咸得其泉而民稱利焉。既又以倉廩空虛請郡守羅米實之，守乃悉出藏籍得十餘萬金。白浦子慮白上司或爲所詛也，乃勸郡守先羅而後聞。後臺憲果以專擅怒郡守，督提屬吏，白浦子身往任焉。臺憲素信其賢，遂釋不問。適黃大水民多飢餓者，乃以其穀賑之，故諸飢餓者無流殍也。

黃有蔡姓者娶婦，而與姑不相悅，婦乃携婢遁入尼寺。姑尋知之，婦惧而自經。姑慮婦家搆訟，夜取婦屍捐置麥畦中。詰朝，姑欲往覓之遽弗獲，婦家果訟於郡守。郡守窮治之，姑妄言于井于地，尋皆無徵。白浦子密察麥畦中有起伏狀，乃密獲初同往婢子問曰：「若與婦遁時，又孰與俱？」婢曰：「初野宿遇一男子引之莊，次日乃至尼寺。」白浦子如其言，乃獲男子並獲婦，蓋甦而復奔之也。置婦于法而姑復直焉。

時盜發荊王墓，郡隸兵欲渡河捕之，意舟人無直弗興，乃皆匿於禾，獨令一隸變服如田父招之，舟既艤衆湧焉。伏兵以登，舟人恐且奔。衆見其恐也，疑即墓盜，遂捕而訊之。蔓及良民數十家，贓獲銅爐如荷花狀者。諸司咸以爲真，白浦子獨曰無辜。雖督取之嚴，白浦子身任之，固不發也。數月真盜果獲而數十家之冤伸矣。

羅田有巨族張天祥者，豪而頑。初劉寒寇入楚，天祥率家衆破之，是以驕恣益甚。郡通判以其不輸稅也，率兵隸往擒其長，既獲而復爲家衆奪焉以去。或欲整兵治之，白浦子曰：「若是則亟其禍，且四延黃民矣。」乃單騎請往諭之。比至召父老傾心與剖利害，父老感悟，相率出輸。罪者二十人，輸租就官者載道，遂析其戶爲七，稱良民焉。

黃兵素弗閑，白浦子身督而校鍊之，久乃皆可向用。時洞猺負固爲患，陽明公以都御史提兵南贛，運策擒剿，白浦子果以其兵與有力焉，事聞乃加俸一級。既而逆濠搆亂，陽明公倡義進保江西，而黃民亦以白浦子保無他。戊寅陞山東道監察御史，乃刷卷江西，發奸白枉，綽乎其有風裁也。嘉靖癸未奉命巡按山東，始下車察諸郡米價翔貴，流盜充斥，乃移文郡邑令積穀備賑者甚急。或曰：「賑兵弗足，遑恤賑饑乎？」白浦子密諭曰：「盜自飢，致飢不賑悉盜矣。爾輩第以此聲聲之。」時青徐盜甚劇，莫能格也。白浦子督兵日夜追剿，未踰月而元惡授首，群醜悉就俘馘，飢餓民又得積穀而賑活之，故雖梁宋之境咸賴以有寧焉。朝廷遣使勞諭，兼賜金幣，而白浦子憂國愛民之懷，日益無窮已也。

乃積勞遘疾而卒，齊魯之民聞之者，莫不墮淚。比柩歸擁而哭之者填街塞道。凡柩所至，富者羊豕，貧者黍雞，相屬泣奠而去。天子聞而憫之，乃追贈光禄寺少卿。嗚呼！自古志士仁人或厄于夭而未竟其業，或困於窮而未試其才，身往而虛垂其名，跡（循）〔遁〕[一]而永與草木同朽腐者，豈一人哉！白浦子素以聖賢爲師，有志於天下而思以兼利之，故凡事之可爲者則以身任之，而必欲其成，雖謗毁皆弗顧也。使假之以年，以其治黃與其按山東者佐佑我明天子以撫綏四海，則其惠澤勳業寧復有涯涘邪！夫何無禄早世，使用不盡志，施不盡仁，跡遽淪滅而名徒遺布於世？故其旅卒之日，遠近聞者莫不惜之。距生成化丙申九月十八日，凡四十又八年爾。嗚呼！其真可惜也。

夫白浦子配宋氏，封孺人。子男三，長以喻娶張氏，次以謙聘張氏，次以誥。女二，長適府學生員李一新，次許聘沈令尹文爛。長男嘉靖三年十二月十八日以喻葷奉柩葬於党山之原。而白浦子之弟、府學生員曰第者、與其從弟進士曰篪、曰篁，相率來請予銘。

銘曰：

白浦子有志未竟而卒，維命矣。夫卜宅于茲，草木榮敷。背負滄海，前臨鑒湖。梅璜龜黿，左盤右紆。跡同物化，道與

〔一〕「循」，疑爲「遁」之訛。

時俱。千秋萬歲，幽哉玄廬！

亡妻張安人壙志銘 癸巳

亡妻張安人者，吾同縣人。父曰禄，母曰盧氏。弘治二年十一月二十六日生。安人於縣城臨渭衢之居，生十七年而來歸于我。既歸之明年，乃從我往事先渭陽公、焦太宜人於新野黌舍。年二十二從予歸，歸予謬舉鄉試，其明年又謬舉進士，故遂偕安人居于京師宣武門邸舍中，尊先人命也。又明年冬十月，予授戶部湖廣司主事出使雲中，乃便道携安人歸省先渭陽公、焦太宜人於吾渭北秦村之莊。無何復如京師居於舊邸，已而復從予又出居天津，年二十六偕予來奔先渭陽公之喪，凡禮治皆相予行焉。其後三年服闋而予復授戶部江西司主事，於是安人又從我出居易州，奉我先太宜人事焉。其明年夏予三年考滿，始獲敕命封焉。是時易州事已已，又入居京師西長安街邸舍中矣。又明年予復出使榆林，乃偕安人奉我焦太宜人，由河東運司便道歸。既歸而安人乃病，既瘳而復作，作且革矣。故其明年春正月二十九日，遂亡于秦村莊之西軒，殯于堂之東偏。春秋三十又二而已。後一年予又陞爲雲南司郎中，會有詔乃又推贈安人爲宜人云。

嗚呼！安人生而靈秀曼態，（娉）〔娉〕[一]容不事脂粉，天然清水芙蓉也。然性又幽閒，居則扃閣，剪縷、紃綉，諸女子皆出其下。比來歸雖未弱齡而紉補膳饋無弗精焉，故先渭陽公、焦太宜人甚悦之。每予宵誦，安人必以女紅相之，欲予無倦也。予既仕則又以靖共時時警予，故予得不至頹然瘝曠者，安人力焉。其在姊妹、先後中肅雍洵惠，意婉如也。嗚呼！若安人蓋絶代鮮矣，而遽奄然以去，莫相予内焉。天其喪予邪！天其喪予邪！

夫當安人病瘳時，予夢爲駙馬都尉，繽然旌吹前導也。又夢與東岳爲連袂，儼然袞冕燕會也。安人亦夢豔然群女請爲帝妃者

〔一〕「娉」字字書無，疑爲「娉」之訛。

數矣。由今觀之，安人既亡而予繼室以馮宜人，則駙馬夢徵矣。及馮宜人亡，予又以范叔子繼焉，叔子之姊孟子者丘氏婦也，則岳神連袂之夢又可睹矣。然則帝妃云者，其亦長白山主類邪？故其復病也，遂不可效藥矣。嗚呼！孰不可爲定命邪！

安人生二子 俱夭折死。二女曰芝英，許嫁同縣李廷珍氏，十八歲亦死。曰珠蕊，嫁爲縣學生員郭珠妻。安人既殯之十又四年而當嘉靖癸巳，是歲冬十二月四日合葬我焦太宜人于先渭陽公之塋，故安人始得祔葬其次焉。塋在村之西南，其原曰豐草原云。

銘曰：

嫒哉特生，王其溫思。言念好仇，夭桃蓁思。悲何瑤珠，奄不御思。飛飛鳴凰，隕中路思。詩德禮容，遺範垂思。原草丘木，斯永歸思。

明朝列大夫貴州布政司左參議李松軒公合葬墓誌銘　己亥

嘉靖十八年七月十九日，李松軒公配宋宜人卒，而公卒先已二十七年矣。公子宗樞時爲河南按察使，自汴奔歸，合葬公里南董村之原，宗樞嘗從予遊，故爲誌焉而系之銘。

誌曰：李松軒公諱昶，字道夫，別號松軒，故稱松軒公。松軒公其先遼烏古論部人，後降于金，因姓烏古論氏。金末有諱速可者，爲鎮耀大將軍，會元兵入霾，棄其名爵徙居富平流曲里，易姓李氏，故今爲富平李氏。故富平人至今指其葬處曰元帥墳，稱其姓曰金牌李氏云。曾祖諱惟忠，配張氏。祖諱讓，配白氏。父諱文政，贈奉政大夫、成都府同知。母康氏，贈宜人。初同知公與康宜人嘗禱嗣于里北之金粟山，已而生松軒公。松軒公生五年而能讀書，年十四而爲縣學諸生，年十八而補廩膳，年二十八而中陝西鄉舉，年三十八而舉進士。由德平縣知縣陞成都府同知。誥贈其父母。凡十年而陞四川按察使僉事，又四年而陞貴州布政司左參議，致仕歸。歸三年而當正德八年，乃正月十六日以疾卒。繇生天順三年正月二日，春秋蓋五十又五而已爾。配宋氏，同里處士宋玉女也。年十九而歸公，年四十九而封宜人。又八年而遭公喪，又十年而宗樞子舉進士，歷官迎養者十又三年而歸。歸三年卒，繇生景泰七年七月二十四日，春秋蓋越八十又四矣。

初，松軒公生而偉異，即童子即〔一〕勃勃英氣若老生。曩予過公里見其父老誦說，公八歲即能酒，康宜人有疾，公憂懣出居寺舍，於是絕口不酒，亦不復葷。宵旦百拜籲天，如是者二年，康疾瘳始歸。茲固巨長省解人所難者，然則謂公爲奇童子非邪！至論力學刻苦，勞至唾血，盈壁懸髪，猶甲且也，又何篤好君子哉！故其進補廩膳也未弱冠耳，而考冠集考者千人。乃後連遭父母喪，累歲始與丙午鄉試事，試則考官又列置第一，而御史輒竟以第六易之，然公竟又獨舉丙辰進士。況公魁岸美鬚髯，嵬嵬若神人。又伉爽英毅而材略雄傑，而又故勳裔，奚但彬彬文學也。

今考德平德政碑乃歲戊辰樹者，計公去任已七年矣，而人猶思慕不忘，謂非其德澤淪浹至邪！然碑所載記皆公尋常振刷事，予所嘗聞三難顧弗載。三難者，奉檄迎遞諸王之封。條貫井井，省費錢數萬緡，一難。積穀數十萬石，賑饑累數十年弗匱，二難。警門犬服治盜，既人人亟恐，則貸金使殖利生且格者數十百人，三難。茲三難，德平人仰賴稱說無已，又奚但城池保障悠久也。仁人君子其利博哉！

至考在蜀功烈尤眾，又多至難者。曩予從蜀縉紳先生聞公破蕃平盜二事，蓋表表掀揭云。平蕃事曰：初，松州石鼓寨叛蕃升蠓〔二〕雕房，挾其狗血婦裩妖術，而（銃）〔鋭〕〔三〕兵莫近，李僉事則按遁甲法破而擒之，諸蕃驚以爲神，由是不復叛云。平盜事曰：初，大盜藍四輩扇眾，烏合至數萬，所突奔潰弗支。李僉事提孤兵才數千耳，諸酋易而蹴之，僉事則擐甲手刃，截其十耳以殉。於是身先士卒，出入林木，橫枝輒剥面迸血，而僉事輒弗顧。諸士卒由是奮勇爭先，無不以一當百。

〔一〕第二個「即」，或當爲「既」。

〔二〕「獴」，疑爲「貘」的生造字。「貘」，通「禡」。「禡」，師祭也。

〔三〕原字「銃」，或爲「鋭」之形誤。「鋭」，「鎮」之異體。

賊潰而走，是以大敗。斬首七千有奇，俘獲萬餘人，後盜平論功則自僉事始云。由茲二事觀公，又何其烈烈神智忠勇哉！夫世之稍負材藝，無不立致尊顯，今觀松軒公身所樹立，使得竟其所施。魏趙勳業蓋不啻能矣，而何官竟參議已也？乃按狀述蘭府尹，毛給事中讒沮誣奏事，則公義命蓋有天矣。二人者其古臧倉謂邪？然於公何損哉！

公嘗困甲辰大饑歲，皇皇憂居而卒不至憒廢者，宋宜人宵晝紡織力也。宜人性尤莊介儉素，雖身致貴顯，厚有禄養，至垂白衣弗錦、食弗二味也。今觀狀内訓戒諸子婦言，孰非懇懇至訓，可以遺則後世者哉！去年冬會，今上明堂大報禮成，詔進贈封公與宜人如宗樞副使官，顧部奏未下耳，況宗樞名先已簡在帝心，則後恩賜安可竟睹也。生男子三人：孟宗橋義官，娶孫氏；仲宗桂醫學訓科，娶田氏；季即宗樞，娶王氏，封孺人。女子三人，孟嫁王來鳳，安樂州知州。仲嫁劉夢麟，縣學生員。季嫁來鳳弟儀風。孫男子九人。宗橋生燕、魚，而燕爲國子生。宗桂生點、默、黯、黓。宗樞生然、羔、烋，而然爲縣學生員。孫女子六人，曾孫男女各三人。凡二十七人。然則支裔蓋振振蕃矣，則後繩蟄又安可竟睹也。

曩予在富平聞人說公卒時，人見公導從森鬱自金粟山來，云往泰山管攝山東事。茲其言雖涉誕，亦可以徵公父母初禱生公事，故人謂公爲金粟山降神。故立祠山巔祀之，則後瞻祝抑又可安竟睹也。夫顯德申命，積穀競禄，松軒公負才振世，巍伐中頹，疑世無天，然至宗樞顧立取金紫，駸駸階命莫禦。又苗裔聿興而廟貌血食曷但已也，則其施其誰謂弗竟邪！

銘曰：

不有嶢嶢孰知其滔滔，嶢嶢者易缺，其後巀嶪。滔滔者莫埒，後滲以泬。古有云：不贏其躬，以尚其後人，有玄其宅，有鬱其雲，有萬其祀，有蒸其子孫。噫嗟嗟，公、宜人！

明贈安人賀西原君配王氏合葬墓誌銘　庚子

賀西原君倉者華，渭南馮光里坳底村人。以其居當湭水西之原，故稱西原君。君配王安人者，同縣江村里處士王槩女，今承德郎、兵部職方清吏司主事賀府母也。西原君嘗爲臨淮典吏，以府連中己丑進士，乃遂告歸。嘉靖十年閏六月乙酉西原君卒，時府爲定遠知縣，歸葬君於其年冬十有二月丙午，墓在村東先塋之次。其後七年而當嘉靖戊戌，王安人亦以其年秋九月庚子卒。府時先已由長洲知縣陞今官，既而明堂大報禮成，會有詔贈西原君如府官，並贈安人如今稱，錫之勅命。府嘗從予遊，當西原君卒時，予已爲誌其墓石矣。今年庚子冬十有一月丙申，合葬安人于西原君墓，府來復請予銘，往予撰西原君志其大者，則訓子事耳。今按狀述安人戒子二事，則君義訓蓋由安人有以助之也。

二事者，其一府輩爲諸生時，安人戒曰："我嘗聞人説前輩人讀書一切務實，每日熟念精思，不肯一時放過。後來中舉中進士，做好官顯親揚名，光大門户，如此方是好秀才。而今學校中人，稍稍記讀十數卷書便會驕傲，後來多不長進。吾欲兒習效前輩人，不願兒曹效今人，陷爲天下輕薄子也。"其一府出爲知縣時，安人戒曰："我看今日做官要得好時，須是不愛錢。若愛錢名聲便不好，便爲人所笑駡，安得長久？吾家世務農無做官人者，至爾父始爲典吏小官吏爾，府幸有今日，皆是祖宗積慶爾。若不守己愛民，做一清慎好官人，壞爾名節，貽而父祖羞辱，則我不能母汝，汝亦勿復我見也。"故府果舉進士，兩宰名縣，稱良吏，超清秩，光被錫命，崢嶸登陟莫量，安人訓誡力也。至論敦睦孝慈，恭勤肅儉諸事，皆婦人懿矩而茲唯。表其洞識，可以垂範永久爾者。大雅思齊之什曰"刑于寡妻"，然則西原君倡化嘉則，即安人之賢又不有可徵邪！

西原君生成化元年冬十月己丑，卒時春秋六十又七。安人生成化六年春正月己亥，比卒春秋六十又九。子男子二人，長即府，娶王氏，封安人。次曰采，縣學廩膳生員，娶李氏。女子二人，長嫁張華，次嫁聶廷瑾，俱同縣人。孫男子五人，王氏生者曰承光，縣學增廣生員。其曰承寵，承休，承勳，承烈者，皆李氏生也。采在諸生中名亦府之亞匹。承光今方弱冠而淳篤清穎，試已曾冠數十百人，則後賀氏科第巍奕，又奚但府焉已邪。

銘曰：

斧如堲如，氣滂滂如。鬱如岡如，共窆慶如。扃如堂如，其永康如。

第二十二卷 文五

行狀

先大夫渭陽公太宜人焦氏行實 癸巳

先大夫渭陽公者，諱某字楚重，一字世實，姓南氏。上世河東中條山人，後徙今關西蒲城之賈曲里。六世祖諱均甫，生四子而諱安義者，讀書善騎射，當元季與其弟安禮避難徙居秦村。秦村在渭南田市里中，故南氏又爲渭南人云。安義生三子而諱儼者長，與安禮之子，凡六人，獨儼諒直有幹能，率諸昆弟子姪力田孝弟，稱宗長公，而南氏戶遂以宗長公名著矣。宗長公故亦讀者(者)〔二〕，嘗取洪範「貌、言、視、聽」名其(中)〔三〕子焉。其第二諱言者慎行人也，故言無弗乂者，故稱乂君。配王氏，生三子，其諱珪者先大公也。

南氏自上世傳來，家世修齊，即貴富賤貧，即無卑行汙名焉。至我先大父，家顧愈益貧而顧率，我先緐大母，愈益整整肅肅如也。當是時，先大父有再從弟諱釗者，舉進士官至河南右參政，時稱「寒潭皎月」。而先大父又表宗黨，於是諸巨豪族咸稱南氏，而南氏遂又著名四方矣。然先大父剛智有口，然亦好讀書，嘗讀論語至「南容三復白圭」，瞿然曰：「此先父

〔二〕「讀者者」，衍「者」字。
〔三〕「中」疑爲衍字。

君所以名我者。」故終其身無易言也。生六子曰鎰及先大父，鏞、鍾、銀、鎬次之。先大夫之生也，視諸南氏兒獨神彩溫粟若凝玉然。才四歲，豐頤厚體，對客揖拱若鉅人者也。比六七歲，居嘗黯然不馳戲，見觚翰則操弄焉。先大夫以是欲其學也，貧弗果，後十二歲始受句讀于從兄學官弟子睿，輒解太旨〔二〕，睿曰：「是可與進矣。」然屢空終莫有賴也。成化丁亥，鎰兄以文無害爲同官掾，先大夫乃往依焉，始受毛氏詩于李教諭氏，遂通六義。李教諭曰：「是可與言詩已矣。」居同官者三年歸，復從睿遊。又二年始遊入縣學，爲弟子員。當是時名已翘然起也，先大夫乃又改受小戴禮記于從父參政公，乃益弘博有文。參政公曰：「亢吾南氏宗者其是子乎！是能顯有榮施者矣。」於是諸所與交遊名人魁士，咸推讓尊視先大夫，雖先大夫亦自負可決致身青雲也。既而丁酉秋試輒不第，人皆曰有司闇也，然獨遺先大夫曰：「不，吾學術弗精耳。」乃益發憤，日傍傍焉三載，試輒又不第。退而益發憤，日勃勃焉三載，試然輒又不第。先大夫則益砥志嗜修，日矻矻焉，不曰抑挫而少貶屈也。比辛酉凡八試終不第，乃喟然歎曰：「吾弱冠即得科舉高等，居學三十餘年，奚翅弗偶又數困阢〔三〕焉，豈可謂非天乎？吾且休矣，盡已，囂囂已矣。何可與命校邪！何可與命校邪！」乃後竟以歲貢入遊太學，遊太學者一年，廷試授河南新野縣學訓導。訓導新野者九年，以成績陞四川資縣學教諭。是時不肖已謬舉進士，先大夫乃遂引疾致仕不至資。歸二年病痼，又一年卒。

先大夫既卒之五年，爲正德戊寅，不肖以戶部江西主事三年考滿，始獲勑命，贈先大夫如不肖官，封先太宜人曰太安人。又三年辛巳，會今上上徽號兩宮時，不肖已陞雲南司郎中，又獲誥命加贈先大夫如不肖官，進階奉政大夫，加封先太宜人曰太宜人云。先太宜人者姓焦氏，同鄉處士仕能女也。處士內治雍肅，太宜人爲少女又慧絕，處士夫婦甚篤愛之。處士嘗與先大父交，先大父爲先大夫擇對，故處士以先太宜人歸先大夫。先太宜人之歸先大夫也，適南氏中衰而諸叔若姑又皆

〔二〕「太」，或應作「文」。「大旨」，大意也。史記太史公自序：「欲循觀其大旨。」

〔三〕「阢」，「陒」之訛字。

嬰小。諸凡井臼、烹饋，至於紉補，皆先太宜人躬焉。茹苦辛、蹈艱厄，卒卒早暮無少間，亦無少憤懣也。先大夫初遊學，以其貧也嘗兼治農事。農時輒帶經往，先太宜人亦往，則相與迭爲耕耘。先大夫以是數得休止，誦習隴上。每夜讀，先太宜人必以織紡相之，弗雞鳴弗寢也。先大夫既遊入學宮，一切服食先太宜人皆又供自其手無闕者，故先大夫得不煩憒以有成。後既得仕新野，家猶未競也，先太宜人乃携不肖凡三歸，營堂室治產百畝焉。兹非其篤勤茂儉，惡能始終相助有烈哉！

乃不肖幸致禄養命服，迎居京邸者六年，出而奉居會稽郡第者三年。不肖乃以居官無狀解組歸閒，致養于家者又八年。然非大飲會大令節，先太宜人未嘗喜重味、被重采也。每旦輒先起，諸子婦婢子所嘗供服食必躬率之，雖至耄齡猶是也。不肖輩每止之，輒怒曰：「爾輩嬌姿自逸，乃謂我不當勞苦邪！」奚不可謂天性然哉！夫先大夫爲人沈毅敦肅，寡笑語，犯而能容然，鯁直然又弗言人過也。又不喜酒，即大禮會爵舉弗過三席，有歌兒舞女聞即弗往。往即竟席危坐，或與人談說，若弗歌兒舞女有也。屬文不事綺曼，超然遐覽，有古風烈焉，是以與時不合。其在新野日孳孳焉，唯以變化士習爲務。諸弟子有頑頓故弗肯率者，始以夏楚威之。間攝令事凡三月，亦唯其民蠹是剔也。雖巨豪大黠無敢易，曰權章耳，而或以苞苴點焉。故其歸也，父老諸生泣送之，至今相慕稱說也。居嘗謂不肖輩曰：「男子墮地，天地四方即爾事矣。而學也而弗賢聖希也，弗生民澤被也，唯其貴富巍巍然，則而學也亦奚貴？吾少有志未遂，若輩得志能以忠名世，斯光美矣。」嗚呼！可不謂義訓邪！

然性又至孝，又有先太宜人。不肖輩嘗聞先大父母善嚴，諸子婦奉事終歲，無有能當指意者。先太宜人之相先大夫也能婉委，又能兼藝黍稷，時具酒食以致養，故獨能歡心。當先大母病厥驟亡時日入雪甚，先大夫自學宮被跣奔來，夜猶未央也。號隕痛絕，幾至滅性。先太宜人由是左右其間，勉成大事無悔也。是時成化甲辰歲大饑，兄弟悉就食漢濱，行且謀與先大夫俱往。先大夫曰：父老矣，弗杖弗行也，矧山川阻遠哉！於是乃獨留侍左右養。當先大夫留養先大父也，先太宜人又盡脫嫁時珥簪衣被，日易菽粟以繼之。每炊乃又以自摘諸野菜旁蒸焉，食則先以明餐上先大父，有餘又致先大夫，日所自常食者唯菜荄耳。故先大夫雖當凶年而養弗有匱也，故先大父乃賴以寧如樂歲。後數歲先大父亦病，病且弗履，時諸舅弟已異室矣，先大夫乃與先太宜人獨潔己居事焉。先大夫或時羈留學宮，一切湯沐起居皆先太宜人日夜翼戴罔懈也。先大父每稱曰：我孝婦，我孝婦。若得復能杖履，我何以報汝邪！歲余病果瘳。後二年復病，病又瞀亂，先大夫、先太宜人如初事益謹。三月竟卒，先大夫哀毀僅至杖起，凡喪具又皆先太宜人周旋相治者耳。比既仕，每以禄弗逮養，每當食輒於邑不樂，輒泫然泣下。故歲時祭享無不致教豐潔也。先太宜人性又遜惠，諸娣姒或有悍相侵軋者則受之，不已乃避，以是諸娣姒皆相與賢感，終身歡也。日常勤勤懇懇保視諸孫男女，雖侍媵女子撫養婚嫁如己生。諸婢兒僕子有犯當笞者，輒爲翼蔽，曰偶誤爾，無庸怒。引遇群姪子女煦煦皆有恩意，困乏者命周之，故群侄子女無不母視者也。嗟呼！豈謂今也乃亦不可得而見矣。其慟也夫！其慟也夫！

夫親有行而弗知不智，知而弗傳不仁，傳而弗能久不信，不肖輩是懼也。嘗思史遷云：伯夷、叔齊雖賢，得夫子而名益彰。顔淵雖篤學，附驥尾而行益顯。夫人砥行立名者，非附青雲之士，烏能施於後世哉！先生當今豪傑也，又故太史公凡論著皆可永世傳者也。是故謹述我先人行實之大者如此，敢煩鉅筆采擇焉，勒諸貞珉以垂不污，斯甚惠存歿，均感無涯也。重唯先生憫焉！

先大夫生景泰壬申十二月戊戌，卒正德甲戌六月戊戌，享年六十又三。太宜人生景泰癸酉正月己巳，卒嘉靖癸巳八月乙未，享年八十又一。子男二人，大吉即不肖，娶張氏，縣之人禄女，封安人，贈宜人。繼馮氏，華州人，武功左衛經歷世隆女，封宜人。又繼范氏，永清人，大寧都司都指揮僉事錦女。曰逢吉，戊戌進士，禮部儀制司主事。娶李氏，縣士人廷璽女。女二人，曰貞靜，嫁義官王鸞；曰孝女，嫁單仕，俱縣人。孝女者壼侍李季子出也。孫子男四人，曰軒，丁酉舉人，娶裴氏。李氏出。曰轅，曰軨，曰轒，皆范氏出。女四人，張氏出者曰芝英，許嫁李廷珍，十八歲死。曰珠蕊，嫁郭珠。李氏出者曰蓁蓁，嫁裴貞。曰亭亭，在室。珠與貞皆縣學生員也。先大夫初號渭陽處士，故人稱曰渭陽公，又曰渭陽父。

先渭陽公之葬也，以卒之年十二月丙申，塋在村西南豐草之原。乃後十又九年，而當先太宜人不諱之歲。其合葬也，以歲之十二月壬申云。飮泣腐心，幽思強記，是以記敘無倫曼衍，葳蕤休美，猶弗鏘洋也。斯文骨肉，諒不擲棄，萬萬垂情不勝哀望痛祈之至。

祭文

祭初祖文　丙子

松維中條，在河之東。曰我先世，宅於其中。明明鼻祖，出谷徂遷。遵彼河干，降于秦川。周覽原隰，度此鮮土。伐木築室，終然爰處。爰處爰居，積德不愆。自天介福，本支孔蕃。至於三葉，一遷於渭。餘慶綿綿，世有禄位。延予仍孫，後籍君門。荷君之（龍）〔寵〕[一]，司君之民。維木有本，維條其茂。假哉顯祖，克昌我後。厥後昌矣，厥澤洋矣。夙夜懷思，不敢忘矣。維此令月，卜此吉日。載潔牲醴，載肅禮秩。禮秩孔佳，稽首臯臺。有赫我祖，於維鑒哉！

祭海日王先生文　甲申

嗚呼！盛衰之道有乎數者也，禍福之跡伏乎幾者也。數也者理之所乘者也，幾也者天之所職者也。理可循也不可期也，天可事也不可覬也。是故發之光者必其流之遠者也，昌之大者必其積之厚者也。鬱之而後彰也，抑之而後揚也。衰者

[一]「龍」，當爲「寵」之誤。

盛之所由起者也，禍者福之所由倚者也。

是故昔者司馬氏之有天下也，公之先世光禄大夫覽也者，起於琅琊者也。覽之曾孫右軍將軍羲之也者，由琅琊徙于山陰者也。羲之二十三世孫迪功壽也者，始徙于餘姚，至公蓋又九世者也。是故公之四世祖之沒于難也，以忠稱者也。三世之隱于漁也，以孝稱者也。二世之著易微也，以精稱者也。一世之道經術也，以明稱者也。是故歲曆于寅也，月建于戌也，日次於午也。公母孟淑人之生公也，夢帝授一童子，緋衣而玉帶者也。是故世澤之流如彼其遠也，世德之積如彼其厚也。瑞徵如彼其異也，其或天啟之也，亦或理乘之也。

是故公之生也，警敏而絶人也，言而即能誦也，動而即能讀也，經耳而弗逆也，過目而弗忘也。是故見可欲而弗取，餽之而弗利也。聞可觀而弗往，誘之而弗從也。遇可畏而弗避，怵之而弗動也。值可恠而弗懼，眩之而弗惑也。遘可好而弗納，逼之而弗亂也。是故塾師教之而歎其異也，邑令試之而嘗其奇也，監司校之而稱其器也。是故湖湘之士翕然而從也，君山之兆黯然而徵也，白牛之祥悠然而應也。是故憲皇之十有七年也，歲在辛丑而公果狀元及第。郁者可以彰也，抑者可以揚也。是故爲修撰也，爲諭德也，爲學士也，爲少詹事也，爲少宗伯也，爲大冢宰也。皇矣恩命，延及於二世，夫非幸而致之也。

是故言信而弗矯也，行潔而弗飾也，容而弗岸也，廣而弗流也；　好而若弗能也，惡而若弗容也；　應之沛然而弗難也，臨之毅然而弗動也，唯公之德也。是故博而弗極也，淵而弗測也，淳而弗漓也，厚而弗靡也，達而弗刻也，正而弗雕也，唯公之學也。是故校則無弗讐也，修則無弗實也；　講則明弗諱也，勸則切弗曲也；　輔則唯端也，道則唯正也；　啟則惟忠而無弗從也，沃則惟深而無弗入也；　禮則無弗修也，品則無弗别也，唯公之職也。是故歷事三朝而無弗協者也，篤生哲嗣而又如陽明者也。

是故道則明也，難則靖也，勳則巍也，爵則穹也，拜則先也，家則慶也。是故數之所至也，理之所乘也，幾之所發也，天之所啟也。是故怒之而弗能禍也，汙之而弗能浼也，撼之而弗能搖也，震之而弗所奪也，搆之而弗能陷也，危之而弗能傾也。是故歸則無弗榮也，居則無弗樂也，前則無弗光也，後則無弗裕也。生則無弗名也，沒則無弗稱也。是故逝矣儀刑不可返也，鄙予小子來何晚也。欽惟陽明予之範也。仰瞻遺則思何限也。忽忽歲月云已禫也，率我群僚奠茲筵也。釃酒陳辭誠斯既也，公其有知莫予棄也，嗚呼尚享！

祭海神文　甲申

惟茲邦五邑咸濱于海，舊有塘岸環繞，以捍禦潮患。奠我民居惟此江海，洪濤來如山岳，匪塘可支。故每遇風潮輒至崩壞沖決，沒我田疇，渰我禾稻，漂我廬舍，流我人舍。民心惶惶，乃告我有司起集概邑。夫役勞勞，築修既告成而風潮復至，乃又崩決，前工盡棄。諸巨浪而力役之征，乃又不免年年如斯。民困財匱，大患終弗能止。

惟予來守茲土，于今已兩歷夏秋。去歲始至，惟時海塘修築功方告成。至七月風潮至而遂決，逮八月風潮又至，乃又盡沒湧入里河，爲患愈大。百姓奔走告予，予乃達諸藩臬，告諸民庶。至於十月，大起夫役，命官而督築之，所費不知其幾。至今春三月之末，始克告成。比予往視，登塘而望于東北，茫乎無際，淵乎莫測，夫豈數丈之土塘所能永捍禦者哉！乃詢諸父老，咸謂十數年前江海之水與塘相去遠者二三十里，近者或五里，未有如今日之近者。故雖有風潮而于塘罔或有害。乃今其近如是，雖石塘亦未如之何也。予乃歎曰：昔者大禹之治洪水也，今茲江海之水乃失其故道耳，神之所司而非人力之所能爲也。乃今唯以賦稅之故敝民，力竭民財，而固與之爲敵，未必不爲神所竊笑也。天予固弗能，使上之人舍此地而弗賦，然民既輸之賦而水乃爲之患，予若曰無可奈何而弗爲之救，則民何賴于予？予亦何以父母爲哉？是故弗能弗爲之救也，救之而弗勝，而又重疲吾民以貽永患，予心何忍哉！是故弗能弗望于神而禱之也。

予惟乾父坤母，萬物皆其所生。神之于予，于萬物氣同一體而分之者也。神司乎水，官司乎陸，跡異而理同，事殊而情通。況水陸之物皆天地之所生，神之于予氣同一體而分之，則是天地萬物皆吾一體；顧可各私其所司，神視陸而判不相關，予視水又爲身外物哉！今此水北爲海寧，南爲吾郡諸邑，兩境人民皆神與予之一體。今使潮患獨歸諸紹興諸邑，而海寧之人不惟無患，又得沙田之利，紹興之人獨何辜，海寧之人獨何幸也！是神有私于海寧，而嫁禍于紹興之人，恐非萬物一體之仁，稱物平施之義。予竊爲神不取也。

夫致中和天地位焉，萬物育焉。是蓋予身之不正而施于政者不得其道，民不得其生，物不得其所有，乖中和之道。是故逆氣相感而地道不得其正，以致海波不寧，溢出故道而爲民患。神當察而罪予可也，民何辜而乃反受予所自致之患哉！是重唯神垂遠鑒，念萬物本吾一體，勿分水陸，勿懷彼此，使此江水率由中道而行，而海水不揚波，潮患不作，海寧、紹興之民俱不受害。是即神大公無我、一視同仁之心，豈唯予仰賴福德，而紹興之人將感惠澤于無窮，而萬世永祀者也。則是神功當與天地同運而不息矣！唯神其重鑒之。

甲申夏旱祈雨告城隍文

天地神人之道一而已矣，是故明曰人，幽曰神，人事神而質之者也，神相人而祐之者也。故感無不通而祈無不應。某辱命來守茲邦，今已期年，日嘗與二三寮寀同心協力，以相砥礪，勉盡厥職，期在民安神悅，茂臻治效。故去歲六月嘗不雨矣，祈諸神而遂雨；九月嘗不晴矣，祈諸神而獲晴。是時年穀雖未全登，而民猶有賴不至菜色。乃者五月中旬不雨，至今六月下旬，河水告竭，田稻將枯，民心洶洶，雲霓失望。某用是惶懼，深加修省，率我寮屬朝暮拜祈于神。自壬子至於辛酉，已經旬矣。蒙神俯鑒愚衷，特賜轉達，己未之夕沛然雨矣，然未普及于四境。昨日雲雷屯矣，然亦未獲滂沱，祗于沾足。

茲固非數之所使，民心當罹此不穀也，寔唯某位著弗恪，教仕弗明，恩澤弗究，讒諛弗遠，好惡弗公，刑罰弗中，勞來弗勤，財用弗節，冤抑弗伸，煢獨弗恤，疾災弗救，服食弗度，祭享弗誠。以致群僚心力弗協，政務弗敘，聽斷弗平，催科弗時，留滯弗疏，奸蠹弗除。又致縣官屬吏職業弗修，苞苴弗止，役使弗時，征斂弗藝，革除弗情，分辨弗公，隱痛弗悉，顛危弗扶，恩信弗著，威令弗彰，老弗老，幼弗幼，荒勿恤，辜弗矜，是故沴氣生而和氣乖矣。物蠹而天怒，人怨而神恫，乃降茲炎威過時弗息。爰昭罪愆薄示懲戒。然某不職既已禍吾民矣，今又因某不職之故而禍及吾民，民獨何罪，使至此極而某乃安然一無所受矣乎！

夫某狂悖待罪弗敢徑冒天威，尚賴神明默相以祐吾民。惟神俯念幽明一體，痛恤民殃，轉祈皇穹暫赦某輩罪惡，早降甘霖，普施四境；俾既沾既足，年穀豐登，以育我蒸民昌厥生道。則是豈唯某輩之慶，寔神所以福民之盛德也。某輩即當悔過自新，勉圖後效，以贖前懲。儻罪不可赦，唯當殃及某輩之躬，俾自受其罰，以彰大憲。孽由自作，豈敢云辭！幸勿使無辜之民既受某輩不職之禍，而又垂受某輩所自取之禍也。惟言神其察之。不勝哀懇，待罪之至！

稽山書院成進諸生告先師朱子文　甲申

高高龍山，盤于越州。肅肅書院，在於西陑〔一〕。創彼有宋，至于皇朝。祀我文公，養我俊髦。亦既遠矣，亦既湮矣。奚命工師，煥其新矣。于以采芹，于泮之宫。于以告之，是主是宗。

皇矣高天，博哉厚土。爲神不測，維化不已。人之有生，秀同其大。云何罔修，乃失其貴。維聖盡性，以踐厥形。兩而參之，罔有不同。聖何人哉，希之則是。終於從心，始于立志。爰自羲皇，逮我鄒魯。一統相傳，千世不朽。何彼蒼天，中喪斯文。至于濂洛，始濟厥屯。茫茫斯世，紛其誰是。先生承之，學得其秘。

維學伊何，在識其仁。維仁伊何，曰我之心。求其放心，而罔或舍。大而化之，萬物同體。誰謂堯舜而不可爲？自暴自棄，罪將誰歸？凡我誰生，反求諸身。既充既實，乃大乃神。若曰趁時，維言是誦。則是書院，乃其捷徑。先生之神，在

〔一〕「陑」，不見於字書，疑爲「陬」的俗字。

帝左右。一陟一降，冀其默佑。

祭外父張公文　甲午

嗚呼外父，今則已矣。惟人生則有死，天命之常思。壽考弗登，恨罔當思。於惟外父年登七十又六，何恨傷思。壽而壽而，若或無後，乃重可悲思。於外父有子惟三，學克爲箕思。乃咸有室，亦有厥孫，悲復何爲思。顧惟夫婦樂偕黃髮思，老而無夫亦曰寡思。於惟外父乃今已矣，使我外母煢煢獨立黃鵠下思，淚昏風晝，哀何不云假思。暨惟人子瞻瞻，昊天願齡之修思，中年失怙亦曰孤思。於惟外父乃今已矣，使我諸弟儼然以憂思，托襟沾胸，哀何不云悠思。至惟女子爰配有夫，時歸寧思，骨肉苟離，情尤傷思。於惟外父乃今已矣，使我諸妹縞衣裳思，五情震裂，哀何不云長思。

追惟弱冠娶我宜人于高門思，克相我躬籍金門思，年命何促，三十又二而蘭焚思。於惟外父乃今已矣，使我慘然，携我遺孤哭以奔思。痛傷哉涕泣如雨，哀何不云殷思。嗚呼！靈輀在道，丹旐翩思。奄然一别，永黃泉思。載潔牲醴，庶羞鮮思。頽乎稽顙奠兹祖筵思！嗚呼尚饗！

祭僉事姜公若虚文　甲午

金幟蒼蒼，白堂鬱鬱。稟維公卓，洽聞其淵。豐藝其巍，學維公博。春華斯敷，秋泉斯湧。文維公碩，禮闈奪錦。天門射策，綉衣是著。升降楓陛，委蛇柏堂。將美匡惡，乃監藩國。乃僉憲府，剔蠹平獄。營彼青蠅，點此白璧。乃歸林壑，爲誰良嗣。邃爾家傳，允探厥窟。來從我遊，聯名選士。如潛方躍，維後克繼。維前克啓，光動河嶽。云何昊天，乃不憖遺。奄見隕落，德猷曷述。世澤不斬，暮草莫莫。耿維予心，罔獲一展。早夜如灼，維兹良辰。遺兹特价，敢注匏酌。有牲在俎，有核在豆。庸伸菲薄，怊悵餘徽。鏘洋遺韻，庶其可格。

稽勳進士逢吉弟歸展祭告考妣墓文　己亥

於維我考，寔不改樂。既讀既耕，學以廣業。仕而育材，德積厥躬。順維我妣，相事罔怠。克儉克恭，事先維敬。裕後維勤，慶維川增。菲予小子，早荷休嘉。竊禄叨榮，何幸餘澤。逮弟逢吉，福蔭重膺。乃歲戊戌，昊天垂眷。蘭省登名，臚傳楓陛。宴賜瓊林，金閨籍通。乃荷皇仁，詔歸閭里。掃墓展塋，爰卜吉日。適届佳節，及兹清明。載齊我志，載設我席。陳我牢牲，我羞既進。我醴既奠，儀度孔明。攀慕靡及，告祀允昭。悲歡交並，俯見冥漠。仰見焄蒿，冀維來馨。

瑞泉南伯子集附録

明故中順大夫浙江紹興府知府瑞泉南公墓誌銘

賜進士出身嘉議大夫禮部右侍郎上郡馬汝驥撰

嘉靖辛丑八月十九日，予友瑞泉南公卒於家，訃至予往哭其弟儀制主事逢吉所。踰時，主事奉使便歸，將以次年三月十日葬公豐草原之西麓，乃以公門人富平李按察宗樞狀，涕泣問銘。按狀，公諱大吉，字元善，陝之渭南人。上世蓋出河東中條山，後徙蒲城，已又徙渭南。五世祖諱安義，安義生儼，儼生言，言生珪，珪生渭陽公金，是爲公父。仕至資縣學教諭，累贈奉政大夫、戶部雲南司郎中。母焦氏封太宜人。初大夫、太宜人以成化丁未禱嗣縣之泰寧宫，其年十月三日寔生公。公生而璞質慧心，即幼與群兒戲坐俎豆行，什伍揮召儼儻，兒一唯公聽。太宜人或以不材罵之，其大父聞曰：「嘻！此固奇材也。今當高大吾門閭矣。」稍長，大夫教之讀書，即數千言善誦，示之理即根極聖賢旨歸，協之聲韻即漚唫鏘洋，合古人調。人咸呼曰神童子。弘治壬戌大夫貢入太學，明年授訓導新野，公畢從之學。公家世受小戴禮，又嘗一受易于冷教諭氏已，又受禮于鄧州常刺史氏。常子倫有俊才，公與之友。是時學既成文，名籍籍甚。

乃正德庚午，以縣學增廣弟子舉陝西鄉試第四。明年舉進士，時常生亦同舉，復約時名流暇即以文會。壬申冬授戶部湖廣司主事，出犒雲中，還部劄理御廄倉，改天津。甲戌奔大夫喪歸，制終起復補江西司劄理保定糧儲，改京坊草場。戊寅夏五月，三載考績階承德郎。敕贈封父母暨其配張氏如制，已又出犒上郡，歸攝部本科事。辛巳進浙江司員外郎，劄理下糧廳，進福建司郎中，調雲南司。雲南司者部難司也，而本科攝如故。會今上上徽號兩宫，又獲誥命階奉政大夫，復贈封父母暨其配張氏、繼馮氏如制。公在部計會當出納，平事練達敢任。初保定臨關徼，地重政厖，公悉心更釐，又條上便宜四事。草場在京坊灭〔一〕唯法是持，礙弗便者盜遺之火，圖以罪易公。比奏聞，獨公賢不易而奸黠者灭服〔二〕。爲郎中值今上登極，尚書九峰孫公以耆舊起，而侍郎鳳山秦公往提學河南，試公文知其才，故部事悉任公。公感激知遇，殫智竭力，不舛不撓，漕運故無會議，乃題處畫一歲許督運大臣赴部議。時在京七十二衛例有嘗，典庫中人襲往事吝弗廷下，下又銀弗白，公正氣抗憲，不以勢奪，一使大惠得人，人實沾清。京營諸食糧士勢撼害沐，蜚語百端，或以禍慮，乃獨不一顧而源搜株剔之盡。至今十庫及衛所人，每言及猶稱曰南郎中、南郎中也。又嘗奉詔陳時事，多或所不敢言者。

未幾陞浙江紹興知府。紹興又故稱難郡，多宦家豪民鉅猾，俗奢風悍，法壞而人不存。府治之敝至堂弗蔽雨，兩廊火弗修。公乃以身先之靖其，在位蚤作而暮不輟。故新建伯陽明王公座主也，定時方講致知之學，親民之政。公聽從其教，任擇丞史詒尚體要，諸凡舊政之不便民者，一切罷之，既憲憲令典而又不屑屑苛細。勞身以赴時，劭農也；均則以致一，督課也；平心以求是，聽訟也；先行以作人，典學也；修禮以盡志，寧神也；檢身以裕財，益下也；明義以遏欲，章極也。當是時圮廢既修矣，而大禹陵廟、南鎮山神廟，獨慎重加先焉。次城堞、門閣、府衙、書院，皆一勞永逸。學教既謹矣，申以季視之規，每季府學自試，入縣學則各提調試，試而每取一等士進之稽山書院。自著功令躬教之，百需咸給，故咸篤志無他累。故當時百五十餘人者，今已十九出科目。紹興故素稱文獻邦，然科目取數之多實自乙酉始。協藝履道，功固可少哉！

疑法既亭矣，其議決大獄率以直道。毛氏抵歐人之死，田妻坐誣人之奸，雖御史家無少貸。若衢州守、上虞令被誣停官，獨冒嫌洗雪之。塘庸既飭矣，而運河淤隘，蓋賓居鉅家規築日甚，故往來多阻，旱澇無備，至是始決排復舊防，盜竊既驅矣。至渠魁獨杖殺數人，雖善結大宦門而請寄，一無所聽。官田既覈矣，戒珠，山東山者，王右軍、謝太傅祠寺也，乃學士鼂

〔一〕〔二〕原文寫「滅」爲「灭」，出處不詳。

食之，亦必履畝限域絕其計。豪黠既迸矣，而諸暨石氏寔士豪最，乃特重之法論拒捕死，適給事中有勢力且同年學受賄，千囑之竟不得。風俗既正矣，又裁節昏喪二禮刊行之。蓋越人昏姻論財，至生女不舉；而喪家作佛事，盛燕會至傾產以求勝故也。當是時治教修明，奸盜屏息，旦晝謳歌，夜戶不閉，則紹興固一太平郡也。彼小人者志不行，乃反抱怨，造言流謗兩京，其一二有時力者，又陰佐之。嘉靖丙戌春入覲考察，會掌院都御史又復故嗛陽明公，故遂力主閒住公官。當是時小民將安所控訴哉！雖有耆德大人心誠好之，亦不縷縷人辯矣。

是時家尚在紹興，比公之歸迎，老穉望於閭，丁壯走於野，士大夫交於舟，爭先泣送如失父母。然彼伊人者少有人心，不當赧面縮頸死邪！不知我者莫不曰：公不能婉委以趣時。又莫不曰：公之去官，人也。知我者則莫不曰：公蓋唯知以理自信。又莫不曰：公蓋唯知以命自安也。乃遂囂囂然携家以歸，後數年唐御史愈賢輩論上考察事，猶舉公以證枉，則天下豈不有公論哉！公閒居十五六年，今邊圉多事而公之充養愈益厚，輿情方屬望起以大用，而遽止此，蓋壽才五十五歲，數也。悲夫！悲夫！

狀又稱，公天性聰敏，氣抗爽。自少受大夫教即知求聖賢之學，後復聞教陽明公，得實踐致力肯綮處，乃大信曰：「人心果自有聖賢也，奚必他求，奚必他求！」嗟乎！今之世以講學名者，往往高談嘩民，稽其行或猶如市人。公奉二親至孝，居大夫喪暨癸巳太宜人喪，苫寢粥食，累累然杖以讀禮。一弟即逢吉，公教之學，己卯舉鄉試第三，乃會試又不偶，公自宦所及家居食必共案，衣必共采，唯恐其心若有傷者。戊戌竟舉進士。其子軒，公又教之學，今亦舉丁酉鄉試。王門妹孀居，二子幼，四女在室，俱爲經理嫁娶之，且教其長子祼爲學官增廣弟子。公次女許同年郭舉人伯盛子珠，已而伯盛卒，貧甚則周給教訓。珠今已爲學官稟膳弟子。蓋生平給一孀妹、一女夫，嫁一遺妹、一姪女、四甥女，娶一姪婦、二甥婦，而己子方髫年，初納聘，不知其人先也。嗟乎！茲所謂躬行君子者非邪！故在官能政，在家能教。

嘗起湭西書院，居從遊士。從遊士日日進，又多斬斬成。立取科目，爲時聞人。公所爲詩賦，學盛唐、漢、魏而一本之性情，爲文必反之身心，不求句字奇而鬱氣弘詞自溢言外。所著有瑞泉集二十二卷，藏於家。紹興志、渭南志則各藏在郡縣，見者又無不謂歎曰良吏才，良吏才也。公配張宜人，縣人禄女。繼馮，華州人，武功左衛經歷隆[二]女。又繼范，永清人，今三千營坐司都指揮僉事錦女。子男三人，曰轅，聘孫氏復騰女，縣人；曰軨，聘武氏謙女；曰轒，聘東氏，工部郎中實女，皆華州人。范出女二人，曰芝英，許嫁李廷珍，十八歲死。曰珠蕊，嫁郭珠，張出。予與公同鄉舉，嘉靖初又同朝，公之所以切磋砥礪我者甚至，故予今之慨惜者特深。然紹興人在京邑者，聞公之卒也，知與不知無小大，莫不走哭弔祭也。嗟乎！是豈可以聲音笑貌爲邪！

銘曰：

緊人之生，遇否殊別。龍真葉懼，鳳僞楚悦。牛驥同皁，昔賢恥之。月喘雪吠，云胡爾知。公兮矯矯，雞群之鶴。不吐不茹，卓然山嶽。爲邦之政，百代弗磨。坎井孰擠，下石如何。我名乃揚，我道既成。磷之緇之，金堅玉清。臧倉豈尼，孟氏何豫。我旋我鄉，横渠之故。孝友訓家，禮義淑人。深探獨得，匪臆而身。大材經綸，試以毫末。天不憖遺，俛仰今昨。豐草之原，秦村西南。太華清渭，與之合參。佳城汝卜，百千萬祀。白石予銘，光於信史。

明故中順大夫浙江紹興府知府瑞泉南先生墓表

賜進士出身中大夫光禄寺卿谿田眷生馬理撰

南瑞泉先生者，諱大吉，字元善，渭南秦村人也。今有宅在邑儒學右。其先居河東及蒲城，世行詳渭陽公志碑中。渭陽公諱金，仕至資縣學教諭，配焦，寔生先生。先生别號瑞泉，爲遠邇學者師表，遂稱爲瑞泉先生云。

爲兒時嘗指揮群兒以嬉，若官長然。太宜人怒以朽木詈之，王父聞而嗔曰：「此吾家棟樑，乃以朽木視耶？」稍長，

[二]「隆」上脱「世」字，參見第二十卷亡妻馮宜人墓碣銘。

渭陽公授之書，即日誦數千言。爲析其義，即聲入心。說與以詩，即音韻鏘洋。父執咸異，以神童目之。弘治間先生承庭訓既熟小戴禮矣，又學易于滎昌冷氏，又學禮于常鄧州陽，遂通二經。正德庚午以禮舉于鄉，辛未連第進士，益集諸時英尚友講學。壬申冬授戶部湖廣司主事，出餉邊及理天厩、天津諸倉，遭外艱。後補江西司，尋理保定糧儲，改京坊草場。戊寅五月考績，獲錫命階承德郎，贈渭陽公如其官，母焦封太安人。配張氏封安人。已饟上郡，尋以學爲群僚所推，攝部中諸章奏事。辛巳進浙江司員外郎理下糧廳，晉福建司郎中，調雲南司攝章奏如故。會推恩獲再命，晉階奉政大夫，加贈渭陽公如先生官，母焦加封太宜人。配張加贈宜人。繼馮封如張。

先生既文學過人，又明習政務，在部所蒞有聲，章疏復逆得體，上下咸賴焉。初保定事有當釐革者，然蒞者憚難恒因之，先生至輒條上便宜四事行焉。草場時先生持法無私，奸人盜焚場圖易先生，先生竟以賢不易而奸人遠焉。郎中時值九峰孫公、鳳山秦公相繼以部事委任，先生亦殫心所事。二公以司徒名時，鮮有顛躓，先生蓋有力焉。漕運文武大臣，朝有會議事，至今遵行爲典，蓋自先生題奏始也。京營士故多冒支月糧，部議清查奸人，以夜行攝政事，恐之衆懼，先生慨然往，卒弊除無虞。時京衛有賞與十庫，宦寺乃屯膏以惡金易之，先生走謂其長曰：此聖上龍飛盛典，主者欲云云可邪？其長懼亟，使其屬以精金易之。於是諸衛士實沾沛恩，咸望闕呼萬歲焉。故至今十庫及諸衛所人，猶畏懷先生云。又嘗因事敷陳，多訏謨至言。

未幾晉浙江紹興知府，紹興多鉅室及諸黠民，號難治。先生至視，城惡堂敝壞，吏胥房火，祀典神廟頹廢，庠序亦然。乃揆厥緩急次第圖之，又擇諸僚佐之賢以諸細事任之。凡舊政行久弊生弗便民者，一切罷之。又親諸郡之名賢，時以道及政諮之。於是六事修，百廢舉。大禹陵廟、南鎮神廟及城郛樓堞諸公廨，罔弗葺之一新。至於前錢氏所遺鎮東山閣、晦翁所建稽山書院，俱存遺址而已，先生舉肇造之如初。府學及八邑諸生，嘗躬率諸令誨之課之。復拔諸髦士於稽山書院，令其親炙。乃給之飲食筆札，俾專心向學無他累焉。以故從遊之士成者十九，至今紹興稱科目之盛始於乙酉，夫先生作人之功顧可少邪！

毛氏歐人死，田妻誣陷二人死，俱御史至親，經多官勘鞠弗決。先生鞠得其情咸論死，無能以勢利脫者。若衢州守、上虞令被誣停官，則特爲洗雪弗避嫌焉。嘗盡力陂塘備諸旱潦，運河爲勢家所侵，乃究尋舊防疏而復之。郡有越人大盜數爲權要所芘，悉箠死不貰。有戒珠，山東山者，王右軍、謝太傅故居遊所也，有學士以漸侵而漁之，先生悉割其地而歸其主焉。諸暨有石氏者，莠民之雄也，以法鋤之，有禁近人囑之弗聽。越人嫁女分財如男，至生女多弗敢舉者，喪葬率作佛事及肆筵設集賓以求勝人，乃裁定婚喪二禮刊佈郡邑，俾各遵行，違斯有罰。於是俊民格心，頑亦畏法。免刑俗變，風移謳歌，浸以興矣。乃勢家顧以不遂所私，怨之乃騰，謗於兩京，兩京有怨家又佐之。時陽明公以道鳴于東南，輔臣深惡之，未嘗忘也。陽明書有傳習録者，以道自任，編也先生特爲序而梓之。於是輔臣及部院大臣，密議罷先生以抑陽明焉，時諸與事人悉未之知也。先是部議考察諸方面人，冢宰見兩京科道疏下，輒曰：近言者諸人，雖孔孟在恐不免如紹興守，吾儕何病焉。每預擬去留，人言必如是，及行事日執筆至紹興，冢宰拱手遜中丞，中丞遜亦如之。如是相遜者良久，于是與事諸人咸厭倦欠伸思睡耳矣。乃中丞公忽持筆曰：「愚遜不已，當任怨。」遂舉筆勾之。冢宰亦奮然言，而舉筆如中丞然，始終實未嘗議可否也，于是先生遂浩然西歸。先生之歸也，時郡人老稚者望泣於閭，丁壯者走泣於埜，士大夫交泣餞於舟如失父母。嗚呼！先生亦可以無愧已矣！

先生少穎敏絶倫，承庭訓即知求聖賢之學，稍長與常鄧州子倫嘗睥睨一世，尚友古人，與文選所載先明爭高下焉。中年親賢益聞深造之説，自是遂棄其辭章之學，探討日邃，有弗言之益旨矣。西玄馬氏曰：今世以講學名者，往往高談以誣民夷，考其行或猶市人，豈先生伍邪？

先生奉親孝，執喪盡禮，爲人師表。誨弟逢吉學，中己卯鄉舉，戊戌進士，授禮部儀制主事，其宦遊家居視如左右乎！凡飲食裳衣必同，有聞未嘗不以告焉。姪軒，又以重遠之道教之，軒文逼漢人肖父，丁酉鄉試亦中式。王氏妹孀，二男四女幼孤，俱嫁且娶之。長男禩教之學，爲邑增廣生。先生次女許適郭舉人伯盛子珠，珠孤而貧，先生即妻而教養之。珠爲廪膳生，文學與軒伯仲焉。蓋先生嘗婚嫁諸甥諸從子女，急於所出。所出雖差幼，實若緩然。故西玄子以躬行君子稱之。汙其阿所好邪！

先生歸田日溫尋舊學弗輟，四方弟子雲從，乃構涇西書院以居，至弗能容。皆虛往實歸，多取紫拾青，位列方岳，文行名世者焉。

先生初配張宜人，邑人禄女。繼馮宜人，武功左衛經歷世隆女。又繼范，永清人，京營都指揮僉事錦女。子五，男三，轅聘孫氏復騰女，邑人。軨聘武氏謙女，轒聘東氏，工部郎中實女，皆華州人。范出女二，長許適李廷珍，殤。次所適即珠，張出。先生生於成化丁未十月三日，卒於嘉靖辛丑八月十九日，享年五十有五。所著有瑞泉集二十二卷，紹興志、渭南志各若干卷。先生始以古文鳴，中以道鳴，然與人和而有容，簡易可親，怒不至詈。雖有不合而親舊不失，唯善是揚。至於當官任事則毅然有執，屹若砥柱立於狂瀾洪濤，無所撼者。蓋先生邊幅不飾而錦美在中，門戶不立而深造堂奧，故實踐有餘而睽異不爲，故所在人樂親就云。理繼室季張，張宜人妹也，以故受益于先生爲多。今觀宿草在墓，乃拜而書石。懷先生之懿德，猶潸然出涕云。

瑞泉南伯子集後記

瑞泉南先生紀年

姜泉弟逢吉撰

逢吉既已類集先兄瑞泉先生遺稿，爲二十有二卷，計詩一千九十有八首（四言古一百二十有五首，五言古一百五十有五首，七言古四十有一首，長短句七十有八首，五言律一百九十有一首，六言律二首，七言律二百二十有四首，五言排律三十有一首，六言排律二首，七言排律五首，五言絕句七十首，六言絕句九首，七言絕句一百六十有四首）〔二〕。賦三十有三首，文四十有三首。藏諸家塾，以視後人矣。

又思言者心之聲也，人生而靜，性也；感于物而動，情也。是故心一也，時也，事也，地也，景也，皆所感之物也，不一者也。是故言之不本于性情者僞，不止乎禮義者支，雖使句奇調古，妙悟出塵，亦奚當焉！則夫時事地景者，又夫人終身經歷之跡也，履歷不著則證據無憑，而作者之意指始隱矣。是故僭擬先達年譜之例，以紀先生歲次之詳，仍於各題之下，注以歲在干支，庶後之誦其詩、讀其文者，得有所考，以觀其性情禮義云爾。

丁未，成化二十有三年　冬十月己巳，先大夫渭陽公諱金，母太宜人焦氏生先生于秦村莊第。

戊申　弘治元年。

辛亥　四年　先生以群兒爲俎豆戲。冬十月丙午，妹靜生。

〔二〕據括號內各詩數相加，爲一〇九七首，與前言「計詩一千九十有八首」相差一首。

癸丑　六年　先生入小學，能受孝經。

甲寅　七年　秋七月甲寅，弟逢吉生。

丙辰　九年　先生年十歲。渭陽公授四書，能通大義。

未巳　十有二年　春，渭陽公授先生小戴禮，能文。

壬戌　十有五年　春三月，渭陽公以學宮廩膳弟子貢如京師，舉家從。夏五月，渭陽公卒業太學。

癸亥　十有六年　秋九月，渭陽公授河南新野縣學訓導。

冬十月　攜家如新野，先生學益進。

乙丑　十有八年　先生又授易于新野冷教諭宗元，能詩賦。秋九月，歸迎張孟子于渭。

丙寅　正德元年　先生年二十歲　春二月，以張孟子如新野。

秋九月，妹靜歸于王氏子鸞。

丁卯　二年　春三月，先生歸，就鄉試。夏五月，補縣學弟子員。

秋八月，試不第。冬十月，歲試，補增廣員。尋給假如新野。

戊辰　三年　冬十月，先生復授小戴禮于鄧州常知州賜。遂友其子倫。

己巳　四年　夏四月，己丑，女芝英生。

庚午　五年　春三月，先生復歸就試。秋八月，以小戴禮登鄉試魁第。冬十有一月，復如新野。

辛未　六年　春正月，先生如京城師，就禮部會試。二月，登會試第。三月，登殿試二甲進士第。夏四月，辦事于刑部，張孟子至自新野。五月，渭陽公陞四川資縣學教諭，以疾致仕。攜家歸于渭南秦村莊居。

壬申　七年　春正月，弟逢吉娶李叔子。二月丁酉，女珠蕊生。夏四月，弟逢吉如京師就先生學。冬十月，先生授戶部湖廣司主事。十有二月，紫餉宣大，遂攜家由山西歸省。

癸酉　八年　夏四月，先生復攜家由山西如京師。五月，札理黄土倉。六月，弟逢吉補縣學增廣弟子員。

甲戌　九年　夏六月戊戌，渭陽公卒。是月，先生札改天津。秋七月，聞渭陽公喪。冬十月，始克奔還于渭。十有二月，葬渭陽公于豐草原西麓之新塋。

乙亥　十年　春三月，諸生來學于四方。秋七月，莊居堂成。

丙子　十有一年　先生年三十歲，春三月，如蒲城拜初祖墓。冬十月，服闋。十有二月，攜逢吉如商州省族叔南太僕卿鏜。

丁丑　十有二年　春正月辛卯，姪軒生。二月，先生奉母焦太宜人及弟逢吉舉家如京師。三月，復授戶部江西司主事。夏四月，札理保定糧儲，遂奉母及弟，舉家入易州。秋九月，上條陳便宜奏狀。

戊寅　十有三年　春三月，先生以差滿，復奉母及弟舉家如京師。夏四月，札改京坊草場。五月，三載考績，獲勑命階承德郎，贈父渭陽公如其官，母焦氏封太安人，妻張孟子封安人。

己卯　十有四年　春三月，先生札取河東鹽價餉榆林，遂奉母及弟舉家歸于渭。秋八月，弟逢吉登鄉試魁第。冬十月，先生攜逢吉如京師。已丑　次於陝，先生病歸。

庚辰　十有五年　春正月，張安人卒。二月，弟逢吉會試不第，三月，先生繼娶馮仲子于華，遂攜家如京師。弟逢吉歸自京師。夏四月，先生攝部本科事。

辛巳　十有六年　春二月，先生陞浙江司員外郎，札理下糧廳及清查京營諸食糧軍士。夏五月，陞福建司郎中，尋調雲南司。會今上上徽號兩宫，先生獲誥命階奉政大夫，復贈父渭陽公如其官，母焦太安人封太宜人，妻張安人贈張宜人，馮仲子封宜人。冬十有二月，弟逢吉奉母焦太宜人就養如京師及家從。

壬午　嘉靖元年　夏五月，先生始題舉漕運會議。冬十有一月，馮宜人卒。

癸未　二年　春正月，先生再娶范叔子于京師。二月，陞浙江紹興府知府。三月，奉母及弟舉家出京。夏四月，次于淮安。五月，過揚州，寄馮宜人柩于尼寺。次于蘇州。六月，如紹興。時就學于座主陽明王先生之門。冬十月，建龍首書院。十有二月，弟逢吉摯見陽明先生。

甲申　三年　春二月，先生重修海塘成。三月，重起府治兩廊，易府城女牆以磚石。夏四月，重起稽山書院，聚闔府學官、弟子高等著功，令給日需，躬教之學。秋七月，重修大禹陵廟、南鎮廟。八月庚戌，攜弟逢吉觀潮于白洋巡檢司。冬十月，重起鎮東閣。

乙酉　四年　春二月，開濬運河，得舊石橋空及岸砌。三月，修府志。理山陰田順十八冤獄。夏四月，建斗門閘。正紹興衛毛鴻殺人罪。治會稽大盜戴顯八、易尚三。秋七月，治諸暨土豪石天六。八月，掌卷科場得解元錢楩於落卷。冬十有二月，入覲。

丙戌　五年　先生年四十歲。春正月，考察閑住。女芝英卒于紹興。

二月　先生迎母及家于杭。陽明先生渡江會先生于勝果寺。秋七月，始歸于渭，假居劉氏。

丁亥　六年　冬十有一月，先生攜家由河南如保定，省外舅范都指揮錦。

戊子　七年　夏四月　壬子，子轅生。五月，先生由山西還。

六月　次于平陽，選序常評事集。秋七月，至渭。冬十有一月，女珠蕊歸于郭氏子珠。

巳丑　八年　夏四月，酒西書院成。諸生來學者益眾。

庚寅　九年　秋七月，姪軒補縣學弟子員。

癸巳　十有二年　秋八月乙未，母焦太宜人卒。冬十有二月，合葬焦太宜人于渭陽大夫之墓。

甲午　十有三年　春二月　丁丑，子軫生。

乙未　十有四年　秋七月　癸酉，子轒生。

丙申　十有五年　先生五十歲。

丁酉　十有六年　春三月，縣城居室始完。秋八月，姪軒登鄉試第。冬十有二月，弟逢吉攜軒如京師就禮部會試。

戊戌　十有七年　春二月，弟逢吉登會試第。三月，逢吉登殿試二甲進士第。

己亥　十有八年　春二月，弟逢吉歸展至自京師。冬十有一月，逢吉如京師。

庚子　十有九年　春二月，弟逢吉授禮部制儀主事。

辛丑　二十年　先生年五十五歲。夏六月，修渭南縣志。秋八月辛巳，卒于正寢。

戊午　三十有七年　冬十有一月己亥，紹興闔府士民呈府申允祀先生于名宦祠。

己未　三十有八年　春二月丁未，渭南闔縣士民呈縣申允祀先生于鄉賢祠。

跋刻先伯父瑞泉公集

當先伯父瑞泉公攜余父受學陽明先生時，余方總角。伯父每命執古本大學侍立於旁聽焉，然童蒙未知所趨也。是後習聞庭訓，及師友所開發。今且四十餘年矣，得以想見羹牆勉脫蹊徑者，不幸有自邪！

嗟乎！伯父修文在嘉靖辛丑，余父編次其集顧又二十餘年矣。乃余同志□、耿在倫、胡正甫氏始爲之敘，余輒僭加□閱，延匠氏于里中而壽梓焉。夫自古賢豪事□顯晦，未嘗不有時也。由今觀之，即詩文□連，□□獨偶然者邪！歐陽公曰：

道固有「蔽於暫而終耀于無窮者」[二]，謂非先得人心所同然能爾哉！

嗟乎！伯父之事功僅見於守越，而行法敦仁、與物同體之志，則終身罔懈，俟後不惑矣。故當時好事者能使一時之不遇，而不能沮名宦鄉賢之祀於數十年之後。即良知在人，本不容昧，又不有明徵邪！

〔二〕原文「暫而」兩字模糊不清，據歐陽修集卷七十三記舊本韓文後「雖蔽於暫而終耀於無窮者，其道當然也」句補入。

胡正甫氏謂此心之靈，可以三天地、師百世。而矜爲組繡楮葉者，當有得於大小虛實之辯，此其言信不誣矣。耿在倫氏又謂後有振發興起，志聖賢之學者，横渠之後，實自南伯子始。嗟乎！此非陽明先生屬余伯父及開示來學意邪？若夫睹是刻者，尚友信心，相與神明，正學于文義之外，亦自有人人之良知在耳，余又何言哉！

嘉靖丙寅冬十月從子軒頓首謹書。

明嘉靖渭南縣志摘録

敘

嘉議大夫河南按察使門人富平李宗樞撰

瑞泉先生既屏居於渭，卜築酒西别宇，日偕邑子之屬覃析大道，著述玄言。慨邑有故志，訛跂亡紀，文獻曷徵？乃博摭籍傳，洞窺今昔，錯綜隱括，作渭南縣志云。志有圖、有表、有考、有傳，其悉在諸卷端。圖二卷，表四卷，考五卷，傳七卷，凡一十八卷。志成嘉靖二十年，歲在辛丑之秋。時宗樞以先恭人之喪未除，不獲陟官牆、侍鉛槧，悵焉有懷。比既禫，適渭見先生示，宗樞得縱觀焉。先生曰：「爾其敘諸。」宗樞固遜弗獲，乃奉卷作敘。

敘曰：夫志宣隱闡微，稽物垂軌以貽永者則也；而詳略適其分者，體也。是故州縣之志貴悉而理，其體詳；省府之志貴統而要，其體略。猶之建官敷政焉，省府之長其秩崇、其政閎，否則濫而弗勝，偪下之弊生焉。州縣之牧其秩殺、其政細，否則疏而弗舉，僭上之弊生焉。是故君子覿程以審則，立義以審體，而後可以言志矣。粤自東漢南陽撰作風俗，䣛〔一〕縣始各爲志，嗣是有作遐哉，未繇考已。今之志者，或失則煩，或失則簡，鑒焉者亦弗究其體而槩焉。與之均之，弗思焉爾矣。兹編也，圖以宣隱，表以闡微，考以稽物，傳以垂軌，不侈而悉，不迂而理。故君子外之以治人則慎而平，内之以持己則敬而修。邇之以博識則倫而備，遠之以徵徃〔二〕則該而不遺。裴駰稱司馬氏之史「其文直，其事核，不虛美，不隱惡，謂之實録」，劉向、揚雄謂其「有良史之才」，先生兼有之。夫古之哲人貞士，格于時而道不能用，恒託詞焉以詔天下後世，則志之作也可知已。先生其它著述，履歷世亮，有精鑒嘉樂而傳之者，兹不載。祗復明訓，且有感于斯志也。敬綴蕪詞，庸著大

〔一〕「䣛」、「郡」之異體字。

〔二〕「徃」、「往」之異體字。

較云。

諸圖上　第一卷

中順大夫浙江紹興府知府致仕瑞泉南大吉撰　門人生員何永校勘

瑞泉子曰：昔者，伏羲氏之王天下也，龍馬負圖出於河，羲皇則之，始畫八卦，命飛龍氏造六書，而文字興焉。圖在畫前，書不由圖出哉？列之以圖，以著其形；序之以書，以紀其實。覩象於圖，察理於書，交錯參互，斯爛然其星陳矣。古人左圖右書，豈無謂邪？則凡造書者，圖固不容畧也。嘗考六經，圖凡三百又九，豈其粗簡？若後作者觀之，令人悶瞀而弗豁朗，以省哉！兹志所以首備諸圖，豈其文侈是爲？亦欲觀者先圖後事，往躅前範，展卷即可覽見也。迷謬沉毁之嘆，想像於邑之懷，可弗興矣。圖凡二卷，以治民事神爲主。上卷始縣境，終橋渡，凡圖二十又一，皆治民類也。下卷始文廟，終石鼓山，凡圖十又八，皆事神類也。二卷合，圖凡三十又九。

歷代易置表一　第三卷

中順大夫浙江紹興府知府致仕瑞泉南大吉撰　門人生員李子紹校勘

瑞泉子曰：渭南本古雍州東域之地，自漢置縣以來，其間因革無常，而名稱由之亦異。至其縣之領鄉，唐始僅見其綱耳，而鄉之領里又後至宋乃始有目。若名也，金、元雖以都圖興制，中遭兵燹載籍無存，兹固弗可強説也。然鄉之爲制本自成周之世，特遼邈湮沒，緊又無從可考證矣。明興百七十餘年而里戶間有增損，故今其制亦與昔爲稍異。是故郡縣鄉里變更之年則以年繫之，庶因革可考見也。傳謂年以事繫，蓋是之謂爾矣。

明興以來選舉表四　第五卷

中順大夫浙江紹興府知府致仕瑞泉南大吉撰　門人生員李遇春校勘

瑞泉子曰：　選舉之法，莫善於姬周。後雖弗逮，然亦各有制也。顧代曠史闕，詳弗可得而聞焉。渭南歷代策名之士，間有一二。散見簡牘間者，在漢則翟公以宏茂舉，張禹以大學舉；　在梁則吉翂以孝行舉；　在唐則張仁愿以文武材舉，姚南仲以制科舉，白居易、白行簡、白敏中、白晦之以進士舉；　在宋則寇準、宋瑫以進士舉；　在元則石端甫以茂材舉，薛榮、閻正叔、侯伯正以進士舉。可知者此耳。明興，有保舉，有歲貢，有舉人，有進士。渭南之士，由此四途。其選者，歷雖久考之舊志，詢之父老，尚斑然其可指陳也。是故闕所不知者，録其所知者，亦可以表一代得人之盛矣。

封域考一　第七卷

中順大夫浙江紹興府知府致仕瑞泉南大吉撰　門人生員何永校勘

瑞泉子曰：　兩壤相接、築土而爲之界曰封，八方所抵計里而爲之境曰域。封域也者，上以應乎天文而下以列乎地理者也。是故以妖祥則存乎分野，以廣輪則存乎疆里，以靈秀則存乎山川，以阸塞則存乎形勝。是故察妖祥則知所以脩德矣。辨廣輪則知所以域民矣，侈靈章秀則和所以興產矣。控形制勝則知所以固國矣。由是而山川寧、鬼神格，鳥獸草木魚鱉亦咸若矣，則志之所以攷夫封域者抑豈藩籬之私也哉！

風土考三　第九卷

中順大夫浙江紹興府知府致仕瑞泉南大吉撰　門人生員郭都、丁莪校勘

瑞泉子曰：風也者氣也，氣行於天者也。土也者質也，質具於地者也。乾道變而氣斯行矣，坤道合而質斯具矣，氣質變合則是乾坤交而性情見，天地泰而其化同也。是故萬物生焉，居聚耕殖而百貨興焉，萬事出焉，是故以風俗則由習而成矣，以戶口則由聚而見矣，以田賦則由生而出矣，以物產則由殖而蕃矣，以力役則由用而任矣。然皆由乎政教而本諸身者也。夫本諸身則政德政也而民治，教德教也而民化。民治則安居樂業有恒產矣，民化則尊君親上而有恒心矣。然有恒產斯有恒心，而後教斯可興焉。有恒心斯有恒性，而後政斯可成焉。教興則風俗淳美而戶口無弗繁也，政成則禮達分定而貢賦無弗時也。夫化育行而萬物生，政教舉而萬事成，天人一貫者也。否則其政散者其民流，其政急者其民困。怨愁淫沴之氣上干天象，下擾地紀，而天地且弗官矣。風土之考抑豈細故也哉！

風俗。按舊志云：「人性勇悍，男耕女織，俗尚樸實，有古人風。」蓋關中，古周、秦、漢、唐都會之地。周人尚禮義而貴農桑，秦人尚武勇而貴富強，漢人尚寬大而貴敦樸，唐人尚章程而貴勳伐。故今渭南之俗，猶有歷代之遺風：男耕女織，而賢者重信義，則周之遺也；負氣恃悍，而勇者輕生死，則秦之遺也；惡衣粗食，而富者致蓄藏，則漢之遺也；策名樹業，而貴者多氣概，則唐之遺也。然而晉、隋、苻秦〔一〕、西魏、後周，亦嘗都此，則今之婚論財者，嫁稱「拜喪」者，葬舊不用棺而曰「黃菅」者，疾病不信醫而信巫覡者，喪葬奉事浮圖而又群集優戲、奢僭瀆亂者，則又苻秦以下，夷狄之遺也。若論前輩人士，大抵猶古人耳。男子恥遊惰，不恥惡衣惡食，非禮會不聚飲，非大禮會不聽樂。即大貴，服即品服一襲耳，餘雖

〔一〕「苻」，原文作「符」，據改。

賓貴交接，細布焉止矣。富即田連阡陌，家累高貲至萬金出入，即一白布袍耳。飲會，唯巨盤大盞，醉飽焉止矣。或遺之綺，即不肯衣，衣即赧然，即不敢見人，即又置，弗肯衣也。尤以市肆劇飲爲無賴，頑嚚健訟爲大惡。然好勇尚氣力，怒即集眾，荷梃露刃以往，鬬勝則喜，弗勝則以爲辱也。然畢竟老實，衆苟曰：「爾弗直。」即又殺羊置酒，跽伏而請過焉。故其受鬬者，亦即欣然，已即罷於法，安受之，無他巧術求免也。……

儒生出入，長幼之序，絲毫不紊。途遇鄉長者，趨而揖拱，竢其過始行也。其居學也，長者立于門，少者不敢過。長者坐，少者若有請，進退唯命，立必侍立，坐必侍坐。即布衣亦然，非但顯貴者也。朋友相交，以信實，不爲亟飲，即飲會不召歌妓。尤重廉退，見齪齪奔趨者羞之。存心率忠厚，議論多正直，蓋得其本矣。然亦尚氣，怒即盛氣面折，不少貸，遂至望望而去者有之。跡似粗糲猛奮，然其中則蕩蕩，無留滯也。彼陰懷噉肉之恨，陽爲刎頸之好者，視此又不侔矣。至論尊卑貴賤之分，衣服器用之等，品式森然，莫敢僭踰。閭閻無紈綺之子，倡優鮮金珠之飾。成化、弘治之間，人醇俗美，渾璞氣象，可想像也。其歲時節序，亦各有尚。……

瑞泉子曰：風俗者，天下之大本。政教者，治世之先務。天下之治亂，繫乎風俗者，天也，故曰「大本」。風俗之美惡，繫乎政教者也，故曰「先務」。夫君上所化之謂「風」，民下所習之謂「俗」。上，風也；下，草也。所化有得失，則所習有美惡，故曰：「草上之風，必偃。」是故有葛覃斯有芣苢，有樸樕斯有兔罝。桑間濮上之俗，招搖過市者，風之也。故漢之文景，以黎民醇厚，幾致海內之刑措。江東六國，禍亂危亡之所以相尋者，則以風流放達，妖淫愁怨，靡靡以成俗者爲之也！或曰，鄭衛地濱大河，沙地土薄，其人氣輕而質柔，故其俗淫。江東國介江海，水地泥汙，其人氣浮而質弱，故其俗靡然。而魯有孔子禮義弦歌之風，至漢初而不衰。朝鮮，東夷國也，箕子教之以禮義田蠶，至今稱仁賢焉，況中國乎？故予於風俗之考也，獨拳拳懇懇，致詳說焉，而必曰「前輩」「前輩」云者，又以見今之不然也。

祠祀考四上　第十卷

中順大夫浙江紹興府知府致仕瑞泉南大吉撰　門人生員李子紹郭珠校勘

瑞泉子曰：洪範「八政」，三曰「祀」。祀也者，所以致祈昭報、通幽明之故，達神明之德，以凝肅治禮而康佑下民者也。

祭法曰：「法施於民則祀之。以死勤事則祀之，以勞定國則祀之，能禦大菑則祀之，能捍大患則祀之。」是故風雲雷雨，民所潤被也。山川社稷，民所生賴也。往聖前哲，民所取則範也。神境奧區，民所起敬瞻也。非此族也，祀典弗得而載焉。周道既衰，禮制頹廢，而祭法亂矣。故秦漢而下，淫瀆者蔑有紀極。趙宋崇道，胡元尚釋，是則尤可慨嘆者也。我明太祖高皇帝監前代之非，芟夷而掃除之。道釋之徒悉歸編戶，凡在祀典罔有弗正。而渭南境內之祀，則固可考論也。是故壇壝考其義，所以神地道也；祠廟考其靈，所以順人情也；陵墓考其跡，所以崇正道也；寺觀考其始，所以闢異端也。地道神，則功德昭矣；人情順，則報反稱矣；正道崇，則聖賢著矣；異端闢，則淫侈息矣。類以分之，序以別之。如此則禮制興矣。

官職傳一上　第十二卷

中順大夫浙江紹興府知府致仕瑞泉南大吉撰　門人舉人白大用生員郭珠校勘

瑞泉子曰：夫民非養弗生，非教弗興，行也。苟其司也無良，其典也匪人，則養政日隳，教道陵替，然則何益矣。是故昔者天子之建縣，官四：曰尹、曰丞、曰簿、曰尉，職司六事。其建學官二：曰教諭、曰訓導，職典五教。舉六事，以立百姓；敷五教，以親百姓。事舉而人治，教行而倫明。當官之能事，其在兹乎！然古者，今之遺也；前者，後之範也。渭南宦仕，逖自炎漢，迄今明庭代雖遙曠，遺躅餘烈，考之載籍，猶有存者。是故備稽詳録，善惡咸在，俾凡仕此者觀之而自擇焉。則爲治之要術，即此在矣。顧力行何如耳，奚必他有所慕也哉。

人物傳三上　第十五卷

中順大夫浙江紹興府知府致仕瑞泉南大吉撰　門人貢士魏向宸生員裴龜靈校勘

瑞泉子曰：昔人謂「地靈人傑」，此蓋沿襲常談耳。伏羲生於成紀，戎地也。開物成務，繼天立極，而後之言聖神者，必自羲皇始焉。陳良，楚産也，悦周公、仲尼之道，北學于中國。北方之學者，未能或之先也。夫兹豈其地之所能繫累哉？慨唯天命之性，厥初本同，獨其氣有昏明、質有强弱、習有美惡。於是其末始遠，顧人反之肯不肯耳。使其一旦用力于克己，革其習變化其氣質，久則禮復而聖賢且同歸矣，何言乎地之靈之不靈也？今攷古今渭南人物，地一也，或時盛或時衰，或一時而一賢一不肖焉。兹固人爲係之矣，抑豈地之能限哉！

自敘傳六[一]

南氏之先，河東中條山人，蓋今平陽之解梁也。當宋建炎初，金人婁宿入河東，河東失守。南氏去晉適秦，至於蒲城之賈曲里居焉。其後金元光初，元人木華黎入關中。南氏分散，或在渭南，先後不一，或在羅紋橋，或在商州。其在商州者，

[一] 自敘傳六，抄本無標題，校注本渭南志加，據增。

即其在羅紋者之再遷也。甲辰進士、太僕卿曰鏜者，乃其裔也。其在渭南者，即今田市里秦村也。先至者，北平府知府謹，則其後也。後至者，曰均甫者之子，安義、安禮者也。而謹于安義爲從子。均甫四子而二遷，蓋當元末國初之交。安義讀書善騎射，生三子：曰儼、曰選、曰（十一）〔士〕〔一〕。與安禮之子凡六人。獨儼讀書，諒直有幹能，率諸昆弟子侄，力田孝弟，稱宗長公。而南氏戶族，始以宗長公名著。宗長公生四子，名取洪範「貌、言、視、聽」。而曰言者，慎行人也，故其言無弗人者，故稱乂君。乂君生珪，珪博古，通漢書，然剛智有口。嘗讀論語，至「南容三復白圭」，瞿然曰：「此，先人君所以名我者。」故終其身，無易言也，故稱三復公。南氏自上世傳來，家世修齊，即貴富賤貧，即無卑行汙名焉。比至三復公，家顧愈益貧而顧能繩，宗長公武率家人，愈益整整肅肅如也。初，宗長公弟選，生贈員外郎義，義生河南右叅政釗。故釗於三復公又爲再表從弟。釗事載休亭翁傳，有介節，時稱「寒潭皎月」。而三復公又表宗黨。於是諸巨豪族，咸推轂南氏矣。三復公生六子。長曰鎰，業吏，官歷倉大使、驛丞。次曰金，業儒，爲縣學諸生，貢爲太學生，出爲訓導、教諭，號渭陽，曰渭陽父。

渭陽父生有奇姿，少貧，讀書能刻苦，嘗兼藝黍稷以供養。初受四書于從兄諸生睿，既受朱氏詩于同官李教諭，既又受小戴禮記于從父參政公。渭陽父屬文不事綺曼，超然遐覽，有古風烈，是以與時不合。是以八入鄉試而竟弗偶于考官。渭陽父於是歎曰：「吾弱冠即得科舉高等，居學三十餘年，奚啻弗偶，又數困阸焉，豈可謂非天乎？吾且休矣，盡已，囂已矣，何可與命校邪，何可與命校邪！」乃後竟以歲貢授河南新野訓導。渭陽父之訓導新野也，懇懇劇劇，惟以變化士習爲務。是時諸生方恣縱尚武，酗酒成風。渭陽父督察教戒凜凜，弗變則撻之，又弗變則痛撻之。於是諸生有怨言，渭陽父則日坐齋室，訓誨條約益嚴，無少易也。故諸生畏憚之，既而敬服，既而親愛，咸以爲得師晚也。由是，沛沛趨學莫禦，而新野言有才矣。

〔一〕原字爲「十一」，疑爲「士」之誤。

間攝令事凡三月，亦唯其民蠹是剔也。雖巨豪大黠，無敢易，曰權章耳，而或以苞苴黠焉。故其歸也，父老諸生泣送之，至今想慕稱說也。渭陽父有子，曰大吉、曰逢吉。大吉以禮記舉正德庚午鄉試魁，連舉辛未進士。而渭陽父始陞資縣教諭，乃遂告歸。歸而撰渭南志，未成而卒，卒葬豐草原。事詳墓考[一]。

大吉初舉進士，爲戶部主事。奉使北犒雲中，入雁門，南歷平陽、蒲坂之墟，挹堯舜之遺烈。問化嬀汭，觀瀾龍門，過沙苑以歸。歸見渭陽父于秦村之軒，渭陽父執大吉手泣，謂曰：「余少年有志未遂，至皓首竟學官耳。當天子明聖之朝，而不得致身臣寀，未箠者命也。今爾弱冠即得志，爲天子東省郎官[二]。爾志也，而弗往贊前哲希也，唯其貴富巍巍，然則爾得志亦奚貴！夫男子墮地，天地四方即爾事，爾能以忠名世，亦光美矣！予嘗爲吾縣志，今衰病弗能成，予死爾無忘予平生所論說也。」大吉俛首流涕，曰：「兒雖不肖，敢不識之！」渭陽父既卒之三年，大吉復歷官戶部主事、員外、郎中。初奉敕命，贈渭陽父爲承德郎、戶部江西司主事；再奉誥命，加贈奉政大夫、戶部雲南司郎中。而逢吉亦以禮記舉己卯[三]鄉試魁矣。大吉初號瑞泉，時稱瑞泉子。嘉靖癸末[四]，瑞泉子出爲浙江紹興府知府。三年，以迕時罷歸。歸，與其弟及弟子姜泗、賀府、姜沂、劉鳳池、薛騰蛟二十餘輩，於湭西書院修復舊業，朝夕講誦論說也。其後丁酉，逢吉之子曰軒者，亦以易舉鄉試舉人。明年戊戌，逢吉始又以易舉進士，又明年，授禮部儀制司主事。當是時，諸弟子之舉舉人、進士者，亦已六七人矣。而瑞泉子獨與餘弟子及繼來者，日益誦說弗輟也。

又二年，縣令廣安辛萬鈞始至，即以渭南志請撰于瑞泉子。瑞泉子乃始纂述渭陽父之遺緒，與其生平所論說者。於是

〔一〕墓考，即渭南志卷十一祠祀考四下陵墓。
〔二〕時爲戶部湖廣司主事，尚非郎官。「郎」字誤記。
〔三〕抄本誤「己」爲「巳」，據瑞泉南先生紀年改。己卯，正德十四年。
〔四〕「末」，誤，應作「未」。

作渭南志。遡自秦漢以往，下迄於嘉靖庚子之歲。旁搜博考，包羅兼括，爰命諸弟子分類校勘，首圖，次表、次攷、次傳。義惟文字，初起圖象，有象而後有書，有書而後政事有紀矣。司牧之政，治人爲先，作諸圖上。治人事神，皆政之大，作諸圖下。以紀跡以年繫之，則因革有序而易見，作易置表一。因革在人事，匪人弗行，作官師表二。政事有得失，則戶口有盛衰，作戶口表三。庶而富則教興而用敘，作選舉表四。人材盛而恩典溥，作恩例表五。惟國建官，惟官分土，作封域考一。守土立政，制作聿興，作建置考二。凡居民材〔一〕，必因宜從俗，作風土考三。土地產殖百貨，而祈報之典興，作祠祀考四。風俗美惡，關政令之得失，作官職傳一。時移世殊，物因之而有遷，作遷寓傳二。教化有興替，人才之盛衰隨之，作人物傳三。男正位外，女正位內，作列女傳四。材有美惡，則成有淑慝，作雜記傳五。纂敘既竟，敘述其先世之遺跡，推原作者之意，以俟後世君子，作自敘傳六。瑞泉子曰：「予纘述先人論選之意，以爲渭南志。自嘉靖二十年四月辛酉起，訖於七月之壬辰，閱三月而成。凡四類、二十一篇、一十八卷。

渭南縣志第十八卷終

修志後記

瑞泉子曰：予之爲渭南縣志也，縣新令意也，亦予先人宿志也。新令者，蜀廣安辛子原一萬鈞也。原一著梟舄來，鳴琴方三月，即以是志撰請予，予故弗辭而僭爲之也。圖、表、考、傳，義例隨篇冠焉，是非詳略，予則弗自知也。是故猶有望於後之博雅君子。歲辛丑秋七月癸巳，南大吉（織）〔識〕。〔二〕

〔一〕「材」，手抄本誤作「村」，據校注本改。

〔二〕「織」，爲「識」之誤。

提調官渭南縣知縣辛萬鈞
贊修官渭南縣縣丞劉价
供事官渭南縣典史劉輅
承委官渭南縣儒學教諭劉漢卿
訓導張鴻漸、楊謹
督工人禮房吏馬國珍
繪圖人方春
寫字人辛朝聘、張克讓、南孟冬
刻字人蘇茂元、胥廷義、胥鐸、蘇季陽、胥廷美、蘇孟真、胥廷千、蘇進忠、胥廷寬、蘇茂祥

附录

附録一　生平記傳類

明儒學案卷二十九　北方王門學案

黃宗羲

前言

北方之爲王氏學者獨少，穆玄菴既無問答，而王道字純甫者，受業陽明之門，陽明言其「自以爲是，無求益之心」，其後趨向果異，不可列之王門。非二孟嗣響，即有賢者，亦不過跡象聞見之學，而自得者鮮矣。

郡守南瑞泉先生大吉

南大吉字元善，號瑞泉，陝之渭南人。正德辛未進士。授戶部主事，歷員外郎、郎中，出守紹興府，致仕。嘉靖辛丑卒，年五十五。先生幼穎敏絕倫，稍長讀書爲文，即知求聖賢之學，然猶豪曠不拘小節。及知紹興府，文成方倡道東南，四方負笈來學者，至於寺觀不容。先生故文成分房所取士也，觀摩之久，因悟人心自有聖賢，奚必他求？一日質于文成曰：「大吉臨政多過，先生何無一言？」文成曰：「何過？」先生歷數其事。文成曰：「吾言之矣。」先生曰：「無之。」文成曰：「然則何以知之？」曰：「良知自知之。」文成曰：「良知獨非我言乎？」先生笑謝而去。居數日，數過加密，謂文成曰：「與其有過而悔，不若先言之，使其不至於過也。」文成曰：「人言不如自悔之真。」又笑謝而去。居數日，謂文成曰：「身過可免，心過奈何？」文成曰：「昔鏡未開，可以藏垢。今鏡明矣，一塵之落，自難住腳。此正入聖之機也。勉之！」先生謝別而去。辟稽山書院，身親講習，而文成之門人益進。入覲以考察罷官。先生治郡以循良重一時，而執政者方惡文成之學，因文成以及先生也。先生致書文成，惟以不得聞道爲恨，無一語及於得喪榮辱之間。文成歎曰：「此非真有朝聞夕死之志者不能也。」家居構湭西書院，以教四方來學之士。其示門人詩云：「昔我在英齡，駕車詞賦場。朝夕工步驟，追蹤班與揚。中歲遇達人，授我大道方。歸來三秦地，墜緒何茫茫。前訪周公跡，後竊橫渠芳。願言偕數子，教學此相將。」

關學編卷四　瑞泉南先生

馮從吾

先生名大吉，字元善，號瑞泉，渭南人。正德庚午舉人，辛未進士。授戶部主事，歷員外郎、郎中、浙江紹興府知府，致仕。嘉靖辛丑卒，年五十有五。

先生幼穎敏絶倫，稍長，讀書爲文，即知求聖賢之學。嘗賦詩言懷，有「誰謂予嬰小，忽焉十五齡。獨念前賢訓，堯舜皆可並」之語。弱冠，以古文辭鳴世。入仕，尚友講學，漸棄其辭章之習，志於聖道，然猶豪曠不拘小節。

嘉靖癸未知紹興時，王文成公倡道東南，講致良知之學。王公乃先生辛未座主也。先生既從王公學，得實踐致力肯綮處，乃大悟曰：「人心果自有聖賢也，奚必他求？」於是時時就王公請益焉。嘗曰：「大吉臨政多過，先生何無一言？」王公曰：「何過？」先生歷數其事。王公曰：「吾言之矣。」先生曰：「何？」曰：「吾不言，何以知之？」曰：「良知自知之。」王公曰：「良知卻是我言。」先生笑謝而去。居數日，復自數過加密，來告曰：「與其過後悔改，不若預言無犯爲佳也。」王公曰：「人言不如自悔之真。」先生笑謝而去。居數日，復自數過益密，曰：「身過可勉，心過奈何？」王公曰：「昔鏡未開，可得藏垢。今鏡明矣，一塵之落，自難住腳。此正入聖之機也。勉之！」先生謝別而去。於是辟稽山書院，聚八邑彥士，身率講習以督之，而王公之門人日益進。已又同諸同門録王公語爲傳習録，序刻以傳。

越丙戌，先生入覲，以考察罷官。先生治郡以循良重一時，當事者以抑王公故故斥之。先生致書王公千數百言，勤勤懇懇，惟以得聞道爲喜，急問學爲事，恐卒不得爲聖人爲憂，略無一字及於得喪榮辱之間。王公讀之歎曰：「此非真有朝聞夕死之志者，未易以涉斯境也！」同門遞觀傳誦，相與歎仰歆服，因而興起者甚多。王公報書爲論良知，旨甚悉，謂關中自横渠後，今實自南元善始。

先生既歸，益以道自任，尋溫舊學不輟。以書抵其侶馬西玄諸君，闡明致良知之學。構湭西書院，以教四方來學之士。其示弟及諸門人詩有云：「昔我在英齡，駕車詞賦場。朝夕工步驟，追蹤班與揚。中歲遇達人，授我大道方。歸來三秦地，墜緒何茫茫？前訪周公跡，後竊横渠芳。願言偕數子，教學此相將。」而尤惓惓於慎獨改過之訓，故出其門者多所成立。蓋先生之學以「致良知」爲宗旨，以「慎獨改過」爲致知工夫，飭躬勵行，惇倫敘理，非世儒矜解悟而略檢押者可比。故至今稱王公高第弟子，必稱渭南南元善云。所著有紹興志、渭南志、瑞泉集若干卷行於世。

國朝獻徵録卷八五　紹興府知府南大吉傳

焦竑

南大吉，字元善，號瑞泉。正德庚午舉人，辛未進士。歷官戶部主事員外郎、郎中，紹興府知府。人幼顥敏知學，稍長治禮，兼通易。初以古文鳴世，入仕尚友講學，探討日邃。群僚所推攝部中章奏事，嘗條保定釐革便宜四事。及除京營士冒支糧弊、十庫宦官以惡金充賚與，大吉折以法，即懼而易之。在部所蒞有磬，章疏復逆得體，上下賴焉。守紹興時政修廢舉，肇造晦翁稽山書院，萃屬邑髦士教之，成者什九，紹興科目由此更盛。死囚多官不能決者，一鞫即得其情。屬吏有被誣停官者，特洗雪盡力。陂塘備旱滂運河勢家所侵，疏而復之。郡有越人大盜數，權要所庇，悉棰死。有學士侵王右軍、謝太傅故地，悉割歸其主，竟由是罷歸。紹興士民垂涕，若失父母。歸構書院以教四方來學之士，出其門者多位至方嶽。文行名世，與人和而有容，當官任事則毅然有執。且性孝友，居喪執禮，弟逢吉、侄軒皆所教成立云。所著有瑞泉集、紹興志、渭南縣志。

王陽明全集卷三十五　年譜三　明錢德洪王汝中輯王陽明年譜

嘉靖三年甲申，先生五十三歲，在越。

正月。

門人日進。

郡守南大吉以座主稱門生，然性豪曠不拘小節，先生與論學有悟，乃告先生曰：「大吉臨政多過，先生何無一言？」先生曰：「何過？」大吉歷數其事。先生曰：「吾言之矣。」大吉曰：「何？」曰：「吾不言，何以知之？」曰：「良知。」先生曰：「良知非我常言而何？」大吉笑謝而去。居數日，復自數過加密，且曰：「與其過後悔改，曷若預言不犯爲佳也。」先生曰：「人言不如自悔之真」。大吉笑謝而去。居數日，復自數過益密，且曰：「身過可勉，心過奈何？」先生曰：「昔鏡未開，可得藏垢。今鏡明矣，一塵之落，自難住腳。此正入聖之機也，勉之！」於是辟稽山書院，聚八邑彥士，身率講習以督之。於是蕭謬、楊汝榮、楊紹芳等來自湖廣，楊仕鳴、薛宗鎧、黃夢星等來自廣東，王艮、孟源、周沖等來自直隸，何秦、黃弘綱等來自南贛，劉邦采、劉文敏等來自安福，魏良政、魏良器等來自新建，曾忭來自泰和。宮刹卑隘，至不能容。蓋環坐而聽者三百餘人。先生臨之，只發大學萬物同體之旨，使人各求本性，致極良知以止於至善，功夫有得，則因方設教。故人人悅其易從。

十月，門人南大吉續刻傳習錄。

傳習錄薛侃首刻於虔，凡三卷。至是年，大吉取先生論學書，復增五卷，續刻於越。

（嘉靖）四年乙酉，先生五十四歲，在越。

（四月）作稽山書院尊經閣記。略曰：「聖人之扶人極，憂後世，而述六經也，猶之富家者之父祖，慮其產業庫藏之積，其子孫者或至於遺亡失散〔一〕，卒困窮而無以自全也，而記籍其家之所有以貽之，使之世守其產業庫藏之積而享用焉，以免於困窮之患。故六經者，吾心之記籍也，而六經之實則具於吾心；猶之產業庫藏之實〔積〕〔二〕，種種色色，具存於其家，其記籍者，特名狀數目而已。而世之學者，不知求六經之實於吾心，而徒考索於影響之間，牽制于文義之末，〔硜硜〕然以爲是六經矣〔三〕。是猶富家之子孫，不務守成規享用其產業庫藏之實積〔四〕，日遺忘散失，至於窶人丐夫，而猶囂囂然指其記籍曰：「斯吾產業庫藏之積也。」何以異於是？」

按，是年南大吉匾莅政之堂曰「親民堂」，山陰知縣吳瀛重修縣學，提學僉事萬潮與監察御史潘倣拓新萬松書院于省城南，取試士之未盡録者廩餼之，咸以記請，先生皆爲作記。

（嘉靖）五年丙戌，先生五十五歲，在越。

四月，復南大吉書。

大吉入覲，見黜於時，致書先生，千數百言，勤勤懇懇，惟以得聞道爲喜，急問學爲事，恐卒不得爲聖人爲憂，略無一字及於得喪榮辱之間。先生讀之歎曰：「此非真有朝聞夕死之志者，未易以涉斯境也！」於是復書曰：「世之高抗通脫之士，捐富貴，輕利害，棄爵禄，決然長往而不顧者，亦皆有之。彼其或從好於外道詭異之說，投情於詩酒山水技藝之樂，又或奮發於意氣，牽溺於嗜好，有待於物以相勝，是以去彼取此而後能。及其所之既倦，意衡心鬱，情隨事移，則憂愁悲苦隨之而作，果能捐富貴，輕利害，棄爵禄，快然終身，無入而不自得已乎？夫惟有道之士，真有以見其良知之昭明靈覺，廓然於

〔一〕「失散」，王陽明全集卷七文録四稽山書院尊經閣記作「散失」，本篇下文亦有「散失」語。按，當爲「散失」。
〔二〕「實積」原作「實」，據王陽明全集卷七文録四稽山書院尊經閣記補。
〔三〕「硜硜」，原文脫，據王陽明全集卷七文録四稽山書院尊經閣記補。
〔四〕「成規」二字，王陽明全集卷七文録四稽山書院尊經閣記作「視」，更切文意。

太虚而同體。太虚之中，何物不有，而無一物能爲太虚之障礙。故凡慕富貴，憂貧賤，欣戚得喪，愛憎取捨之類，皆足以蔽吾聰明睿知之體，窒吾淵泉時出之用。如明目之中而翳之以塵沙，聰耳之中而塞之以木楔也。其疾痛鬱逆，將必速去之爲快，而何能忍於時刻乎？關中自古多豪傑。横渠之後，此學不講，或亦于四方無異矣。自此有所振發興起，變氣節爲聖賢之學，將必自吾元善昆季始也。今日之歸，謂天爲無意乎？」

明萬曆渭南縣志（天啟增刻本）封域志卷二古蹟人物

湭西草堂

南軒

在湭河西岸西關街南，瑞泉南公敷教舊址。公自紹興歸，偕弟姜泉公倡明正學，遠邇聞二南之風者依歸蓋衆，即渭上人才科目之盛實始於此。今考公詩，其秋曉發秦村復諸生講約云：「長飆響森木，宵景摇繁星。雞明嚴駟駕，迅予逝南征。淩晨度清渭，汎汎揚松舲。憑軾登修坂，鏘鸞度遠坰。遵彼林下麓，欸此水西扃。曲徑交緑竹，廣庭虚以明。摳衣趨猶子，循牆遲諸生。川輝澄講席，八牖洞疎櫺。蘭澤多芳草，山水鬱層層。采之薦清廟，兼以列丹楹。竊誦知新訓，慚無長善能。安得魯尼父，宫堂共爾升。仰思遺編在，清清耀性靈。白日如西墜，紅顏安可停。四十苟無聞，皓首竟何稱。邈矣先聖學，典哉貴始終。丹書何肅肅，千載垂吉凶。願言同此佩，永爲盤上銘。」冬曉發秦村復諸生講約云：「層穹丹旭照，平野皓繁霜。駕言欲何之，湭水瞰雲莊。門堂何肅肅，生徒亦蹌蹌。講筵俯清沼，相遲日彷徨。我心濬以昭，有懷殊未央。改木方知困，撞鐘始自強。青也綵出藍，冢矣玉成章。教學良相半，仲尼良後生。念此情愈迫，驂鸞鳴以鏘。去去遵横渠，遙遙眺孔堂。攜爾由山徑，起予履周行。天命雖穆穆，人心自皇皇。君子而乾健，終老以無疆。」

南瑞泉公墓在渭陽公墓左。公諱大吉，渭陽公長子，以紹興知府致仕，加贈中大夫、太僕卿。墓有志有碑。志禮部侍郎綏德馬公汝驥撰，碑光禄卿三原馬公理撰。次子諸生，諱軨，贈中大夫、太僕卿祔。

南姜泉公墓在渭陽公墓右。公諱逢吉，渭陽公次子，以山西副使致仕。進階中議大夫、贊治尹。墓有志有碑。志禮部尚書兼大學士同州馬公自強撰，碑户部尚書涇陽魏公學曾撰。

明萬曆渭南縣志（天啟增刻本）卷十一人物志

南軒

南瑞泉公者，諱大吉，字元善，渭陽公長子。生有異德，少明易禮。弱冠成進士，授支部郎。文行爲尚書推重，使攝章奏，復逆得體。嘗條上保定釐革四事，建議漕運督臣歲入會議，永爲故典。世廟御極十庫官用惡金充賚與，公怫然折以法。在部所蒞有聲。尋陞紹興知府。紹興多勢家豪族，政弊俗壞，公擇任丞史，治尚體要，不期月政修廢舉。乃肇造稽山書院，選郡邑俊士督教之，科目自此稱盛。疑獄多官不能決者，一鞫即得其情，望見者以爲神人不可犯。疏復運河故道，覈復王右軍、謝太傅故地，洎論死會稽巨盜，重懲諸暨豪猾，即當塗力囑不能奪，由是嗛者中傷罷歸。構湭西草堂以教四方來學士，出其門者類多聞人。公負任重道遠之器，履官務在奉法，行志而孝友愷悌，又籍籍膾炙鄉評，以故名宦鄉賢皆有祀，事詳門人薛騰蛟所爲傳中。所著瑞泉集藏於家，紹興、渭南志藏在郡縣。識者謂文若詩，獨步秦、漢、初唐，志有良史才。紹興志謂公政尚嚴猛，不避嫌怨，竟以蒙眥。然鋤奸興利至今賴之。光禄谿田馬先生謂公始以古文鳴，中以道鳴。與人和而有容，至當官任事則屹若砥柱，直於狂瀾洪濤無能撼者。皆稱實録。

南姜泉公者，諱逢吉，字元貞，渭陽公之次子。初通小戴禮，爲名諸生。既舉於鄉，同兄瑞泉公師事陽明王先生也，所詣益邃。洎罷歸陽明遺之書曰：「關中自橫渠後有所振發興起者，必自元善昆季始。」後所化誨果彬彬多聞人。學者溯所依歸，率稱曰二南先生云。後姜泉公用易成進士，授儀制郎。會肅皇帝議大廟明堂諸大典，大宗伯每以草屬公，悉當上意。居七年，出知保寧，一時懣之。當在保寧時，雪積冤，蘇隱瘼，率用嚴治（暇）〔瑕〕〔一〕，萃諸士之俊督教之，一時得人爲盛。居四年陞雲南督學使，銜者中傷，改知歸德府。其治歸德亦如治保寧，無何陞兵備雁門。公日以忠義激發三關將士，勒習陣法事大振，屢歲虜騎無敢南牧者。嘗條上備邊五事，觸時忌格於執政者，俄而罷歸。公性至孝，師事兄竟其世。無異財裒產，後盡以父兄所貽讓嬬嫂，而教其孤孫成進士。乙卯渭上大震令死，惡少訌諸，它欲逞者抗足觀望，公收壯士傑首事者一人而定。是時有被掠子夜持數百金匿公所，未幾被掠子亡，金無歸，公盡首之官語詳，門人巴西陳宗虞所爲傳。中令與兄並祀鄉賢，保寧復祀名宦，與稱二南云。所著姜泉越中述傳藏於家，註解會稽三賦刻在會稽。郡中大學士乾菴馬公謂：公骨氣錚稜峻詰，而剛明果斷，故其行誼種種合道，至臨事變屹不爲動，升沉等之浮漚。爲兵備時有窺當塗意勸公通問者，公以信心俟命拒之。嗟嗟以邃蓄如公，使稍稍自押以求庸於時，所樹立詎止是，而顧不然。吾於茲益足以見公矣，信哉！

師仲曰：余嘗履燕趙之墟，往往與越人遇，述伯王父治越狀，德澤淪浹歷百年一日矣。已而晤龍江沈相國，於王父守歸德事，言之甚詳。公欽仰不翅，口出嗟嗟。公道在人久而益章。彼一時得失，政足腐鼠視之爾！

南易公，諱軒，字叔後，憲副姜泉公長子。少警敏，既長屬文不類經生。年十四補博士弟子，自弱冠舉於鄉。嘉靖癸丑成進士，讀書中祕，以母憂歸，服闋除刑部郎。時分宜當國政以賄成，輿論詘之，已改吏部。三載考上書得復憲副公官。母封恭人，著爲令。已選考功員外郎，攝計事。分宜姻夏子開爲守，以貪聞。公削其籍，分宜銜之。分宜罷始典選。時徐文

〔一〕「瑕」，原文作「暇」，據文意改。

貞執政，滌除舊染，公益發舒無還忌。常熟嚴太宰故爲宗伯，數關說，公叱其使陳給事窺闞意指，蟄公調陪京考功郎。時甲子詔簡諸曹校京闈士，公甄拔皆時雋。明年擢四川副使，領驛傳、清軍，察舉利弊略盡。土司黄中據支羅爲楚蜀患，檄公往戡，議在必剿。計乃定，尋攝督學，品題多厭人心。穆宗踐祚，銜者復中公往，公念憲副公乞終養不報，至是而喜。承歡憲副公六年，遠近士執雉無虚日。萬曆改元，起知壽州，籌畫興革十許條上，諸臺定爲令。五月擢貳廣平，尋擢四川僉事，分巡川南。值土司仇殺，公走檄諭之，悉聽命。居頃憲副公没，免喪。謁選入銓曹，故有會，公以外寮儼據上座，王少宰某靳之，調公先輩同爾，公曰：不佞誠先輩，孰後輩者？王失色無以應。補湖廣分部長沙，已遷山東參議守。東、兖兩地盜藪，公修保甲法，桴鼓不聞。墨吏憚公威，咸望風解綬去，而少宰嗾其黨汙蠛公無所得，第言老不任，予致仕，公年甫逾六十耳。伯父紹興公没，三子少，公奉世母范淑人如母，而教其三子爲諸生。後憲副公析箸，公推腴者讓兩弟，事繼母王氏無違色。建義倉賑貧，窆焚質券，舉馮孝廉葬，恤劉司馬嫠，蒐王祭酒文，申以婚姻其尤者。京山李太史謂公貌若山澤之癯，而見義必爲白刃可蹈。任丘劉學士謂士各有真，公其始終亢志葆真人耶！觀二公評隲數語，足稱信史。公又號渭上子，所著有渭上稿、關中文獻志、訂正通鑑前編、續渭南縣志、南氏族譜各若干卷。詩文繩墨古人而有獨詣，字法章、顔，好學垂老不倦。殁之夕猶賦遠期篇以勗叔子師仲，命酌長唫而絶，年八十有一。痛哉！

師仲曰：明興，人物志自伯王父以來，皆先大夫撰次，而先大夫以來又皆不肖僭爲論説者。乃猶然冠伯王父於簡端，以志所由創，示不敢專也。知我罪我，抑爲辭焉。

康對山先生集卷三十九 墓誌

康海

奉政大夫戶部雲南清吏司郎中南公封太宜人焦氏墓誌銘

公諱金，字楚重，上世河南人，徙居蒲城賈曲里。六世祖均甫生四子，而諱安義、安禮者，元季自賈曲徙居渭南秦村。故今子孫世爲渭南人。安義生儼，儼生言，言生珪，配絲氏，生六子，公其仲焉。公之文章行誼，卒時吾友谿田馬伯循志其墓石，涇野呂仲木撰其墓碑，潛德幽光糜或遺矣。二君者，世之信人也，其言自當傳而又重之。以公之名德，海曷能贅其辭說。今年八月乙未，公配太宜人焦氏卒。十二月壬申，合葬太宜人於公之玄堂。子紹興知府大吉來復以予爲之銘。予惟公以昌文奇氣，自謂淩跨一世，苟得志將視衛、鄭、房、杜之業若反手，然時或阨焉，獨非天耶！其居家及訓導新野事，非君子躬行其志，俟命於天者耶？不知蘇湖君子其亦如是否耶。予觀陳羅之自著蓋數拊膺興嘆焉。

嗟乎！先王之道遜哉藐矣，誦說繁而本實，昧民日相率而爲僞，予弗知其如何可也。讀公戒子數言，若曰男子墜地，天地四方即爾事矣，非名言邪！即此可以益欽公德巍巍然冠諸河華矣。

太宜人者，渭南處士焦能女也，有女德宜於公，凡井臼、烹飪，無弗致其力也。公陞資縣值關中有甲辰之饑，而舅姑在堂，欲謀就養則山川阻遠，非杖行者所宜，太宜人乃請留養於家，自茹草惡，備極供奉，舅姑安心無撓，若不知爲凶年者。太宜人之孝也篤，生令子享奉履榮，被錫命獲壽考，然則天之報稱有德若是者非邪！其善以御下、仁以撫媵、和以處姒、儉以訓家，皆婦人之難事，此則志其大者。生男子二人，大吉辛未進士，以戶部郎中出守紹興，有文名世。逢吉己卯舉人，合德厥兄，蓋不但科第顯頎爾已。女子二人，長嫁王鸞，次嫁單仕。孫男子三人，軒、轅、輗。軒爲生員。孫女子三人，長聘李廷珍，十八歲死。仲嫁生員郭珠，餘幼未字。公生景泰壬申十二月戊戌，享年六十又三。太宜人生景泰癸酉正月己巳，至是享年八十又一。傳稱仁者壽，詩言君子有穀遺孫子，及宜爾子教振振兮，非公與太宜人之謂邪！豐草之原同窆共終，魄返於元化，德傳於奕世。天於善人，無往弗相。予於公與太宜人益信天監於下昭昭乎，誠有不可昧矣。

銘曰：粤兮南氏，□有哲人。昭德廣譽，至公則新。益以佳儷，何履弗純。馮生令子，爲世鳳麟。文足傳世，風雅可振。精典輝燦，光我三秦。豐原峨峨，渭水粼粼。構爾玄堂，佳氣孔臻。孝子不匱，萬年永存。

明萬曆十年潘允哲刻本

明吕柟吕涇野先生文集卷三十

勑贈承德郎戶部江西清吏司主事渭南南先生墓碑

學者敦道誼，閒詩書，窮年歲以有積也。然或位卑而寡施，榮薄而行隱。則君子未嘗不人尤也，比其久也，天行而命顯。啬其前，豐其後，彰其孫子逮其躬，則學者於是乎始信當自艾而不可怨天矣。

渭南南先生楚重者，今戶部主事元善大吉之父也，予自爲童子於學時聞其名，其後未謁。比元善以戶部遭先生之喪，乃始知其止，微元善，而先生之名幾不著於天下。吾友李仲白素不私譽人，狀先生豐頤厚體，鯁直寡笑語，頗有論語犯而不校之風然。事父母，雖爲學生兼藝黍稷以供養，比其歿也殯葬一無違禮。初受句讀於從兄睿，輒解大義，既乃從從兄鎰，受朱氏詩於同官李教諭，李教諭以爲知比興之旨矣。既乃受小戴禮記於從父河南參政某，參政公曰：「此吾南氏者亢宗子也，即不大顯當有聞於後。」然厥後止於歲貢入太學，廷試獲授新野訓導。新野九年，能治強悍弟子，兼有成績，陞資縣教諭。是時元善已舉進士而先生遂致仕不至資。今已受贈如元善官，即使先生身有甲科榮亦不過是，則天於善人又曷嘗忘耶。況元善博學篤志，寡言修行，所爲詩賦騷騷乎漢魏之風，而元善又不以此自已，則先生之聲又何啻止贈官哉。嗚呼！

先生爲不殁矣！

先生名金字楚重，其先中條山人，後遷關西蒲城，元季高祖安義再遷於渭南田市里之秦村。安義生儼，儼生言，言生珪，珪配緱氏，實生先生。先生配焦氏，爰有義行。所生二子，元善已鳴於世矣，仲氏逢吉，復究諸經。女貞静字爲王鸞嬪。元善娶張氏，逢吉娶李氏。有二女孫，皆元善生。（闕）

銘曰：於惟贈君，先生秦村。西南豐草，原峷嵂勢，與華山平。先生之聲渭水清，有欲求者視此銘。

關學宗傳卷二十一

雙流張驥先識甫述

南瑞泉先生

先生諱大吉，字元善，號瑞泉，渭南人。正德庚午舉人，辛未進士。授戶部主事，歷員外郎、郎中，出守浙江紹興府，致仕。嘉靖辛丑卒，年五十五。

先生賦性聰穎，甫讀書爲文，即知求聖賢之學，弱冠即以古文馳聲當世。然性豪曠，不拘小節。入仕尚友講學，漸棄其詞章之習，專治聖學。及知紹興，時陽明王子倡道東南，講致良知之學，四方負笈來學者，至寺觀不能容。先生故王子辛未分房所得士也，既從王子學，實踐有得，乃大悟曰：「人心果自有聖賢也，奚必他求？」辟稽山書院，聚八邑之士，身親講習。於是蕭璆、楊紹芳等自湖廣來，楊仕鳴、薛宗鎧、黄夢星等自廣東來，王艮、孟源、周沖等自直隸來，何秦、黄弘綱等自南贛來，劉邦采、劉文敏等自安福來，魏良政、魏良器等自新建來，曾忭自泰和來，王學大振。先生又録王子語爲傳習録，序刻以傳。因匾其聽政之堂曰「親民堂」。

丙戌入覲，以考察罷官。先生治郡以循良重一時，而執政者方惡王子之學，因王子以及先生也。先生致書于王子千數百言，勤勤懇懇，惟以得道爲喜，急問學爲事，恐卒不得爲聖人爲憂，略無一字及於得喪榮辱之間。王子得書，歎曰：「此非眞有朝聞夕死之志者，未易以涉斯境也。」同門遞觀傳誦，相與嘆服。

既歸，益以道自任。常以書抵馬西玄，闡明良知之學。又構湭西書院以教四方來學之士，而尤惓惓於愼獨改過之訓，故出其門者多所成就。蓋先生之學以致良知爲宗旨，以愼獨改過爲致知工夫，飭躬勵行，惇倫敘理，非世儒矜解悟而略檢押者比。故至今稱王門弟子，于先生當首屈一指云。所著有紹興府志、渭南志、瑞泉集若干卷。

詩録

言懷詩略云：「誰謂予嬰小，忽焉十五齡。獨念前賢訓，堯舜皆可並。」

示弟及門人詩曰：「昔我在英齡，駕車詞賦場。朝夕工步驟，追蹤班與揚。中歲遇達人，授我大道方。歸來三秦地，墜緒何茫茫。前訪周公跡，後竊横渠芳。願言偕數子，教學此相將。」

語録

先生問于王子曰：「某臨政多過，子何無一言？」子曰：「何過？」先生歷數其事。子曰：「吾言之矣。」先生曰：「何？」「吾不言，何以知之？」曰：「良知。」子曰：「良知非我常言而何？」先生笑謝而去。

數日，數過加密，請曰：「與其過後悔改，曷若預言不犯爲佳也。」王子曰：「人言不如自悔之眞。」先生笑謝而去。

過數日，復自數過益密，且曰：「身過可勉，心過奈何？」王子曰：「昔鏡未開，可得藏垢。今鏡明矣，一塵之落，自難住腳。此正入聖之機也。勉之！」

附録

王子與先生第一書略云：「有道之士，其于慕富貴，憂貧賤，欣戚得失而取捨愛憎也，若洗目中之塵而拔耳中之楔[一]。其于富貴、貧賤、得喪、愛憎之相，值若飄風浮雲之往來變化於太虛之體，固常廓然其無礙也。元善今日所造，其殆庶幾於是矣乎！是豈有待於物以相勝而去彼取此、激昂於一時之意氣者所能強？而聲音笑貌以爲之乎？元善自愛，元善自愛！

「關中自古多豪傑，其忠言沉毅之質，明達英偉之器，四方之士，吾見亦多矣，未有如關中之盛者也。然自橫渠之後，此學不講，或亦與四方無異矣。自此關中之士有所振發興起，進其文藝于道德之歸，變其氣節爲聖賢之學，將必自吾元善昆季始也。今日之歸，謂天爲無意乎？

「元眞以病，不及別簡，蓋心同道同而學同，吾所以告之亦不能有他說也。亮之亮之！」

王子與先生第二書略云：色養之暇，塤篪協奏，切磋講習，常日益深造矣。里中英俊相從論學者幾人？學絕道喪且幾百年，居今之時，而苟知趨向於是，正所謂空谷之足音，皆今日之豪傑矣。便中示知之。

竊嘗喜晦翁涵育薰陶說，以爲今時朋友相與必有此意，而後彼此交益。近來一二同志與今人講學，乃有規礪太刻，遂相憤戾而去者，大抵皆不免於以善服人之病耳。楚國寶乂[二]而憂去，子京諸友亦不能亟相會，一齊眾楚。道之不明也，我知之矣。雖然，「風雨如晦，雞鳴不已」，至誠而不動者，未之有也。非賢昆玉，疇足以語於斯乎？其餘世情，眞若浮虛之變態，亮非元善之所屑聞也，遂不一一及。

王子親民堂記略曰：南子元善之治越也，過陽明子而問政焉。陽明子曰：「政在親民」。曰：「親民何以乎？」曰：「在明明德。」曰：「明明德何以乎？」曰：「在親民。」曰：「明德、親民一乎？」曰：「一也。明德者，天命之性，

[一] 原作「機」，王文成全書卷六答南元善作「楔」，據改。

[二] 原作「又」，王文成全書卷六答南元善二作「乂」，據改。

靈昭不昧，而萬理之所從出也。人之于其父也，而莫不知孝焉；于其兄也，而莫不知弟焉；於凡事物之感，莫不有自然之明焉。是其靈昭之在人心，亘萬古而無不同，無或昧者也。是故謂之明德。其或蔽焉，物欲也。明之者，去其物欲之蔽以全其本體之明焉耳，非能有以增益之也。」曰：「何以在親民乎？」曰：「德不可以徒明也，人之欲明其孝之德也，則必親于其父而後孝之德明矣。欲明其弟之德也，則必親于其兄而後弟之德明矣。君臣也，夫婦也，朋友也，皆然也。故明明德必在於親民，而親民乃所以明其明德也，故曰一也。」

王子送先生入覲序云：「渭南南侯之守越也，兇惡貪殘禁不得行，而狡僞淫侈、遊惰苟安之徒亦皆拂戾失常，有所不便，相與斐斐緝緝，構讒騰誹，城狐社鼠之奸，又從而黨比翕張之，謗遂大行。士夫之爲元善危者沮之曰：「謗甚矣，盍已諸？」元善如不聞也，而持之彌堅，行之彌決。且曰：「民亦非無是非之心，而蔽昧若是，固學之不講而教之不明也，吾寧無責而獨以咎歸於民？」則日至學宮，進諸生而作之以聖賢之志，啟之以身心之學，士亦蔽於習染，閧然疑怪以駭曰：「是迂闊之設，將廢吾事。」則又相與斐斐緝緝，訾毀而詆議之。士夫之爲元善危者沮之曰：「民之謗若火之始炎，士又從而膏之，孰能以無爁乎？盍遂已諸？」元善如不聞也，而持之彌堅，行之彌決，則又葺稽山書院，萃其秀穎而日與之諄諄焉、亹亹焉。越月踰時，誠感而意孚，三學洎各邑之士亦漸以動，日有所覺而有所悟矣。於是爭相奮曰：「吾今乃知聖賢之必可爲矣。」」

萬曆紹興府志序

張元忭

紹興古稱荒服，自禹會諸侯，句踐以伯，迨建炎駐蹕，衣冠從而徙者，多賢聖之裔。明興，人文益盛斌斌焉，軼鄒魯而冠東南矣！郡有志，在宋嘉、泰間，至於今，餘四百年無繼其響。弘嘉之際，戴訓、南守兩嘗輯之，而卒不就以去。先大夫既纂邑志，乃屬意於郡，兩公遺草，嘗購而藏之笥中。他所採摭頗眾。余小子趨庭之暇，竊與聞之。同年友宛陵蕭侯，以萬曆癸未來守郡，下車詢掌故，知志久闕，狀訝然諮嗟。明年甲申，會余宅憂，亟以謀於余。余謝不敏。又明年乙酉，孫太常文融亦乙太夫人之憂歸。蕭侯曰：「太常與太史皆廬居，時豈偶耶？」遂申前請益勤。余與文融辭弗獲，則取八邑志若諸史傳，稍纂次之。……

夫志猶史也。自昔爲史者，皆雜出於衆手，而取裁於一人。惟新唐書作于歐宋，乃分任之，而間多枝梧，詒譏後世。今茲志分任類之，而余與文融不徇跡而逆心，必考衷而求是，蓋文不敢比于歐宋，而所謂枝梧者或寡矣。余又惟茲志之成有二得，亦有二失焉。夫先此名，太守寧詎渭南若羅戴曾遊，皆嘗謀之而卒無成者何也，人衆則議論難齊，時久則機會易失。乃今任專而成速，是其所以得也。然而蒐羅之未廣，揚搉之未精，則亦惟人寡而時促焉耳。即操筆者且不能自厭於心，而況於旁觀者乎！嗚呼！志者一郡之公也，亦千百世之公也，敢以余二人私之？所望于大雅君子，討其闕，攻其瑕，而彌縫潤澤之，是乃所以贊其得而匡其失也，豈余二人是賴，實吾郡有大賴哉。乃其詳具序、志中者，余不復著。

萬曆丙戌秋日，賜進士及第翰林院修撰儒林郎直起居館經筵官、管理誥勅纂修會典，郡人張元忭撰。

清乾隆紹興府志卷四三　人物志三

南大吉，字元善，渭南人。性豪宕，雄于文。與康海、胡纘宗諸人齊名。嘉靖初以部郎出守郡，同知靳塘多知譎，在任久諳諸利弊，大吉下車每事諮詢，塘以書生易而謾之。大吉陰察其情，既三月，一日坐堂上，召諸吏抱案集庭下，數之曰：「若等善欺。予某事然，若以爲不然；某事不然，若以爲然。亟持案來。」案至立剖數十事，悉中情理，人人懾伏。塘駭汗齰舌，不敢出一氣。由是飭條教頒，下邑懲奸戢暴，不撓貴勢。巨豪石天禄、戴顯八竊盜致饒，官府素不能治，悉逮捕斃獄中。每臨重囚，必朱衣象簡，秉燭焚香，大開重門，令衆見之。望見者以爲神人不可犯，然頗傷苛急。當是時王文成公講明理學，大吉初以會試舉主稱門生，猶未能信，久之乃深悟，痛悔執贄請益。文成曰：「人言不如自知之明、自悔之篤。」於是稍就平和。乃葺稽山書院，尊尊經閣，簡八邑才俊弟子講習其中。刻傳習録風示遠近。文成振絶學於一時，四方雲集，庖廩相繼，皆大吉左右之也。又嘗濬郡河，開上竈溪，理侵壅役丁夫，遂籍籍騰謗矣，以大計落職去。大吉政尚嚴猛，喜任事不避嫌怨，竟以是蒙訾。然鋤奸興利至今賴之，其功不可掩云。

萬曆志：獻徵録：大吉正德庚午舉人，辛未進士，知紹興政修廢舉，建稽山書院，萃屬邑髦士教之成者什九，囚不決者一鞫即得其情，屬吏有被誣者特洗雪盡力，陂塘備旱潦運河爲勢家所侵，疏而復之。郡有越人大盜，數爲權要所庇，悉置之法。有學士侵王右軍、謝太傅故地，悉剖歸其主，竟由是罷歸。祀名宦。

清道光重輯渭南縣志卷十三 鄉賢傳

南大吉，字元善，號瑞泉。田市里人。教諭金長子，弱冠成進士，授部郎。嘗條上保定釐革四事，建議漕運督臣歲入會議，永爲故典。擢紹興府知府，擇任丞史期月，政舉決疑，獄戮巨盜，懲豪猾，公私請托不行，由是中傷罷歸。構湭西草堂教來學，出其門者多聞人。子轅、軨、轒皆名諸生。轅、轒罹地震之變，軨卒後始生企仲。

關學編曰：瑞泉先生從王文成公遊，大悟曰：「人心果自有聖賢也，奚必他求？」嘗謂文成曰：「大吉臨政多過，先生何無一言？」文成曰：「何過？」先生歷數其事。文成曰：「吾言之矣。」先生曰：「何？」文成曰：「吾不言，何以知之？」先生曰：「良知自知之。」文成曰：「良知卻是我言。」先生笑謝而去。居數日數過加密，來告曰：「與其過後悔改，不若預言無犯爲佳也。」文成曰：「人言不如自悔之真。」又數日復自數過益密，曰：「身過可勉，心過奈何？」文成曰：「昔鏡未開，可得藏垢；今鏡明矣，一塵之落，自難住腳。此正入聖之機也。勉之！」

暨罷官後致書于文成，以得聞道爲喜，急問學爲事，恐卒不得爲聖人爲憂，略無一字及於得喪榮辱之間。文成歎曰：「此非真有朝聞夕死之志者，未易以涉斯境也！」

南企仲，字伯穉。大吉孫。萬曆進士，仕刑部。頎面美鬚髯，遇事有裁決。客寓資其家，夫婦並歿，企仲呼其子還之。吏部孫丕揚以爲賢，調爲己屬。神宗詔免礦税，釋繫囚，録建言，貶斥諸臣，既而悔之，企仲請亟如詔奉行，帝怒削其籍。以趙南星薦起用，至南京戸部尚書告歸。李自成破城遇害。贈太子太保。

清李維楨大泌山房集卷六十五 南郡守家傳

紹興守南公名大吉，字元善，陝西渭南田市里人也。父金爲蜀博士，母焦宜人禱於泰寧宫之神生公。少跅弛不修小節，時與群兒戲列行伍號召指麾，歡聲動地，焦宜人惡之：安得此不才？其大父心獨喜，是非凡流。比長通易、禮二經，弱冠舉鄉試第四人，尋登進士，授戸部主事，歷遷員外郎、郎中。

前後司御馬天津倉者一，司下糧廳漕儲者一，司保定邊儲者一，司京坊草場者一。會計嚴審，諸猾不得侵牟。嘗犒師雲中，上郡師交口誦其廉惠。而在本科獨久，部事無大小，有所興罷，尚書壹是屬公。草奏明解，朝章亢直敢言，所條上便宜，若督漕大臣歲赴京師會議，至今應用之。肅皇帝即位，賜七十二宿衛士金，中貴人意在掊尅，公持不可。諸冒京營卒食糧者，汰斥強半，更煽蜚語撼公，不爲動。或遺火焚所司草場，計公當坐，尚書廉得狀，卒不能奪也。

久之擢知紹興。郡丞靳塘者歷年多習郡事，傲公以所不知，公佯不省。既三月，一日召諸吏更集庭下，數之曰：「若曹何面謾人，乃爾某事可若以爲不，某事不若以爲可？」取故案剖決數十事如流，悉中情理。丞乃大服。吏震慴汗下。已飭條教行屬邑曰：「良莠不除則嘉禾不生，古未有養奸而可爲治者也。今與諸長吏約，如農夫之去草，芟夷蘊崇，無使能殖焉。」石天禄、戴顯八者，劇盜，所窟穴更倚大姓爲庇，有司莫敢問，公立捕論殺之。

每臨重囚，朱衣象簡，秉燭焚香，開重門坐堂上，令衆見之，望者以爲神。然稍傷苛急矣。當是時王新建方倡良知之學，公故出其門，間以政請益，新建曰：「人言不如自知之明，自悔之篤，君乃問我中得無有不足乎？此即良知，顧力行何如耳！」公大悟。於是齊威嚴務，以和得民。

乃葺稽山書院，創尊經閣，簡八邑才俊弟子肄業其中。爲新建刻傳習録風示遠近，四方從新建者麕集，公爲都養焉。又濬郡河，開上竈溪，理出影賴丁夫，復謝太傅、王右軍祠，奪所侵祠堧地。皆不便其部中顯者，會大計遂以考功令中之罷。妻孥尚在郡，買舟東下挈與俱歸。士民涕泣送者不絶於道，祀之名宦。其後御史唐愈賢論考察不當，舉公爲證。更四十年，張宫諭元汴修紹興志，載其行事甚詳。

公豪爽善詞賦，故與康武功、太史胡秦、安中丞齊名。甫強仕歸田，怡然無怨，內行益飭。其視母、弟憲副逢吉與諸女弟、子姓，備極恩禮。三原馬光禄、綏德馬宗伯爲志、表其墓。篤論君子，公執友也。所爲詩文與紹興志、渭南志，關西人誦之。今祀公鄉賢祠。長子轅、仲子軨、季子轒俱諸生，蚤卒。獨仲子有子企仲舉進士，爲吏部郎，以文行禪其家。李生曰：天下爲新建學者不少矣，托之空言，不若見諸行事，深切著明則公其人耳。余聞嘉靖初，當國者忌新建，禁僞學，嗛公行其傳習録，譏口因是得入。今新建配食孔子，公並受秦越人血食，學何負人哉？公繼室范宜人以節孝聞，餘自有傳。

明史卷二六四　南居益傳

南居益，字思受，渭南人，尚書企仲族子、師仲從子也。曾祖從吉〔一〕與曾伯祖大吉皆進士。兩人子姓，科第相繼。企仲，大吉孫，萬曆八年進士。以祖母年高，請終養。祖母既歿，授刑部主事。客寓貲其家，夫婦並歿，企仲呼其子還之。吏部尚書孫丕揚以爲賢，調爲己屬。歷文選郎，擢太僕少卿，進太僕卿。三十年，帝以疾詔免礦稅，釋繫囚，録建言貶

〔一〕「從吉」，當爲「逢吉」，明史誤。

斥諸臣。既而悔之，命礦税如故，餘所司議行。吏、刑二部尚書李戴、蕭大亨遲數日未奏，企仲請亟罷二人，而敕二部亟如詔奉行。帝大恚，傳諭亟停二事，落企仲一官。給事中蕭近高，御史李培、余懋衡亦請信明詔，帝益怒，並奪其俸，且命益重前貶謫官鄒元標等罰，欲以鉗言者。諸閣臣力爭，乃止。而給事中張鳳翔迎帝意，劾企仲他事，遂削籍。天啟初，起太常卿，累遷南京吏部尚書，以老致仕。師仲父軒，吏部郎中，嘗著通鑒綱目前編。師仲至南京禮部尚書。

居益少厲操行，舉萬曆二十九年進士，授刑部主事。三遷廣平知府，擢山西提學副使，雁門參政，歷按察使、左右布政使，並在山西。

天啟二年，入爲太僕卿。明年擢右副都御史，巡撫福建。紅毛夷者，海外雜種，紺眼，赤鬚髮，所謂和蘭國也。自昔不通中土，由大泥、咬留吧二國通閩商。萬曆中，奸民潘秀引其人據澎湖求市，巡撫徐學聚令轉販之二國。二國險遠，商舍而之呂宋。夷人疑呂宋邀商舶，攻之，又寇廣東香山澳，皆敗，不敢歸國，復入澎湖求市，且築城焉。巡撫商周祚拒之，不能靖。會居益代周祚，賊方犯漳、泉，招日本、大泥、咬留吧及海寇李旦等爲助。居益使人招旦，說攜大泥、咬留吧。賊帥高文律懼，遣使求款，斬之，築城鎮海港，逼賊風櫃。賊窮蹙，泛舟去，遂擒文律，海患乃息。五年遷工部右侍郎，總督河道。魏忠賢銜居益敘功不及己，格其賞。給事中黄承昊復論居益倚傍門戶，躐躋通顯，遂削籍去。閩人詣闕訟之，不聽。乃立祠以祀，勒碑于澎湖及平遠臺。

崇禎元年，起戶部右侍郎，總督倉場。陝西鎮缺餉至三十餘月，居益請以陝賦當輸關門者留三十萬，紓其急，報可。畿輔戒嚴，居益在通州，爲城守計甚備。會工部尚書張鳳翔坐軍械不具下吏，四司郎中瘐死者三，遂詔居益代鳳翔。未幾，試炮而炸，兵部尚書梁廷棟劾郎中王守履失職。守履懼，誣兵部郎中王建侯誣己。廷議不如守履言，遂下獄。居益疏捄，帝以爲徇私，削籍歸。廷杖守履六十，斥爲民。尋敘城守功，復居益冠帶。

十六年，李自成陷渭南，責南氏餉百六十萬。企仲年八十三矣，遇害。誘降居益及企仲子禮部主事居業，皆不從。明年正月，賊遣兵擁之去，加炮烙。二人終不屈，絶食七日而死。

明王陽明全集卷六文録三　答南元善

別去忽踰三月，居嘗思念，輒與諸生私相慨歎。計歸程之所及，此時當到家久矣。太夫人康強，貴眷無恙，渭南風景，當與柴桑無異，而元善之識見興趣，則又有出於元亮之上者矣。近得中途寄來書，讀之恍然如接顏色。勤勤懇懇，惟以得聞道爲喜，急問學爲事，恐卒不得爲聖人爲憂，亹亹千數百言，略無一字及於得喪榮辱之間，此非真有朝聞夕死之志者，未易以涉斯境也，浣慰何如！　諸生遞觀傳誦，相與歎仰歆服，因而興起者多矣。

世之高抗通脱之士，捐富貴，輕利害，棄爵禄，決然長往而不顧者，亦皆有之。彼其或從好於外道詭異之説，投情於詩酒山水技藝之樂，又或奮發於意氣，感激於憤悱，牽溺於嗜好，有待於物以相勝，是以去彼取此而後能。及其所之既倦，意衡心鬱，情隨事遷，則憂愁悲苦隨之而作。果能捐富貴，輕利害，棄爵禄，快然終身，無入而不自得已乎？

夫惟有道之士，真有以見其良知之昭明靈覺，圓融洞澈，廓然與太虚同體。太虚之中，何物不有？而無一物能與太虚之障礙。蓋吾良知之體，本自聰明睿智，本自寬裕溫柔，本自發強剛毅，本自齊莊中正文理密察，本自溥博淵泉而時出之，本無富貴之可慕，本無貧賤之可憂，本無得喪之可欣戚，（受）〔愛〕憎[一]之可取捨。

蓋吾之耳而非良知，則不能以聽矣，又何有於聰？　目而非良知，則不能以視矣，又何有於明？　心而非良知，則不能以

〔一〕「受憎」，瑞泉南伯子集敘附録中引王陽明復書爲「愛憎」。

思與覺矣，又何有於睿智？然則，又何有於寬裕溫柔乎？又何有於發強剛毅乎？又何有於齊莊中正文理密察乎？又何有於溥博淵泉而時出之乎？故凡慕富貴，憂貧賤，欣戚得喪，愛憎取捨之類，皆足以蔽吾聰明睿知之體，而窒吾淵泉時出之用。若此者，如明目之中而翳之以塵沙，聰耳之中而塞之以木楔也。其疾痛鬱逆，將必速去之爲快，而何能忍於時刻乎？故凡有道之士，其于慕富貴，憂貧賤，欣戚得喪而取捨愛憎也，若洗目中之塵而拔耳中之楔。其于富貴、貧賤、得喪、愛憎之相值，若飄風浮靄之往來而變化於太虚，而太虚之體，固常廓然其無礙也。元善今日之所造，其殆庶幾於是矣乎？是豈有待於物以相勝而去彼取此？激昂於一時意氣者所能強？而聲音笑貌以爲之乎？元善自愛！元善自愛！

關中自古多豪傑，其忠信沈毅之質，明達英偉之器，四方之士，吾見亦多矣，未有如關中之盛者也。然自有橫渠之後，此學不講，或亦與四方無異矣。自此關中之士有所振發興起，進其文藝于道德之歸，變其氣節爲聖賢之學，將必自吾元善昆季始也。今日之歸，謂天爲無意乎？謂天爲無意乎？

元真以病，不及別簡，蓋心同道同而學同，吾所以告之亦不能有他説也。亮之亮之！

明王陽明全集卷七文録四　親民堂記

親民堂記　乙酉

南子元善之治越也，過陽明子而問政焉。陽明子曰：「政在親民。」曰：「親民何以乎？」曰：「在明明德。」曰：「明明德何以乎？」曰：「在親民。」曰：「明德、親民，一乎？」曰：「一也。明德者，天命之性，靈昭不昧，而萬理之所從出也。人之于其父也，而莫不知孝焉；于其兄也，而莫不知弟焉；於凡事物之感，莫不有自然之明焉；是其靈昭之在人心，亘萬古而無不同，無或昧者也，是故謂之明德。其或蔽焉，物欲也。明之者，去其物欲之蔽，以全其本體之明焉耳，非能有以增益之也。」

曰：「何以在親民乎？」曰：「德不可以徒明也。人之欲明其孝之德也，則必親于其父，而後孝之德明矣；欲明其弟之德也，則必親于其兄，而後弟之德明矣。君臣也，夫婦也，朋友也，皆然也。故明明德必在於親民，而親民乃所以明其明德也。故曰一也。」曰：「親民以明其明德，修身焉可矣，而何家、國、天下之有乎？」曰：「人者，天地之心也；民者，對己之稱也；曰民焉，則三才之道舉矣。是故親吾之父以及人之父，而天下之父子莫不親矣；親吾之兄以及人之兄，而天下之兄弟莫不親矣。君臣也，夫婦也，朋友也，推而至於鳥獸草木也，而皆有以親之，無非求盡吾心焉以自明其明德也。是之謂明明德於天下，是之謂家齊國治天下平。」曰：「然則烏在其爲止至善者乎？」「昔之人固有欲明其明德矣，然或失之虚罔空寂，而無有乎家國天下之施者，是不知明明德之在於親民，而二氏之流是矣；固有欲親其民者矣，然或失之知謀權術，而無有乎仁愛惻怛之誠者，是不知親民之所以明其明德，而五伯功利之徒是矣；是皆不知止於至善之過也。是故至善也者，明德親民之極則也。天命之性，粹然至善。其靈昭不昧者，皆其至善之發見，是皆明德之本體，而所謂良知者也。至善之發見，是而是焉，非而非焉，固吾心天然自有之則，而不容有所擬議加損於其間也。有所擬議加損於其間，則是私意小智，而非至善之謂矣。人惟不知至善之在吾心，而用其私智以求之於外，是以昧其是非之則，至於横騖決裂，人欲肆而天理亡，明德親民之學大亂於天下。故止至善之於明德親民也，猶之規矩之於方圓也，尺度之於長短也，權衡之於輕重也。方圓而不止於規矩，爽其度矣；長短而不止於尺度，乖其制矣；輕重而不止於權衡，失其準矣；明德親民而不止於至善，亡其則矣。夫是之謂大人之學。大人者，以天地萬物爲一體也，夫然後能以天地萬物爲一體。」

元善喟然而歎曰：「甚哉！大人之學若是其簡易也。吾乃今知天地萬物之一體矣！吾乃今知天下之爲一家、中國之爲一人矣！一夫不被其澤，若己推而内諸溝中，伊尹其先得我心之同然乎！」於是名其涖政之堂曰「親民」，而曰：「吾以親民爲職者也，吾務親吾之民以求明吾之明德也夫！」爰書其言於壁而爲之記。

明王陽明全集卷七文録四　稽山書院尊經閣記　乙酉

經，常道也。其在於天謂之命，其賦於人謂之性，其主於身謂之心。心也，性也，命也，一也。通人物，達四海，塞天地，亘古今，無有乎弗具，無有乎弗同，無有乎或變者也。是常道也，其應乎感也，則爲惻隱，爲羞惡，爲辭讓，爲是非；其見於事也，則爲父子之親，爲君臣之義，爲夫婦之別，爲長幼之序，爲朋友之信。是惻隱也，羞惡也，辭讓也，是非也；是親也，義也，序也，別也，信也；一也。皆所謂心也，性也，命也。通人物，達四海，塞天地，亘古今，無有乎弗具，無有乎弗同，無有乎或變者也，是常道也。是常道也，以言其陰陽消息之行焉，則謂之易；以言其紀綱政事之施焉，則謂之書；以言其歌詠性情之發焉，則謂之詩；以言其條理節文之著焉，則謂之禮；以言其欣喜和平之生焉，則謂之樂；以言其誠僞邪正之辯焉，則謂之春秋。是陰陽消息之行也，以至於誠僞邪正之辯也，一也。皆所謂心也，性也，命也。通人物，達四海，塞天地，亘古今，無有乎弗具，無有乎弗同，無有乎或變者也，夫是之謂六經。

六經者非他，吾心之常道也。故易也者，志吾心之陰陽消息者也；書也者，志吾心之紀綱政事者也；詩也者，志吾心之歌詠性情者也；禮也者，志吾心之條理節文者也；樂也者，志吾心之欣喜和平者也；春秋也者，志吾心之誠僞邪正者也。君子之于六經也，求之吾心之陰陽消息而時行焉，所以尊易也；求之吾心之紀綱政事而時施焉，所以尊書也；求之吾心之歌詠性情而時發焉，所以尊詩也；求之吾心之條理節文而時著焉，所以尊禮也；求之吾心之欣喜和平而時生焉，所以尊樂也；求之吾心之誠僞邪正而時辯焉，所以尊春秋也。蓋昔者聖人之扶人極，憂後世，而述六經也，猶之富家者之父祖慮其産業庫藏之，積其子孫者或至於遺忘散失，卒困窮而無以自全也，而記籍其家之所有以貽之，使之世守其産業庫藏之積而享用焉，以免於困窮之患。

故六經者，吾心之記籍也，而六經之實則具於吾心；猶之産業庫藏之實，積種種色色，具存於其家。其記籍者，特名狀數目而已。而世之學者，不知求六經之實於吾心，而徒考索於影響之間，牽制于文義之末，硜硜然以爲是六經矣。是猶富家之子孫不務守視享用其産業庫藏之實，積日遺忘散失，至於窶人匄夫，而猶囂囂然指其記籍曰：「斯吾産業庫藏之積也」，何以異於是！

嗚呼！六經之學，其不明於世，非一朝一夕之故矣。尚功利，崇邪説，是謂亂經；習訓詁，傳記誦，沒溺於淺聞小見以塗天下之耳目，是謂侮經；侈淫辭，競詭辯，飾奸心，盗行逐世，壟斷而自以爲通經，是謂賊經。若是者，是並其所謂記籍者而割裂棄毁之矣，寧復知所以爲尊經也乎！

越城舊有稽山書院，在臥龍西岡，荒廢久矣。郡守渭南南君大吉既敷政於民，則慨然悼末學之支離，將進之以聖賢之道。於是使山陰令吴君瀛拓書院而一新之，又爲尊經之閣於其後。曰：「經正，則庶民興；庶民興，斯無邪慝矣。」閣成，請予一言以諗多士。予既不獲辭，則爲記之若是。嗚呼！世之學者既得吾説而求諸其心焉，其亦庶乎知所以爲尊經也矣。

明王陽明全集卷七文録四 博約説 乙酉

南元真之學於陽明子也，聞致知之説而恍若有見矣。既而疑於博約先後之訓，復來請曰：「致良知以格物，格物以致其良知也，則既聞教矣。敢問先博我以文，而後約我以禮也，則先儒之説，得無亦有所不同歟？」

陽明子曰：理，一而已矣；心，一而已矣。故聖人無二教，而學者無二學。博文以約禮，格物以致其良知，一也。故先後之説，後儒支繆之見也。夫禮也者，天理也。天命之性具於吾心，其渾然全體之中，而條理節目森然畢具，是故謂之天理。天理之條理謂之禮。是禮也，其發見於外，則有五常百行，酬酢變化，語默動静，升降周旋，隆殺厚薄之屬；宜之于言而成章，措之于爲而成行，書之于冊而成訓；炳然蔚然，其條理節目之繁，至於不可窮詰，是皆所謂文也。是文也者，禮之見於外者也；禮也者，文之存於中者也。文，顯而可見之禮也；禮，微而難見之文也。是所謂體用一源，而顯微無間者也。

是故君子之學也，於酬酢變化、語默動靜之間而求盡其條理節目焉，非他也，求盡吾心之天理焉耳矣；於升降周旋、隆殺厚薄之間而求盡其條理節目焉，非他也，求盡吾心之天理焉耳矣。求盡其條理節目焉者，博文也；求盡吾心之天理焉者，約禮也。文散於事而萬殊者也，故曰博；禮根於心而一本者也，故曰約。博文而非約之以禮，則其文爲虛文，而後世功利辭章之學矣；約禮而非博學于文，則其禮爲虛禮，而佛、老空寂之學矣。是故約禮必在於博文，而博文乃所以約禮。二之而分先後焉者，是聖學之不明，而功利異端之說亂之也。

昔者顔子之始學于夫子也，蓋亦未知道之無方體形象也，而以爲有方體形象也；未知道之無窮盡止極也，而以爲有窮盡止極也；是猶後儒之見事事物物皆有定理者也，是以求之仰贊瞻忽之間，而莫得其所謂。及聞夫子博約之訓，既竭吾才以求之，然後知天下之事雖千變萬化，而皆不出於此心之一理；然後知殊途而同歸，百慮而一致，然後知斯道之本無方體形象，而不可以方體形象求之也；本無窮盡止極，而不可以窮盡止極求之也。故曰：「雖欲從之，末由也已。」蓋顔子至是而始有真實之見矣。博文以約禮，格物以致其良知也，亦寧有二學乎哉？

明王陽明全集卷二十二外集四　送南元善入覲序　乙酉

渭南南侯之守越也，越之敝數十年矣。巨奸元憝，窟據根盤，良牧相尋，未之能去；政積事隳，俗因隳靡。至是乃斬然剪剔而一新之，兇惡貪殘，禁不得行；而狡僞淫侈，遊惰苟安之徒，亦皆拂戾失常，有所不便。相與斐斐緝緝，構讒騰誹；城狐社鼠之奸，又從而黨比翕張之，謗遂大行。士夫之爲元善危者沮之，曰：「謗甚矣，盍已諸？」元善如不聞也，而持之彌堅，行之彌決。且曰：「民亦非無是非之心，而蔽昧若是，固學之不講而教之不明也。吾寧無責而獨以咎歸於民？」則日至學宫，進諸生而作之以聖賢之志，啟之以身心之學。

士亦蔽於習染，哄然疑怪以駭，曰：「是迂闊之談，將廢吾事！」則又相與斐斐緝緝，訾毀而詆議之。士夫之爲元善危者沮之，曰：「民之謗若火之始炎，士又從而膏之，孰能以無燼乎？盍遂已諸？」元善如不聞也，而持之彌堅，行之彌決。則及緝稽山書院，萃其秀穎，而日與之諄諄焉，亹亹焉，越月逾時，誠感而意孚。

三學洎各邑之士亦漸以動，日有所覺而月有所悟矣。於是爭相奮曰：「吾乃今知聖賢之必可爲矣！非侯之至，吾其已夫！侯真吾師也！」於是民之謗者亦漸消沮，其始猶曰：「侯之於我，利害半；我之于侯，恩愛半。」至是惠洽澤流而政益便，相與悔曰：「吾始不知侯之愛我也，而反以爲殃我也；吾始不知侯之拯我也，而反以爲勞我也；吾其無人之心乎！侯真吾之嚴父也，慈母也！」於是侯且入觀，百姓惶惶請留，不得，相與謀之多士曰：「吾去慈母，吾將安哺乎？吾去嚴父，吾將安恃乎？」士曰：「吁嗟！維父與母，則生爾身；維侯我師，實生我心。吾寧可以一日而無吾師之臨乎！」則相與假重於陽明子而乞留焉。陽明子曰：「三年之觀，大典也。侯焉可留乎？雖然，此在爾士爾民之心。夫承志而無違，子之善養也；離師友而不背，弟子之善學也。不然，雖居膝下而侍几杖，猶爲不善養而操戈入室者也。奚必以留侯爲哉！」衆皆默然良久，曰：「公之言是也。」相顧逡巡而退。明日，復師生相率而來請曰：「無以輸吾之情，願以公言致之于侯。庶侯之遄其來旋，而有以速諸生之化，慰吾民之延頸也。」

康熙山陰縣志卷十二王陽明浚河記

高登先

越人以舟楫爲輿馬，濱河而廛者，皆巨室也。日規月築，水道淤溢。蓄泄既亡，旱潦仍頻。商旅日爭於途，至有鬬而死者矣。南子乃決沮障，復舊防，去豪商之壅，削勢家之侵。失利之徒，胥怨交謗，從而謠之曰：「南守瞿瞿，實破我廬；瞿瞿南守，使我奔走。」人曰：「吾守其厲民歟，何其謗者之多也？」陽明子曰：「遲之。吾未聞以佚道使民，而或有怨之者也。」既而舟楫通利，行旅歡呼絡繹。是秋大旱，江河龜坼，越人之收穫輸載如常。明年大水，民居免於墊溺，遠近稱忭。又從而歌之曰：「相彼舟人也，昔揭以曳兮，今歌以楫矣。旱之熇也，微南侯兮。吾其燋矣，霪之彌月也，微南侯兮，吾其魚鱉矣。我輸我獲矣，我遊我息矣，長渠之活矣，維南侯之流澤矣。」人曰：「信哉，陽明子之言，未聞以佚道使民，而或有怨之者也。」紀其事于石，以詔來者。

王陽明全集卷三十二補録舊本未刊語録詩文匯輯　傳習録拾遺

傳習録拾遺五十一條

（五）南逢吉曰：吉嘗以答徐成之書請問。先生曰：「此書於格致誠正，及尊德性而道問學處說得尚支離。蓋當時亦就二君所見者將就調停說過。細詳文義，然猶未免分爲兩事也。」嘗見一友問云：「朱子以存心致知爲二事。今以道問學爲尊德性之功，作一事如何？」先生曰：「天命於我謂之性，我得此性謂之德。今要尊我之德性，須是道問學。如要尊孝之德性，便須學問個孝；尊弟之德性，便須學問個弟。學問個孝，便是尊孝之德性；學問個弟，便是尊弟之德性。不是尊德性之外，别有道問學之功；道問學之外，别有尊德性之事也。心之明覺處謂之知，知之存主處謂之心，原非有二物。存心便是致知，致知便是存心，亦非有二事。」曰：「存心恐是靜養意，與道問學不同。」曰：「就是靜中存養，還謂之學否？若亦謂之學，亦即是道問學矣。觀者宜以此意求之。」

（四六）郡守南大吉以座主稱門生，然性豪曠，不拘小節。先生與論學有悟，乃告先生曰：「大吉臨政多過，先生何無一言？」先生曰：「何過？」大吉歷數其事。先生曰：「吾言之矣。」大吉曰：「何？」曰：「吾不言，何以知之？」曰：「良知。」先生曰：「良知非吾常言而何？」大吉笑謝而去。居數日，復自數過加密，且曰：「與其過後悔改，曷若預言不犯爲佳也？」先生曰：「人言不如自悔之真。」大吉笑謝而去。居數日，復自數過益密，且曰：「身過可勉，心過奈何？」先生曰：「昔鏡未開，可得藏垢。今鏡明矣，一塵之落，自難住腳。此正入聖之機也。勉之！」

王陽明全集傳習録中序

錢德洪

錢德洪曰：昔南元善刻傳習録於越，凡二冊。下冊摘録先師手書，凡八篇。其答徐成之二書，吾師自謂「天下是朱非陸，論定既久，一旦反之爲難。二書姑爲調兩可之說，使人自思得之」。故元善録爲下冊之首者，意亦以是歟？今朱陸之辨明於天下久矣，洪刻先師文録，置二書於外集者，示未全也，故今不復録。其餘指「知行之本體」，莫詳於答人論學與答周道通、陸清伯、歐陽崇一四書。而謂「格物爲學者用力日可見之地」，莫詳於答羅整菴一書。

平生冒天下之非詆推陷，萬死一生，遑遑然不忘講學，惟恐吾人不聞斯道，流于功利、機智，以日墮于夷狄禽獸而不覺，其一體同物之心，譊譊終身至於斃而後已；此孔孟以來賢聖苦心，雖門人子弟未足以慰其情也。是情也，莫詳于答聶文蔚之第一書。此皆仍元善所録之舊。而揭「必有事焉即致良知功夫，明白簡切，使人言下即得入手」，此又莫詳于答文蔚之第二書，故增録之。元善當時洶洶，乃能以身明斯道，卒至遭奸被斥，油油然惟以此生得聞斯學爲慶，而絕無有纖芥憤鬱不平之氣。斯録之刻，人見其有功于同志甚大，而不知其處時之甚艱也。今所去取，裁之時義則然，非忍有所加損於其間也。

明馮從吾關學續編 小識

柏景偉

馮恭定公關學編，首聖門四賢，卷一有宋橫渠張子九人，卷二金、元楊君美先生十二人，卷三有明段容思先生九人，卷四呂涇野先生十三人，公序其前，而岐陽張雞山序其後，此原編也。豐川續之，則自少墟以及二曲門下諸子。周勉齋即續豐川於其後。桐閣又續之，則于宋補游景叔，于明補劉宜川諸人，以及國朝之王零川。賀復齋又續七人，即列桐閣於其中，爲續編三卷。豐川編，遠及羲、文、周公，下及關西夫子而下，非恭定所編例，去之。

刻既竟，乃書其後曰：自周公集三代學術備於官師，見於七略，道學之統自關中始。成、康而後，世教陵夷，遂至春秋，大聖首出東魯。微言所被，關中爲略。降及戰國，秦遂滅學。漢唐諸儒訓詁箋注，循流而昧其源，逐末而忘其本。自宋横渠張子出，與濂洛鼎立，獨尊禮教，王而農諸儒謂爲尼山的傳，可駕濂洛而上。然道學初起，無所謂門戶也，關中人士多及程子之門。宋既南渡，金溪兄弟與朱子並時而生，其說始合終離，而朱子之傳特廣。關中淪于金、元，許魯齋衍朱子之緒，一時奉天、高陵諸儒與相唱和，皆朱子學也。明則段容思起於皋蘭，呂涇野振于高陵，先後王平川、韓苑洛，其學又微別，而陽明崛起東南，渭南南元善傳其說以歸，是爲關中有王學之始。越數十年，王學特盛，恭定立朝，與東林諸君聲氣相應，而鄒南皋、高景逸又其同志，故于天泉證道之語不稍假借，而極服膺「致良知」三字。蓋統程朱、陸王而一之，集關學之大成者，則馮恭定公也。……

光緒辛卯中秋，長安柏景偉謹識

馮少墟集卷十三　越中述傳序

馮從吾

昔王文成公講學東南，從遊者幾半天下，而吾關中則有南元善、元貞二先生云。故文成公之言曰：「關中自横渠後，振發興起必自元善昆季始。」二先生録公語幾數萬言，藏之家塾。元貞先生孫子興太史，仿蘇季明校正蒙例，離爲四篇，曰立志、格物、從政、教人。總題曰越中述傳，而屬余爲序。余惟文成公之學，一致良知盡之矣，今離而爲四，何也？曰：此正所以致良知也。夫人而語之曰汝有志、汝爲聖賢，則必喜；語之曰汝無志、汝爲狂愚，則必怒，是志本吾人之良知也。

而不講立志之學，則良知不致矣。夫人而有志聖賢，則必格其爲聖賢之理，而後可爲聖賢。人而不爲狂愚，則必格其不爲狂愚之理，而後不爲狂愚。而聖狂之理夫固昭然於吾心者。是物理本吾心之良知也。而不講格物之學，則良知不致矣。仁者以天地萬物爲一體，赤子入井則乍見惻隱，一夫向隅則滿堂愀然。聖賢有此志，狂愚亦有此志；聖賢有此理，狂愚亦有此理，是一體，本吾人之良知也。是立志格物從政教人，正所以致良知也。良知是本體，致知是功夫，識得本體，然後可做功夫。做得功夫，然後可復本體。千流萬注而不離其源，千言萬語而不出其宗，此文成公之學所以大有功於斯道也。乃後之談良知者多放縱決裂，爲世詬病，是空談良知而不實用致之之功故也。于文成公何尤焉。此録出而良知末流之病庶幾其可救乎！

嘗考文成公門人雖盛而世傳其學者，東南則稱安成鄒氏，西北則稱渭上南氏。自二先生傳文成公之學以來，代有聞人。元善先生三子俱蜚聲庠校而俱早亡，有孫曰企仲，官太僕卿，以直諫顯。有曾孫曰居業，登科而未仕。元貞先生有子曰軒，善世所稱陽谷先生者也。往元善先生與三子相繼圽也，太僕爲遺腹子，伶仃孤苦，人爭齕齮，而陽谷先生力爲卵翼，卒底以成，又爲刻瑞泉遺稿，仍匄天台廬山爲玄冥。嗚呼！學之不講久矣，孤兒寡母求不乘機而利其所有已難，況施恩於不報；子孫于父祖遺文且任其散佚而不知收，況侄之于伯父哉！在陽谷公不過自致其良知，而在挽近世實大有裨乎風化矣。有孫四而取科第者三，太史其季也，而其曾孫居益，今且督學晉中。世德良學方興未艾，二先生之詒謀遠矣。夫人不講學則不知修德，又安所獲福？雖學者原不爲獲福修德，而天道人事亦自不爽，孰謂講學負人哉！人知南氏之盛，而不知其所以盛，余故爲之論著如此。詩云：「詒厥孫謀，以燕翼子。」二先生以之。又曰：「昭茲來許，繩其祖武。」其子興之謂也夫。

康對山先生集卷十 五言律詩 望渭南

康海

渭南煙霧裏，黯淡若爲看。嶺樹低籠日，山風遠送寒。水曹猶有宅，民部欲無官。可惜姚江守，春風會晤難。

清光緒新續渭南縣志卷十上 尊經閣記

南軒

渭南儒學故有尊經閣，在明倫堂後，按志創于洪武初，拓于成化年間云。嘉靖乙卯地大震，學宇盡圮。後賢令繼修，凡殿廡堂門咸漸新如制，顧獨閣闕焉。隆慶戊辰梁侯至詢故飭典，亟思興廢，會民憊財絀未暇也。越二年庚午，惠孚教洽，乃群弟子之英于學舍，躬臨考成焉，顧瞻閣址歎曰：「學能不尊經邪？閣安可闕也。」遂出贖鍰構材鳩工，踰月而閣成。閣凡四楹，下環以廊，上爲閣道。重簷迴欄，視昔益亢爽恢廓矣。於是文學輩率諸生謁記渭上子，且問尊經之說。

渭上子曰：六經聖人傳心之典，尊經者當求諸心也。先正發之詳矣，余復何言。顧今世風日漓，實效日遠，余不無餘慨者。聞之經者徑也，如五路無所不通可常用也。是故道體於身，措於天下。一時行之萬世不易者謂之經，反是則僻且怪矣。僻則不通，怪則駭，其能可久可大否邪？乃今之士能文詞者，噴英摘華無當，理道談心學者，飫醇探臠無裨實用，其不流於僻且怪者幾希。嘗稽三代之學皆以明倫，堯舜之道不外孝弟，當是時人無異行，家無異言，有六經之實無其名。六經之名，自孔子刪述始，孔子存聖典以黜邪說，且曰托之空言不如見之行事。至歎魯道之衰，則又徵諸少長之齗齗。余故知尊經在明倫，「明倫」在躬行。所謂體於一身，措於天下；行之一時，萬世不易者也。豈以文詞彰，以心性晦邪！國家監古圖治，建學遍宇內，以孔子爲宗，以「尊經」名閣，以「明倫」名堂。噫！會而通之，其意可識矣。且關中，西周善地也，以故洪、永、宣、成間人多長厚，士兼奇節，有周士之風。今視前輩何如也？讓道微即實行尠矣，安望其尊經也。

夫古今異趨，華實殊尚，豈人果不相及，顧不待教而興者？豪傑爲□然雖古亦難之。天下多中才，士習所趨謂不由上激之，其將能哉！是故三代明倫之教既已聚賢斂才矣，至其用之亦雅以德進、行舉言揚焉。然且有庸違之戒，則齎志待用之士孰肯不務本實、圖振於凡民中邪！嗟乎！三代之制尚矣，余觀漢之取士，兼用賢良文學，猶有敦行之風，以故經學素明，人有定見，登庸之際時與大夫廷論可否，剸棼中窾，固非徒務虛恢者埒也。君子曰：經術漸裂於訓詁，蓋已惜其不古云。今之用人乃獨取其文詞，不豫詰其德行，即僻於藻繪以嘩衆取寵，何足疑者。間有高明之士號稱振俗矣，顧或談玄索隱，横睨宇宙以獵高明，而好奇者又方以爲賢。嘗歎唐人專尚文詞，宋人襲談心性，乃今則兼席之，茲其實效且不逮遠矣，安遠其能古若也？

夫上之作人將求真才以資用也，乃不反經復古以激之，即中才士能不舍此就彼邪！是握機以回瀾，崇實以明制，固師帥者責也。太史公曰：余讀孔氏書，想見其人，適魯觀仲尼廟堂，車服禮堂，諸生以時習禮其家，余低徊留之不能去。夫遷非尊經人也，猶知嚮慕若此。今茲閣成將茂孔氏書，俾諸生誦習於下，即景行仰止，諒有得師於書器之外者。渭之文獻不自是益有興乎！奚翅吾渭即以倡於天下可也。侯名許字君可，河南孟津人，隆慶戊辰進士。

讀康對山先生抄本序

南軒

余聞寓内學士家稱說國朝狀元，率推轂關中康先生，謂其文章氣節有古豪傑之風雲。顧舊刻真贋錯雜，而見瑾全友事又或以跡疑先生，乃其心幾不白於世。嗟乎！此其故余難言之矣。夫文發於氣者也，不直不豪；氣充於養者也，不邃不毅。世以文章氣節概先生，而未窺其所養，予嘗唫然慨嘆者久之。及讀先生家乘，見柏齋何公所爲墓表，稱先生「才高性直，言行不切切於規矩，其取重於當世以此，見謗於當世亦以此」。且擬孔子所爲狂，「許以學聖人之權而未至」，則又慫然喜嘆曰：「公其知先生者深乎！」夫孔子所謂狂，曾點其儔也。今觀其氣象，非規規於功名者。埒彼詎無所重，乃從闊略爲邪？若是則孔子何以予焉？予聞之鄉先達曰：楊文襄公秉政時，欲大用先生，先生固辭，竟弗能免。此其器識卓越，信足與曾點相伯仲。顧其事不傳而見瑾全友事，詳在谿田馬先生所撰志中。固一時義氣所激而抗禮，緩頰擯之孔子見陽貨，若無大相遠焉。謂爲學權者非耶？假令退而得聖人爲依以裁其過，即所謂寧在顏、魯下？進而得際明時以大其用，即策樹亮、又淩駕皋夔無難者。顧竟落落不遇，日且俯仰笑傲，寄予聲樂間，蓋誠有當於中無亦託而逃耶。嗟乎！先生之所養良邃矣，獨奈何識之者尠也。先生未究之蘊，且在全集中。哀益成集則朱秉器、李本寧、王敬美三君也。三君精於文，余奚容贅，顧以先生家嗣孝廉子秀之請不得辭，乃據柏齋公所著先生人品敘而歸之，蓋異世之觀者，毋但以文章氣節概先生云。

陽谷後學南軒

天啓渭南縣志序

南企仲

國有史也，邑有志也。昭景甲氏也，龍門具體，二班兼麗，允矣成名。渭南志創自余曾祖，成於余祖君，逾若干年而余世父續焉。又若干年而余兄緋之。書既成余得寓目焉。每惟龍門生敘事論議，多有裁味；篇末小論轉爲心化，發傳所未盡，非覆說也。班氏溺其旨，約其詞，近無所得，殆少可意者。范蔚宗獨得胸懷於班，可當青出。祖君守越，芟夷巨盜，多所平反，歸而里居，正學作人，渭稱文獻焉。叔祖出守蜀豫，不異祖君。乙卯地圾，擒首亂而礫之亂庶遄已。邑人德二祖而頌其烈，謂宜專祀如二程。格以祀典，寧直義起，今志中不少概見。……

關中三先生語要録序

李元春

予既刻四先生要語録，因輯少墟、仲復、二曲三先生語，續之與關學編、張子輯要合刻，統名關中道脈書四種。或問曰：「少墟、二曲兼講象山、陽明者也，仲復專守朱子者也，何所衷諸？」予曰：豈惟三先生，關學編中，涇野爲薛文清門人，學朱子之學；渭南二南則陽明受業弟子，各不相是，而未始不交重也。朱子爲□功令所尊，講朱子者斥象山心學、陽明良知爲非，雖以涇野與陽明同時，亦持此論。予少讀程朱書，繼又由薛文清、陸當湖、涇野、仲復入。守其初見，見有象山、陽明抑朱子者，輒覺不平，時亦或著之於言。今思之皆客氣矣。夫心學、良知皆不誤也。心學本於虞書，良知本於孟子，良知在心即性也。主良知似遺良能，然二曲固言之：孟子始言知能，繼即以知該能，可知知在能先。孔子之聖由於知，朱子註「尊德性」爲存心，註「道問學」以行，並屬致知，正此意也。

特學有內外本末，朱子之學自兼綜融貫，講象山、陽明者未免有置外遺末之意，此則其小失爾。少墟、二曲調停於程朱、陸王之間，而終似以陸王爲主，仲復守朱子，及文清清獻絕無駁雜。故予嘗謂仲復才不及二曲，其學之醇細有主在二曲之上。如稼書直斥陸王爲異端則過矣。要之學賢人之學，繼聖人之後，程朱宗子也。陸王亦衆子之賢者也。久而生變，遂至兄弟操戈，各立門戶，豈所望於奕葉哉！故予録此既擇其要，間亦微寓别裁，欲折衷以歸一也。

問者釋然而去。因並次其語書之卷首。

雲臺山人李元春

附録三　考證辨釋類

陳榮捷

王陽明傳習録詳注集評 概説

傳習録略史　傳習録卷中（續刻傳習録）

嘉靖三年（一五二四）陽明五十三歲。是年十月，門人南大吉以初刻傳習録爲上册，陽明論學書九篇爲下册，命弟逢吉校對而刻於越（今浙江紹興）爲續刻傳習録。論學書九篇爲答徐成之二篇，答人（顧東橋）論學書、啟周道通書、答陸元静二書、答歐陽崇一書、答羅整菴書與答聶文蔚書。卷首有十月八日南大吉序。南序有云：「是録也，門弟子録陽明先生問答之辭，討論之書，而刻以示諸天下者也。」觀此，可知不特薛侃已刻問答之辭，而其他門人亦已刻論學之書。所謂續刻傳習録者，乃南大吉併合已刻之語録與另刻之論學書爲傳習録二册也。全書卷二十一頁三十七上答王宣菴中丞（甲申，一五二四）謂「謹以新刻小書二册奉求教正」，即指此也。年譜嘉靖三年載大吉取陽明論學書復增五卷。今查南刻本上册卷一爲徐愛所録，卷二爲陸澄所録，卷三爲薛侃所録。下册卷一至卷四爲論學書，卷五爲示弟立志説與訓蒙大意。佐藤一齋謂薛刻於虔爲四卷，南刻於越亦四卷，未知何所據而云然。南大吉序全書及他本並不載。只闕東刻本傳習録載之。

嘉靖三十五年丙辰（一五五六），即陽明死後二十八年，亦即南刻續刻傳習録之後之三十二年，錢德洪編傳習録上中下三卷。……

南刻之續刻傳習録曾於嘉靖二十三年（一五四四）重刻于德安府（今湖北安陸縣治）。上册分四卷。以徐愛録爲卷一、陸澄録爲卷二、薛侃録爲卷三、答歐陽崇一一篇與答聶文蔚書三篇爲卷四。下册亦分四卷。以答徐成之書二篇、答儲柴墟書二篇、答何子元書一篇與答羅整菴書一篇爲卷一，以答人論學書爲卷二，以啟周道通書一篇與答陸元静書二篇爲卷三，以示弟立志說與訓蒙大意爲卷四。續刻傳習録又有日本内閣記録課所藏一本，分六卷以徐愛所録十二條爲卷一，陸澄所録四十二條爲卷二，薛侃所録二十五條爲卷三，以示弟立志說與訓蒙大意爲卷四，以答羅整菴書爲卷五，以答友人論學書爲卷六。卷首有南大吉續刻傳習録序與初刻傳習録徐愛序與引言。

紹興縣志　叢録　舊志述要

嘉靖紹興府志　十二卷，卷首一卷。明知府南大吉修纂。大吉字元善，號瑞泉，渭南人。

張元忭萬曆紹興府志序云：「弘、嘉之際，戴訓、南守（大吉）兩嘗輯之而卒不就以去。」萬曆紹興府志序志，孫鑨云：「嘉靖初年，知府南公大吉又重修郡志，先伯父尚寶公時在邑庠，與焉。今刻本則止列呂金、張牧、駱居敬名，亦皆諸生也。其敘山川，法山海經，近簡古，然太略。中又好爲史斷，於郡既鮮關涉，且文亦曼衍寡裁。刻止十二卷，未竟，修撰家（即張元忭家）有之。首卷圖數十葉，凡境内勝跡及水利險要皆具。或但以其圖行，曰紹興府縣圖。」今志已佚，圖亦不見。從孫鑨在纂修萬曆紹興府志時首云，對此志必當詳細閲讀，其言可信，量對是志必有大量吸入。

紹興市志　教育卷　書院

稽山書院宋寶元二年至康定元年（一〇三九—一〇四〇），范仲淹創建。初址卧龍山西崗。新昌縣著名學者石待旦任山長，四方受業者甚衆。南宋乾道六年（一一七〇），朱熹任提舉浙東常平使，駐紹興，常到此講學、議事。其後，吳革重修書院，新昌縣學者吳觀、陳飛熊任山長。元代，山長先後爲陳策、陶澤、王圭、張德發和諸暨人申屠震、陳漢臣、俞懋。明正德間（一五〇六—一五二一），山陰知縣張焕移建於故址西崗之陽、紹興府城隍廟西鄰（今偏門直街），占地九畝三。嘉靖三年（一五二四），知府南大吉增建明倫堂、尊經閣，稱瑞泉精舍。選府屬八縣生員之成績優異者，通過考試升入書院，按月發給膳食費。其時，王守仁常在此講學，並作尊經閣記。萬曆十年（一五八三），知府蕭良幹重修，改名朱文公祠。又於瑞泉精舍址建堂，題名仕學所。清康熙十年（一六七一），里人虞世道、柴世盛重建。原址今建紹興絲織廠。

附録四　思想評析類

南大吉與王陽明[一]

劉學智

【内容提要】南大吉是明代中期關學學者之一。因王陽明曾爲其座主故稱門生，後與王陽明有過一段特殊的交往關係，深受陽明心學之影響，其思想也從原來篤信程朱而轉向陽明心學。其學「以致良知爲宗旨，以慎獨改過爲致知工夫」，以追求「道化」爲理想境界，並特別告誡人們要警惕陷入「物化」之中。他不僅篤信「致良知」之學，且盡力在關中傳播其學，此爲「關中有王學之始」，關學學術走向亦由此而發生了變化。

南大吉字元善，號瑞泉，陝西渭南人。明代關學重要學者之一。因王陽明曾爲其座主而稱門生，加之他曾在浙江紹興任知府，與王陽明有過一段特殊的交往關係，深受陽明心學之影響，歸鄉後又在關中傳播其學，故南大吉成爲將王學傳入關中之第一人，關學的學術走向亦在此後逐漸發生了變化。王陽明所説：「關中自古多豪傑，……然自橫渠之後，此學不講，或亦與四方無異矣。自此關中之士有所振發興起，進其文藝于道德之歸，變其氣節爲聖賢之學，將必自吾元善昆季始也。」（答南元善①）陽明這裡所説雖旨在對大吉的鼓勵，也反映出陽明對南大吉歸鄉後關學未來走向的關注。馮從吾也説：「文成公門人雖盛，而世傳其學者，東南則稱安成鄒氏，西北則稱渭上南氏。」（越中述傳序）將南大吉與鄒守益並列

[一]　本文原載中國哲學史二〇一〇年第三期，第九四—九九頁。經作者同意，略有修改。

爲陽明之學在西北、東南的重要傳人。本文試圖通過南大吉與王陽明的學術交往以及南大吉學術思想及其轉向的分析，以期窺探南大吉在關學史上的地位及陽明心學對關學的影響。

一、南大吉與王陽明的學術交往及思想影響

關於南大吉的生平事蹟，明史未見記載。馮從吾關學編卷四瑞泉南先生、黃宗羲明儒學案卷二九北方王門學案對其有簡略的傳記，此外張驥關學宗傳卷二一南瑞泉先生、焦竑國朝獻徵録卷八五紹興府知府南大吉傳、清乾隆渭南縣志卷七等也有較簡之傳略，然許多內容多抄自關學編。此外王陽明全集及其他文獻也有一些零散的資料。據以上文獻大體可知，大吉生於明成化二十三年（一四八七），爲明武宗正德五年（一五一〇）舉人，明武宗正德六年（一五一一）進士及第。授戶部主事，歷員外郎、郎中、浙江紹興府知府，不久致仕。大吉卒於明嘉靖二十年（一五四一），年五十有五。他幼年穎敏，稍長後，乃讀書爲文。嘗賦詩言懷，有「誰謂予嬰小？忽焉十五齡。獨念前賢訓，堯舜皆可並」之詩句，可見其在幼年就已樹立了宏大的志向。弱冠，即以古文辭章鳴於世。入仕後，尚友講學，並「漸棄辭章之習，而有志於聖道」（關學編②），孜孜以求於聖賢之學。

大吉爲官多年，其重要一任，是在知紹興府事時。其到該任的具體時間，史載不詳。關學編記「嘉靖癸未知紹興時」，「癸未」爲明世宗嘉靖二年（一五二三），知此時他已在任。王陽明所寫送南元善入覲序是在「乙酉」年，即嘉靖四年（一五二五），是年大吉「入覲」後不久即離任，其在紹興府知事至少有三年。在這幾年裡，大吉不僅政績卓著，而且與陽明密切交往，其思想也發生了心學化轉向。據陽明送南元善入覲序所記，越地數十年來，「巨奸元憝，窟據根盤，良牧相尋，未之能去；政積事隳，俗因隳靡」「兇惡貪殘，禁不得行；而狡僞淫侈，遊惰苟安之徒，亦皆拂戾失常」。種種惡行肆虐，風氣日漸衰敗，以致「相與斐斐緝緝，構讒騰誹；城狐社鼠之奸，又從而黨比翕張之，謗遂大行」。在這種情況下，大吉不畏險阻，頂著種種誹謗，「持之彌堅，行之彌決」，決心勵精圖治。他堅信「民亦非無是非之心」，並決心從講學入手，「啟之以身

心之學」。經過他的努力，不僅「民之謗者亦漸消沮」，且「各邑之士亦漸以動，日有所覺而月有所悟」，越地風氣乃爲之劇變，大吉因此而受到當地士人的廣泛認可，老百姓稱他爲「嚴父」「慈母」，「真吾師也」。以至他「入覲」之時，人們用種種方法，甚至通過王陽明之勸試圖挽留他。

南大吉在思想上曾宗程朱，在接受陽明心學之後，「慨然悼末學之支離，將進之以聖賢之道」（王陽明稽山書院尊經閣記）。即反省程朱格物窮理支離之學，而對陽明心學漸有所悟。這一轉變發生在嘉靖二年（一五二三），時「王文成公倡道東南，講致良知之學」（關學編）。大吉於正德六年（辛未，一五一一）進士及第，陽明曾爲大吉「辛未座主」，故大吉乃爲陽明的門生。大吉爲會稽郡守後，仍時常問學請益。他看到陽明弟子日漸增多，講學之所有所不容，特意整修稽山書院，以爲陽明講學之所，遂「聚八邑彦士，身率講習以督之，而王公之門人日益進」（關學編）。「於是蕭璆、楊汝榮、楊紹芳等來自湖廣，楊仕鳴、薛宗鎧、黄夢星等來自廣東，王艮、孟源、周沖等來自直隸，何秦、黄弘綱等來自南贛，劉邦采、劉文敏等來自安福，魏良政、魏良器等來自新建，曾忭來自泰和。宫刹卑隘，至不能容。蓋環坐而聽者三百餘人。」（王陽明補編卷四年譜三）又在書院後建「尊經閣」，强調「經正，則庶民興；庶民興，斯無邪慝矣。」（王陽明稽山書院尊經閣記）可見大吉爲陽明學的光大曾起過積極的推動作用。

重要的是，大吉對陽明的傳習録推尊有加，對其文嘗「朝觀而夕玩，口誦而心求」，並對其良知之說「自信之篤」。認爲傳習録所闡發的「道」，「置之而塞乎天地，溥之而横乎四海，施諸後世，無朝夕人心之所同然者也」（傳習録序）。遂命其弟南逢吉（字元貞）「校續而重刻之」，以傳諸天下。嘉靖三年十月，逢吉校續傳習録，刻於浙江紹興，分上下兩冊。上冊即初刻傳習録，此即由薛侃首刻於虔之書，凡三卷，亦即今本傳習録之上卷。下冊爲王陽明論學的書信八篇，並附「示弟立志說」和「訓蒙大意」。大吉所續刻即今本傳習録之中卷。該卷答聶文蔚篇之後題：「右南大吉録。」③大吉續刻傳習録，是在極爲困難的情況下進行的。因當時朝廷貶抑王學，大吉爲了「以身明道」，頂著極大壓力，校訂並續刻該書，頗有功于王學。故傳習録中卷錢德洪題記稱：「元善當時洶洶，乃能以身明斯道。卒至遭奸被斥，油油然惟以此生得聞斯學爲慶，而

絕無有纖芥憤鬱不平之氣。斯録之刻，人見其有助於同志甚大，而不知其處時之甚艱也。」（王陽明全集卷二傳習録中題記）

嘉靖四年（乙酉），大吉在治越期間，一次路過陽明居處進而問政，陽明直謂「政在親民」，繼之言及「親民」與「明德」、「至善」之間的關係。王陽明親民堂記（乙酉）記録了這次問政談話的内容。從這次談話來看，陽明爲大吉所談之主要精神是：爲政的根本在於「親民」，而所以「親民」則在於「明明德」；明德與親民是統一的，「明明德必在於親民，而親民乃所以明其明德也。故曰一也」；而「至善也者，明德親民之極則」。陽明不僅論述了三者一體的關係，同時指出，「天命之性，粹然至善。其靈昭不昧者，皆其至善之發見，是皆明德之本體，而所謂良知者也。至善之發見，是而是焉，非而非焉，固吾心天然自有之則，而不容有所擬議加損於其間也」。即以「至善」爲「明德之本體」，爲「良知」。而「良知」則是「吾心天然自有之則」，對此既不可加，亦不可損。這次談話對大吉啟發很大，他豁然明白了王學簡易之理，理解了「天地萬物爲一體」之旨，於是乃喟然歎道：「甚哉！大人之學若是其簡易也。吾乃今知天地萬物之一體矣！吾乃今知天下之爲一家、中國之爲一人矣！『一夫不被其澤，若己推而内諸溝中』，伊尹其先得我心之同然乎！」大吉並於此年匾其涖政之堂爲「親民堂」，並且解釋説「吾以親民爲職者也，吾務親吾之民以求明吾之明德也夫」。（親民堂記（乙酉），見王陽明全集卷七文録四）

嘉靖五年（一五二六）他「入覲」之時，因當朝厭惡王陽明心學，大吉遂受牽累，加之其性格剛正，與當朝權貴亦多有不合，隨之而被貶黜，從紹興知府任上罷官回鄉。但他卻並未因此而沮喪，而是在鄉間繼續問道講學之事。大吉於見黜之時，曾給王陽明寫過一封信。陽明從大吉來信中看到，他雖有此遭遇，但仍「勤勤懇懇，惟以得聞道爲喜，急問學爲事，恐卒不得爲聖人爲憂，亹亹千數百言，略無一字及於得喪榮辱之間」（答南元善）。陽明乃慨歎大吉真爲「朝聞夕死之志者」，並很快覆信大吉，對他力加褒揚和鼓勵，此即答南元善書。陽明在信中指出，面對人生挫折，往往有三種不同的人、不同的態度：一種是「高抗通脱之士」，這樣的人有超遠的心態和境界，能「捐富貴，輕利害，棄爵禄，決然長往而不顧者」。第二種爲避世之徒，他們或「好於外道詭異之説」，或「投情於詩酒山水技藝之樂」，或「發於意氣」，「溺於嗜好」者。第三種就是「有道之士」，此類士人能「見其良知之昭明靈覺，廓然於太虚而同體」，故「無一物能爲太虚之障礙」，從而達到不「慕富貴」，不「憂貧賤」，對諸如「欣戚得喪，愛憎取捨」之類，皆能超然其外。陽明當然欣賞第三種態度，並肯定南大吉之爲人爲學，亦鼓勵大吉將爲聖賢之學的光大作出貢獻，謂横渠之後，「有所振發興起，變氣節爲聖賢之學，將必自吾元善昆季始也」。

總之，南大吉與王陽明其交往時間雖不長，但卻相知頗深。二人不僅情感甚篤，志趣相投，而且王陽明對大吉的思想影響深刻，從一定意義上説，改變了大吉的學術方向，同時也在一定程度上影響了此後關學的學術走向。

二、南大吉的心學思想

南大吉不負陽明及諸友厚望，回鄉後「益以道自任，尋溫舊學不輟」（關學編）。有詩曰：「歸來三秦地，墜緒何茫茫？前訪周公跡，後竊横渠芳」（關學編），透露出他將沿着先儒足跡，承繼關學傳統，在關中以弘揚聖道爲己任的決心。爲此，他在家鄉渭北築湭西書院，以迎四方來學之士，實現了他所説「願言偕數子，教學此相將」（關學編）的宏願。

作爲陽明的門生，大吉不僅爲王學之光大頗有功績，本人亦深悟陽明良知之旨，並飭躬勵行，忠實實踐之。馮從吾説：「蓋先生（大吉）之學以致良知爲宗旨，以慎獨改過爲致知工夫，飭躬勵行，惇倫敘理，非世儒矜解悟而略檢押者可比。故至今稱王公高第弟子，必稱渭南元善云。」（關學編瑞泉南先生）可見大吉在王門弟子中的地位相當重要。目前關於南大吉的思想資料存世者較少，作者依據所能搜集到的文獻，對其思想特徵略述如下。

其一，「以致良知爲宗旨」。前已述及，元善爲紹興知府時，時常向陽明請益問學，並整修稽山書院，以爲陽明講學之所，大吉本人也常親臨聽講。他在嘉靖三年十月所寫傳習録序中，強調天下之人，「勿以録求録也，而以我求録也，則吾心之本體自見。而凡斯録之言，皆其心之所固有，而無復可疑者矣」（傳習録序）。其所説「以我求録」，「吾心之本體自見」，以及認爲陽明録中所闡發之思想「皆其心之所固有」等，説明大吉對陽明的「良知，心之本體」（傳習録答陸原静書），以及「心外無事，心外無理，故心外無學」（紫陽書院集序）等思想深有所悟，且「自信之篤」（傳習録序）。此後，他對早年所學始有反省，並視朱子格物窮理之學爲「支離」，而欲入王學之「聖道」，故陽明説他「慨然悼末學之支離」，而「將進之以聖賢之道」（稽山書院尊經閣記（乙酉））。大吉雖身肩政事，敷政於民，卻仍孜孜以求聖賢之道，時時就陽明處請益焉。陽明於嘉靖四年在寫給鄒守益（字謙之）的信中稱讚道：「南元善益信此學，日覺有進。」（文録二與鄒謙之（二））故馮從吾概括大吉其學「以致良知爲宗旨」，確爲的論。正因爲此，黄宗羲明儒學案將他列入「北方王門學案」。

其二，「以慎獨改過爲致知工夫」。大吉在爲政之任上，能時時反省自己，頗有「自誨之真」。嘉靖三年正月，大吉與陽明曾有過一次關於自誨其「爲政多過」與良知的對話：

郡守南大吉以座主稱門生，然性豪曠不拘小節，先生與論學有悟，乃告先生曰：「大吉臨政多過，先生何無一言？」先生曰：「何過？」大吉歷數其事。先生曰：「吾言之矣。」大吉曰：「何？」曰：「吾不言，何以知之？」曰：「良知。」先生曰：「良知非我常言而何？」大吉笑謝而去。居數日，復自數過加密，且曰：「與其過後悔改，曷若預言不犯爲佳也。」先生曰：「人言不如自悔之真。」大吉笑謝而去。居數日，復自數過益密，且曰：「身過可勉，心過奈何？」先生曰：「昔鏡未開，可得藏垢；今鏡明矣，一塵之落，自難住脚。此正入聖之機也，勉之！」（王陽明補編卷四年譜三）這是一段精彩的對話。從這段對話可以看出，大吉能經常審慎反思其爲政過失，並以慎獨改過爲其爲學致知之工夫。同時，陽明亦通過大吉有「自悔之真」而證明「良知」人人本具，只要「鏡明」已開，則良知自現。大吉在陽明的點撥下明白了「入聖之機」在於保持心之「鏡明」，以了悟本有的「良知」。正因爲此，大吉才不爲功名利禄所動，不爲貧賤憂戚所移，能把貧賤、憂戚、得喪等置之度外，其心「惟以得聞道爲喜，急問學爲事」。即使在受到朝廷貶官的巨大打擊後給陽明「千數百言」的信中，竟「略無一字及於得喪榮辱之間」。

其三，「相忘於道化」的境界追求。大吉説：「道也者，人物之所由以生者也。是故人之生也，得其秀而最靈，以言乎性則中矣，以言乎情則和矣，以言乎萬物則備矣，由聖人至於途人一也。」（傳習録序）在大吉看來，天地之間，有大道存焉。人與物雖皆由道而生，而惟人得其秀。人皆有其性與情，性情又以「中和」爲最佳境界。在大道行於天下之古代，人之性情皆能守「中和」之道，於是天下之人則「相忘於道化之中」。到這種「道化」的境界，邪惡不再產生，人們皆能「率性以由之，修道以誠之」，聖人也都「恭己」而「無爲」。顯然，使心與大道爲一，正是大吉追求的「視天地萬物，無一而非我」的天人合一境界。相反，如果道不行於天下，則天下之人「相交於物化之中」，人們就會「失其性而不知求，舍其道而不知修」，醉心於物欲和功名利禄的追求，甚至「日入於禽獸之歸而莫之知」，於是就必然「邪慝興」。他認爲聖賢之言其目的就在於「明道」。只要能以大道示諸天下，則「庶民興」「邪慝息」，「萬物序」「天地官」。但是，真正的聖賢之言是什麽？在大吉看來，此乃「求其是」「求其明」之言。這種「是」與「明」乃是「天下之公是」「天下之公明」，而不是那種固「執聞見」的「自是」、門戶之見的「自明」之言。那種出於「己」「意」之「自是」「自明」之言，則其「言愈多而愈支」。大吉顯然要説明的是，只有能使「吾心之本體自見」的陽明心學，才是最直捷明快的簡易之言，這與他推崇陽明心學的主張相一致。大吉追求「道化」境界，而告誡人們要警惕陷於「物化」之中。大吉追求「道化」境界而批評「物化」傾向的努力，對於由於價值觀混亂而導致的物欲氾濫、人性扭曲、極端功利主義肆虐的當代社會，無疑有着重要的警示和啟迪作用。

三、南大吉對明代關學走向的影響

有明一代，關學大體經歷了三個發展階段。自明朝初期以來，程朱理學即已在全國佔據獨尊的地位。而這一時期的關學，雖不絕如縷，但無有力學者。直到明成化（一四六五—一四八七）之後，以王恕、王承裕、馬理、韓邦奇等人爲代表的「三原學派」，以既宗程朱之學、又反思程朱之弊爲主要特徵，此爲明代關學的第一個發展階段。「三原學派」以王恕等爲代表，在思想上，一是「以宗程朱之學爲階梯，祖孔顔以爲標準」（關學編卷三平川王先生）。尤注重對朱子「天理」觀的吸收。二是以禮爲教，注重民風民俗的改變，如王承裕等以禮爲先，刊佈藍田呂氏鄉約、鄉儀等，教化鄉人，以促進當地世風、民俗的變化。三是如馬理、韓邦奇等人，通過體認、重新詮釋易、庸，而發揮其思想，但「論道體乃獨取橫渠」（明儒學案卷九三原學案），表現出向張載思想回歸的趨向，同時又保持著躬行禮教、崇尚氣節的關學傳統。此外，他們還採取名物訓詁等方法對程朱理學進行了反思。他們融匯關、洛諸學派，重視篤行與身心體驗，雖宗程朱而不囿于程朱，回歸張載而又不同於張載。不過，從總體上說，其學派內部思想傾向不盡一致，如王恕之學「大抵推之事爲之際，以得其心安者」，而未及之「大本」。馬理則「墨守主敬窮理之傳」。故黄宗羲將「三原學派」視爲關學之「別派」（明儒學案卷九三原學案）。

此後，以薛瑄爲代表的河東之學在關中得以傳播，經薛敬之、呂柟等人的倡揚，關學始有所振興。薛敬之、呂柟之學以程朱之學爲主，又兼通朱陸二家學說，此可視爲明代關學的第二個階段。薛敬之、呂柟等爲代表的學派，一般稱爲「關隴之學」。河東薛瑄是學宗程朱的，關學學者薛敬之受此影響，其學上接孔、曾、思、孟，尤對周、張、程、朱之學用力甚勤，特別是廣泛析論理、氣、心、性等理學範疇，思想上有「歧理氣而二之」的傾向。（明儒學案卷七思菴野録）呂柟師事于薛敬之，故「接河東薛瑄之傳，學以窮理實踐爲主」（明史卷二八二）。但是他因曾多年在南方爲官，又「與湛若水、鄒守益共主講席」（明史卷二八二），在思想上則表現出對張載之學、程朱理學與甘泉心學兼融並蓄、融會貫通的傾向。黄宗羲曾評價說：「關學世有淵源，皆以躬行禮教爲本，而涇野先生實集其大成」，「時先生講席，幾與陽明氏中分其盛，一時篤行自好之士，多出先生之門」（明儒學案師說之呂涇野柟）。明史卷二八二呂柟傳亦謂：「時天下言學者，不歸王守仁，則歸湛若水，獨守程朱不變者，惟柟與羅欽順云。」南大吉之學正好處於明代關學發展的第二個時期。

萬曆以後，以關中大儒馮從吾及明末清初學者李二曲爲代表，關學由反思程朱逐漸轉向陽明心學，同時也開始了以實學的方式反思陸王心學的空疏，以向張載思想回歸的進程。這可視爲明代關學發展的第三個階段。

南大吉早卒於呂涇野一年（一五四一年卒），應視爲與呂柟並世的關學學者。呂柟其基本傾向是宗程朱的。雖然他也受到心學的影響，但從現有資料來看，這種影響還不能說與南大吉有直接關係。呂柟於嘉靖三年（一五二四）被貶謫解州，任解州判官三年。嘉靖六年遷南京，轉任吏部考功郎中。他在南方結識了鄒守益、湛若水等，並與之論學。這一時期正好是大吉在紹興知府任上並有機會從陽明學之時期。也就是說，他們二人同時受到心學的影響，只是大吉自覺地接受了心學，而呂柟則仍恪守程朱，其受心學的影響甚微且是不自覺的，即使有影響，也可能主要來自南方的鄒守益和湛若水。而南大吉作爲關中學者，無疑受過張載思想的影響。如他在嘉靖五年返歸故里後，仍立志「前訪周公跡，後竊横渠芳」就是例證。但是，由於他是陽明的門生，對陽明良知之學深有領悟，且「自信之篤」，回歸後就在關中傳其學。馮從吾關學編談及他在關中傳揚陽明學的情況，說：「先生既歸，益以道自任，尋溫舊學不輟。以書抵其侶馬西玄諸君，闡明致良知之學。構湭西書院，以教四方來學之士。」這對關學者和關學心性化走向是有較大影響的。故關學續編柏景偉小識在回顧關中學術演變之歷程時說：「關中淪于金、元，許魯齋衍朱子之緒，一時奉天、高陵諸儒與相唱和，皆朱子學也。明則段容思起於皋蘭，呂涇野振于高陵，先後王平川、韓苑洛，其學又微別，而陽明崛起東南，渭南南元善傳其說以歸，是爲關中有王學之始。」（關學編（附續編），第六九頁）這裡明顯道出了關學發展經歷了由張載之學而洛閩程朱之學而陽明之學轉向的歷程。其向心學的轉向則始于南氏兄弟特別是南大吉。當然關中學者追隨陽明先生的，非大吉一人。除南大吉之外，還有其弟南逢吉（字元貞）。逢吉受元善之命續録傳習録，對心學亦頗有領悟。傳習録拾遺記有南逢吉曾向王陽明請教答徐成之書中有關「尊德性」和「道問學」關係的問答。陽明給他解釋了「尊德性」和「道問學」絕「非有二事」，二者是統一的：「不是尊德性之外，別有道問學之功；道問學之外，別有尊德性之事也。」逢吉由此遂了悟「存心」即「道問學」的道理。④馮從吾越中述傳序謂：「昔王文成公講學東南，從遊者幾半天下，而吾關中則有南元善元貞二先生云，故文成公之言曰：『關中自横渠後，振發興起將必自元善昆季始。』」由於南氏兄弟的努力，心學方得以在關中傳播，並對關學學術發生了重要的影響。元善之後，還有一位關中同州人叫尚班爵（字宗周），「亦從王文成公學」（關學編）。但是關於此人在關中傳播心學的具體情況，因文獻不足，難以知曉。不過，南大吉的後裔對陽明學的傳播尚有稽可考。據馮從吾越中述傳序載：自大吉傳陽明之學以來，「代有聞人，元善先生三子俱蜚聲庠校」，但因其皆早亡，影響不大。其弟逢吉有子叫南軒，世稱爲陽谷先生。「陽谷公不過自致其良知，而在挽近世，實大有裨乎風化矣。」看來，南大吉雖然是將王學在關中傳揚的第一人，但當時王學在關中的影響尚不夠大。王陽明所說「自此關中之士有所振發興起，進其文藝于道德之歸，變其氣節爲聖賢之學，將必自吾元善昆季始也」（答南元善），是對大吉抱有厚望，而非已成事實。心學在關中略成氣候，當是在南大吉身後。

南大吉卒後六年馮從吾（一五五七——一六二七，號少墟）出生。馮從吾生活的明萬曆、天啟年代，陽明心學已經在全國廣泛得以傳播，不過當時王學末流的空疏之弊也已經明顯暴露出來。馮從吾既接受了陽明的致良知之説，同時又在新的歷史條件下從儒佛之辨、心性之辨入手，自覺地擔負起在關中清算王學末流空疏學風之弊的歷史任務。從吾之後，李二曲更以「悔過自新」「明體適用」的心學義趣和躬行實踐、崇尚氣節的關學宗風，促進了關學與心學的融會，使關學融入明清之際的實學思潮中。這是關學在繼與洛學、閩學融會之後，其學術發生的又一次思想轉向。南大吉在這次思想轉向中所起的重要作用不可低估。

注釋：

① 本文所見王陽明文，皆引自吳光、錢明、董平、姚延福編校王陽明全集，上海古籍出版社，一九九二年版。下不再注明。

② 本文所引馮從吾關學編，均出自陳俊民、徐興海點校本，中華書局，一九八七年版。

③ 王陽明集補編卷四謂「（嘉靖三年）十月，門人南大吉續刻傳習録」，南大吉傳習録序後有「嘉靖三年冬十月十有八日」大吉「謹序」句。陳榮捷認爲南大吉續刻傳習録在嘉靖三年之後。並考證說：「傳習録薛侃首刻於虔爲三卷，即今之傳習録卷上。據年譜嘉靖三年（一五二四）十月，南大吉刻傳習録，又名續刻傳習録，凡二冊。上冊即虔刻三卷，下冊録陽明八書。然年譜係答顧東橋書於嘉靖四年（一五二五），係答歐陽崇一書與答聶文蔚書於五年（一五二六）。則南大吉之刻，或在嘉靖三年之後。」（王陽明傳習録詳注集評，臺灣學生書局一九八三年版，第一六二頁）傳習録中卷末有「右南大吉

録」五字，對此，陳氏考證說：「南本無此五字。……據年譜曰：『大吉取先生論學書復增五卷』，見嘉靖三年（一五二四）。則是似爲得之焉。然卷首德洪小序言摘録先師手書八篇而歷舉之而未及『立志』『訓蒙』之二條，而所謂五卷者，亦未知其元本否，則恐後人所增，而非元善之舊矣。」佐藤一齋云：「案『立志』說，『訓蒙』大意，並係大吉所録。則此五字當移入卷末。」捷案：「『示弟立志』說日本各本均載于南大吉所録之後，『訓蒙』之前。全書則不采入傳習録而載於卷七，……故我國傳習録除孫鏘傳習録集評外，亦無「示弟立志」說。三輪執齋謂南大吉以答聶文蔚兩書爲第四，未知何據。中卷錢德洪序明言答聶文蔚第一書仍元善所録之舊，而第二書則爲彼所增録。」（王陽明傳習録詳注集評，臺灣學生書局，一九八三年版，第一六二頁）今從南大吉序及王陽明集補編卷四年譜（三）。

④ 見王陽明集補編卷一，補録。

圖書在版編目(CIP)數據

南大吉集/［明］南大吉著；李似珍點校整理．—西安：西北大學出版社，2014.12

（關學文庫/劉學智，方光華主編）

ISBN 978-7-5604-3558-9

Ⅰ.①南…　Ⅱ.①南…②李…　Ⅲ.①南大吉（1487～1541）—關學—文集　Ⅳ.①B248.99－53

中國版本圖書館CIP數據核字(2014)第313464號

出品人　徐　曄　馬　來

篆　刻　路毓賢

出版統籌　張　萍　何惠昂

南大吉集　［明］南大吉 著　李似珍 點校整理

責任編輯　馬　平　　**裝幀設計**　澤　海

版式統籌　曹勁剛

出版發行　西北大學出版社

地　址　西安市太白北路229號　　**郵　編**　710069

網　址　http://nwupress.nwu.edu.cn　　**E－mail**　xdpress@nwu.edu.cn

電　話　029-88303593　88302590

經　銷　全國新華書店

印　裝　陝西博文印務有限責任公司

開　本　720毫米×1020毫米　1/16

印　張　16.5

字　數　250千字

版　次　2015年1月第1版　2015年1月第1次印刷

書　號　ISBN 978-7-5604-3558-9

定　價　58.00圓